THE TRUTH

An Uncomfortable Book About Relationships

Neil Strauss

Illustrations by Bernard Chang

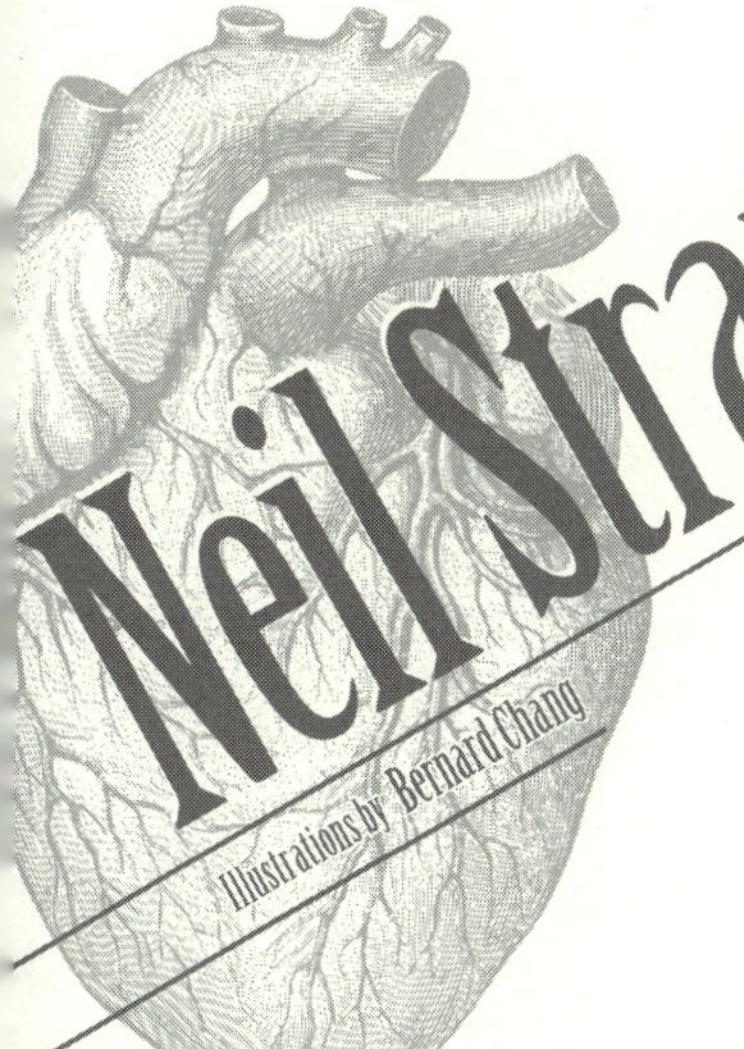

ザ・ゲーム 4イヤーズ

ニール・ストラウス[著]

永井二菜[訳]

THE TRUTH : An Uncomfortable Book About Relationships
by Neil Strauss

Photograph on p. 106 by Isis Aquarian
Illustrations by Bernard Chang, except for the really shitty ones, which are by the author
Published by arrangement with Dey Street Books, an imprint of HarperCollins
Publishers through Japan UNI Agency, Inc.,Tokyo

プライバシー保護

本書はおよそ4年間の出来事を綴っている。波乱万丈の4年間だけに、実在の登場人物から実名を伏せてほしいという要請が相次いだ。特に、家庭を壊した男たちと俺に人生を壊された女性たちだ。ボリュームを抑え、内容を簡潔にし、人間関係の核心に迫り、プライバシーを保護する目的で、文中のエピソード、登場人物、TPOを移動、割愛、合成、要約した。また、固有名詞を含む個人情報の一部は仮名仮称とした。「俺のことが書いてある!」と思うかもしれないが、そう決めつけるのは早い。文中に出てくる連中は大半が君と同じで……浮気がバレたのだ。

母さんと親父に捧ぐ。
親の愛は無償の愛と人は言う。
この本を読んでも、そう言い切れることを願う。

人は人なしでは生きられない。
それなのに、人と生きることを学んでこなかった。

——ライナー・ヴェルナー・ファスビンダー監督『ペトラ・フォン・カントの苦い涙』

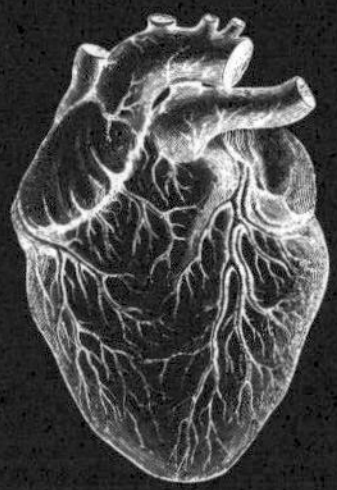

⚠WARNING

⚠ 警告

　本文には世にもおぞましい禁句が出てくる。誠意だ。具体的には色恋沙汰に伴う誠意のことだ。

　誠意の欠如、誠意の過剰、誠意の誤算、誠意の履き違えは殺人、自殺、戦争など、あらゆる悲劇を生んできた。

　それはまた、この本をも生んだのである。恋愛や結婚となると、実に多くの人が何度も何度も同じ失敗を繰り返す。本書ではその背景に迫ると同時に、もっと上手に生き、愛し、愛を交える方法を探るのが狙いだ。

　だが、ここに綴るのはジャーナリストとして得た体験ではない。自ら招いた私生活の危機の、自業自得のぶっちゃけた話である。この話も体験記のご多分に漏れず、闇と混迷と愚行から始まる。

　そんなわけで、自慢にもならないエピソードの数々を反省が足りないと思われる点も含めて、恥を忍んで公表することにした。今回の俺は残念ながらヒーローじゃない。悪役だ。

イングリッドへ

イングリッドに告ぐ
これを読んでいるなら、
ただちにやめなさい。
ページをめくっては**いけない**。

イングリッド、
そこにいるなら、マジで、読まないでくれ。

メールとかチェックしなくていいの？
例のネコが人まねしている動画、見た？　笑えるよ……だから、見たほうがいいんじゃないかな。とにかく、この本はあんまりおもしろくないんだ。おもしろい本ならほかに書いたから。そっちを読んでよ。

本当に、ここでやめてくれ。**これが最後通告だ**。

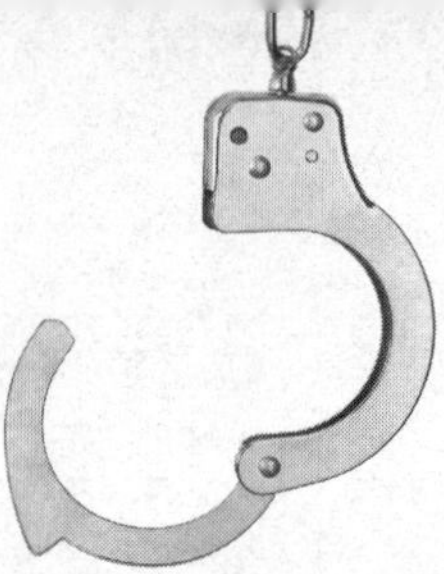

CONTENTS

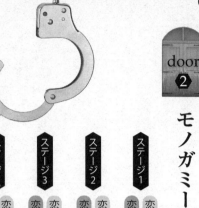

door
3

door
4

door
5

プロローグ

the Hand You are Dealt Face Down

ー伏せたカードー

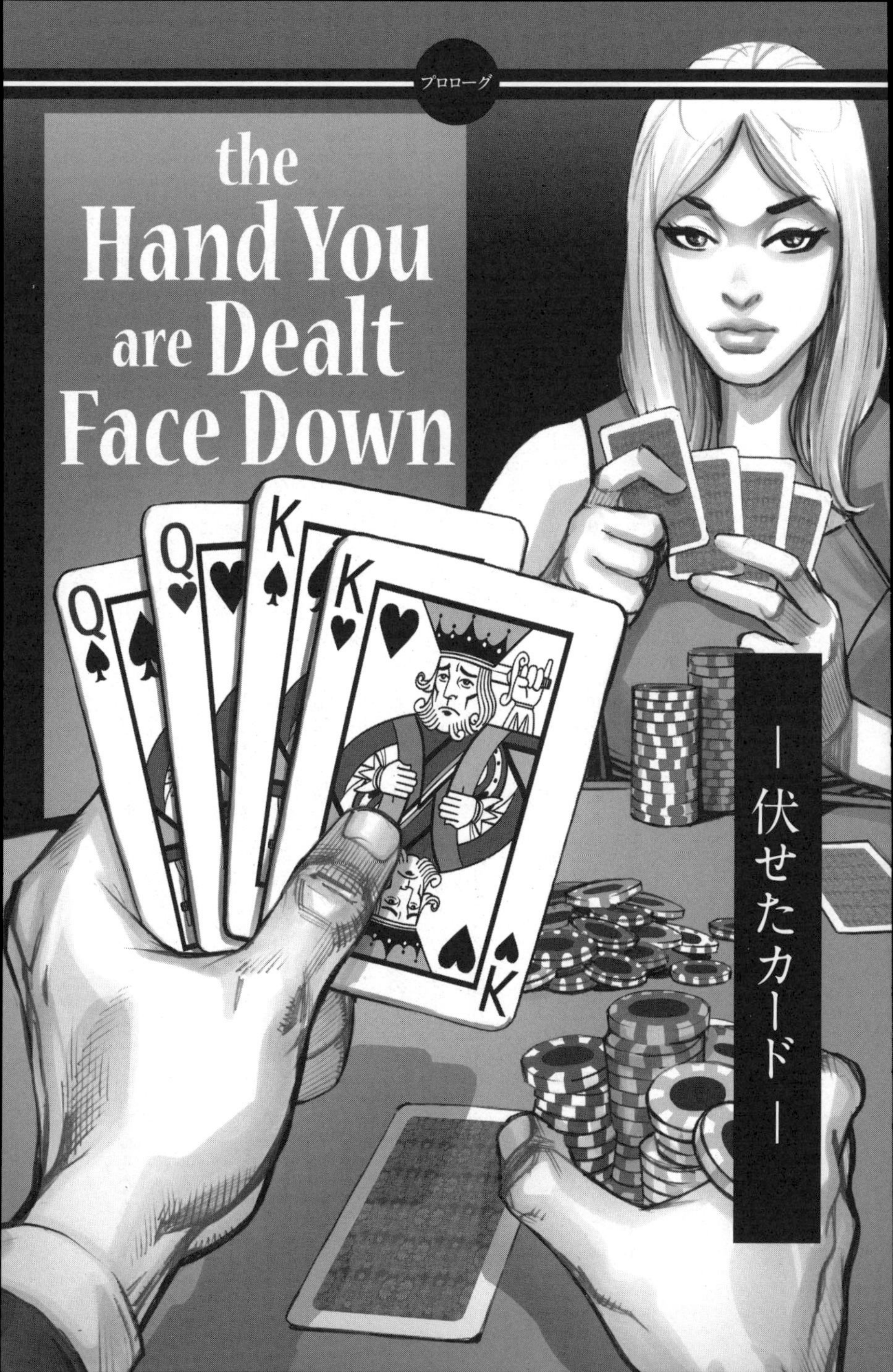

どんな一家にも知られたくない恥部がある。

家族の恥部に気づいている人もいるだろう。君自身が恥部かもしれない。あるいは、うちに限ってそんなものはないと思っているだろうか。自分の家族は例外だ。両親はそろって立派だし、後ろめたい秘密なんて一つもないと。だとしたら、恥部の所在が分かっていないだけだ。

俺も、うちの家族はノーマルだとずっと信じていた。ところが、ある日、「所在」を見つけてしまったのだ。それは親父のクローゼットだった。白い扉がついたクローゼット。扉の端々は白いペンキが剥がれていた。真鍮のドアノブは親父の大きな手の脂でテカテカしていた。俺は思い切って、そのドアノブを回した。アダルトビデオが隠れているという期待に背中を押されたのだ。親父の手垢の上に俺の手がかかる。

当時の俺は10代後半で童貞だった。その日、両親はそろって留守だった。生身の女の子には近づきたくても近づけなかったから、女の肌に飢えていた。以前にも、親父の部屋で古雑誌の山から『プレイボーイ』や『ペントハウス』を見つけたことがある。だから、もっと探りを入れれば、上物のポルノが出てくると踏んだのだ。上物とは動く女体、正真正銘のアダルト映画である。

クローゼットの中にはブルーのワイシャツがずらりとかかっていた。綿とポリエステルの合成の、イニシャル入りのワイシャツだ。長年洗いざらしたせいで、全体的に色あせている。ワイシャツの列をかきわけると、奥から茶色の紙袋が3つ出てきた。どの紙袋にもVHSのビデオテープがぎっしり詰まっている。俺は床に座り込み、1本1本を入念にチェックし、取り出した順番どおりに紙袋に戻した。

「アダルト」と書かれたビデオは1本もない。母さんの目を考えれば、当然だ。親父もそこまでバカじゃないだろう。だからインデックスの付いていないビデオは、すべて脇によけた。自分の部屋にテレビを置くことは許されなかったので、よけておいたビデオを持ってリビングに移動する。リビングにはビデオデッキの付いた小型テレビがある。年老いたおじさんがくれた年老いたテレビだ。

心臓がバクバクしてきた。

1本目を再生したが、これは期待はずれに終わった。流れてきたのは、ディジー・ガレスピーのジャスコンサートの録画だ。早送りボタンを押す。今のはカムフラージュで、このあとブロンド美女が絡み合うエロ動画が出てくるんじゃないか。しかし、出てきたのはホームドラマの一話、そのあとは名画劇場。これじゃあ、ヌケやしない。

2本目は映画の『フィラデルフィア物語』とテニスの試合。そのあと画面は真っ暗になり、何も映らなくなった。

3本目をデッキに入れ、ビデオがゆっくり飲み込まれていくのを見届ける。そして再生ボタンを押した。出てきた映像を見たとたん、今までの興奮は一気に冷め、全身に寒気が走った。その瞬間から「地味でしがないサラリーマン」という親父のイメージは一変した。

こんな映像が世の中に存在するとは……。

舞台裏のカーテンをうっかり開けて舞台装置を丸見えにしてしまったような、そんな気分になった。うちの家族はうわべとはまったく違う――その現実を思い知った。

「誰にも言っちゃダメ。約束しなさい。弟にもお父さんにも言わないで」。母親にビデオの一件を打ち明けると、そう命じられた。

「約束するよ」と俺は応じた。

だから誰にも言わなかった。あの日に知った、親父の裏の顔のことは。

けれども、そのときの秘密は酸と化し、俺の女性関係を侵食した。その秘密が善悪の判断をもむしばみ、孤独と自己嫌悪にさいなまれた。しまいにはリハビリ施設に入ることになり、そこで言われた――俺自身の心の健康と自由と幸せのためには守り通してきた約束を破り、ビデオの内容を明かさなければいけないと。

決断を迫られた。どこまで親をかばえばいいのか。生を授けてくれた恩人を裏切ってもいいのか。授かった生そのものを否定してもいいのか。

それは誰もが一度は下さなければいけない決断。

大抵のやつは決断を誤る。

ひょっとしたら、君の父親も二重生活を送っているかもしれない。いや、母親のほうかもしれない。親のどちらかが同性愛者、女（男）装癖がある、浮気している、買春している、風俗店に通っている、アダルトサイトにハマっている、愛なき結婚生活を続けているという可能性もありだ。両親そろってそうかもしれない。親じゃなければ、恋人かもしれない。とにかく、どこかに恥部はある。恥部にはペニスが付いている。そのペニスが人の一生を陵辱するのだ。

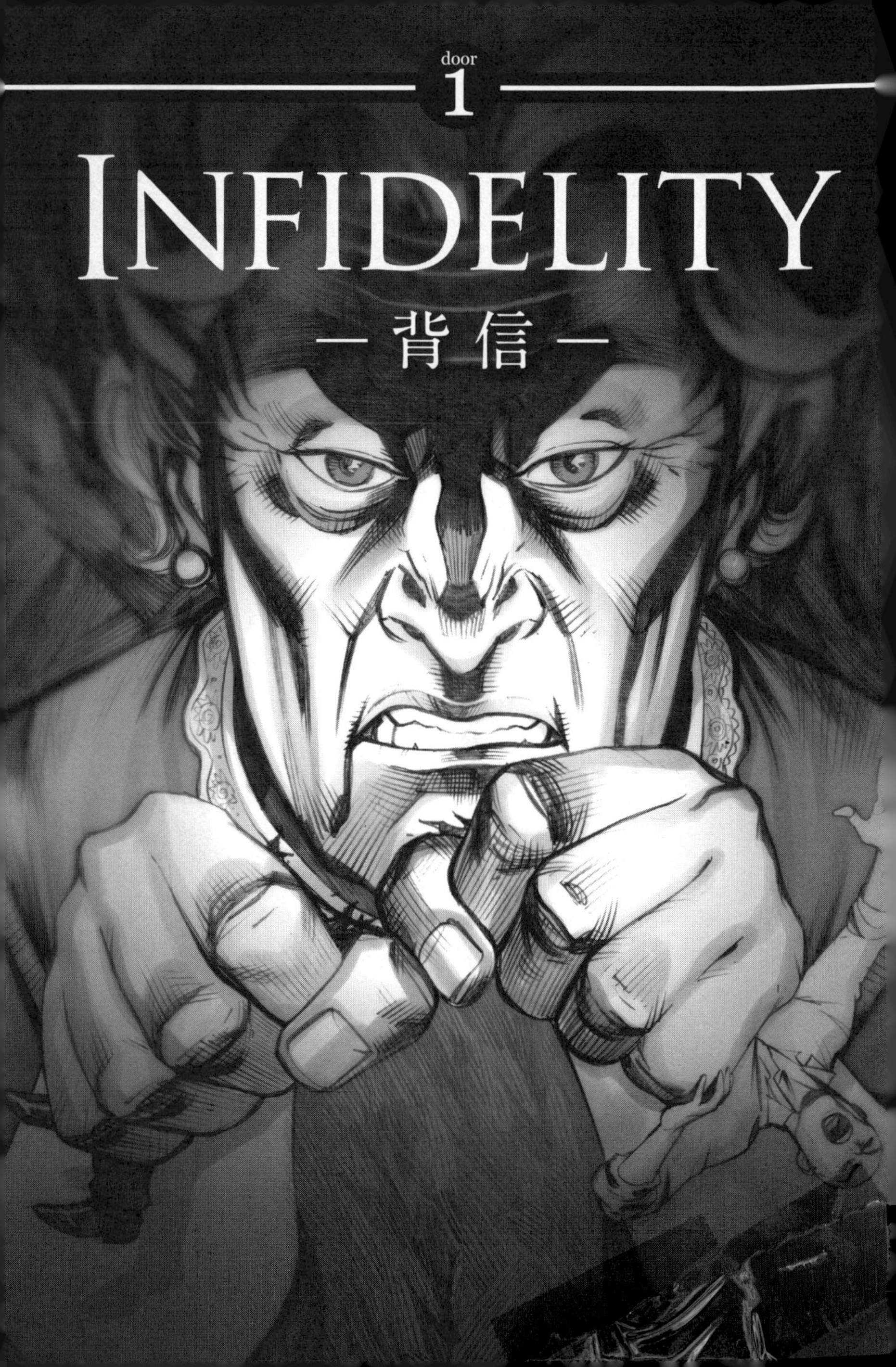
door
1
INFIDELITY
―背信―

STAGE 1

傷心の子ども

我々は未知のものに支配される。

——ジェイムズ・ホリス著『Under Saturn's Shadow』

1

機内の通路を挟んで右手に座っているのは黒髪のスリムなギャル。年は17にも23にも見える。典型的だ——太いアイライン、つけまつ毛、腰に入れた小さな丸いタトゥー、ピンクのヘッドフォン。パパに反抗するくせに、パパに似たヤボな男と簡単に寝るタイプである。

真隣にいるのはブランドのコピーのサングラスをかけた熟女だ。夏物のワンピースの胸元から乳白色の谷間がのぞいている。20分も口説けば、機内の毛布をうまく使って、その谷間に手を入れさせてくれるだろう。

前の座席にいるのはガリガリの赤毛。やつれた顔をしている。たぶん、アルコール依存症だ。タイプではないが抱けないこともない。

頭の中に地図が出来上がっていた。その地図上にＬＥＤの電球マークが点々とつき、そこそこの美人やちょっとエロい女の座席を示している。飛行高度が安定する前から、一人ひとりをどう口説けばいいのか考えていた。頭の中で服を脱がし、相手のフェラのテクニックを想像しながら、機内のトイレで、レンタカーの中で、相手のホテルでセックスするのを妄想していた。

こんな妄想も今のうちだ。これを最後に欲情することは許されなくなる。これを最後に、セックスのことを考えることさえ許されなくなる。頭がおかしくなりそうだ。誰を見ても、いい女に見えてしまう。そんなのは今に始まったことじゃないが、今度ばかりは胸の奥がツンと痛い。痛むのは男としての芯であり、アイデンティティであり、この世に生まれてきた意味だ。

俺は何も持たずに来た。パソコンも、スマホも、いっさいの通信機器を置いてきた。これから行くところでは持ち込みが禁じられているからだ。おかげで思い切り考えごとに専念できる。考えごとと言っても、さっきの2人のうち、どっちに声をかけるべきかが主なテーマだ。右横に座っている未成年らしき黒髪がいいか、前に座っている肌荒れした赤毛にするべきか。

機体が着陸し、ゲートに到着すると、メガネの男が席を立ち、通路に出てきた。黒髪ギャルをなめるように見ている。どうやら口説くつもりはなさそうだ。そうでなければ、こんなに長く物色するはずがない。男はギャルの姿を目に焼きつけているのだ。あとでオカズにできるように。

どうして俺だけがこんな目に遭うのか。これは男の性《さが》だ。メガネ男のほうが俺よりも重症だろうに。

空港のターミナルを歩きながら、ポケットにしまったメモを取り出す。「迎えの者は到着出口の前でお待ちします。どこの職員か分からないように『D』と書いたバッジを付けています」

ふと目を上げると、20代の男が立っている。身長は180センチを超え、がっちりした体つきに、張ったあご。要するに、鏡に映った俺とは対照的なルックスだ。そいつが凍りついたように立ちつくしている。幽霊でも見たかのように、口をあんぐり開けて。次の展開は分かっている。だから、早く目の前から消えてほしい。この若者は迎えの運転手じゃない。

「まさか、あなたは……」

若者はそう言ったきり、言葉に詰まったらしい。しばらく待ったが、二の句が告げないようだ。

「そのとおり」と俺は言った。

沈黙が流れる。

「じゃあ、失礼するよ。友達を待たせているんでね」。クソッ、今のはうそだ。もううそはつかないと約束したのに。ときにうそは真実よりも簡単に出てくる。

「あなたの本、読みました」。若者は口を開いた。

「それは最近かな?」。思わず反応してしまったが、それには訳がある。俺は言い寄ってくる相手を無視できないたちだ。だから、こんなところまで来るはめになった。うそをつく癖も一緒に連れて。

「いえ、3年前です」

「それはうれしいな」

こういう男は俺のアドバイスなんか必要としていなかっただろう。

「おかげで妻に巡り合うことができました。みんな、あなたのおかげです」

「それはうれしいな」と繰り返す。そして、結婚生活というやつをイメージしてみる――誰かと一緒になり、残りの人生を共にする。ほかの女とセックスすることは許されない。やがて妻は年を取り、セックスに無関心になるが、それでもよその女と寝ることができない。「君、幸せ?」と口が滑った。

「ええ、おかげさまで」と若者は言う。「本当です。イラクに従軍しているとき、『ザ・ゲーム』を読んで、すごくためになりました」

「で、子どもをつくる予定はあるの？」。俺は何を言ってるんだ？　たぶん、こいつを脅かしてやりたいのだ。不安や迷いや後悔を、ほんの少しだけ引き出したい。俺が異常でないことを証明するために。

「実は、もうすぐ男の子が生まれるんです」と若者。「これから妻の元に帰ろうと思って」

その言葉が痛いところを――俺の負い目を直撃する。俺はまともな恋愛も結婚もできそうにない。なのに、こいつは俺の書いたナンパ指南書を読み、その3年後にまっとうな人生を歩んでいるではないか。

適当な口実をつくり、その場を立ち去る。実物は想像した以上にチビだな――そう思われたに違いない。

到着出口の向こうに男が立っているのが見える。ハゲた頭頂を囲うように白髪が生えている。そして「D」のバッジ。彼は飛行機から吐き出されてくる、あらゆる人種を出迎えてきたのだろう。今にも死にそうなやつ、ラリってるやつ、必死に正常を装うやつ……俺は、たぶん、その3番目だ。

ペテン師にでもなったような気分だ。世の中には、精神科のリハビリ施設に入らなければいけない連中がいる。そうしないと死んでしまうからだ。そういう連中は飲んだり、吸ったり、注射したりして命を落とす。

俺がやらかしたのは、たかが浮気だ。

2

ロサンゼルス、半年前

出会った相手に一目ぼれしそうになったら、背を向けて逃げろという。一目ぼれは同病が相憐れんでいる状態にすぎない。自分の幼心の傷が相手の幼心の傷に共鳴し、恋の炎で癒されたいと願う。しかし、その炎は幼心を焼き尽くした炎と同じなのだ。

メルヘンの世界では、恋は雷のようにやって来る。現実の世界では雷に打たれるとやけどする。死ぬことだってある。

彼女は床に座って荷造りしていた。俺たちはこの一軒家で同棲している。これからは一緒にシカゴに発つ。今日は彼女の誕生日。シカゴで俺の家族に会わせる予定だ。

彼女にほれぼれする。その外見にも、中味にも。

「楽しみだわ」とイングリッドははしゃぐ。イングリッドは太陽だ。毎朝、俺を孤独の闇から救い出してくれる。生まれはメキシコだが、父親はドイツ人で、どういうわけかアメリカで育った。見た目は小柄なロシア系ブロンド。自然の四大要素を体現しているような女性だ。火の烈しさと、大地のたくましさと、水の遊び心と、風の繊細さ。

「うん。俺も楽しみだ」

ゆうべの記憶を消そうとしていた。証拠はどこにも残っていない。完全に隠滅したのだから。シャワーを浴びた。車内を点検した。服に長い髪がついていないか、くまなくチェックした。一つだけ消せなかったのが、この良心だ。

「この靴も持っていったほうがいい?」

「たった5日間だよ。何足、詰めれば気がすむの?」

たまにイングリッドにイラッとする。身支度に時間がかかりすぎる。たかが一泊の旅行に大量の着替えを持っていく。いつもハイヒールだから、一度に数ブロックしか歩けない。でも本当は、そういう女らしいところが好きだ。だらしない俺を大目に見てくれる。ゆうべはミュージシャンのマリリン・マンソンに会うと言って出かけた。マリリンとは一緒に本を書いたことがある。「マリリンと次の企画の打ち合わせをするから」——俺はそう言いながらイングリッドの目を見た。その目は愛と幸せに満ち、無邪気で穏やかだった。

なのに、やっちまった。

「それで、ゆうべの打ち合わせはどうだった？」。スーツケースのファスナーと格闘しながら、イングリッドが聞く。

「それが思うようにいかなくてね。大した進展はなかったよ」。これは本当だ。

イングリッドは容量オーバーのスーツケースに小さな手をかけ、慣れた様子で左右のファスナーを閉めようとしている。二つの人生を無理にくっつけようとするかのように。一カ所でもファスナーの歯がはじけ飛んだら、全部がかみ合わなくなるだろう。

「あら、そうだったの。良かったら、飛行機の中で膝枕してあげるわよ」

イングリッドは、女癖の悪い夫に苦労した実の母親を演じている。俺は、自分の親父と同じで、二重生活を送っている。人は歴史を繰り返す。浮気性のうそつき男と、その男を信じるお人よし女。親から子へと受け継がれる伝統だ。

「ありがとう。愛してるよ」。少なくとも愛しているつもりだ。しかし、本気で誰かを愛していたら、その友達と教会の駐車場でカーセックスしたり、その6時間後にこうしてうそをついたりするだろうか。罪の意識にさいなまれ、自分の気持ちが分からない。むしろ疑っていた。

ふと周りを見たら、墓穴を掘っていたことに気づいた――男の一生には、そんな瞬間がある。掘った穴が深すぎて出られないばかりか、出口がどこにあるのかさえ分からない。

俺の場合、その穴はいつだって女性関係だ。イングリッドを裏切っただけじゃない。またしてもメルヘンの世界が悲惨な結末を迎えようとしている。

前回のメルヘンは元カノが拳銃を持って自宅に立てこもるというオチで終わった。彼女は「この頭を打ち抜く！」

「おまえは葬式に来るな！」とわめきちらした。

けれども、今回は違う。イングリッドはイカレていないし、嫉妬深くもない。干渉もしなければ、俺を裏切ったこともない。手に職をつけ、自立している。昼は不動産関係の会社に勤め、夜は水着のデザインにいそしむ。今回は100パーセント、俺が悪い。

俺がチャンピオン級の節操なしだからだ。

フリーのときは恋人が欲しくなる。恋人ができると、フリーに戻りたくなる。何よりもまずいのは、恋人と別れて愛の呪縛から解放されたとたん、後悔にさいなまれ、どうしていいのか分からなくなることだ。

そんなパターンを嫌というほど繰り返し、ようやく気づいた。このぶんだと、一人寂しく老いていくしかない。妻もいない、子どももいない、家庭もない。くたばったところで遺体が発見されるのは腐敗臭がキツくなる数週間後だろう。一生かけて集めたガラクタは残らず処分され、俺が居座っていた空間に代わりのやつが入ってくる。この世に何も残せない。借金さえも。

だが、もう一方の選択肢はどうだ？

既婚者だって、周りを見る限り、幸せそうなやつはほとんどいない。以前、『ローリングストーン』誌の取材で知り合った俳優のオーランド・ブルームがふらりと訪ねてきたことがある。当時のオーランドは世界屈指の美女にして売れっ子スーパーモデルのミランダ・カーと結婚し、世の男たちの羨望を集めていた。その彼が開口一番、言ったのだ。「結婚なんて意味あるのかな。どうしてみんな結婚するんだろう？　もちろん、恋はしたいし、パートナーも欲しいけど、うまくいくとはとても思えないね」

俺の友達も似たようなものだ。幸せそうなやつも、ちょっとつつけば、不満を漏らす。その不満をどうにかしようとして愛人をつくるのもいれば、ひたすら耐えるのもいる。大半は自分の宿命とばかりに観念しているが、なかには観念し切れないのもいる。夫婦円満に見えるやつですら、問い詰めれば、一度や二度の浮気を白状するものだ。

人は永遠の愛を期待する。けれども、実に2組に1組の夫婦が、再婚の場合はそれ以上が離婚に終わる。既婚者のうち、「結婚して良かった」と考えている人は38パーセントに過ぎない。そして9割の夫婦が、「第一子が生まれてから結婚生活に対する満足度が下がった」と回答している。ちなみに、生まれてくる子どもの3パーセント以上は夫の子ではなく、夫はそれに気づいていない（※各種データの出典はwww.neilstrauss.com/thetruthを参照）。

あいにく状況は悪くなる一方だ。現代は、テクノロジーの進歩のおかげで人類史上かつてないほど出会いの場が広がった。人肌恋しい無数の男女がクリック一つ、フリック一つでつながる今、一対一の男女関係を貫くこと（それ以前に、築くこと）は至難の業だ。最近の世論調査によると、米国民の10人に4人は結婚という制度を前時代的と考えている。

ということは、俺だけの問題ではないのかもしれない。俺がおもねようとしている社会制度は時代にも人間の生理にも反していて、男女どちらのニーズも満たしていない（満たしたことがない）のではないか。

そんなわけで、俺は今、シカゴに発つ荷造りをしながら罪悪感と疑問にのまれている。今までになく充実した恋愛に右足を突っ込み、左足をその外に出している。そもそも、一人のパートナーに死ぬまで忠誠を尽くすのは自然の理にかなっているのか。だとしたら、愛情や欲情が冷めていくのをどう阻止すればいいのだろう？　一夫一妻制（モノガミー）に代わるパートナーシップもあるのでは？　もっと進化した、もっと楽しい男女関係はないのか。

数年前、俺は『ザ・ゲーム』という自著のなかでナンパアーティストのアングラな世界を描いた。自らその世界に身を置き、長年の悩みを解決しようとした。当時、寂しい男だった俺にとって一番の悩みは「どうして好きな女に好かれないのか」だった。

この後のページでは、それよりもはるかにやっかいな問題と格闘することになる。それは「好かれたあと、どうするか」だ。

その結論にたどりつくまでの道のりは、男女の仲と同じで、とうてい教科書どおりには行かない。浮気の影響は意外な展開を見せ、さまざまな発見と出会いにつながった――フリーセックスのコミュニティ、現代版ハーレム、科（医）学者、スワッピング、神経性無性欲症患者、擬似家族、元子役、霊媒師、人殺し、そして、何よりも恐ろしい実の母親。その結果、知ったつもりでいたことに次々と疑問が沸き、目からうろこが落ちた。人間関係のことも、自分自身についても。

君がこの放浪記を自分のために役立てようと思うなら、自分がどういうフレーズや考え方に食いつき、どれにドン引きするのか注意しながら読み進めてほしい。生理的な反応は雄弁だ。自分が何者で、どういう価値観を持っているのか教えてくれる。えてして、一番抵抗を感じるものは自分にとって一番必要なもの。そして、一番手放したくないものこそ、一番捨てなければいけないものだ。

少なくとも俺はそうだった。

これは自己発見のストーリーである。今まで必死にしがみつき、体を張って守り、大切にしてきた現実が、ことごとくデタラメだったと気づくまでの一部始終だ。

いみじくも話は21世紀の隔離施設からスタートする。そこでしばらく過ごした俺は専門家の助言を無視して逃げ出すことになるのだが……。

3

緑衣の毛深い職員が俺のバッグを手前に置き、ゴツい手に仰々しくゴム手袋をはめ、荷物検査を始めた。

「本は持ち込めませんよ」

ここ以外で本を没収されたのは北朝鮮だけだ。本を取り上げるのは独裁者か、思想の自由をよしとしない連中の常套手段である。刑務所でさえ、受刑者に本の持ち込みを許可している。

だが、これも自業自得と自分に言い聞かせる。ここに来たのは根性を叩き直すため、真人間になるためだ。今の俺にはふさわしい。この病院が、この監獄が、この収容所が、誘惑に弱い男女が集うこのリハビリ施設が。

この施設ではありとあらゆる依存症を扱う。アルコール依存、薬物依存、セックス依存、摂食障害、そしてエクササイズ依存なるものまで。何ごとも、過ぎたるは及ばざるがごとし。色恋も同じである。

ここの看板は「恋愛依存症」だ。

しかし、俺は恋愛依存症ではない。だったらよかったけれど。恋愛依存症では聞こえがよすぎるのだ。天国には殉教者専用のスペースのほかに、恋愛依存症だけが逝ける一角があるに違いない。

職員は俺の爪切り、毛抜き、カミソリ、カミソリの替え刃を厚手の封筒に入れた。「こちらも預かります」

「その前にヒゲを剃ってもいいかな？ 今朝、剃ってる時間がなかったんだ」

「新規の入所者は自殺防止の観点から、最初の3日間、カミソリが使えません。それ以降は担当医の許可を得てください」

「でもさ、爪切りでどうやって死ねるの？」。俺は規則が苦手だ。それもここに入る理由ではあるが。「俺のはヤスリも付いてないんだよ」

職員は黙っている。

トラブルの大半は規則では解決できない。法律をもってしても、そうだ。規則には柔軟性がない。だから破られる。常識は柔軟だ。この施設は明らかに柔軟性に欠けている。「自殺するなら、俺はベルトを使うよ。なのに君は没収しなかった」

そう言って笑ってみせる。怒ってはいないことを示すために。俺はただ、このシステムが機能しないことを分かってほしかった。職員は俺の全身をなめるように見たあと、無言のまま俺のファイルに何やら書き込む。カミソリは二度と返してもらえそうにない。

「こちらへ」。緑のスモッグを着た女性に声をかけられた。ガリガリにやせている。ブロンドの髪はもじゃもじゃ、肌には日焼けによるダメージ。女性は看護師を名乗り、俺を個室に案内した。

この腕に腕帯を巻きながら、「今日から3日間、1日に4回、バイタルを測定します」と言う。その目に生気はなく、口調は機械的だ。この人は24時間、３６５日、こんなことを繰り返しているのだろう。

「でも、どうして？」と俺は聞き返す。さっきから質問ばかりだ。質問が歓迎されないのは分かっている。それでも、知りたい。ここは想像していたのとは違うからだ。以前、一緒に本を書いていたギタリストがリハビリ施設に入ったので見舞いに行ったことがあるが、そこはカントリークラブとキャンプ合宿を足して二で割ったような雰囲気だった。

「離脱症状の出ている患者さんが大勢いるので、体調をチェックする必要がありますから」と看護師は答える。そして俺の脈を取り、血圧が高いと告げた。

「そりゃあ、高くもなるよ」と突っ込みたかった。こんなに不愉快な思いをするのは生まれて初めてだ。私物を没収されたあげくに重病人扱いである。セックスの離脱症状で死ぬわけがない。

でも、俺は黙っていた。素直に従った。浮気の常習犯のように。

看護師からポケベルを渡された。ナース・ステーションからの呼び出しに備えて、24時間持ち歩くように言われた。続いて、目の前に次々と書類が出てくる。そこには患者の権利、プライバシー保護、免責事項、院内規則が明記してある。またしても規則だ。ある条項は患者、看護師、職員との性交渉を禁じている。その次は患者の服装規定。ビキニ、タンクトップ、短パンは着用禁止だが……ブラジャーは必ず着用と書いてある。

「じゃあ、僕もブラジャーしないとだめかな?」とジョークを飛ばしてみた。無駄な努力と知りつつも、ここの規則がいかにバカげているかを今一度訴えたかったのだ。

「ちょっと大げさよね」と看護師は同意した。「でも、ここにはセックス依存症もいるから」

看護師の口からポロリと漏れた言葉には軽蔑と不安が入り混じっていた。セックス依存症の入所者は、患者というよりケダモノと言わんばかりだ。俺はハタと気づいた。アルコールや薬物の依存症は基本的に人畜無害だ。自分の体をむしばんでいるだけである。ところが俺は人の体を狙う。ろくでなしの中のろくでなしだ。リハビリ施設にドラッグは置いていないが、俺の依存対象ならいくらでもいる。あっちにも、こっちにも。だから、セックス依存症者の視界に入ったときはえじきにならないように用心しなければいけない。

「自殺願望はありますか?」と看護師が尋ねる。

「いいや」

看護師がパソコンの画面をクリックすると、「自殺しません」と題された誓約書が現れた。

看護師は小型のタブレットとタッチペンを差し出すと、誓約書にサインするよう指示した。

「自殺したら、どうなるの? 誓約違反で追い出されるとか?」

看護師は黙っているが、人差し指の爪を親指の腹に食い込ませている。俺にイラついているのだろう。質問のせいだ。俺がいろいろ問いかけるからだ。ここの職員は質問を好まない。痛いところを突かれるからである。まっとうな質問は制度の欠陥をあぶりだす。

しかし、俺は署名する。素直に従う。浮気の常習犯のように。

看護師は俺のファイルを読んでいたが、ある箇所でギョッとしたように目を留めた。モニターを回転させ、俺に見られないようにした上で、二言、三言入力する。ここに来て、20分足らず。俺にしてはおとなしくしているほうだが、早くも問題児になっている。でも、かまわない。とにかく、ここまでの流れが気に入らない。この一連の手続きは俺のためではない。裁判沙汰を避けたい施設の都合だ。「だって、首を吊らないと約束したんですよ。ほら、ここに本人の署名があるでしょう？　誓約を破ったのは本人ですから、私どもに責任はありません」と遺族を説き伏せるためだ。

「殺意を覚えることはありますか？」

「いいや」。そう言ったとたん、殺意が芽生える。「エッチなことを想像しないで」と言われると想像してしまうようなものだ。

看護師は次の質問に移る。「入所の動機は？」

「浮気したから」

看護師は黙っている。俺は今の発言をかみしめた。我ながら情けない。誘惑されて拒否できなかったというだけで、こんなところに来たのか。そこで入所の動機をつけ足した。「あと、健全な交際を学べたらと思って」

イングリッドの顔が目に浮かぶ。俺はイングリッドの心を引き裂いた。イングリッドの女友達から「殺してやりたい」と脅された。イングリッドには、俺みたいな男を好きになった以外、何の罪もない。

看護師は目を上げ、俺の顔を見た。目が合うのは初めてだ。看護師の表情がなごむ。俺はもう変態ではない。魔法のキーワード「交際」のおかげだ。

看護師の口元がゆるむ。明らかに物腰が変わった。俺の力になろうとしているようだ。

「ええ、できますとも」と看護師は言った。「そのためにも、まずは健全な交際相手を見つけないと」

「それなら見つけました」。ため息が出る。「彼女は健全そのものだ。だから、全ては自分のせいだと分かったんですよ」

看護師は同情の笑みを浮かべた。引き続き、俺のファイルに目を通している。この俺は本当に依存症なのか。看護師に聞いてみた。すると、「私は専門家ではありませんが……」と前置きし、「不貞、アダルトサイトの閲覧、自慰行為はセックス依存症に該当します」と言う。

そして、デスクの引き出しから赤い紙を取り出し、黒のサインペンで俺のファーストネームと苗字のイニシャルを書く。その紙をプラスチックのネームプレートに入れ、白いひもを通した。こんなにぶざまなネックレスは見たことがない。

「赤の2組です」と看護師。「この名札をいつもかけていてください」

「赤の2組?」と俺は突っ込む。

「名札は色分けされているんです。赤はセックス依存症。2組の担当セラピストは……」。看護師は一瞬黙り込み、苦笑いを浮かべる。「……ジョーンです」

その苦笑いは不安の表れなのか、はたまた同情を意味するのか。俺はその名を聞いたとたん、なぜか身の毛がよだった。

看護師は足元から大きなボードを取り出し、デスクの上に立てかけ、俺のほうに向けた。ボードには8つの単語がデカデカと書いてある。

喜び

苦しみ

愛しさ
怒り
興奮
恐れ
後ろめたさ
恥ずかしさ

「これは『チェックイン』と言います」。看護師は説明する。「チェックインは日に4回実施しますから、自分が感じていることをその都度申告してください。今の気持ちはどれにあたりますか?」

俺はボードを見ながら、ぴったりの表現を探す——身の毛もよだつ戦慄。全面的自己否定。前後不覚。激しい後悔。規則に対する嫌悪。ここから逃走し、「レックス」と名前を変えて、ニュージーランドに亡命したい衝動。

「この中には、ないんだけど」

「ここに書いてあるのは人間の基本的な感情です」。看護師は板についた様子で辛抱強く説明する。「どんな感情も8つのどれかに分類できます。では、今の気持ちに一番近いものを選んでください」

腑に落ちない。これは誰かの思いつきじゃないのか。いい加減にもほどがある。そう思うと……。

「『怒り』を感じるよ」

看護師は俺のファイルに「怒り」と打ち込む。これで俺も正式に入院患者だ。そう思ったら、別の感情が沸いてきた。

「『後ろめたさ』と『恥ずかしさ』はどう違うの?」と確認してみた。

「『後ろめたさ』は自分の行いに対して感じるもの。『恥ずかしさ』は自分自身に対して感じるものです」

「じゃあ、『恥ずかしさ』も」。今の自分が半端なく恥ずかしい。

看護師の案内で受付に戻る。腕に青いギプスをした女性がナース・ステーションから出てきた。彼女も新規の入所者だ。血の気のない顔、濃いブルーの髪、無数のピアス、男の生気を吸い尽くしそうな吸血鬼のまなざし。俺はひと目でそそられた。

今度は別の方向から、もっとそそる女が気だるそうに歩いてくる。ピンクの野球帽をかぶり、ブロンドの髪をなびかせ、受付のカウンターにもたれた。タイトなTシャツがボディラインにピッタリはりついている。俺はいつもと同じことを考えた。男なら誰もが考えることだ。第二次性徴期とは何だったのか。それは、こういう妄想をたくましくするためだ。テストステロンはなぜ体内を駆け巡るのか。それは脳の視床下部の神経受容体を刺激し、行動に駆り立てるためだ。

「どうして、ここに入ったの？」。ブロンドに話しかけた。彼女の名札は青だ。

「恋愛依存症なの」とブロンド。

上等だ。俺たちは一緒に夕食をとることにした。

チェックイン――「後ろめたさ」。

そして「興奮」。

4

ルームメイトも赤い名札を下げていた。寮の部屋に初めて入ると、その男はじろりと俺を見た。コンプレックスが波のように押し寄せる。男の顔立ちははっきりしている。俺は細面で女々しい。男はサッカーの決勝戦でＭＶＰ

に輝いたようだ——そうTシャツに書いてある。俺は体育の授業でチーム分けするとき、最後までメンバーに選んでもらえなかったくちだ。

「アダムだ」。男はそう言って、俺の手を強く握る。その口調は自信にあふれている。俺は声が震え、早口になる癖がある。

「俺はニール」と応じながら、手を引っ込めた。「どうして、ここに?」と努めて軽快に尋ねてみる。俺もこのくらいイケメンだったら、高校時代にカノジョの一人もできたはず。キスくらいは経験できただろう。そしていまだに路上で、機内で、リハビリ施設で、半径3メートル以内でこうして女の尻を追い回すこともなかったはずだ。さぞかし男としての自信もつくだろう。

「ニール、それは……」。アダムはベッドに腰掛け、ため息をついた。「ここに入った理由は君と同じ、ほかの連中と一緒さ。浮気がバレたんだ」

やっぱり男の自信はつかないかもしれない。にわかにアダムに親近感がわく。こいつも俺と同類か。

この部屋は殺風景だ。パイプベッドと洋服ダンスと安物の目覚まし時計が3組あるだけだ。俺が自分のベッドと洋服ダンスを確保しているさなか、アダムが身の上話を始めた。ベッドは床につきそうなほど低いから、アダムの膝頭が胸につきそうだ。

話によると、アダムは働き者で、信心深く、母国アメリカを愛している。50年代のシェービング・ローションの雑誌広告から抜け出てきたような男だ。大学時代の恋人と結婚し、カリフォルニアのパサデナに小さな一軒家を買い、保険のセールスマンをしている。子どもは2人、愛犬が1匹。毎週日曜日に教会に行く。

「ところが妻ときたら……」とアダムは続ける。「だらしなくてね。一日中家でゴロゴロするばかりで、何もしない。俺が仕事から帰ってきても、座って雑誌を読んでる。一日の出来事を手短に話そうとすると『聞きたくないわ』ときた。子どもに夕飯を食べさせてもいないんだ」。アダムは頬杖をつき、大きく息をつぎ、アスリート級の肺に酸素を送り込んだ。「主婦業に専念しろとは言わないけれど、もううんざりだよ。仕方ないから俺が家族の夕飯をつくるんだが、妻は皿洗いもしやしない。なあ、ニール。俺は毎日、仕事先から自宅に電話を入れて妻に『愛してる』と言ってきた。花束も贈った。できるかぎり愛情表現してきたつもりなんだ」

「だけど、それは愛情から？　それとも義務としてやってるのか？」

「そこなんだ」。アダムはしきりに結婚指輪をいじる。

結婚とは、たぶんマイホームを購入するようなものだ。一生そこに住むつもりだが、たまには引っ越したくなったりする。せめてホテルに一泊したいときもあるだろう。「愛人と一緒だと幸せで、奥さんと一緒だと不幸だって言うなら、離婚すれば済むんじゃないの？」と俺は突っ込んだ。

「そう簡単にはいかないよ。妻とは長い付き合いだし。それに子どももいるしね。子どものことは考えてやらないと」。アダムはそう言うと、ベッドに手をついて立ち上がった。

「この続きはジョギングしながら話さないか？」

アダムの脚は見るからにたくましい。生まれつきの健脚に加えて、ゴールを決めないと褒めてくれない厳しい父親に鍛えられたのだろう。

「遠慮するよ。約束もあるから」

「じゃあ、またあとで」。アダムはドアノブに手をかけたが、振り向いて言った。「ジョーンのこと、聞いた？」

「ジョーン？」。ああ、思い出した。

「俺たちのグループの担任セラピストだ。正真正銘の男泣かせだよ。そのうち分かると思うけど」

そう言い残してアダムは出て行った——身も心も健康な、あわれなやつだ。

ここの食堂に砂糖やカフェインの類はない。あるのは依存性のない飲食物だけ。隅のテーブルでは摂食障害の女性7人と、担当のカウンセラーが座っている。カウンセラーは7人が所定の量をきちんと完食し、トイレに駆け込んで吐き出したりしないか監視している。

赤い名札を下げた女性の入所者は今のところ一人もいない。明らかに、女は摂食障害、男はセックス依存症と決まっているらしい。どちらも執着する対象は「女体」である。

俺は、先ほどの恋愛依存症の隣に座っている。そのまた隣にいるのが受付で見かけたギプスの吸血鬼だ。聞けば、2人は同室だという。恋愛依存症はキャリーという名で、吸血鬼のほうはドーンと名乗った。ドーンはアルコール依存症にして、薬物をひと通り試したという筋金入りのジャンキーだ。ドーンが糖分ゼロのデザートやカフェイン抜きのコーヒーをお代わりしたいと言うと、キャリーはその都度取りに行ってやる。すると、摂食障害のテーブルにいたカウンセラーがこちらに歩いてきた。

「飲食物を取ってやるのはやめなさい！」とカウンセラーは厳しく注意する。「それは共依存にあたるし、規則にも反する。今後は人の世話を焼かないように。いいね？」

カウンセラーが立ち去ると、キャリーはやるせない表情をした。「だって、ドーンは腕を骨折したのよ。仕方ないじゃない！」

「あんたのおかげでギプス依存症になりそう」とドーンがジョークを飛ばす。3人で笑った。ノーマルな日常のひとコマのように。しかし、笑いながら自分の胸元を見れば、緋文字のような赤札がぶら下がっている。俺はだんだん口ごもり、2人に気づかれやしないかと冷や冷やしてきた。この食堂にはほかにも人がいるのに、俺はわざわざこの2人と並んで座った。このなかで、一番若くて、一番ルックスのいい2人。俺にとっては、一番同席してはいけない2人だ。

2人ともこの赤札の意味をまだ知らないのだろう。しかし、いずれは分かる。「この男、変態につき、接近禁止」という意味だ。

5

受付まわりの掲示板には、その日に予定されている患者会の一覧が貼り出してある。アルコール依存症患者の会、大麻依存患者の会、セックス／恋愛依存患者の会、過食症患者の会、ギャンブル依存症患者の会、覚せい剤依存症患者の会、共依存症患者の会——依存症患者の集いがより取り見取りだ。

この手のミーティングに参加したことがないので、とりあえず自分にゆかりのある「セックス／恋愛依存症患者の会」を選んだ。会場は談話室だが、ここは普段はジグソーパズルの展示場として機能し、強迫性障害の入所者に無意味な反復行為を続けさせている。談話室の奥にはソファと椅子を並べた輪ができている。集まってきたのは男が3人、女が3人。キャリーの姿もある。ミーティングの進行役は白髪の男だ。冴えない風貌のわりには偉そうな態度で、目の前にバインダーを置いている。世の中の苦労を一身に背負ったニュースキャスターという感じだ。

「僕はチャールズです。共依存性抑うつ性セックス依存症で心的外傷後ストレス障害（ＰＴＳＤ）と強迫性障害を併発しています」。男が全員にあいさつする。

「よろしく、チャールズ」と全員が返す。

「10年前にセックス依存症の治療を受けたけど、2カ月前にスリップしてしまった。こんな状態で父親になってはいけないと思い、子どもをつくるのはあきらめたんだ。僕も妻も年を取った今、子どもをつくらなかったことを本当に後悔してる。ファミリーウィークに妻を呼ぼうと思うけれど、妻を失いそうで怖い」

自己紹介を終えた男はキャリーのほうを向く。キャリーは、さっきとは違うタイトなTシャツに着替えていた。そのTシャツには「キズもの」の文字。

「キャリーです。恋愛依存症でトラウマを抱えているの」。よろしく、キャリー。「ここには今日来たばかり。この2年間は、振り向いてもくれない悪い男ばかり追いかけてきたわ。男の人にちょっとでも優しくされると夢中になっちゃうの。私、ルックスに自信がないから、男の人はみんな高根の花に見える。でも、自分を受け入れてほしくて、すっかり入れ込んじゃうから、すぐに体を許してしまうの。本当は許してはいけない相手なのに」

ついよからぬ考えが浮かんだ――患者会は絶好のナンパスポットだ。キャリーは自ら効果的な口説き文句を教えてくれた。自信のない男にとって何よりの好物は「自覚のない美人」だ。

いや、この下心をコントロールしなければ。そのためにここに入ったのだから。

次は、50代前半の男の番だ。白髪の目立つ頭に、白髪の目立つひげ。赤ら顔で軽く腹が出ている。セックス依存症の細身のサンタクロースといった風貌だ。サンタはうつむいていたが、おもむろに渋々自己紹介を始めた。「最初はストリップ・クラブの常連だったけど、メキシコのティフアナで売春宿を見つけて以来、そこに入り浸るようになったんだ」

サンタはタバコを吸う要領で胸いっぱいに息をつぎ、フーッと吐き出した。こんなに切ないため息は聞いたことがない。「そうしたら、性病をうつされちまった」。サンタは黙り込んだ。話を続けていいものかどうか迷っているのだろう。そして一瞬、ギュッと目をつぶり、首を横に振った。「まだ妻には話していないんだ」。サンタは全員の反応を待ったが、場は静まり返っている。針が落ちても分かるほどだ。「ファミリーウィークに妻を呼んで、打ち明けたほうがいいのかな。結婚して25年。砂上の楼閣は今にも崩れそうだよ」

サンタの表情を見ていると、ギロチン台に首を乗せ、刃が落ちてくるのを待っている死刑囚を連想する。ここに集う連中にとって、浮気の発覚は浮気そのものよりも一大事なのだ。大抵の男は隠し事がバレて罰を受けるよりも拳銃自殺を選ぶ。

罰とは死やリンチや刑務所行きではない。この場合の罰とはパートナーに知れることであり、事実を知ったパートナーが激昂して手に負えなくなることだ。サンタの妻はサンタを殺したりはしないだろう。ただキレて、キレて、キレまくるに違いない。うそとは相手の気持ちをコントロールし、バレないことを願うことだ。

みんなの視線が自分に向いているのに気づいた。

そこで「ニールと言います」とあいさつする。

「よろしく、ニール」。気の抜けた合唱だ。

言葉に詰まってしまった。セックス依存症を名乗れば、キャリーに接近するチャンスを棒に振ってしまう。いや、ここに入ったのはキャリーに接近するチャンスを棒にふるため、女に近づくチャンスを棒に振るためではなかったか。リハビリ施設に来てまでナンパしているようでは、先が思いやられる。

ところで、キャリーの件はさておき、俺は本当にセックス依存症なのか。俺は男だ。男はみんなセックス好きだ。それが男というものだろう。セクシーな女にタイトなワンピースを着せて週末のクラブに行かせてみろ。狼の群れに生肉を放り込むようなものだ。

だが、俺は決まったパートナーがいながら生肉を食ってしまった。俺が裏切り、傷つけた相手はこんな俺を愛してくれる……いや、愛してくれた。ああ、もうどっちだか分からない。これが依存症の特徴なのか。何かに執着し、それを手に入れるためなら、平気で人を傷つける。

「セックス依存症で恋愛依存症なんだ」

よし、少し聞こえが良くなった。

全員が俺の話を真剣に聞いている。白い目で見るやつは誰一人いない。みんな、お互いさまだ。「自分がこんな所に来るなんて夢にも思ってなかったよ。でも、過ちを犯して大切な人を裏切ってしまった。どうしてあんなことをやらかし、彼女をズタズタにしまったのか。そのわけが知りたくてここに来たんだ。まともな男になって、まともな恋愛をしたい――できれば、彼女と。この先も浮気心を起こして家庭を壊したり、子どもの心を病ませたりしてはいけないからね」

サンタが首を振り、目に涙をためる。

ここまでにしておこう。ほかにも思いついたことがあるが、口には出さないことにした。本当は「バカバカしい。俺は生まれつきこういう男なんだよ」と開き直り、「一対一の恋愛（モノガミー）はもうごめん。これからは好きな相手と好きなときに好きなことを楽しむぞ」と宣言したかった。

思春期を過ぎた男は仲間にも、社会にも、自分の生理にも、女の尻を追い回せと励まされる。それなのに、結婚したら永久に女を断てというのは無茶な話ではないか。女の脚はなまめかしく、バストは柔らかい。永久は長い時間だ。

全員の自己紹介が終わった。「この中に新顔はいるか」とチャールズが聞く。俺が手を上げると、コインが一枚回ってきた。断酒に成功したアル中の友達も似たようなコインをもらい、金メダルのように大事にしていた。俺も今、一枚もらった。コインをまじまじ見る。ありがたくもない。今日、依存症の仲間入りを果たしたというだけだ。一日我慢した印に。

こんなところの患者になるとは思ってもいなかった。むしろ、自分はまっとうな人間だと思っていた。両親は離婚していないし、俺に手を上げたこともない。親父の裏の顔は俺とは無関係だ。今までカウンセリングに通う必要も時間もなく、ジャーナリストとして人のトラブルを記事にしてきた。なのに、なんで自分を異常だと思ったのだろう。

たぶん、リック・ルービンのせいだ。

6

太平洋、5カ月前

リック「つまり、こういうことか。ガールフレンドを愛しているのに、ほかの女と寝たと？」

俺「そのとおり」

リック「でも、浮気が知れたら、間違いなく彼女を傷つけるから、うそをついたと？」

俺「そのとおり」

リック「まあ、前向きに考えてみようじゃないか。仮に彼女が本当のことを知って、おまえから離れていったなら、おまえたち2人はそもそもステディな関係ではないんだよ。おまえのうそのおかげでもっているだけだ」

今、俺とリックは太平洋上の真ん中でボディボードをしている。リック・ルービンは世界的に知られる音楽プロデューサーだが、なぜか俺の相談相手でもあるのだ。最初は、俺が『ローリングストーン』誌のライターだから接近してきたのかと思っていたが、それはとんでもない見当違いだった。リックはマスコミ嫌い、パーティー嫌いで、自分の守備範囲から出ることを好まない。そのくせ、U2クラスの大物バンドに「今度の新曲はダメだな」などと平気でのたまう。

俺「それで、どう思う？　本当のことを白状したほうがいいかな？」

リック「もちろんさ。今度の件だって、彼女にうそをつかないと心に決めていたら、浮気する前に思いとどまることができたはずだ。今からでも遅くはない。彼女を正式な恋人として迎えてやれ」

俺「無理だよ。本当のことを言ったら、彼女は立ち直れないと思うんだ」

リック「そんなリスクを背負ってまで浮気する価値はあったのか？」

俺「全然、ない」

去年は一日おきに、リックとボディボードをした。マリブビーチのパラダイス湾からデューム岬まで一緒にパドリングしながら、あれこれ話をしたものだ。リックのほうが年上だが、俺よりもスピードを出すし、常に数メートル先を行く。上半身裸で長い白ひげをなびかせる姿は若い信徒を導く水中の教祖のようだ。

こうして一緒に海に出るなんて、数年前は考えられなかった。当時のリックは今よりも60キロくらい太っていて、椅子から立ち上がることもほとんどなかった。何をするにもひと苦労という感じだったのだ。それが今では、筋トレかボディーボードか新しい運動メニューをこなすのが日課になっている。短期間でこれだけ劇的に変わったやつを見たことがない。そのリックが今日は俺を劇的に変えようとしている。

リック「欲求を抑えきれない人間、欲求が満たされても心が満たされない人間を何と言う？」

俺「弱い人間？」

リック「依存症だよ」

俺「俺は依存症じゃないよ。ただの男だ。浮気ばかりしてるわけじゃないしね」

リック「その言いぐさ、まさしくラリってる依存症だな。さっき言ったじゃないか。大切な人にうそをついてまでハイになりたいが、ハイになれない。それなのにクスリに手が出てしまうと」

俺「まあね。でも、そもそもイングリッドと相性が合わないとしたら？　相性がいいなら、俺だって浮気心は起こさないだろう。たまにイングリッドにムカつくんだ。えらく強情なところがあるからね」

リック「前のガールフレンドのことも、そんなふうに言ってたよな？　おまえは都合が悪くなると、すぐ相手の女性のせいにする。このさい、相手は関係ない。おまえ自身の問題なんだ。分かるだろう？」

俺「分かんない」

リックは目を丸くした。

リックと話していると、モルモットにされているような気分になることがある。人に禁欲を勧めて楽しんでいるのではないか。『ザ・ゲーム』を書いた男にゲームをやめさせるというサディスティックな実験をしているのではないか。

リック「さらに言わせてもらえば、おまえは本当の意味で人とつながったことがないんじゃないか？　体のつながりにしろ、心のつながりにしろ、これまで一度も実感したことがないのだと思う。その恐れを解消するにはリハビリが必要だろう」

俺「恐れって？」

リック「自分には健全で誠実な恋愛をする資格はないのではないか。そういう恐れだよ」

あるいは本気で俺を救おうとしているのかもしれない。

俺「考えてみるよ」

リック「考えてるひまはないぞ。短い人生でいみじくも幸せになりたいと思うなら、まずは気づくことだ——自分はセックスをドラッグ代わりにして心の穴を埋めているという事実にね。おまえは心の底では誰からも愛されないと思ってる。その思いから逃れたいばかりに次々と女性を征服しようとする。ところが、女遊びが過ぎてイングリッドに愛想を尽かされたら、どうなるか。『自分は愛される価値のない人間』という思いがますます強くなってしまう」

とうとうと話すリックは救世主さながらだ。目はランランと輝き、異次元の世界から——俺の知らない世界から啓示を受け取り、そのまま伝えているように見える。こういうリックは前にも見たことがあるが、さっきの話をもう一度聞かせてくれと頼んでも、大抵覚えていない。

俺「言いたいことは分かったよ。だけど、俺は新しいことに挑戦するのが好きなんだ。旅が好きだし、いろんなレストランに入ってみたいし、いろんな人と出会ってみたい。セックスに関しても、そう。いろんな女性を知って、ベッドを共にして、その友達や家族とも会って、冒険して、思い出を作りたいんだ」

リック「それは心の穴を埋めてからにしろ。穴が完全に埋まったら、改めてセックスの感触を確かめればいい」

俺「そうしようかな。リハビリなら、試してみても損はないだろうし」

リック「俺が知っている施設はセックス依存症の治療もやっている。治療期間は一カ月。すぐに入所して、そこからイングリッドに手紙を出せ。浮気の件を正直に書いて、リハビリ中だと説明すれば、たぶん、イングリッドも許してくれるだろう」

俺「今すぐは無理だよ。大事な締め切りがいくつか迫っているんだ」

リック「今日、交通事故に遭ったと思えばいいじゃないか。交通事故で一カ月入院すると思えば、その間、仕事ができなくても仕方ないだろう。そういう言い訳こそ、病に振り回されている証拠だ。覚悟を決めて自主的に行動を起こさなきゃ、何も変わらんよ」

心は決まった。これからはイングリッドにうそをつかない。けれども、浮気の件は隠し通す。そして自分は依存症ではないことをリックに証明してみせる。しかし、同時に心の声も聞こえていた——この世のどこかに雪男やネッシーがいるなら、この世のどこかに浮気に寛容で才色兼備のいい女がいるはずだ。

俺「なあ、リック。君の言うことは一理ある。だから、今の話をよく検討して、やるべきことをやろうと思うんだ。ただ、セックス依存症っていうのはどうかな。俺は売春婦に貢いだり、幼い女の子にいたずらしたりする趣味はないよ」

リック「おまえにはリハビリは早すぎるようだ。まずは、ジャンキーと同じで、落ちるところまで落ちたほうがいいかもしれん」

7

10脚の椅子が教室の壁に沿ってコの字に並んでいる。椅子に座っているのは、いずれも病んだ男どもだ。ルームメイトのアダムがいる。ゆうべの患者会を仕切っていたチャールズの姿も見える。体を沈めているのはサンタ。眉間にシワを寄せ、両目を固く閉じている。その姿は抜け殻だ。悩める心はどこか別の空間をさまよっている。教室の前方にはキャスターつきの椅子と教卓とキャビネット。キャビネットの中にはセックス依存症患者の罪の記録が数え切れないほど詰まっているのだろう。

教卓の後ろの壁に貼り出してあるのは「依存のサイクル」と題したモデル図だ。そこには「執着」「儀式化」「行動化」「羞恥＋失望」の四語が時計まわりに配置され、それぞれが矢印でつながり、無限のループを形成している。

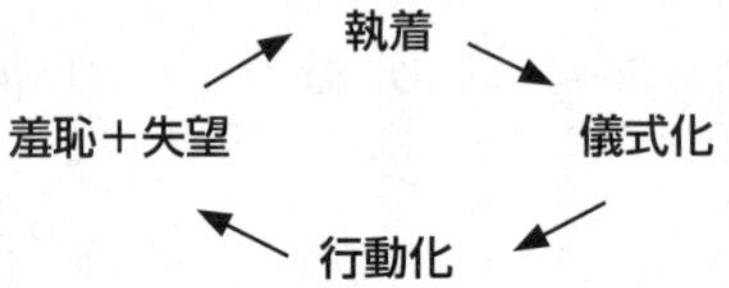

その図をまじまじ見ていると、教室のドアがバーンと開き、背の高い安産体型の女性が入ってきた。洗いざらしのブラウンの髪をきつく束ねている。オーバーサイズの花柄ブラウス、茶色のスラックス、フラットシューズ。口角が下がり、しかめっ面だ。女性は俺たちを見渡しているが、あえて誰とも目を合わせず、俺たちの存在を認めようとしない。色気の反対語はなんというのか知らないが、その反対語を地で行っている。

女性はキャスターつきの椅子にドスンと腰を降ろし、山積みになったファイルを仕分けている。情や人間味やユーモアをこれっぽっちも見せない。俺たちにとっては先生であり、裁判官であり、毒母と強妻の象徴だ。男は毒母から逃げたくて浮気に走り、強妻にしっぽをつかまれる。

女性の名はジョーン。彼女がいるというだけで全身に鳥肌が立つ。

「課題はやってきましたか？」。ジョーンが30代半ばの男に尋ねた。男は痩せ型、金髪で幼い顔立ちに血色のいい頬をしているが、童顔に似合わず腹が出始めている。

「ええ」と男は自信なさげに返事をする。「読み上げましょうか?」。赤い名札には「カルバン」と書いてある。

「どうぞ」。味も素っ気もない口調。あるのは威圧感と上から目線だけ。というよりも、いちいちの言動がわざとらしく、芝居がかっているように見える。セックス依存症の男が10人いる教室に入るときは仮面をつけてくるのだろう。仮面が外れ、威厳を失えば、調教すべき野獣どもを調教できなくなる。

「セックス依存のせいで何を失ったのか発表します」とカルバンは切り出した。「家を失い、兄弟の縁を切られました。弟と2人で世界各地を旅したとき、行く先々でこっそりコールガールを買いました。コールガールに注ぎ込んだ額はしめて12万5000ドルです」

「それだけですか?」

「だと思います」。カルバンは相手の殺気を感じて身構える。

「インターネットの通信費は含めましたか?」

「いいえ」

「インターネットでコールガールを探したのでは?」

「はい」

「だったら、そのぶんも計上しなさい。あとは電話代も。電話で連絡を取ったんでしょう? あなたが人間とも思わない、その女性たちと」。ジョーンは吐き捨てるように言う。口の悪い牧師といった感じだ。

「分かりました。じゃあ、全部で25万ドルぐらいかな」

100万ドルの4分の1でもジョーン先生はご不満らしい。女を買うのにかかった諸経費を細大漏らさず計算するように迫っている。俺はセックス依存症とやらのおかげで得た収入のほうを計算していた。セックス依存症のおかげで電話代、家賃、保険料が払えた。三度のメシが食えた。映画のチケット、本、この原稿を打ち込んでいるパソコンも買えた。靴下、パンツ、靴もそうだ。クソッ、この施設に入所できたのも、その稼ぎがあったからじゃないか。

思い返せば、子どものころの俺は貧弱なオタクだった。安っぽい黒ぶちメガネをかけていた。プラスチックのフレームは顔の割にはデカく、耳の割には小さかったと記憶している。そして、ベタついたブラウンの髪をみっともないくらいに短くしていた。それも本人の希望で。俺は自分のクセ毛が嫌だった。ほかのみんなは直毛だったから、自分もそう見せたいと思ったのだ。だから母親に「腰巾着」とからかわれた。

ダメっぷりは高校に入っても変わらなかった。高2の学年末、ダンスパーティーで一緒に踊った女の子に途中で見放され、ほかの男に乗り換えられた。美人が話し相手になってくれるのは美容院の椅子に座っているときだけ。大学時代も20代もそんな調子だった。ほかの連中が楽しくやっているのを遠くから眺めていた。そんな傍観癖が高じて本業になり、ミュージシャンを取材して記事にするプロのライターになった。女日照りが続き、柔肌が恋しくなると、性感マッサージに通った。しかし風俗店でも、野暮ったい自分は陰で笑われているような気がした。

ところが、あるときを境に人生が一変した。モテない男を卒業するべく「世界一のスケこまし」を名乗るナンパアーティストのグループに密着したのだ。2年間、その連中と寝食を共にし、海外遠征にも同行した結果、気に入った女に声をかける自信がつき、生まれて初めて気に入った女に気に入られることに成功した。そのときの、色男らしからぬ色男たちから受けた手ほどきを一冊の本（『ザ・ゲーム』／パンローリング刊）にまとめたら、大きな反響を呼び、代表作になった。つまり、俺の場合はセックスを探求することで人生を棒に振ったのではない。むしろキャリアを築くことができた。

だから、腹立たしくて仕方ないのだ。あれから5年が過ぎた今、こんなリハビリ施設で手間ひまかけて習得したことをすべて無にしようとしているのだから。

「分かりますか？　あなたは女性の体を利用して自慰行為をしているに過ぎないんです」。ジョーンがカルバンを叱責している。カルバンが涙目になったのを見るやいなや、とどめを刺しにかかった。「相手はあなたに愛情があるわけではありません。彼女たちは傷つき、食い物にされてきた被害者です。あなたは、そんな女性たちのトラウマを蒸し返している。あなたは彼女たちにとって、かつて自分を陵辱した父親であり、初体験の相手であり、ケダモノなんです」

勝負はついた。カルバンは撃沈。ガックリとうなだれ、両手で顔を覆っているが、指の間から涙がこぼれている。ジョーンは勢いづいたのか、ほかの連中にも口撃の矢を向けた。セックス依存によって失ったものを白状させ、次々に弁解を喝破。愛人や行きずりの女性や風俗嬢から得た、男のちっぽけな自尊心をズタズタに切り裂く。

次のターゲットは落ち着いた感じのスリムな男だ。あばた顔で黒い髪がフサフサしている。その男が浮気相手のことを「女の子」と表現すると、ジョーンはたちまち気色ばみ、10分にわたって説教した。「セラピストとしては『女の子』イコール『未成年』と解釈せざるを得ません。従って、通報する義務があります」。教室に戸惑いと気まずい空気がたちこめる。説教をくらった男がやっと口を開いた。「僕自身、セックス依存症のセラピストです。開業して15年になるけれど『女の子』をそんなふうに解釈するのは初耳だな」

ジョーンがコブラのように首を伸ばす。「今度、その言葉を口にしたら、本当に通報しますよ。ＣＳＡＴとしての16年目はないと思いなさい！」

勝負あり。また一人、撃沈した。

「ＣＳＡＴ」とはセックス依存症の認定心理療法士だ。その分野の第一人者パトリック・カーンズが創設した肩書きである。カーンズは70年代に性犯罪者の精神鑑定を担当し、セックスもアルコールと同様に嗜癖の対象ではないかと考え、アルコール依存症と同様にリハビリ・プログラムで治療できると確信した。その後10年間で講演活動を行い、本を書き、リハビリセンターを開設し、千人単位の色魔とその家系を研究し、セックス依存を精神疾患として認定するように学界に働きかけた。

ジョーンのうしろには、そのカーンズ先生の写真が小さな額に入って飾ってある。写真の大先生は威厳ある黒っぽいスーツにストライプのネクタイという出で立ち。禿げ上がった額を神々しく輝かせ、神聖な結婚指輪をはめた左手を胸の前に添えている。ゆがんだ笑みを浮かべながら、哀れなセックス依存症患者を見下ろしているのだ。

カルバンは特定の交際相手はいなかったが、ブラジルの売春婦をはらませたという理由でここに入所した。しかし、ほかの連中は不貞の罪を働き、強制的に入れられたようだ。長年、不倫を続けていたやつもいれば、一、二度浮気しただけのやつもいる。いずれにせよ、誰もが色欲の罪をほろぼすためにここに集い、カーンズ大先生の神通力におすがりし、最大の財産にして最大の重荷である家庭を守ろうとしている。

いじけたアダム、おびえるサンタ、後悔しきりのチャールズを見ながら、早々に問題を解決しようと思った。そうでないと、結婚生活を崩壊の危機にさらし、ここに舞い戻ってくるはめになる。

ジョーンが解散を告げたので、立ち上がり、食堂に向かおうとしたが、俺だけ引き止められた。「あなたは残ってください。同意書にサインしてもらいます」。相変わらず目を合わせようとしない。

その目はパソコンに向いており、俺のファイルを画面上で入念にチェックしている。

「ゾロフト（抗うつ剤の商品名。セルトラリン）は何年くらい服用していますか」

「ゾロフトなんて飲んだことないですけど」と俺は答える。

「ファイルには『服用中』とありますよ」

「それは何かの間違いでしょう。抗うつ薬の類は生まれてこの方、飲んだことはないですから」

「じゃあ、服用していないと言うの？」。ジョーンはいぶかしそうな表情をしながら、『ゾロフトの服用を否定』と打ち込む。

おかしなもので、人は生身の人間が言うことよりも記録のほうを信じる。そこに書かれた文字はひとりでに浮かび上がったわけでもないのに。おかげで俺は、生きている間も死んだあとも記録の上ではうつ病だ。この捏造ファイルのせいで。

ジョーンは俺のファイルを閉じ、別のファイルを開いた。後ろから、そっと覗いてみる。スクリーンに現れた最初の一行を見て心臓が止まりそうになった。そこには太い書体で「禁欲／自粛の誓約」とある。

俺はこれから聖人君子になるらしい。

ジョーンはきつい口調で誓約を読み上げる。

私は以下の行為を慎むことを誓います

■自慰行為
■露骨または婉曲的なワイセツ図書の閲覧
■誘惑、挑発、甘言または思わせぶりな言動
■みだらな装い
■公の場または秘密裏における自他への身体的接触
■妄想の秘匿――不適切な欲望、願望、執着が生じたときは必ず職員に報告します
■女装または男装

「この誓約は12週間、続きます」とジョーン。

「でも、入所期間は4週間でしょう?」

ジョーンと目が合う。ガラス玉のような茶色の瞳。人情のかけらもない。「ほかならぬ、あなたのためです。セックス依存によって変調をきたした脳は正常に回復するまで3カ月を要します」

「じゃあ、自宅に戻ってもセックスできないの?」

「回復を望むのであれば、そうです」

俺は素直に署名した。浮気の常習犯のように。

「ご苦労さま」とジョーンは機械的に言い、手で追い払うようなしぐさをした。

チェックイン——凍った池に飛び込んだときのキンタマの感覚。

8

サンフランシスコ、一カ月前

空港の到着ロビーでスマホの着信音が鳴った。

手荷物のキャリーバッグをターンテーブルから引き上げた直後だ。

「ジュリエットからメールが来たわ」。イングリッドの声だ。

顔から血の気が引き、全身から力が抜けた。俺の中で何かがせきを切る。恐怖、焦り、後悔、罪悪感、苦痛。ありとあらゆる負の感情が一気に押し寄せた。俺は小柄でコットンのように軽いが、指を動かす気力もない。

「何か言ってよ」。イングリッドの声に心痛がこもる。ショックと不信感も。イングリッドの世界は崩壊しつつある。絹だと思っていたものはポリエステルだった。イングリッドは俺にうそだと言ってほしいのだ。俺だって、できればそうしたい。もう一度ごまかしを言い、2人の世界が崩れていくのを食い止めたい。

口を開いて何か言おうとするが、言葉が出ない。これ以上、うそを重ねることはできない。そうかと言って本当のことを白状する気にもなれない。残る選択肢は一つ――。

「かけ直してもいい?」。事実が味方にならないときは時間を味方にするしかない。「飛行機が遅れちゃって、講演に間に合いそうにないんだ」

これから大手のIT企業で著書をテーマに講演することになっていた。しかし、そんなものはどうでもいい。今まで書いた作品も、パソコンに向かって執筆した日々も、仕事命の信条も毛ほどの価値もない。大事なのは人であって、モノじゃないはずだ。

なのに俺は、よりによっていちばん大事な人を傷つけてしまった。

ゆうべイングリッドは画像つきのメールを送ってきた。画像に写っていたのはドヤ顔のイングリッド。バーのステージに立ち、喝采を浴びながら、巨大なトロフィーを高々と掲げる姿だ。年に一度のバーのジャンケン大会で、100人の客と対戦し、どういうわけか優勝したらしい。ジャンケンなんか、ほとんどしたことはないのに。俺はうれしかった。イングリッドがアカデミー賞を受賞したくらいに誇らしかった。さすがは俺のカノジョ。何をやらせてもうまい。

だから俺のしっぽをつかむのもうまいのだ。

講演先まで車を走らせる。心臓は高鳴り、頭の中は混乱する。イングリッドは問題のメールを転送してきた。ちらりと目をやると「彼の車、うちのベッド、うちのお風呂でエッチしたの――」。それ以上は読む気になれない。

このメールを見たときのイングリッドの気持ちを想像するのが精一杯だ。

時間を稼ぎ、避けて通れない問題を先送りにするのは、火のついた導火線を見ているようなものだ。早く火を消し止めないと、爆弾に到達してしまう。だが、ジュリエットにはたんまり証拠を握られている——日付、時刻、メールのやりとり、ベッドテクニック。どうしてバレずに済むと思ったのか、なぜイングリッドとの関係をこじらせてしまうのか、自分でも分からない。一度目は出来心だった。二度目は罪の意識を感じた。三度目は怖かった。イングリッドにバラすと脅されたからだ。だから四度目を拒んだ。

そうしたら、このザマだ。

ありふれたオフィスビルに到着した。ありふれたシャツを着たありふれた会社員に出迎えられ、ありふれた部屋に通されると、百人超のありふれた社員が集まっていた。俺は深呼吸して、一時間ほど講演した。人生を楽しみ、自分らしく生きろと偉そうに話しながら、自分の人生が崩れていくのを感じていた。

ホテルの部屋に入り、バッテリー不足のスマホのコードを壁のソケットにつなぐ。コードが短いので、机の下の床に寝そべって話さなくてはいけない。

「さっき、ジュリエットに電話したの」。電話に出たイングリットはそう告げた。「あの子、あなたのほくろのこと知ってたわ」。そのほくろは赤いブツブツの集まりだ。サイコロの6の目に似ている。それが俺の左のけつっぺたにある。10歳のとき『オーメン』(デヴィッド・セルツァー、河出書房新社)という本を読んで以来、このほくろを悪魔の刻印と思っていた。イングリッドはもっと前向きに解釈した。黒の極細ペンで赤いブツブツをつなぎ、その上にX印をつけ、海賊の地図にあるような宝島に見立ててくれた。

「ルークとも話したわ」とイングリッド。ルークは共通の友人だ。ジュリエットの元カレでもある。「彼、カンカンよ」

「分かった、分かったよ。説明させてくれ」とすがりついた。

「ニール。私、ものすごく傷ついたし、ショックを受けた。ここを出て行くわ。あなたの顔は二度と見たくない。声も聞きたくない。さよなら」

電話が切れた。俺は床の上で仰向けになったまま、泣き崩れた。嗚咽が漏れる。涙が止まらず、胃がムカムカする。ちくしょう、俺のせいだ。俺のせいだ。俺のせいだ。

そのあと山のようにメールが来た。ルークは「戻ってきたら、ぶん殴ってやる」という。イングリッドの女友達は「くたばれ」の大合唱。このぶんだとイングリッドの兄弟にはボコボコにされるだろう。

それで顔がつぶれたら、自業自得だ。そのほうが今の気分にマッチする。辛いのはイングリッドに振られたから、だけではない。イングリッドをこの手で傷つけてしまったという事実が痛すぎる。自分のことを心から愛してくれる人、受け入れてくれる人、第一に考えてくれる人にはめったに出会えない。せいぜい親か、昔の恋人くらいだ。そういう恩を仇で返すやつを何と言うか。

自己中。恩知らず。ろくでなし。ゲス。詐欺。裏切り者。歩く下半身。みんな俺のことだ。

どうにか気力と体力を取り戻し、さっそくリックに電話した。この前、薦められたリハビリ施設の名称を教えてもらうために。

9

食堂に向かって黄土色の廊下を歩いていたら、股間に痛みが走った。心因性の疼痛だ。誓約書にサインし、ジョーンに魂を売り渡し、俺のイチモツは無用の長物と化した。これからは股にわびしくぶら下がり、ときどき小便を排出するだけだ。

「教えてくれよ」と俺はチャールズをつつき、食堂のカウンターの列に並んだ。「浮気するのは男の性《さが》なのか。それとも依存症のなせる業なのか。どう思う?」

「依存症に決まってるだろ」とチャールズは断言する。「病気と割り切った日は俺にとって人生最良の日だった。もう自責の念に駆られずに済む。道端で美人を見かけてムラムラしても、それは俺のせいじゃない。『病気だから仕方ない』と自分に言い聞かせればいいんだ」

カフェイン抜きのコーヒーメーカーのそばに、おしゃれな黒髪の女性が赤札を下げて立っている。セックス依存症の女性患者を見かけるのは初めてだ。もちろん、彼女の隣に陣取ることにした。スラリとした品のある女性でシャム猫を思わせる顔立ちをしているが、広いおでこがバックミラーのように光っている。名前は、名札によると、ナオミだ。

ナオミの隣に座っているのは短髪の小太りな女性で、毛玉だらけのスウェットを着ている。三重あごに無数のにきび。チャールズは同席を拒んだ。

「誓約書にサインしただろう?」とチャールズが釘を刺す。

「口説くつもりはないよ。一緒にメシを食うだけだ」と俺。

「女性としゃべっちゃいけないことになってる」

「……って、誰が言った?　契約書にはそんなこと書いてなかったぞ」

「おまえは治療のさまたげになる」

チャールズが憤然と立ち去ると、ナオミは声を立てて笑った。入所以来、〝音楽〟を聴くのは初めてだ。女性の笑い声は気分を上向きにしてくれる。

メシを食いながら、ナオミの身の上を尋ねた。今までに夫を17回、裏切ったという。

「夫以外の男性と初めて寝た日のこと、今でも覚えているわ。あの日、私は入社して初めて新規の顧客を獲得できたの。上司がお祝いしてくれたわ。お酒が入ったら、上司が身体を寄せてきて、私を触り始めた。女として認めてもらえたようで、なんだかうれしかった。舞い上がっちゃったの。それ以来、あのときのハイを求めて浮気を繰り返すようになった。理由はいつも同じ——強い男に認めてほしい、ただそれだけ」

ナオミを落とすのは楽勝だな。いい体をしているし、ベッドの中ではきっとワイルドだ。いかん。誓約違反だ。やっぱりチャールズの言うとおりなのか。自責の念に駆られる。イングリッドとよりを戻したいが、彼女が望む一途な男にはなれそうにない。いや、だからこそ、ここに来たのだ。一途な男になるために。

チェックイン——恥ずかしさ。

後ろめたいのは規則に背いたから。恥ずかしいのは人の道に背いたから。

「今日、カウンセリングの時間にいいことを教わったわ」。俺の妄想の対象が話し始める。「私、昔から着るものにこだわってきたの。でも、先生によると、服装で人の気を引こうとするのも病気の症状なんですって」

そんなカウンセラーは抹殺しなくては。やつらのせいで女性がセクシーな装いをやめたら、世の中はイランになってしまう。

「女性のセックス依存症は事情が違うらしいわ」とナオミは続ける。「女がセックスに依存するのは愛情に飢えている場合が多いみたい」

ナオミによると、セックス依存症患者の約9割は男だが、それは執着の対象を外に求めるからだという。一方、摂食障害の約9割が女性なのは執着の対象を内に求めるからだとか。

ナオミの隣のリズは紫の名札を下げている。紫はPTSDらしい。ナオミは紅一点のセックス依存症患者なので、リズと同じグループにいるのだ。「私は神経性無性欲症と診断されたわ」とリズは明かす。

そんな疾患は聞いたことがなかったが、要するにセックスを回避することだという。リズはカルト教団で育ち、繰り返し集団レイプされ、ついに教団から逃げ出した。それ以来、意識的にドカ食いし、身なりに頓着せず、だらしない格好をして男を牽制してきたという。彼女の三重あごは柔らかそうに見えるが、じつは硬いよろいであり、身を守るのに役立っている。

昼食後、寮に向かって歩いていると、ジョーンの授業で一緒だったセラピストの男が手招きする。

「君の姓はストラウスだよね？」とセラピストは聞く。俺たちは芝生の上に並んで座った。セラピストの名札には、「トロイ」とある。

「まあ、そうだけど」

「君の本、読んだよ」

「頼むから、ほかの連中には黙っててくれ」と俺は言った。「みっともないったら、ありゃしない」

「だけど、何だって君がこんなところにいるんだ？　てっきり人生を謳歌していると思ってたのに」

「謳歌してたさ。ナンパのテクニックを覚えて楽しんでた。だけど、あるとき結婚願望が芽生えて、家庭を持ちたいと思ったんだ。そのためには今までの生き方を封印しないといけない」

「いいことを教えようか」。トロイが声をひそめる。「俺はセラピストという職業柄、浮世の話をごまんと聞いてきた」と言いながら、なぜか右方向を指す。まあ、どっちを指そうが問題じゃない。施設の外に続く道はどれも浮世に通じている。「この仕事を15年やってきたが、結婚という制度に疑問を感じるよ」

俺はトロイの背中を叩いた。ホッとため息が出る。「その話、もっと詳しく聞かせてくれないか」

仲間を見つけた。盟友か悪友かは知らないが。

10

3日連続でジョーンの講義を聞いているが、発言の機会も教わることもほとんどない。今日もカルバンは標的にされている。カルバンの横には新入りの姿。新入りはラスベガスから来た覚せい剤依存症で、ポールという同性愛者だ。無精ひげを生やし、短髪の頭をボリボリ掻いている。自分がどうしてここにいるのか分からないのだろう。カルバンの発言は続く。

「ホース・セラピーの時間に一緒だった女の子を……」。ジョーンににらまれ、あわてて訂正した。「いや、一緒だった『女性』。キャリーのことです」

「おお、彼女は欲情誘引だ」とトロイはつぶやき、胸を叩いた。

ジョーンの首がみるみる赤くなる。「心の中で女性を裸にするのは性的暴行の企図にあたります。分かっていますか」。ジョーンは声を荒らげない。動揺を見せないためだ。彼女の武器は冷徹さ。大の男を悪ガキのように扱うすべを心得ている。機嫌が悪い日の母親のように。

「すみません。分かっています」。トロイは素直だ。

だけど、俺は分からない。いつから妄想が暴力行為になったのか。俺はジョーンに聞きたかった。銀行員が札束を数えるのを見て、一枚くすねたいと思うのは銀行強盗の企図にあたるのか。いったい何の罪になるというのだ?

「カルバン、続けて」。ジョーンは冷たく言い放つ。「どうやってキャリーを性の対象にしたのか、全員に話しなさい」

「よく分かりません。キャリーが乗馬ブーツを履いてるのを見て、馬好きだと言っていたのを思い出しました。僕も馬が好きなんです。だからキャリーと馬に乗り、駆け落ちして結婚するのを想像してしまったんだ」

俺がイメージするセックス依存症は色狂いの犯罪者であり、馬好きの女性との結婚を夢見る中二男子ではない。

セックス依存という言葉を初めて聞いたのは10代の頃、テレビの報道番組を見ているときだ。番組に出てきたセックス依存症の男はバンの後部にマットレスを積み込み、女に声をかけては車内に連れ込んでいた。そいつは顔も身なりも10人並みだったが、セックスにかける執念が結果を出しているのがうらやましかった。それにひきかえ、俺の欲望はちっとも満たされなかった。

めったなことを望んではいけない――それが教訓か。

ふと気づくと、チャールズとトロイが主語を巡ってもめていた。ジョーンは2人を向かい合わせて座らせ、「コミュニケーション・マナー」を使って話し合うように指示した。ジョーンが掲げたボードには、こう書いてある。

私は………を見た/聞いたとき、
心の中で………と思いました。
だから………を感じます。
そこで、これからは………ほしいのです。

チャールズがトライする。「私は『俺たちは生まれつき浮気性なんだ』という君の発言を聞いたとき、心の中で『僕は違う。ここで治療するのだ』と思いました。だから『怒り』を感じます。そこで、これからは『俺たち』ではなく『俺』を主語にしてほしいのです」

「けっこうです」とジョーンは言った。そして、トロイに向かって「次はあなたが同じ要領で返事をしてください」とわざとらしくやんわり命じた。

教室の中を見回すと、カルバンは相変わらず心ここにあらずだ。きっとキャリーのことを妄想しているに違いない。カルバンの隣のアダムは、どうすれば自分が改心したことを妻に認めてもらえるか思案中のようだ。サンタはますます負のスパイラルにはまり、必死に救いの手を求めている。誰一人、心の問題をケアしてもらっていない。全員が入ってきたときと同じ状態でこの施設を出て行くことになるだろう。罪悪感だけが募り、わけの分からないコミュニケーション・マナーを学んで終わり。俺は黙っていられなくなった。

突っ込んでやろうと口を開いたが、声がかすれ、たどたどしい聞き方になってしまった。

「それ、何の役に立つんです?」

「この対話の方法は配偶者と意思の疎通をはかる際の基本です」とジョーンが冷ややかに答える。

「それが浮気の虫を抑えてくれるんですか」

俺はまじめに聞いたつもりだが、みんなは笑っている。ジョーンの顔が一瞬ゆがんだ。クラスを仕切れなくなりそうな不安に駆られたのかもしれない。しかし、すぐに気を取り直すと、「お互いに心を通わすことで自分自身を愛せるようになります」と言った。『心を通わす』というフレーズをあたかも特効薬であるかのように強調しながら。

分かったような、分からないような。けれども、大事な概念らしい。「『心を通わす』っていう意味が今一つ理解できないんですが……」

「心を通わすとはこの瞬間、今ここにいる相手に集中することです。参考までに言いますが、人間は一度に二つのことしかできません。ですから、自分の呼吸を意識しながら人の話に耳を傾けると、この瞬間に集中できて、コミュニケーションに積極的に参加できる。積極性を失えば、相手と心を通せることができず、受け身になってしまいます」

初めて、ためになることを教わった気がする。「つまり、相手と心を通わせれば浮気心は起きないってことでしょうか?」

ジョーンは俺の顔をまじまじ見つめ、真意を探る。ガチで目が合うのは、これが初めてだ。「要するに、パートナーと本当に親密な関係を築くことができれば、よそにセックスを求める必要はなくなるということです」ジョーンは視線を外すと、クラス全員を見回しながら言う。「それができないから、あなたがたはここに来ることになった。セックスに依存するくらいだから、ほかにも嗜癖があるはずです。例えば、薬物、仕事、エクササイズ。それは人と親密になるのが怖いから、自分の気持ちを恐れているからです」

俺は理解に努めてきた。本気でそうしてきた。しかし、これでもかと非難され、次々と病名を増やされてはおいそれと納得できるはずがない。アルコール依存症あるいはセックス依存症としてここに入所したはずが、退所するときはアルコール依存性共依存型セックス依存症回避型愛着障害と決めつけられ、心的外傷後ストレス障害、強迫性障害、注意欠陥障害を併発していることにされてしまう。俺たちはただでさえ自尊心をもてずに苦しんでいるのだ。その上、精神疾患のデパートにされてはたまらない。

ジョーンは黒板に「S・A・F・E」と書き、パトリック・カーンズが考案した頭文字とと説明した。セックスには「Secretive（背信）、Abusive（暴力）、Feelings（感情）操作、愛情と誠意のEmpty（欠如）」があってはならないという。

「同意の上のカジュアル・セックスはどうしていけないの？」と突っ込みたかったが、それを言う間もなく、ジョーンが午後の予定を明かした。昼食後、ロレインというカウンセラーが「怒りの欲情化」というテーマでレクチャーするらしい。ジョーンはそれだけ言うと解散を告げた。

「さっきは黙ってたけど、実は俺の妄想話には続きがあるんだ」。カルバンが立ち上がりながら俺に耳打ちする。

「続きって？」

「駆け落ちした話の続きだよ。言わなくて良かった」

外の廊下でアダムとトロイが待っていた。「さっきの質問、最高だったよ」とトロイが声をひそめる。「みんなが思ってることをガツンと言ってくれたから、気分がスカッとした」

「そりゃ、どうも」。教室の中に目をやると、チャールズがジョーンと話し込んでいる。どうせ俺の悪口を言っているのだろう。告げ口するのが生きがいのやつもいる。

「ジョーンに負けるなよ」。食堂に向かって歩きながらトロイが激励してくれた。「そのうちジョーンは君をつぶしにかかる。チャールズみたいに手なづけるつもりだ。でも、俺たちのために戦ってくれ」

「自分で戦えばいいじゃないか」

「いや、俺たちは無難にやり過ごしたいんだ」とトロイはアダムに目くばせした。トロイは妻に浮気がバレて、ここに来た。浮気相手は援助交際希望の海外のモデルで、ネット上で知り合ったらしい。「ジョーンはやけに物覚えがいい。ファミリーウィークのとき、妻に妙なことをチクられたら、やっかいだからさ。分かるだろ?」

ファミリーウィークの話は前にも聞いたことがあるが、みんなの口ぶりから察するに、税務署の抜き打ち調査するようだ。トロイとアダムに詳しく聞いてみた。この施設では週ごとにメインのプログラムが変わるという。一週目は自分の足跡を振り返るタイムライン。二週目は脳内トリップが体験できるチェア・テクニックという心理療法。三週目は親や配偶者が面会に来るファミリーウィークで、担当セラピストを交えて家族関係を見直す。そして最終の四週目は退所後の回復プランを考える。

セックス依存症のファミリーウィークには「告白タイム」がつきもので、今まで隠してきた浮気や背信の数々をパートナーに打ち明けなくてはいけないそうだ。うまくいけば、夫婦のわだかまりはすべて解消し、ゼロから再出発できる。ところが、担当セラピストが技量不足だったり、他意があったりすると、告白タイムはアダになり、次は法廷で妻と対面するという事態になりかねない。

11

ロサンゼルス、２週間前

「あの日から涙が出ないんです。出そうと努力しているのに。友達は泣いてくれるけれど、私自身は泣けない。この人に心も魂も……すべて捧げてしまいました」

イングリッドに会うのは「あなたの顔は二度と見たくない」と言われて以来、初めてだ。メールや花束を何度も送り、共通の友人に間に入ってもらって、どうにかイングリッドをセラピーに引っ張り出すことができた。今日、ここにいるイングリッドを見ていると、自分がいかにひどい仕打ちをしたのか身にしみる。顔色が悪く、やつれている。目はうつろで、肌に血の気がない。トラウマに苦しむ帰還兵のようだ。

カウンセラー「彼のことを再び信じる気持ちになれますか」

イングリット「信じません。信じられません。無理だわ」

イングリッドのトラウマは俺だ。そう思うと胸が張り裂けそうになる。

カウンセラー「以前は信じていましたか」

イングリット「ええ、もちろん。１５０パーセント、信じていました。彼と出会えたことがいちばんの幸運だと思っていましたから。毎日が天国みたいだった。幸せでした」

カウンセラー「ニール、あなたはどうでしたか」

俺「僕も同じです」

イングリッドは首を横に振り、冷たい声で言った。

イングリット「うそばっかり。私に不満があったから、浮気したんでしょ」

俺「不満なんてなかったよ。本当だ。君は何も悪くない。僕が……弱かっただけだ」

カウンセラー「イングリッド、どんな条件が整えば、彼との復縁を考えてもいいと思えるようになりますか」

イングリット「三つあります」

カウンセラー「それは何でしょう?」

イングリット「正直、信頼、誠意です」

カウンセラーが俺を見る。何を聞かれるかは分かっている。いちばん聞かれたくない質問だ。

カウンセラー「今の三つをイングリッドに約束できますか」

ほら来た。二者択一だ。本音を言うべきか、うそをつくべきか。いずれにしても返事はひと言だ。本音を言えば、イングリッドを永遠に失うかもしれない。うそをつけば、ヨリは戻せても引き続き偽りの生活を続けて、またイングリッドを傷つけることになる。

口を開く。なかなか言葉が出ない。出ないのは本音のほうを選んだからだ。

俺「今の僕は『誘惑に勝つ自信がある』と断言することはできません。だからリハビリ施設に入ろうと思っています。自分を見つめ直し、同じ過ちを二度と繰り返さないようにしたい。こんなに大切な人をなぜ傷つけてしまったのか、理解したいんです」

いきなりイングリッドが抱きついてきた。俺たちは固く抱き合った。熱くて痛い抱擁。お互いの涙がお互いの頬を伝う。

一粒目の涙は悲しい涙。二粒目は安堵の涙。三粒目は一番危うい、希望の涙。

12

ロレインは鳥を連想させる50代の女性だ。白髪まじりのボサボサ頭、薄い唇、大きなわし鼻。膝上までの黒いロングブーツが不釣り合いだ。何の苦労か知らないが、今までの苦労が顔のシワに刻まれている。

「セックス依存は断てる。そう言いたくてここに来ました」とロレインは言い切った。

「衝動は収まる。そこがアルコール依存とは違うところなの。必ず収まるわ。回復までには、努力の程度によるけれど、3〜5年かかります」

それを聞いて最初は希望を感じた。しかし、よく考えてみると、3〜5年も必死で努力すれば、大抵の習慣を正せるだろう。「回復」の同義語は「癖の矯正」ではないだろうか。そのうち爪を噛む癖、鼻をほじる癖、意味もなく「すみません」と謝る癖、セックス依存よりも危険な、運転中にスマホをいじる癖にも回復プログラムが登場しそうだ。

ロレインは、患者の前で繰り返し話してきたであろう体験談を披露した。3歳のとき、大酒飲みの父親に何時間もクローゼットに閉じ込められたこと。12歳のとき、牧師にいたずらされたこと。成人後は共依存症を長く患ったこと、酒癖の悪い暴力夫からなかなか逃げられなかったこと。ロレインも多くのDV被害者と同様に、暴力夫が急性アル中で死んだから、ようやく解放されたのだった。

ロレインも20年前はこの施設で世話になっていた。名札の色は青だったらしい。

「今、お話ししたのは私のタイムラインです。今週はみなさんにタイムラインを発表してもらいます。このなかで子どものころにトラウマを経験した人は？」

手を上げなかったのは俺とアダムとサンタのみ。サンタはそもそもロレインの質問を聞いてなかったのだろう。

ロレインはけげんな表情をする。「ささいな虐待、育児放棄、ネグレクトもトラウマになり得るの。例えば、いつも欲求が満たされない。そういう体験の積み重ねも、いわゆるトラウマになるわ」

「だけど、それを言ったら、トラウマのない人間なんていないんじゃないかな」と俺は尋ねた。

「たぶん、そう」とロレインは即答する。「私たちは怖い思いや辛い思いをするたびに、その体験にリンクを付けて保存する。生き抜くために必要な情報として、記憶にとどめるわけ。熱いコンロに一度でも触れたら、あとは死ぬまでコンロに対して慎重になる。実際にやけどをしたかどうかは忘れてしまっても。だから、幼少期の苦い体験をすべて『熱いコンロ』と考えてほしいの。大人になって似たような状況になったとき、幼いころと同じ反応を繰り返すことがある。私たちはこれを『ヒステリー（過剰反応）にヒストリー（歴史）あり』と言っているんだけど」

周囲を見回す。全員がロレインの話に聞き入っているようだ。俺たちはみんな、どこか病んでいるのだ。それを認めるかどうかは別だが。

「トラウマの原因はひどい虐待や事故や災難だと思われている。でも、小さなトラウマも、例えば親から毎日なじられることだって、コンスタントに続けば、同じくらいのダメージをもたらすわ。つまり、大きなトラウマを10ポイント、小さなトラウマを1ポイントとした場合、小さなトラウマが10回重なれば、大きなトラウマ1回に相当するわけ」

ロレインの話し方には愛想も愛嬌もない。ジョーン以上にぶっきらぼうだが、ロレインの話にはどこか説得力がある。敵意はないし、上から目線でもない。少なくとも、勉強になる。それが浮気性を治すのにどう役立つかはまだ分からない。

「トラウマを経験した子どもは加害者の気持ちを吸収し、心の中にしまいこむ傾向がある。心の中の『羞恥核』という部分にね。羞恥核にしまいこむのは『自分は価値のない人間、誰にも愛されない人間、つまらない人間』という思い込み。人に対する劣等感や優越感はこの羞恥核から生じる誤解。本来、人間の価値はみんな同じはずだから」

チャールズが話をさえぎる。「僕としては自分よりも先生のほうが優れていると思うんですが、それは先生がこの分野の専門家で、自分よりもはるかに知識があるからです。その場合はどうなんですか?」

「じゃあ、そのことで、どんな気持ちになる?」とロレインが返す。「私みたいなバツイチのおばちゃんが、こうして人生を指南している。あなたよりも物知りで格が上ですと言わんばかりにね」

「腹が立ちます」とチャールズが答えた。

「そのとおり。人は好ましくない感情から目を背けるために、その感情に怒りという仮面をかぶせることがよくある。そうすれば、仮面の下の本音を見なくて済むから」

俺はジョーンに目をやった。眉をひそめ、手に持った鉛筆で握りこぶしを叩きながら、ロレインを見ている。

「怒ることで得られるのは優位、支配、パワー」とロレインが続ける。「だから、怒ると自信や優越感を味わえる。セックスを介してパワーや自信を回復しようとするのも似たような心理なの。これがいわゆる『怒りの欲情化』」

ロレインいわく、セックス依存症の88パーセントは愛情なき家庭で育った。77パーセントは厳格な家庭の出身。68パーセントは愛情なき厳しい家庭で育ったという。

「親から必要以上に支配された子どもは、大人になってうそをつく傾向がある」とロレインは結ぶ。「だから、人に支配されると感じたり、自信を失ったりすると、性的行動に走ってパワーや自信を取り戻そうとする。それがセックス依存症の原点と考えられるわ」

話が見えなくなってきた。そこで「具体的に例を上げてもらえますか」と突っ込んでみる。

「そうね……」とロレイン。はぐらかすのかと思いきや、「あなたは、どんな問題を抱えているの？」と質問された。はぐらかすのではなく、真剣に答えようとしているらしい。俺の羞恥核がうずく。

「ガールフレンドを裏切ってしまいました」

「あなたのお母さんは厳しかった？」

「はい」

「あなたの場合は、お母さんに優しくしてもらえなかったから、下半身を使って愛情を探している。セックスは母親に対する怒りを解消する手段なの」。ロレインはそう言いきった。俺の人生をすべて見通しているかのような口ぶりだ。

「つまり、浮気するのは母親にリベンジするためってことですか？」

「そして、母親から得られなかった関心、受容、安心を手に入れるため」

「どうも分からないな。僕の記憶では母親はいつもそばにいてくれましたよ」

ロレインが髪をなでつけた。その髪の多さたるや、リック・ルービンのあごひげに勝るとも劣らない。ロレインは俺の幼少期を根底から覆すような質問をした。「お母さんがあなたのそばにいたの？　それとも、あなたがお母さんのそばにいたの？」

反抗期の青年

わたしの五体には別の原理があって、理性の原理と戦い、そして五体のうちにある罪の原理の下に、わたしをとりこにしていることがわかります。わたしはなんと惨めな人間でしょう。

――使徒パウロ『ローマ書 7章23‐24節』（新約聖書の引用）

13

シカゴ、30年前

母「ちゃんと覚えた？」
俺「覚えたよ、母さん」
母「じゃあ、もう一度、言ってみて」

俺と弟は台所のテーブルでシリアルを食っている。母さんは壁際の椅子に座っている。ワンピースの下から長さの違う両脚が出ていて、床につくことなくブラブラしている。母さんは俺たちの表情をじっと見る。当てになるかどうか確認するためだ。

俺「母さんが死んだことは誰にも言わない」
母「ジェリーおじさんが電話してきたら？」
俺「日にちがたつまで何も教えない」
母「よろしい」
俺「それから母さんを火葬にする」
母「お父さんが土葬にするって言い出したら？　お父さんはそうしたがるはずよ。そのほうが面倒くさくないから」
俺「父さんの言うことは聞かない。必ず火葬にする。遺灰はデパートで買った箱に入れる」
母「その次は？」
俺「箱を持ってリンカーン・パークに行って遺灰をまく」
母「よろしい。葬儀はしない。人に知らせない。お墓に入れない。とにかく何もしないこと。すべてが終わるまで母さんが死んだことは内緒にするの。誰かに邪魔されるといけないから」
俺「箱は取っておく？」
母「そうね、取っておいてもいいわ」。
俺「それから本屋で待ち合わせる、そうだよね？」
母「ウォーター・タワーの本屋。雑誌のコーナーで落ち合うの」
俺「男性誌の前？　それとも女性誌？」

母「どっちでもいいわ」。

俺「僕は音楽誌のところにいる。いいでしょ？　ずっと待ってるよ。母さんが遅れて来るといけないから」。

母「私が来たことにあなたたちは気づかないかもしれないけれど、必ず行くわ。本屋に着いたら、なにか合図をするから」

幽霊になった母さんをイメージする。母さんは別世界から俺のことを見ているが、俺には母さんの姿は見えない。しかし、耳を澄ませ、目を凝らすと、母さんの存在を感じるはずだ。例えば、冷たい風が頬をなでるとか、持っている雑誌が急にパラパラめくれるとか……。

俺「僕の耳元で何か言ったら？」

母「そうするわ。さあ、急いで洗い物をすませなさい。あと10分でスクールバスが来る。また遅刻するわよ」

俺「分かったよ、母さん」

母「今、話したこと、絶対に忘れちゃダメ」

14

ロレインのレクチャーが終わると、ジョーンは口角をつり上げ、笑顔らしきものをつくった。教卓まで進み出ると、クラス全員をレクチャーの余韻に浸らせる。もはや俺たちはただのセックス依存症ではない。リベンジ中毒だ。母親を憎むあまり、女とやりまくるのである。

ジョーンはレクチャーの内容には満足したようだが、ロレインが易々とクラスを仕切り、俺たちを釘づけにしたことは面白くないらしい。教卓からロレインを追い払うようなしぐさをすると、俺たちのほうに向き直り、口を開いた。「ほかのクラスを担当しているセラピストに注意されました。男性のセックス依存症患者が女性のセックス依存症患者に言い寄っているそうです。私は『このクラスの者ではない、あなたの患者に違いない』と言いました。ところが……」。ジョーンはわざとらしく眉を吊り上げ、驚きの表情をつくる。「……この中の一人から報告を受けて、詳しい状況と犯人が分かりました」

俺はチャールズをにらんだ。そして視線を戻すと、ジョーンもすごい形相で俺をにらんでいる。「あなたは女性を人間と思っていますか。それとも肉の塊と考えているのですか?」

あまりにも偏見に満ちた質問だ。答える気にもなれない。しばらく黙っていることにした。今のは失言ということで聞き流そうと思ったのだ。しかし、ジョーンは同じ質問を繰り返した。だから、答える。「人間だと思っていますよ。僕は猟奇殺人犯じゃありませんから」

「そうでしょうか?」とジョーン。色目を使うだけでも極刑に値すると言いたいのか。

俺だってまっとうな人間になりたい。健全な恋愛をしてみたい。浮気し、うそをつき、人を傷つけたくはない。しかし、ロレインのレクチャーは別だが、ここではリックの言うような『目からうろこが落ちる』ほどの療法や学習は体験できそうにない。俺は心を開こうと努めてきたが、ジョーンは開いた心にガラクタばかり放り込んでくる。「あなた一人が問題行動を起こしたせいで……」とジョーンは続ける。「このクラス全員に対して強硬手段を講じざるを得なくなりました」

ジョーンは数枚のカードを持ち上げてみせた。どのカードにも「男性のみ」と書いてある。「これをネームプレートに入れてください。目立つようにしっかり挟んで、決して取り外さないこと。今から女性と口をきくことを禁止します。あいさつもいけません」

相手が先に話しかけてきた場合は、どうなのか。ジョーンはその突っ込みに対しても回答を用意しているはずだが、問題はポールだ。同性愛者のポールはクラスで浮いた存在だが、彼までもが「男性のみ」のカードを付けさせられている。「女性にあいさつされたら、黙って名札を指さしなさい」。ジョーンは教卓に鉛筆を突き立て、「女性と話しているところを目撃された者は必ず事情聴取しますから」と宣言した。

緋文字の次はさるぐつわか。この施設はトラウマを癒すところなのか、増やすところなのか判断に苦しむ。

「先生との会話も禁止ですか」とチャールズが尋ねる。「先生は女性です。話しかけてもいいんでしょうか」

もう、やっていられない。俺はチャールズとは違う。やみくもに言うことを聞くなんて無理だ。納得できないことには従えない。これじゃあ、心を入れ替えようと教会に行ったら、怪しい神様を信仰しなさいと命じられるようなものである。まともな恋愛関係を学び、結婚という制度が自分に合っているのかどうか見極めたかったが、来るところを間違えたのかもしれない。今のところ、この施設のセックス依存症回復プログラムは刑務所の更生プログラム程度の効果しかない。

「それはやはり『二人の関係が親密なら、浮気心は起きない』という前提に立ってのことですか」。俺はジョーンに質問した。

「そのとおりです」。ジョーンは少し満足げだ。俺がやっと分かり始めたと思ったのか。

念のために、質問を繰り返す。ジョーンの回答を細大漏らさず全員に聞いてほしいからだ。トロイの忠告が頭をかすめた。ジョーンにつぶされてたまるか。俺が正論を説いてやる。机上の空論ではない、確かな正論を。

「二人の関係がまさに親密なら、第三者にセックスを求める気持ちは起きません」。ジョーンは回答を繰り返した。

「一日中、気になっていることがあるんです。聞いてもいいですか」

「どうぞ」とジョーンは見下したように言った。

「黒板を使ってもいいですか」と確認する。ほかに説明する手立てを思いつかなかったからだ。

ジョーンが背筋をこわばらせた。あらぬ展開になることを察知したのだろう。俺を思いとどまらせようと強烈なにらみをきかせるが、それでも俺は黒板まで進み出た。

チョークを持つ手が震える。ジョーンの今の発言を黒板に書く。

二人の関係がまさに親密なら、第三者とのセックスはない。

「これが先生が前提としている理論です」と説明を始める。「要点を抜き出すと、こういうふうになる……」

まさにXなら、第三者とのYはない。

「困ったことに、この方程式は成立しません」。学生時代は実社会で数学が役に立つとは夢にも思わなかった。それは間違いだった。「XとYが同数だとしても、やっぱり成立しない」

板書を続ける。

まさにXなら、第三者とのXはない。

「例えば、自分の妻は世界一の料理上手だとします。だとすると、先生の理論によれば、外食する気は起きないってことになる」

ジョーンは無言で俺をにらみつけたまま、黒板を自由に使わせている。ノーリアクションで揺さぶりをかけようという戦法だ。

妻の手料理がまさに最高なら、妻の手料理以外を食べたいとは思わない。

「でも、これは正しくない。たまには気分を変えてレストランに行きたくなることもありますから」

男どもは食い入るように黒板を見つめている。カルバンは前かがみになり、トロイは満面の笑顔。チャールズは眉間に深いシワを寄せている。

今だ。今こそ、ジョーンが説いてきたバカげた説を喝破するチャンスだ。あとで、どんな反撃に遭おうが知ったこっちゃない。

「では、最初の前提に話を戻します。ここが核心です」

図1

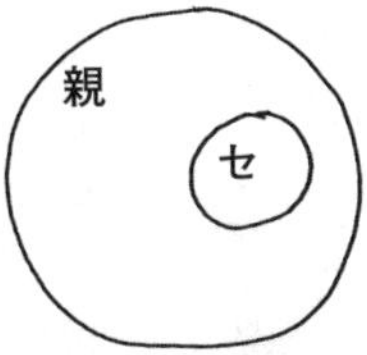

親＝親密さ
セ＝セックス

図2

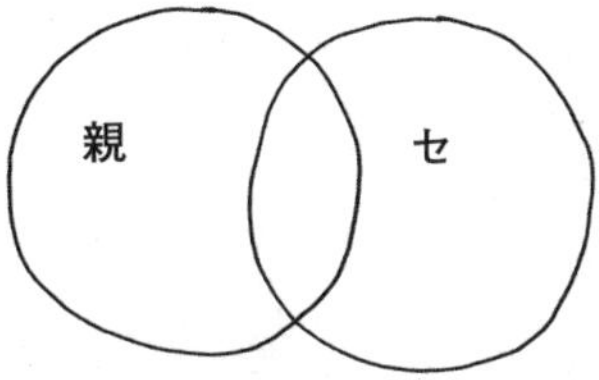

親＝親密さ
セ＝セックス

　まさに親密なら、第三者との親密はない。

「この理屈もおかしい。人は親、きょうだい、友達に対しても親密になりたいと思う。どう考えても、先生の前提には合点がいきません」

ジョーンは黙ったままだ。なので畳み掛ける。

「もう一つ問題があります。先生は親密さとセックスがこういう関係にあるとおっしゃる……」（図1）

「ところが男にとっては……ここにいる連中だけじゃなく、僕の知り合いも含めてですけど、両者の関係はこうなんです」（図2）

「だったら『親』に含まれない性欲をどうしたらいいのか?」

男どもは口をあんぐり開け、バカ丸出しのにやけ顔。チャールズだけは、すがるような目でジョーンを見ている。俺はまたしても彼の治療をさまたげているらしい。

「僕はこう考えるようになりました」。俺は攻め続けた。「『第三者にセックスを求めると、パートナーとの関係を損ねてしまう』というのは普通の人が納得している詭弁《きべん》ではないかと。俺たちはその点に納得できないからここにいるわけですが、うそや裏切りがパートナーとの関係を損なうというのなら納得できる。だったら、パートナーの考える親密な関係を俺たちに指導するかわりに、俺たちの考える親密な関係をパートナーに指導したっていいはずですよ」

トロイは大胆にも拍手した。カルバンもつられてこぶしを突き上げる。

ジョーンは表情を変えない。相変わらず冷徹だ。「『まさに親密なら〜』という一文を線で消して」と命じる。俺は言われたとおりにした。「あとは『妻の手料理が〜』という一文も」。言われたとおりにした。「席に戻りなさい」。これも言われたとおりにした。

ジョーンは黒板を見つめ、「今、考えています」と言った。

部屋中がシーンと静まり返る。チェスの対戦を見守っているかのように。ここでチェックメイトか。

ジョーンがこちらを向き、「『親密』の意味を定義してください」と言う。

「今、ですか?」

「時間があるときで結構」

なんだ。すぐにでも答えられたのに。最近、それについて誰かが話しているのを談話室で耳にした。共依存症の大家ピア・メロディの言葉だ。「親密な間柄とは安心して相手に本心を打ち明けられること。相手もまた、安心して本音を打ち明けてくれること」

「その定義がどうあれ、僕が説明したことには関係ありませんよ」とジョーンに釘を刺した。

「あなたは理屈をこじつけて依存症というものを都合よく解釈したいようね」とジョーンが返す。

反論はそれだけ? 俺に頭を使うなと言うのか。「先生の今の発言はポル・ポトやヒトラーやスターリンと同じですね。独裁者は書物を焼き払い、インテリを抹殺して異論を封じ込めようとする」

思いがけず、好戦的な言い方になってしまった。俺は反抗したいのではない。今までの恋愛はどれも散々だったし、反省すべき点は確かにある。「だから助けてほしいんです」と俺は下手に出る。「自分の考えは間違いであってほしい。依存症を治したい。でも、その前に矛盾点を解決する必要があります。先生の講義に心から納得できるように」

「そう思うのは、あなたの病が回復を拒み、抵抗している証拠です」とジョーンは一蹴する。そして時計に目をやり、やおら立ち上がると「みなさん、夕食の時間に遅れますよ」と言った。

ジョーンは教卓に戻り、書類をかき集める。勝ち誇ったように背筋をピンと伸ばして。けれども全員が、たぶんチャーリーまでもが気づいたはずだ。ジョーンは自説を弁護しなかったばかりか、弁護できなかったことに。

「ニール」。教室から出ようとしたとき、ジョーンの声が響いた。全員に聞こえるほど大きな声だ。「明日、みんなの前でタイムラインを発表してちょうだい」

15

俺たちは食堂で一つのテーブルを囲んでいた。円卓の赤札騎士団だ。全員が仲間意識と禁欲と羞恥心と病める心と連帯責任と勝利の栄光とで結ばれている。そのあかしが「男性のみ」の名札だ。

近くのテーブルにはトレーニングウエア姿の摂食障害のグループ、恋愛依存症のキャリー、アルコール依存症のドーン、紅一点のセックス依存症のナオミがいる。いまや彼女たちは幽霊も同然。触れることもできない異界の住人である。

野郎だけのこのテーブルは祝賀ムードと一体感で盛り上がっている。今にも俺をかついで胴上げしそうな勢いだ。みんなにとって今の俺は白馬の英雄、神へのいけにえ、戦う男根である。一方、当の俺は見える景色が変わったように感じていた。セックス依存症のなんたるかが見えた気がするのだ。たぶん、みんなもそう感じているのではないか。俺はリックの話に乗せられ、期待に胸を膨らませてこの施設に入ったのだが、リハビリのおかげで男女関係や結婚がますます分からなくなってしまった。

「実はさ、ジョーンに計算するように言われた費用のこと、ずっと考えてたんだ」とカルバンが言う。カルバンはシャバではデイトレーダーとして稼ぐかたわら、陰謀説のブログを運営している。「今まで女に注ぎ込んだ金は決して無駄じゃなかった。一度、セルビアのポルノ女優とデートしたんだ。100点満点の女でさ。1000ドルかかったけど……たっぷりサービスしてくれたよ。人生最高のセックスだったね。ああいう体験ができるなら、いくら払っても惜しくはないよ」。そう言って、しばし考え込んだあと「むしろ、まずいメシに払った金のほうが無駄遣いじゃないかな」

「それと、まずいデートだろ?」。セックス・セラピストのトロイがコーヒーもどきに砂糖もどきを3本入れながら口を挟んだ。

「ここの方針に疑問があるんだけど……」と俺は切り出した。「幼少時代を振り返って心の傷を癒すことが……パートナーとの関係修復に役立つというのは理解できる。だけど、その古傷が原因で浮気に走るっていう理屈はどうかな。ここに入るときに言われたよ。オナニーしたらセックス依存症だって」

「おいおい、ニール。教会がやってるリハビリ・プログラムに比べりゃ、こっちのほうがましだよ」とアダムが意見する。「ここに来る前、妻に言われて教会のセミナーに通ったことがある。その教会は婚前交渉をセックス依存と見なすんだ」

トロイがニンマリしながら、「俺たちは男だ。セックスが好物だ。右を向いても左を見ても、世の中にはセクシーな美女の画像があふれてる。『男の欲望をすべて満たしてあげます』って表情でね。なのに、なんだって？　そういう美女とエッチするのを想像するだけでビョーキだって言うの?」

アダムがうなずく。「同感だね。一人きりのホテルの部屋でいい女に迫られたら、「ノー」と言える男が何人いるんだろう?」

突然、チャールズが「目を覚ませ」と言わんばかりにこぶしでテーブルを叩いた。「おい、そんなことを言いたくなるのも病気のせいだよ。自分の頭を信じちゃいけない。依存症は俺たちをコントロールするために、あらぬ考えを吹き込んでくるからな」

「チャールズ、君の奥さんはいくつ?」とトロイが尋ねる。

「48だよ」

「女として魅力を感じる?」

「分からない。良く出来た妻だけど」

「じゃあ、最後にセックスしたのはいつだった?」

「8年前。でも、僕から誘ったんだ」

「アダム、おまえのところは?」とトロイが振った。

「最初のうちは、うまくいってたけれど――」とアダム。「子どもが生まれてから何もかも変わったよ。妻はすっかり不精になっちゃって。月に一度、夫婦でデートする日を設けたんだけど、妻が出先で子どものことばかり気にするから結局やめてしまったし。それに……」とアダムは口ごもる。「俺は楽しいセックスがしたいんだ。たまには、その、激しいやつをね。でも、妻は3カ月に一回くらいベッドの上で大の字になるだけなんだ。勝手にやってくれって感じさ」

ここまでの会話を聞きながら不安になった。俺はこんな将来が欲しくてリハビリしているのか。女遊びを断ち、セックスレスの結婚生活に身を投じたものの、ふと魔が差して会社の同僚、旅先で出くわした元カノ、そして風俗嬢と寝たばかりにセックス依存症のレッテルを貼られてしまう。久しぶりにフェラしてもらいたかっただけなのに……？

「じゃあ、どうしろってんだ⁉」。俺はカッとなり、思わず語気を荒げた。「当然だろう。妻が一年もヤらせてくれないなら、夫婦関係を決定的に壊さない範囲で、よそでヤるしかないじゃないか」

「セックスはヤりたければ、ヤっていいわけじゃない」とチャールズはいさめる。「それをあたかも当然の権利みたいに言うのは一種の現実逃避だよ。いみじくも自分の依存症を克服したいと思うなら、自分の考え方が歪んでいることを認めて、正さなくちゃいけない。俺なんて、美人を見かけたときは『高根の花』だと思うことにしている」

みんなが「高根の花」にウケているさなか、俺は不安に押しつぶされそうだった。不吉なイメージが勝手に膨らんでいく。俺はノートを開き、頭に浮かんだことを書き出す。全員が一斉にノートを覗き込む。

男のジレンマ

1　セックス良好
2　夫婦関係良好
3　夫婦関係がマンネリ化
4　セックスもマンネリ化
5　妻に飽きてくる
6　かくしてトラブル発生

文字にするのはおろか、想像するだけで恐ろしい。こういうジレンマを口に出す男は、まずいない。そんなことをしたら社会から抹殺されてしまう。しかし、ここに集う中年既婚者にとって、このジレンマこそが入所した理由なのだろう。「ほぼ当たってるよ」とアダムが悲しそうに言った。

だが、トロイはさかんに首を振る。「悲惨な話、聞きたい？　俺は浮気を始めても夫婦生活は週に4回だったぞ」「だからジョーンの話はピンとこないんだよ」とカルバンが苦笑いを浮かべる。「必ずしもセックス＝親密な関係ではない。ただ単純にワイルドなセックスを楽しみたいときもあるからね」

チャールズがすくっと立ち上がった。「このテーブルは治療のさまたげになる」と捨てゼリフを吐くと、トレイを持ち、女性患者のいない別のテーブルに移動してしまった。

摂食障害の担当カウンセラーがこちらをにらんだので、全員で声のボリュームを落とす。俺たちはクーデターを画策する、リハビリ界の反乱分子だ。「バリエーションを求めるのは自然な心理だよ」。トロイが声をひそめ、全員が前かがみになって聞く。「エロ動画を見るときだってそうだろう？　毎回、同じ女の子を見るやつはいないじゃないか」

俺は入所時に没収された本を思い出していた。そのなかの一冊はジェイムズ・ジョイスの『ユリシーズ』だった。ユリシーズの主人公は広告の営業マンをしており、美人妻がいる。彼はダブリン市内をさまよい、妻の浮気を心配する一方で、自分はさまざまな年格好の女性に見とれては妄想を膨らます。彼はそんな自分に疑問を感じ、あれこれ考えたすえに「俺は刺激を求めているのだ」という至って単純な結論にたどりつく。

それまで黙々と食べていたサンタが目を上げ、今日初めて口を開いた。「俺がティファアナに通い詰めたのも同じ理由だ。あのクラブにはいい女が60人もいて、より取り見取りだった。そして、彼女たちのテクニックも……」。暗い声でそこまで言うと、またうなだれてしまった。

「理想のガールフレンドって誰だと思う?」。カルバンは目をキラキラさせる。これから理想のピクニックについて語ります、という感じだ。「『X-メン』に出てくる女性ミュータントだよ。どんな姿にでも変身できるんだ。彼女に飽きることは絶対にないね! 今日はミーガン・フォックスと、明日はヒラリー・クリントンとエッチできるんだから」

「ヒラリー・クリントン?」。全員を代表してトロイが突っ込む。

「ヒラリーじゃ、ダメ? 試しに一戦交えてみたいんだ」とカルバン。「みんなもそう思ってるくせに」

誰も思っちゃいない。

こうして話していると、めちゃめちゃ楽しい。だが、心のどこかで疑問を感じていた。俺たちは現実を見ようとしないジャンキー集団なのか、好物のドラッグに依存しているだけなのだろうか。それとも、これはテストステロンの過剰分泌による副作用なのか。前に読んだ本に、ある調査結果が載っていた。それによると女性の同性愛者が性交渉をもつ相手は生涯で10人足らずだが、男性の同性愛者は100人を超えるという。さっそくポールに確かめてみる。

「俺の場合は1000人超えだよ」とポール。声はしわがれ、いつも夜遊びで疲れたような顔をしている。「だけど、俺たちの世界は特殊だからさ。みんなカジュアルにセックスを楽しみたいんだ。だから仲間が俺んちに集まると、集まった者同士でくっつくのではなく、さらにSNSで仲間を呼び集める。うちのリビングで10組が乱交していることもあったね」

そこで俺は「性転換して男になった元女性に取材したことがあるんだ」とポールに言った。「男性ホルモンを補充したとたん、男の気持ちが分かるようになったと言ってた。動くものなら手当たり次第にヤりたくなるらしい」

「女の人も男みたいにムラムラしてくれないかな」。カルバンが遠い目をする。

「そんなことになったら、世の中がセックスの巣窟になっちゃうぞ」とトロイがにやける。

俺はみんなに究極の質問を投げた。「奥さんに浮気を許してもらったら、奥さんが不倫するのを黙認するか？」

意外にもアダム以外は「黙認する」と答えた。トロイは「本当はいやだけど、お互い様だから仕方ない」という意見だ。

アダムだけは違和感があるらしい。ひょっとすると、今までの会話についてこられなかったかもしれない。アダムは俺たちとは違って、カジュアルセックスや遊び相手を欲しているわけではない。妻から得られない愛と恋が欲しいだけだ。「みんな、忘れていないか」。アダムが大きな両手をついて訴える。「俺たちがここに入ったのはセックスしたからじゃない。パートナーを欺いたからなんだ。欲情に負けて、人としての道を踏み外したからだよ」

よく言った。俺たちはスケベだからここにいるわけじゃない。信頼を裏切ったからここにいるのだ。ただし、カルバンは例外。ポールも本来は覚せい剤を抜きに来たのだが、入所手続きのとき、乱交パーティーのことを口走ったばかりに俺たちのグループに入れられてしまった。「そのとおり」と俺はアダムに賛同した。「独身時代に同じことをしても、ここに入る必要はない。依存症とは見なされないからね。仮に既婚者はすしを食っちゃいけないという決まりがあれば、すしを食ったやつは『すし依存症』と診断されるだろう」

「つまり『男のジレンマ』を解決するには男が一方的に我慢しなくちゃいけないのか」とアダムがつぶやく。

「我慢を重ねて、健やかなるときも病めるときも妻に寄り添う。神や親族の前でもそう誓ったし」

「だけど、なぜ我慢する必要があるんだ?」と俺は息巻いた。「肝心なのはお互いの希望をかなえることであって、お互いの希望を否定することじゃないだろう。何か方法があるはずだ。俺たちは自由を、パートナーは安心を得られる方法が。あるいは男女共に自由と安心を『両立』できる方法がね」

トロイが長い指を俺に向ける。「そこだ。この施設ではそういう考えをやめさせたいのさ」と言い、チャールズが座っていた椅子に腕をかけた。「セラピーの困ったところは人を画一化して事なかれ主義にしようとすることだね。だけど、そんな人間ばかりになったら、世の中は進歩しない。新しいことは何一つ生まれなくなる。原始時代だったら、『火が必要なときに雷が落ちるのを待っていてはいけない。自分の手で火を起こすんだ』と言い出すやつが必要なんだ。そいつは頭がおかしいと思われるだろうね。石と棒をこすり合わせて火を起こそうというんだから。今なら強迫性障害と診断されるよ。でも、そいつが火を起こすと、みんなが手のひらを返したようにまねするようになった。そういう独自の発想と執念がなければ、どんな文明も発展しない。世の中を変えるのは強迫性障害だ！」

カルバンがトロイにグータッチする。それを見ながら思った――俺がここに来たのは何かの導きではなかったか。セックス依存症とやらを治すためではなく、同輩や世の中を救うため……すなわち、男女の関係を抜本的に見直し、双方のニーズを満たす方法を模索するためかもしれない。なにしろ現状では、どちらのニーズも満たされているとは思えないのだから。

16

シカゴ、28年前

母「（ため息）話を聞いてくれるのは、あなただけよ」
俺「友達は？」
母「信用できない」
俺「デニースも？」

母「デニースは一番ダメ。彼女には何も言えないわ。口が軽いから」

俺「ふうん」

俺はスター・ウォーズの絵柄のパジャマを着て、ベッドに入っていた。ふとんの中にマンガと懐中電灯を隠して。母さんは子ども部屋の椅子をベッド際まで持ってきて、そこに座っている。親父に腹を立て、愚痴をこぼす相手がいないと、俺の部屋に来ることがある。今夜もそうだ。

母「お父さんには、もううんざり」

俺「だからけんかしたの？」

母「あの人、母さんをなじるでしょう？　あなたたちの前でも。あいつは怪物よ。心がないの」

俺「心はあるよ」

母「ないわ。石と同じよ。そう言えば、私ね、新婚旅行から帰ってきて、すぐに母親に電話したの。あの人と離婚してもいいかって聞いたわ。そうしたら、離婚しても実家には帰ってくるなと言われた。だから仕方なく一緒にいることにしたの――あの自分勝手なバカ男と」

俺「もう一緒にいなくてもいいよ。母さんは大人なんだから」

母「でも、母さんには行くところがないのよ。誰に面倒を見てもらえばいいの？」

俺「僕が面倒を見るよ」

母「あなたは、まだ子どもでしょ。どうやって、お金を稼ぐつもり？」

俺「わかんない。だったら、父さんよりもお金持ちの人と結婚すれば？　そうしたら幸せになれるよ」

母「もっと若ければね。母さんも若いころは自信があったわ。美人コンテストに出たこともあるのよ。男がたくさん言い寄ってきた。想像できる？　なのに、お父さんのせいで人生メチャクチャ。あの人のオチンチンが起ったのは2回だけなの。あなたのときと、トッド（弟）のとき」

俺「本当？」

母「ええ、本当よ。ニール、よく聞きなさい。何があっても、お父さんみたいにならないで。お父さんみたいに女を不幸にしちゃダメよ」

17

夕食のあと、中庭を通って美術室に向かった。タイムラインの準備をするためだ。生まれてから18歳になるまでの自分史をみんなの前で発表しなくてはいけない。ジョーンはタイムラインをネタにして、俺にセックス依存症とトラブルメーカーのレッテルを貼るつもりなのだ。それでも構わない。ネタならいくらでもくれてやる。

模造紙とペンを手に取る。そして、タイムラインのつくり方に関する説明書きを読む。それによると、一番上に家族に宛てたメッセージを書き、左右の端に家族構成と全員の印象（特徴）を箇条書きにする。一番下には家庭の決まりごとや家庭内での自分の立場、成長過程で最も強く印象に残ったことをまとめる。

次に、横線を引き、線の上に楽しい記憶、線の下に辛い記憶を時系列に沿って書き出す。

隣のテーブルでキャリーもタイムラインに取り組んでいた。シャツの下から乳首が透けて見える。「ニール君、元気？」。キャリーがニッコリしながら気さくに話しかけてきた。

俺は「男性のみ」と書かれた名札を見せながら、泣きまねをする。キャリーは俺の涙をぬぐってポケットに入れるふりをする。イチャつく男女のように。

キャリーから意識をそらそうとするが、遅きに失した感は否めない。キャリーの横で作業しているのはえらの張った大顔の男だ。白いTシャツにジーンズ姿。チャコールペンシルを持って、なにやら熱心にスケッチしている。ハリウッド映画のイケメン俳優といった風貌だが、額と姿勢はその限りではない。眉間には、頭痛を我慢しているのかと思うほどの深いシワ。上半身にはやけに力が入り、動物の威嚇のポーズを連想させる。こいつの肩を叩こうものなら泣き出すか、逆上するか、泣きながら逆上するに違いない。

男のスケッチをチラッと覗き見る。実に精巧な作品だ。恐ろしい表情をした子どもが鉄格子の向こうにいる絵。見事な出来栄えである。これならゴシック好きの中高生に高く売れるのではないか。思わず見入っていたら、男に気づかれた。あわてて目を背けたが、時すでに遅し。

「森に迷い込んだ子どもが魔女にさらわれる話、聞いたことある?」と男は言った。抑揚のないしゃべり方だ。

「『ヘンゼルとグレーテル』のこと?」

「いや、その子は金色のコードで拘束されたんだ。解放されたあと、大人に事実を打ち明けたが、誰も信じてくれなかった」

「その話は聞いたことがないなあ……」

「僕の体験だ」。男はぼそっとつぶやき、不気味な子どもの顔を指差す。「この鉄格子が僕と人を隔てている。だから、この心に隠している怪物を誰も見抜くことができない」

男の名札はPTSDを表す紫だ。名前はヘンリー。幼いころのヘンリーは(たぶん繰り返し)恐ろしい目に遭ったに違いない。助けを求めても相手にしてもらえなかったのだろう。

ヘンリーは現在、家具の会社を営んでいるという。お互いの身の上を話していたら、キャリーがそば耳を立てているのに気づいた。俺はヘンリーと話をしながら、キャリーにも聞こえるように配慮した。女性に話しかけてはいけないという規則を破ってはいないが、規則の趣旨に背いているのは確かだ。

「男は自分の心臓に銃口を向けない」とヘンリーが言う。「撃つなら、頭だ。脳みそを黙らせたいからね」

タイムラインに集中しなくては。子どものころに抱いていた母親の印象を文字にし、続いて親父の印象を書き出す。

母

容赦なし
厳しい
秘密主義
愚痴っぽい
苦労性

父

つれない
薄情
自分勝手
気まぐれ
孤立

こうして文字にすると、俺が育った家庭はロレインのいう「セックス依存症の生育環境」にぴったり当てはまるではないか。容赦なく厳しい母親（＝厳格な母親）とつれなく淡白な父親（＝愛情なき父親）。

続いて、子ども時代に強く感じていたこと（「誰にも理解してもらえない」）や家庭内での自分の立場（「面汚し」）を記入。次は家庭内の決まりごとを書く番だ。

ここでペンが止まった。書くことがないからではない。ありすぎるからだ。うちには決まりが多すぎて、どれを書いていいのか分からない。

急に胸騒ぎがしたので、この部分は後回しにする。その代わりに強いショックや影響を受けた記憶をたどることにした。親父のクローゼットを探索するまでは自分の家庭が特に悲惨だとも異様だとも思わなかった。2人の親は共に厳しく、ときに偏屈ではあったが、それでも俺をかわいがってくれたし、不自由なく育ててくれた。しかし、思い出をたどるうちに平和なはずの原風景に暗雲が垂れ込めてきた。

母さんは「お父さんみたいになっちゃダメ」と言ったかと思えば、「あんたはお父さんにそっくりね！」と憎かったであろう親父を引き合いにして嫌味を言うこともあった。親父の体臭、歩き方、食べ方、ポケットに手を入れる仕草にまでケチをつけ、親父を「神経質」「自分勝手」「ヤボ」「みっともない」「友達もできないろくでなし」と批難した。

はたと気づいた。俺の劣等感の原点は「あんたはお父さんにそっくりね！」という母さんの一言にあるのではないか。それだけじゃない。タイムラインに書き並べた親父の印象は、どれも俺自身の自己評価だ——つれない、薄情、自分勝手、気まぐれ、孤立。

美術室の中はシーンとしている。心の古傷がうずく。無視しよう。違うところに意識を向けなければ。例えば、キャリーに。

「これから近親姦とレイプ体験者の患者会をやるんだけど、よかったら来てくれ」。耳元で抑揚のない声が響いた。ヘンリーだ。そのとたん、記憶の中の暗雲が米粒に思えてきた。俺の古傷など、大きなトラウマに比べたら、ちっぽけなものだ。

「ああ、参加するよ」。古傷から気をそらせるなら、患者会でも何でも歓迎だ。

机の上を片づけ、ヘンリーと一緒に美術室を出ようとしたとき、キャリーが紙切れに走り書きし、俺に手渡した。その場で読む。「ロスにいる間、一緒に遊びましょう」

俺は無言でうなずく。しかし、考え直した。キャリー相手にハメを外したら、今度こそ本物のセックス依存症になってしまう。これはチャンスだ、自分が無力でないことを証明するチャンスだ。キャリーには絶対に電話番号を教えない。ここを出るまでは禁欲の誓いに背くようなまねは絶対にするもんか。

ヘンリーと一緒にそそくさと美術室をあとにした、旧約聖書のロトの妻がソドムを脱出するときのように。振り向いたら、塩の柱ならぬ「依存症の柱」にされてしまう。

患者会の会場に向かう。すでに女性が2人来ていた。一人は俺がひいきにしているドーン。もう一人はソバカス顔の30代の黒髪。ヘンリーは4人分の椅子を環状に並べた。そして患者会の進行について書かれたバインダーを手に取ったが、すぐに脇に置いてしまった。「今日はマニュアルを無視しよう」。ヘンリーは一言一言を搾り出すように話す。「みんなで語り合うだけでいい。まずは僕から」

ヘンリーは5秒ほど沈黙した。唇が震えている。そして、おもむろに口を開く。「ゆうべ、こっそり抜け出したんだ。施設の外に出て、道端に突っ立って、夜道を行き交う車を見てた。一時間ぐらい、そうしていたよ。全てを終わらせようと思ったんだ。大した手間はかからない。車道に飛び出す勇気さえあればいい」

ヘンリーは自殺未遂をしただけではない。誓約違反で訴えられるところだった。彼も入所時に「自殺しません」の誓約書に署名したはずだ。

「命は惜しくない。ないに等しい命だから。人に奪われた命なんて余計に惜しくはない」。ヘンリーはまた黙り込んでしまった。眉を寄せたり、離したりしている。「初めて兄貴にレイプされたときのこと、今でも覚えている。兄貴が部屋に入ってきて、僕を押し倒した。行為の最中にこの首を絞めたんだ。騒いだり、人に言いつけたりしたら、殺すと脅したよ」

その数年後、ヘンリーは納屋で馬を陵辱し、その現場を父親に見られて殴られたという。「娼館通いをしてたんだ。おもに男娼が目当てだった。ムチでいたぶってもらいたかったんだ。危険なプレイもしたよ。妻は何も知らない。兄貴との一件も。トラウマの治療のためにリハビリ施設に入ると宣言したとき、妻は僕の顔を見ながら『なるほどね』とつぶやいたんだ。あのときは本当にショックだった」

次はドーンが体験談を披露した。その話もおぞましい。ドーンは実の父親にいたずらされたという。その10年後、父親は淫行の容疑で逮捕され、ドーンは検察側の証人になった。父親は現在も服役中だ。続いて、ソバカス顔の女性が母親の再婚相手に乱暴された体験を話し始めた。義理の父親は泥酔状態で部屋に忍び込んできては、彼女を陵辱したという。

「ゆうべ、義理の父に電話してファミリーウィークに来てくれるよう頼んだわ。私の治療に協力してほしいと言ったの」。女性は目と鼻を潤ませながら言う。「そうしたら、来てくれるって」

最近は吸血鬼や亡霊やゾンビなど架空の怪物が出てくるホラー映画が人気だ。しかし、人間が創作する化け物よりも生身の人間のほうがよほど恐ろしい。残虐な行為は言うに及ばず、人の命までは奪わなくても心、魂、幸せを奪うやつもいる。そういう鬼畜こそ、俺がイメージしていたセックス依存症だ。アダムやカルバンのような連中ではない。

「僕は自分を取り戻したい」。ヘンリーが目を腫らして訴える。「自分が何者なのか知りたいんだ」

ヘンリーが俺の顔を見て、話が始まるのを待っている。まだしゃべっていないのは俺だけだ。しかし、俺には近親相姦やレイプを受けた覚えがない。だが、ふと思い出した。中学一年生のとき、学校のいじめっ子に体を触られ、アナルセックスを強要されそうになったことがある。その翌日から、いじめっ子一派の壮絶な嫌がらせが始まり、一年間は毎日おびえながら過ごした。

「女性と話すのは禁じられているんだけど……」と俺は前置きした。「ここでは大丈夫だよね」。そして、いじめの体験を明かした。今まで話したことのない話だ。「あれは自分にとって初めての性体験だった」と俺は結んだ。今こうして異性にうつつを抜かすようになったのも、当時のトラウマに過剰反応し、自分がゲイでないことを確認したいからかもしれない。

3人とも真剣に話を聴いてくれたが、俺は自分が仮病を使っているような気がしてならなかった。3人の実体験に比べたら、俺のトラウマなど数のうちにも入らない。

俺はここでも、アウトサイダーが集まるリハビリ施設でも、浮いた存在なのだ。

18

シカゴ、26年前

母「靴を脱ぎなさい」

俺「分かってるよ、母さん」
母「脱いだ靴は敷物の上よ。この前みたいにじゅうたんに置いたらダメ」
俺「はいはい」
母「早く手を洗ってきなさい。手を洗う前はどこにも触らないように。壁の手垢を落とすのは大変なんだから」
俺「分かってるよ、もう」
母「忘れないでね。夕飯は6時きっかり。遅れたら、デザートは抜きよ」

自分の部屋に直行し、手を洗う。この部屋にはテレビも電話もない。あるのは小さいミニコンポだけ。昔はビートルズの曲に癒されたが、今は声変わりも始まり、少しは成長したので、パンクのほうが気分に合う。ダムドの「スマッシュ・イット・アップ」を聴きたいところだが、先日、怒りにまかせてレコードをスマッシュ・アップして（叩き割って）しまった。キッチンのカウンターに足を乗せたのをとがめられ、一週間の外出禁止をくらい、カッときたのだ。仕方なく、スイサイダル・テンデンシーズのナンバーをとがめられない程度の大音量でかける――「ウザったい、ウザったい、ウザったさが腹にたまる……」。
それから手を洗った。素直な息子らしく。
6時ちょっと前に、母さんに呼ばれる。

母「ごはんよ！」

台所に行くと、すでに母さんはテーブルの一番奥に、親父はその左隣に、弟は手前に座っていた。俺は今日もビりだ。一家の面汚しである。いつもの席に着く。

母「ニール、テーブルに肘をつくのはやめなさい。あんたもよ！」

母さんは俺には優しく諭すが、親父にはキツい。親父も面汚しだ。親父がかわいそうになった。けれども、母さんは常々「あなたは、お父さんのお気に入りだから」と嫌味たっぷりに言うので、親父に同情を見せるわけにはいかない。

母「お父さん、今度は何をしでかしたと思う？　家族旅行でサラソータ（フロリダ州の海辺のリゾート地）に行くことを同僚のロビンに話しちゃったのよ。あなたたちは誰にも言っていないわよね？」

俺「言ってないよ。もちろん、言ってない。だけど……」

クラスのみんなは今度の冬休みにどこに遊びに行くか楽しそうに話している。その話に入れないのは辛い。けれども、母さんに口止めされている。母さんは家が留守になると知れたら、空き巣に入られると思っている。毎回、旅行に出るときは外をうろついているであろう空き巣を牽制するために、家中の電球に自動点灯装置をつける。そのあと、俺と親父が玄関を出て、母さんと弟に「行ってきます」と手を振ってみせる。母さんと弟は外に不審者がいないのを確認してから家を出て、俺と親父をタクシーで追いかけることになっている。うちに金目の物なんかないのに、と幼心に思った。小さなテレビが2台、ミニコンポが2組、ビデオデッキが1台あるだけだ。

それに母さんの年齢、出身校、職歴、足を悪くしたいきさつについて尋ねることは許されなかった。家の合鍵さえ（たぶん一生）持たせてもらえない。失くしたら困るという理由だ。でも、弟はときどき合鍵を持たせてもらっている。そんなの……。
……あんまりだよ。サムはジャマイカに行くことをみんなに自慢しているのに。
サムのことがうらやましかった。サムは両親が離婚していて、いわゆる「鍵っ子」だ。つまり、家の鍵を持っている。そして寝る時間は自由。俺なんか、つい最近まで消灯時間は7時半と決められていた。

母「サムの親は子どもに関心がないの。サムも親にそっくりだわ。ニール、もうあの子と遊ぶのはやめなさい。サムはおしゃべりでしょ？　サムに話したことは全部、町内に知れ渡ってしまう。分かった？」
俺「分かった」
母「いずれにしてもサムはあなたの本当の友達じゃないわ。こら、お肉を切ったらナイフを左手に持ち替えるの。教えたでしょう⁉」
俺「……」
母「それでよし。あなたを一番かわいがってくれる人は誰？」
俺「母さん」

タイムラインにうちの決まりを書いていて、ピンと来た。どうりで俺は結婚という制度に我慢ならないわけだ。意味のないルールはもうたくさんだ。

19

翌朝、美術室で家庭のルール（「他人を信じてはいけない。必ず痛い目に遭う」）を書き足し、急いでグループセラピーに向かう。その数分後、ジョーンが息せき切って教室に入ってきた。ホチキスで留めたコピー用紙を手にしている。その紙には俺の写真が印刷されていた。ジョーンは俺のほうを向き「あなた、取材しに来たの？」と出し抜けに言う。

「取材？」

「あなたのこと、インターネットで検索しました。素性は分かっていますよ」。俺のことを煙たがっているだけだと思っていたが、今では敵視しているようだ。俺の過去の著作物も調べ上げたに違いない。女好きのミュージシャン、アダルト俳優、ナンパアーティストに関する記事や書籍、すなわちセックス依存症が書いた全作品をリサーチしたのだろう。だから、俺がここに来たのはセラピストをからかうためではないかと疑っているのだ。

「ここに来たのは１００パーセント、自分のためですよ」。俺は正直に話した。しかし「セックス依存症を取材するなら、こんな強制収容所には来ません」とは言わなかった。どうせ取材するなら、シャバにいるセックス依存症に話を聞くし、取材ついでにタイのゴーゴーバーとか、ブラジルのテルマとか、ドイツの高級ソープとかで遊ぶ。

「正直言って、まともな恋愛関係を築くなら、これが最後のチャンスだと思っています」と俺は続けた。「モノガミー（一夫一妻制）は自然で健全な男女関係であり、浮気癖は精神障害やトラウマを原因とする嗜癖である――その点に納得できなければ、通常の結婚を望むことは二度とないでしょう」

ジョーンは腕を組んでいる。そして俺を観察し、わずかな表情の変化も見逃すまいとしている。苦笑いや視線の動き等々、うそをついている証拠をつかみたいのだろう。しかし、それがないと分かると忌々しそうに舌打ちし、

「セックス目的で女性に近づく男性は例外なくセックス依存症です。分かっていますか？」と言った。「分からない」と答えると、説教が始まった。「いかなる男女も17回のデートを経てから、お互いを十分に知った上で初めて肉体的な接触を図るべきだ」という。

しかし俺に言わせれば、セックスもお互いを知るための手段だ。正式に付き合い始めたものの、相手がマグロで、バルサミコみたいな体臭を放ち、フェラが苦手だったら、どうする？

ジョーンは俺の反論を待っているようだが、今回は胸の内に収めることにした。ジョーンは腕をほどき「それでは、タイムラインを発表してください」と指示する。

用意してきた模造紙を床に広げ（その長さは10歳当時の俺の身長に相当する）、その横に座る。最初は家庭内のルールやピリピリした空気、罰則について説明した。次に俺が2歳のときに住み込みのベビーシッターが来たこと、そのシッターは男勝りだったが愛情豊かで自分にとって第二の母親だったことを話した。続いて、自分と弟が母親の願いをかなえようとしたエピソードを披露。母さんが火葬を希望し、葬式を出さないように指示したエピソードだ。話しているうちに、涙が込み上げてきた。

ジョーンは涙の気配に敏感だ。水中で血のにおいを嗅ぎつけるサメのように。「今、何を感じますか？」と泣けといわんばかりに尋ねてくる。攻撃のタイミングを心得ているのだ。俺が従順、無防備、無抵抗の状態になったのを察したのだろう。

「痛みを感じます」と俺は答えた。「当時を思い出すと母の気持ちが痛いほど分かる。どれだけ悲しかったか、どれほど寂しく、むなしかったか。だから跡形もなく、この世から消えてしまいたいと思ったんだ」

深呼吸し、感情を抑え、涙をこらえる。ジョーンには攻撃のネタはやっても、魂はやらない。そこまで信用できない。

タイムラインは10代のころまで進んだ。ここでは家の鍵を持たせてもらえなかったこと、初めてのデートをキャンセルしなければいけなかったこと、高校時代にしばしば外出禁止を命じられたことを話した。

ここまで来て、急に言葉に詰まる。次は口にするのもおぞましいエピソードだからだ。

「このとき家族の秘密を発見したんですが……」と俺は言い訳した。「そのことは誰にも言わないと母に約束しました。だから、どうしていいのか。うそは言いたくないし、母との約束を破るのも忍びないし」

「あなた自身のためです」とジョーンが返す。「あなたの心も、その秘密も、同じように病んでいます。不健全な昔の約束をいつまでも守る必要はありません」

「だけど、僕にも義侠心がある。ここに入所するときプライバシーの守秘を誓ったように、母に対して秘密厳守を誓ったんです」

「だったら、私たちもあなたに対して秘密厳守を誓います」。ジョーンがそう言うと、みんなも同意した。

「もう一つ、いいでしょうか？」と俺は付け加えた。

「どうぞ」。ジョーンが迷惑そうに返事をする。

俺は質問を畳み掛け、時間を稼いた。秘密を暴露したいのは山々だが、約束を破ることを思うと恐ろしくなる。

ふと、ほかの連中の顔を見た。誰もが心の内に秘めてきたことをここで明かしてきたじゃないか。だったら俺も20年来の秘密をぶちまける必要があるんじゃないか。その秘密が足かせになって過去に縛られ、血迷ってきたのかもしれない。だったら、ここで明かしてしまおう。今まで誰にも打ち明けなかったことを。イングリッドにも、実の弟にも話さなかったことを。

「分かりました。あの日、僕はアダルトビデオを目当てに父のクローゼットをあさりました」。深い眠りから目覚めたばかりのように口が重たい。「そこで一本のビデオテープを見つけたんです。ビデオを再生したら、最初に出てきたのは車いすテニスの映像。次は映画のワンシーンで車いすの女性が路上で物乞いする場面だった。その次は腕や脚のない人たちが水中でもがいているだけの水泳大会。そして最後に出てきたのが古い映画を編集して作った映像集で、そこに映っていたのは……」。俺は言葉に詰まり、みんなは息をのんだ。「……身体障害者。手足を失った人たちの水着姿だった。そのとき初めて知ったんだ、うちの親父は肢体不自由者に執着していると」

言葉が涙と唾を伴って、せきを切ったようにあふれ出る。「実は母も身体障害者なんだ。親父にそんな性癖があるとも知らずに結婚した。だから、親父を死ぬほど憎んでいる。親父のコレクションにされたと思っているからね」

俺はぶちまけた——ビデオの件を母さんに打ち明けたら、母さんは相談相手ができたと思ったらしく、ホッとした表情になった。母さんはとっくに親父の性癖を見抜いていたのだ。親父の若いころの写真には手足を折りたたみ、身体障害者を装う親父が写っていたという。2人で親父の部屋を探ったとき、親父が保存している画像のリストが出てきた。リストには四肢を失った男女の写真、先天性障害者の画像のことが詳しく列記されていた。

クラス全員が無言で耳を傾けている。ジョーンも同じだ。俺は話を続けた——親父は母さんが気づいたことに気づいていない。母さんは俺に口止めした。母さんは今でも新しい「物証」を見つけるたびに俺に電話してくる。そして、親父が仕込んだカメラで隠し撮りされているのではないかと勘ぐっている。親父がその手の同好会に入っているのではないか、同じ趣味をもつ仲間と定期的に集まり、自分を隠し撮りした映像や路上で撮影した身体障害者の写真を見せびらかしているのではないか。母さんは被害者意識が強く、写真に入ることをかたくなに拒み、自分に注目する人間はみな倒錯者と決め込む。

「母は新婚旅行のビデオを見つけたとも言っていた。親父が撮影し、編集したビデオだ。そこには母が脚を引きずって歩く映像だけが入っているらしい」。俺は一気にまくしたてる。自分でもブレーキが利かない。「母が巨乳でブロンドだったら、人に注目されたり、カメラを向けられたりしても嫌がらないはずだ。だから自分の脚をチャームポイントだと思えばいいと母に言ってやりたいんです」

ついに話は尽き、精も魂も尽き果てて我に返る。

「それほど重荷だったのですね？」とジョーンが聞く。

〝ええ、重荷でしたいいい〟と言いたいところだ。しかし、これっぽっちも肩の荷が下りたとは思えない。今も秘密を背負っていることに変わりはないのだ。変わったのは、札つきの9人のうそつきが秘密を共有したということだけ。自分が情けなくなり、吐き気がしてくる。

「セックス依存には遺伝的要因があること、知っていますか？」とジョーンが続ける。

「いいえ」。クソ、正直に答えなきゃ良かった。ただでさえ弱みにつけ込まれているのだ。母さんの忠告どおり、他人を信じると痛い目に遭う。

「やっぱり」。ジョーンは確証を得たかのように言った。「ですが、この場合は、お父さんの性癖や家族が受けた影響以上に、もっと深刻な問題があります」

「どういうことですか？」。不吉な予感と罪悪感とストレスと疲れで顔が火照る。

「あなたとお母さんの関係です。あなたはお母さんのために秘密を抱え、お母さんと一緒に父親の秘密を探った」。何を言わんとしているのかぼんやり見えてきたが、具体的には分からない。「今のエピソードと幼少時代の体験を総合すると、一つの明確なパターンが見えてきます」

「それは何ですか？」

ジョーンは何か言いかけたが、やめてしまった。「あなたがどう受け取るのか分からないのですが……」

「どうぞ」。ジョーンの口癖をまねる。バカ丸出しだ。

その一言に背を押されたかのように、ジョーンは一息ついてから「では、言いましょう」と言った。長い間《ま》が空く。教室はシーンとなり、俺の心臓はバクバクする。ついにジョーンが口を開いた。「お母さんはあなたに恋愛感情を抱いています」

重いレンガで殴られたような衝撃が走った。頭の中は真っ白になり、体の中に冷風が吹く。今までの記憶が不吉な状況証拠となって、走馬灯のように浮かんだ。だから母さんは俺の部屋に夜な夜な入ってきては悩みを打ち明けたのか。だから母さんは俺が初めてのデートに行くのを禁じたのか。だから俺に外出を禁じ、同級生のサムは本当の友達ではないと言ったのか。だから俺は、弟と違って、家の鍵を持たせてもらえなかったのか。だから俺が20歳のとき最初のカノジョと同棲を始めたころ、俺との連絡を絶ったのか。そもそも俺のことを「親密なパートナー」と思っていたからこそ、夫の秘密を一緒に探ろうとしたのだ。

涙がみるみる溢れてきた。ジョーンの分析は荒唐無稽のようだが、的を射ていることは肌で感じる。

ジョーンの勝ちだ。圧勝だ。俺のプライドも自我も抵抗力も板書した数式も、きれいに吹き飛んでしまった。もうひれ伏すしかない。ジョーンが追い討ちをかける。「だから、あなたは健全な恋愛ができないんです」

「そうか。だから僕と弟の扱いが違っていたのか」。涙にむせ、のどが詰まり、言葉が途切れ途切れになる。

「……大学を卒業したあと……弟はガールフレンドを実家に連れてくることも、泊まらせることも許されていたのに……僕は許してもらえなかった。今でもそうだ……」

「それは、どうして?」

「母は言ってた……どの娘《こ》も僕にはふさわしくない、僕は女の趣味が悪いと」

「あなたの趣味は問題ではありません」。ジョーンは血の匂いを嗅ぎ取ったらしい。「あなたがお母さんを選ばなかったことが問題なんです」

めまいがする。いや、母さんはわざとそうしたんじゃない。それだけは確かだ。無意識のうちに、そういう心情になったのだ。母さんは親父を嫌い、友達を信用しなかった。俺は長男だから、身近にいる男の中で一番頼りになる存在だったろう。だから、俺を独占したかった、少なくとも味方につけたいと思ったんだ。

「母親が息子に精神的に依存し、夫と話し合うべき夫婦の問題を息子に相談する――そういうケースはこう呼ばれます」。ジョーンが俺を見る。ボクサーがKO寸前の対戦相手をうかがうような目つきで。そして、とどめの一撃を放った。「それは情緒的近親姦です」

完全KOだ。

健全な大人

真実は目の前にあるかもしれないが、うそは頭の中にある。

——テリー・プラチェット著『Hogfather』

20

メキシコ・シティ　数十年前

「そろそろ出かけましょうか、お嬢様？」と父親は言った。

少女は上目遣いに父親を見た。ダークスーツを着た父親は映画スターのようだ。役者である。少女は父親の口ぶりが気に食わなかった。そんなふうに言う資格はない。ほとんど家に寄りつかず、学校に送ってくれることなんて今までなかったくせに。

父親が背をかがめて少女の手を取る。少女は自分の手を、天板にパン生地を乗せるように、父親の掌中に力なく置いた。今まで父親の手のぬくもりを感じた記憶はない。

父親は少女を校舎の入り口まで送り届ける代わりに、少女を連れて校舎脇の狭い通路に向かい、タイトスカートとハイヒールを身に着けたショートヘアの女性と落ち合った。父親が女性にキスする。それはおばあちゃんがみんなにキスするときのキスではない。映画に出てくる恋人同士のようなキスだった。

その日を境に、少女は父親の身辺調査に乗り出した。刑事ドラマの刑事さながらに。集めた証拠品はベッド下の箱の中に隠した――複数の女性からのメッセージが詰まったポケベル。女性たちとの約束を記した手帳。そして、電話の会話を録音したテープ。父親は家の電話を盗聴していたのだ。

立証する段になったとき、少女は母親を座らせ、証拠品の箱を差し出した。緊張した。母親のショックを想像したからではない。自分と兄が肉屋にイタ電した証拠も含まれていたからだ(「もしもし……豚足はありますか?」「ありますよ」「豚の足を洗ってあげて!」、ガチャ)。

母親は無言で箱の中身をあらためた。戸惑いの表情は動揺に変わり、しまいには泣き出した。

その翌日、母親も独自の調査に乗り出した。その結果、父親には複数の愛人がいることに加えて、前妻と正式に離婚していないことが分かった。前妻とは今も続いており、新たに子どもまでもうけていたのだ。母親はこの二重生活の一件で父親を問い詰め、離婚を宣言した。

その晩、少女は大きな物音と悲鳴で目が覚めた。両親の寝室から響いてくる。少女は寝室へと駆け寄り、ドアを押したが、内側につっかえ棒がしてあり、びくともしない。ノブがしばらく前から取れていたので、その穴から中の様子をのぞいてみた。

父親が母親に馬乗りになっている。その顔は何かに取り憑かれたかのように歪んで真っ赤だ。両手に力を込め、母親の鼻と口をふさいでいる。母親は必死に抵抗し、父親の手をかきむしる。不気味なほどに見開いた目は少女のほうを向き、「助けて!」と訴えているように見えた。

「ママを殺さないで!」。少女はドアと格闘しながら、泣き叫んだ。そして、急いで兄の部屋に行き、兄を叩き起こした。兄は廊下に飛び出してきて、寝室のドアに体当たりした。何度も、何度も。

ドアが勢いよく開いた。父親は母親の顔から手を放し、あとずさりしながら「遊んでいただけ」と言った。母親はよろよろしながら少女の元に歩いてくる。激しくあえぎ、顔面は蒼白で、両目が充血している。少女は母親の手をつかみ、トイレに駆け込んだ。トイレのドアをロックし、母親と2人で泣いた。

兄は急いで電話をかけに行き、母親の兄弟に助けを求めようとした。おじさんたちは大の大人だし、妹である母さんを大事にしている。ところが「助けて！」と電話口で叫ぼうとしたとき、父親が電話のコードを引き抜いた。そして、当時住んでいたマンションの4階の窓を開け放ち、電話機を投げ捨ててしまったのだ。

10分後、少女はトイレから出てみた。家の中はシーンと静まり返っている。キッチンのほうからクラシック音楽が流れてくる。キッチンをのぞくと、父親がテーブルに着いて、優雅に脚を組んで座っていた。コニャックの入ったグラスをゆっくり回しながら、一点を見つめている。まったく穏やかな表情で、コニャックの香りと音楽と夜のひとときを満喫していた。

少女はレコードの針を外した。「何をしてるの⁉」。怒り、戸惑い、恐怖。少女は声を張り上げた。

「お迎えが来るのを待っているんだよ」。父親は落ち着き払っていた。

イングリッドが父親を見たのは、それが最後だった。

21

リハビリ施設の寮で一人目覚める。薄汚れた小さな窓から朝日が射し込み、鳥や蝉の求愛の声が一日の始まりを

告げ、俺のボクサーパンツの中ではすさまじい朝立ちが起きる。
ぼんやりとキャリーの顔を思い浮かべた。俺にメモを手渡したときの、あの意味深な感じ。そう言えば、キャリーはドーンと同室だ。あの2人と3Pしたら、どうなるんだろう。世話好きなキャリーのことだから、ベッドの中でも献身的に違いない。左右のバストを懇切丁寧に使ってくれるだろう。男には尻フェチもいれば、バスト、脚、顔にこだわるのもいる。それは好みの体位に関係するというのが俺の持論だ。バックが好きなら、相手の尻を見ながらイクことになるから、女性のその部分が快感の象徴になる。正常位を好むやつは「顔フェチ」かもしれない。騎乗位好きはバストを揉みつつオーガズムを迎えるだろう。それとも……しまった、パンツの中でぶちまけちまった。
ヨタヨタしながらトイレに行き、ぬぐう。入院先にこっそり酒を持ち込んだアルコール依存症患者が人目を忍んで一気飲みしたときのような気分だ。

身支度しながら、リック・ルービンに見せてもらった本を思い出した。「ソース・ファミリー」（音楽教団「ヤホワ13」としても知られる）という70年代の生活共同体について書かれた本だ。その共同体を運営していたのが銀行強盗／ベジタリアン・レストラン経営者／ロックスター志望のファーザー・ヨッドなる人物だ。本の中には彼の写真（リックに妙に似ている）もあった。ハリウッド・ヒルズの敷地内で椅子に座っている写真だ。その周りを総勢13人の妻と愛人が囲み、そのうち2人はヨッドの子を身ごもっている。

こういう世界に身を置くのはどんなものだろう――オープンに奔放にセックスを追求し、友達や愛人が自由に出入りし、人の体を私物化しない、そんな世界。

ハタと気づいた。今日に限って妄想が暴走しているのはなぜなのか。今日は日曜日、イングリッドが面会に来るからだ。希望の光、ノーマルな恋愛、安定、結婚、子ども、平凡な日常――その象徴が俺に会いに来る。なのに俺の「病気」はカビのごとく拡散する一方だ。

チェックイン――「後ろめたさ」。次いで「恥ずかしさ」。

後ろめたいのはバカな妄想に対して。恥ずかしいのはバカな自分に対して。

あとは「恐れ」も。

2日前、グループセラピーの時間に完全KOを食らい、「情緒的近親姦」という衝撃的な言葉に打ちのめされたが、そのときジョーンからいくつかアドバイスを受けた。一つは、イングリッドに連絡し、自分について学んだことや浮気に至った経緯を話して聞かせること。もう一つは、両親をファミリーウィークに招き、家族のトラウマ、いびつな夫婦関係、親子関係を正すこと。

俺がオナニーしている間も、イングリッドは遠路はるばる車を飛ばしていた。久々に俺に会うために、親密な人間関係を築けない俺に下った最新の診断について話し合うために。たった一人で長い道のりを運転するイングリッドの姿が目に浮かぶ。ひどい仕打ちをした俺のために、そこまでしてくれるのだ。その恩に俺はどう報いたか。3Pを妄想した。

「おまえは悪い人間じゃない」と自分に言い聞かせる。ちょっとビビッているだけだ。

親に電話をかけるのは、イングリッドに連絡するのとは訳が違う。リハビリ施設でセックス依存症の治療をしていると話しても、イングリッドのように快く協力してくれるとは思えない。悩ましい問題を前にすると先送りしたくなるのが人情だ。だから、親に連絡するのは保留にした。

毎週日曜日、この施設では入所者全員がファミリーウィークという「卒業式」に参加しなくてはいけない。だから、中庭を突っ切って、会場の大教室に向かった。教室の前方には10人ほどの卒業生（依存症患者やＰＴＳＤ患者）が家族と一緒に座っている。招待された親きょうだい、息子、娘、配偶者はこのあと一人ずつ起立し、今日から自分も回復を目指して頑張ることを全員に宣言するのだ。

「ご家族のみなさんは当人だけが問題と思いがちです」。俺たちにトラウマの講義をしてくれたロレインがあいさつする。「ですが、家族も社会です。病める社会が病める人を生み出します」

途中でひからびた精液がヘソの毛にへばりついているのを感じた。どうやら「罪」を落とし切れなかったらしい。周りを見回し、教室から脱け出すチャンスをうかがっていると、ヘンリー主催の近親姦／レイプ体験者の患者会で一緒になったソバカスの女性が立ち上がった。今日は黒のパンツに水色のカーディガン姿で、この前よりもはるかに顔色がいい。むしろ、はつらつとして、輝いている。その隣にいるのが60代後半の男。大きな赤ら顔、たるんだ体、あかぎれだらけのゴツい手をしている。こいつが彼女を陵辱した義理の父親か。

女性は父親に対して愛情も憎しみも感じていないようだ。この2人のツーショットを見たら、女性教師が勤労40年の用務員を表彰していると思うだろう。

「覚えている人がいるかもしれませんが、ここに来たときの私は本当に落ち込んでいて、泣いてばかりで、死にたいと思っていました」と彼女は話し始めた。「最初の2日間は誰とも口をきかなかったと思います。でも、ファミリーウィークのおかげで、人間らしい感情を取り戻すことができました」

女性が父親のほうを向いた。聴衆は微動だにせず、父親のあいさつを待つ。父親が口を開いた。「ここに来ていいものかどうか大いに迷いました」。そりゃあ、そうだろう。ここにはトラウマの被害者が集まっている。みんな、あんたが嫌いだ。「自分のしたことを心から申し訳なく思っています。そんな私をここに招いてくれたローラは本当に勇気ある女性だ。今さら何を言っても、何をしても過去は消えないが、ローラに未来が開けたことをうれしく思っています。ここにいるセラピストのみなさんとご一緒できて、今までになく人間として成長できたように感じています」

話を聞きながら、親に連絡しようと思った。大学進学を機に実家を出て以来、日曜日になると、ほぼ欠かすことなく母さんに電話を入れてきた。電話を忘れると、嫌味を言われる。今日は日曜だ。

第一、ソバカスの彼女でさえ、自分を陵辱したケダモノを招待することができた。だったら、息子に外出を禁じた母親を呼ぶことくらいわけもないはずだ。事実と向き合うほうが両親のためにもなるだろうし（俺も母さんも親父を問い詰めたことはない）、親子揃ってセラピーを受ければ、俺の心のわだかまりや健全な恋愛のさまたげになっているものを少しは解消できるかもしれない。

22

リハビリ施設、一時間後

母「あなたはセックス依存症じゃなくて、男なの。だから、女性の誘いを無視できない。何を言ってるの？　バカね。据え膳食わぬは男の恥でしょう？」

俺「そうだけど、恋人がいるときはマズいよ」

母「私に言わせれば、それが男というものよ。誠意も大切だけど、浮気するなら、最後まで隠し通さなくちゃ。

母さんだって、お茶を飲もうと声をかけられたことが何度かあるけれど、みんな断った。だけど、それは私が女だからだし、ナンパに応じるのは性に合わないからよ。ただし相手が億万長者で独身だったら、お茶ぐらいは付き合ってもいいわ」

電話越しに、唖然とした。母さんの不倫観を聞くのは初めてだ。これまで母さんが不倫を話題にするときは、親父に女がいるという確証が見つかったときだけだった。

母さんの話は続く——。

母「治療する必要なんてないでしょう？　あなたの個人情報は病院の記録に残ってしまうし、いつか世間に知られてしまう。あなたは男として生きることに依存しているだけよ」

俺「そう言われても、もう遅いよ。それに、ここでは勉強になることもあるんだ。再来週にファミリーウィークという催しがあって、入所者の家族も参加する。リハビリの最後を締めくくる重要なプログラムだから、2人揃って来てもらえたらと思ってさ」

母「そんなの、無駄足よ」

俺「母さんと親父にぜひ来てほしいんだ。俺にとって、すごく大事なんだよ。大きな救いになると思うんだ」

母「あのね、あなたは変わったところはあるけれど、正常な人間よ。生きるか死ぬかの一大事なら、駆けつけてあげてもいいけれど」

親父も通話に加わっているが一言もしゃべらない。母さんに「鼻息が耳障り」と文句を言われ、謝っただけだ。

これだから結婚は怖い。俺の場合、恋人に他人扱いされたときが終わりの始まりだ。

俺「だったら、ここの先生に頼んで母さんに電話させるよ。先生からファミリーウィークの重要性を説明してもらおうか?」

母「この番号を他人に教える気? 変なこと考えないでちょうだい」

俺「ああ、分かった。頼むよ、母さん。僕は、どう説明していいか分からないんだ」

母「どう説明しても無理よ。この体じゃ、遠出するのは本当に大変なんだから」

俺「それならシカゴにいるセラピストを紹介してもらうよ。そうしたら、一緒に面談に行ってくれる?」

母「それも無理ね。私たちにはできることも教わることもないわ。第一、あなたに問題があるとは思っていないもの。何か問題があれば、あなた自身が気づくし、親の私たちだって気づくはずでしょ」

俺「家族の絆を深めるチャンスだよ。元カノのリサ、覚えてる? 彼女が僕たち一家を見て言ってた。愛情とか肉親の情みたいなものが感じられないって」

母「一度、一緒に食事しただけじゃない。あの娘《こ》は感じが悪かったわ。愛想がないし、ニコリともしない。私たちとはぜんぜんソリが合わなかった」

それを聞いて、ジョーンの言葉が頭の中でこだまする。またしても俺のカノジョにダメ出しだ。その真意は「女遊びは構わないが、恋敵になりかねないカノジョを作るのは許せない」ということか。

母さんの得意技を使ってみることにした。罪悪感に訴えるのだ。

俺「この頼みを聞いてくれることが親として最高の務めになるんじゃない?」

母「それが何の役に立つというの？」

俺「息子が幸せになり、健康になる。建設的な人間関係や家庭を築くことにつながる」

母「チャーリー・アーロンは70過ぎまで独身だったけど、この上なく幸せな人生を送ったわ。彼には子どもも必要なかった」

開いた口がふさがらない。孫を望まない母親がどこにいるのだろう。母さんの一言一言がジョーンの恐ろしい診断を裏づける。

俺「だけど、高校の同級生だったアービン、覚えてる？　やつは言ってたよ。子どもをもって初めて愛の意味を知ったって」

母「アービンはトッドの友達でしょ？」

俺「違うよ、僕の友達だ」

母「そんなはずないわ。あなたは疎まれてたもの。友達なんているはずない」

息子に向かって、よくもそんなことが言えるものだ。しかし、最近その理由をここで教わった。母さんは昔から「身の程を知れ」と俺に言い続けてきた。俺はファミリーウィークに来てくれるように繰り返し頼んだが、そのたびにやんわりはねつけられ、ついにピシャッと断られた——。

母「私には理由があるから行けないの。あなたのことを大切に思っているし、ほかのことなら何でもしてあげるけど」

その言葉も今となっては信じられない。

俺「親父だけでも来てもらえないかな？」

母「（親父に向かって）黙ってて」

親父は黙っている。昔から母さんに何も言えない。俺は切り札を、奥の手を出すことにした。あの秘密厳守の誓いだ。

俺「何か心配しているんだろうけど、それなら分かってる。そのことは話さなくていいから」

母「私は自分のことを分かっているつもり。自分の親のこともね。平和な子ども時代を送って、2人の素晴らしい息子に恵まれ、いい母親になったと思っている。あなたの考えを変えるつもりはないわ。だけど、自分に不満があるなら、自分で解決できるでしょ？　私は人の都合に、それも勝手な都合に振り回されたくないの。それだけ。施設の人に、ここには電話しないように言って」

ハンマーの一撃だ。ハンマーは俺の足元の地面を叩き割り、俺を孤立させ、宇宙の果てに放り出す。わらをもつかむ思いになった。

俺「せめて、うちの合鍵を送ってくれないか？　アドバイスされたんだ。実家の鍵を『信頼の証し』として身に着ければ、心の整理がつくかもしれないと」

実家を出てから、俺は鍵に執着してきた。鍵を捨てたことは一度もない。大学の寮の鍵も、昔乗ってた車の鍵も、昔住んでたアパートの鍵も取ってある。

母「悪いけど断るわ。あなたではなく、私自身の問題。安心できないのよ。それに、あなた、そそっかしいもの。12歳のときテープレコーダを失くしたし、ほかにもいろいろ落としたし。安心と引き換えるわけにはいかないわ」

俺「分かった。話を聞いてくれてありがとう。じゃあ」

母「どうしてもって言うなら、代わりの人を頼んでファミリーウィークに行かせるけど」

俺「もういいよ」

母「せいぜい監禁生活を楽しみなさい」

俺が記憶している世界、俺が育った家庭は確かに厳しかった。それでも、その世界は俺を生み、育て、支えてくれた両親の愛情にあふれているはずだった。が、そんな幻想は立ち消えた。母さんは、要するに、息子の幸せよりも我が身が大切と言っているのだ。それは今に始まったことじゃない。

しかしマシだと思わなければ。俺の母親には少なくとも嫌みを言う余裕がある。

23

二度目のシャワーを浴びる。今度はボディタオルとせっけんを使ってゴシゴシ洗った。シャワーのあと、重い足取りでミーティングに向かい、芝生の上で車座になっている男どもに合流。30人くらいのメンバーが「マイク」と称する枝を回して、座談会をやっている。発言できるのは、勃起時のイチモツに似た枝を手にしているやつだけ。話し終えたら、マッチョなネイティブ・アメリカンのように「アーホ」と言って、イチモツマイクを次のやつに渡す。

「どうも。セックス依存症のカルバンです。今の気分は、かなりビビッてるけどうれしい。さっきマリアナ（カルバンがはらませたブラジル人の売春婦）が産むことを決意したと言ってくれたから。アーホ！」

カルバンにイチモツを渡される。次は俺がチェックインする番だが、手短にすませたいので「ニールです。レッテルを貼られるのにうんざりしてるけど、元気です。アーホ！」とだけ言った。

息をのむやつもいれば、「オオ……」と声を上げるやつもいる。俺がウンチを踏んづけたとでもいうのか。

「何だよ⁉」と全員に尋ねた。

チャールズがマイクをよこせと合図する。俺はあきれて首を振りながら、イチモツを手渡した。バカバカしいルールだ。

「『元気』は狂気、弱気、邪気、怒気と言い換えられる」とチャールズは指摘する。

「そんなところだよ」と俺は返した。

みんなに無言でにらまれる。イチモツを持たずに発言してしまったからだ。人を撃ち殺したやつをにらみつけるような白い目で見られた。

チャールズがイチモツを回してきたが、俺はそれを芝の上に置いた。「大したもんだ。誰かが下らないルールを思いつくと、全員が素直に従うんだからな」と俺は捨てゼリフを吐き、その場を離れた。「とりあえず、しょうもない座談会に一週間欠かさず顔を出したぞ。アーホ！」

誰も反論しない。イチモツが手元にないからだ。

歩きながら考える。自分でも分かっているのだ。腹立たしいのは座談会じゃない。イチモツ・マイクでもない。あれは、むしろいいルールだ。俺も子どものときに話をさえぎられることがなかったら、言いたいことを思い切り言えたら、真剣に話を聞いてもらえたら、今よりもはるかにまともな人間になっていただろう。

ファミリーウィークに「来られない」親がいる。他界していたり、自己破産していたり、刑務所に入っていたりする親だ。ところが、うちの親は「来ようとしない」。腹立たしいのはそれだ。娘にいたずらした父親でさえ、勇気を奮い起こしてここまで来た。俺の親父ときたら、電話で自分の意見を言う勇気すらない。

チェックイン――狂気、弱気、邪気、怒気。そして、疑念。分かったつもりでいた幼少時代、今までの人生、自分という人間を根本から疑っている。

あの最後の電話から音信不通になっているイングリッドに心から会いたいと思った。

24

あまりにも可憐で、こんな場所にそぐわない。

イングリッドはナース・ステーションにいた。俺がたまに寄るところだ。今ではナース監視の元でカミソリを使わせてもらえるようになった。彼女はブルーのチェックのシャツを着ている。ボタンの開いた首元からV字型のきれいな素肌がのぞいている。足首まで覆う黒のジーンズにハイヒール姿。ここでは誰もハイヒールを履かない。欲情しやすい入所者には目の毒になるからだ。

彼女は俺の姿に凍りつき、さまざまな思いをその表情に浮かべた。愛おしさ、憎しみ、渇望、恐れ、希望、心痛――万感が、かさぶたを突き破るようにして表情に出る。

「まあ……」。彼女の口から声が漏れた。そして、涙がこぼれ落ちる。抱き締めた体は、この腕の中で溶けてしまいそうだ。彼女のシャツがヘソのあたりにこすれてヒリヒリする。とたんに自分が情けなくなった。リハビリ中の身でありながら、ちょっとでもかわいい女性患者を見つけてはムラムラしてしまう。なのに、彼女は俺が改心したことを期待して遠路はるばる面会に来てくれたのだ。イングリッドにふさわしい男になりたい。そう思ったからこそ、ここに来たのだと思う。

今の気持ちもトラウマから来る症状の一つだ。またしても自分を恥じている。軽蔑している。

今の俺にはふさわしい。

急にフラッシュバックが起きる。ベッドに寝転び、自分の将来を想像していた10代のころの記憶だ。想像の中に出てくる場面はいつも同じだった――。

弟が郊外の大邸宅に住んでいる。青い芝生が広がる庭、ブロンドの美人妻。俺はその屋敷を訪ね、しばらく置いてほしいと頼む。ほかに行くところがないからだ。服は汚れてシワだらけ。無精ひげを生やしている。俺は居間のソファに寝転び、悪臭を放ちながら一日中テレビを見ている。ある日、折り目正しい弟の妻は、できるだけ丁重に「お義兄様《にい》はいつになったら職探しに行かれるのかしら？　いつまでもソファに寝転んでいるわけにはいかないでしょう」と弟に尋ねる。

あれから20年がたち、俺はどうにか不自由のない生活を手に入れた。住まいも、仕事も、想像した弟の嫁に不思議と似ているガールフレンドも。そして、すべて台なしにしてしまった。想像どおりになったというよりも、想像どおりにしてしまった。この手で現実にしたのだ。

「何を考えているの？」とイングリッドが聞く。

「君が来てくれたことが、ただうれしくてね」

俺たちの間に熱いものが通い合う。ほかの誰にも感じたことのない強い引力。二つの磁石が今にもくっつきそうな、そんな力だ。「何を持ってきたの？」とイングリッド。

「これは俺のタイムライン。俺のことを知ってもらうために、説明しようと思って」

一緒に芝生の上を歩き、座談会をやったスポットの近くに腰を下ろした。この真上は談話室だ。見上げると、セックス依存症の男どもが談話室のベランダのベンチにすずなりになっている。連中もイングリッドの磁力に引き寄せられたらしい。連中が思い浮かべているのは妻の顔か浮気相手の顔か。

俺は時系列に沿って一つひとつの出来事を説明する。イングリッドは熱心に耳を傾けていたが、最後のオチ（情緒的近親姦）を聞いて首をひねった。「それって、どこが近親相姦なの？」

「同感だね。嫌な言い方だろ？　ここでは、なんでもかんでも病気にされちゃうんだ」。イングリッドと話し、共に過ごし、その存在をそばに感じるのは本当に楽しい。話題こそ楽しくないが、心はウキウキする。「だけど、誰にでも言えることがあるんだ。先生いわく、異性の親との親子関係によって、成人後の恋愛関係が決まる。ゲイの場合は、同性の親との親子関係ってことだろうね」

「分からない。かなりの暴論に思えるけど」

「そうかもしれない。何が本当なんだか分からなくなったよ」。タイムラインを発表して以来、俺の頭は混乱したままだ。そこで、あの日以降に習ったことをイングリッドに

図１

話して聞かせた――。

ここの先生が言うには、子育てには三つのパターンがあるそうだ。一つは「機能的愛着」で、実の親や養育者が子どもを愛し、育て、肯定し、適度な距離を保ちながら子どものニーズに応えるというパターン。俺はタイムラインを記した模造紙を裏返し、図を描いてみせた（図1）。

こういう環境で育つ子どもは自己評価や対人関係／恋愛関係が健全で安定するという。

図2

一方で「ネグレクト」というパターンもある（図2）。育児放棄、育児怠慢、子どもに対する無関心がこれに当たる。こういう親は物理的に不在だったり、物理的に存在していても心理的に距離を置いていたり、子どもの世話や保護に手を抜いていたり、仕事、セックス、ギャンブル、アルコール等々の依存対象に没頭していたりする。もし自分は親に望まれていない、大切にされていないと感じたら、それは「ネグレクト」の可能性が大だ。

こういう生育環境で育つ子どもはアダルト・チルドレンになりやすく、抑うつや優柔不断な傾向があり、自分のことを人並み以下と思いがちだ。対人関係／恋愛関係においては、いわゆる「不安型愛着障害」に陥りやすい。自分はパートナーにとって至らない存在であると思うがゆえに、相手のことばかり考え、自分のニーズやプライドは眼中に入らない。神経が過敏になったり、受動的攻撃行動に出たり、相手に見捨てられていないことを常に確認したりする。この施設では「恋愛依存型」と呼ばれるタイプだ。

図3

イングリッドは真剣に聞いている。俺はその目を覗き込み、今の話に心当たりがあるかどうか探った。イングリッドも父親に見捨てられた子どもだった。その父親は母親を

手にかけようとして、母方の兄弟に通報されかけた男だ。イングリッドの表情に変化がないので、三番目のパターン「てん綿（まとわりつくこと）」を説明する（図３）。これは俺の育った家庭環境である。

てん綿の親は子どもの欲求を満たすのではなく、子どもを通して自分の欲求を満たそうとする。この手の親にはさまざまなパターンがある――子どもの成功だけを生きがいにする親、子どもを配偶者やカウンセラーや保護者の代わりにする親、過保護／過干渉の親、子どもに異常な愛情や心配を示す親。子どもが親に対して罪悪感や息苦しさを覚えたら、それは「てん綿」な親子関係にあたるだろう。

そういう子どもは成長する過程でアイデンティティーを失う。成人後は再び他者に利用されるのを恐れ、他者と親密になるのを避けたがる。親に見捨てられた子どもは大人になってから感情を抑えるのに苦労するが、親にまとわりつかれた子どもは成人後に感情を遮断し、完全主義になり、自他を支配しようとする傾向が強い。それでも心のつながりを求めて恋人を欲するが、実際に恋人ができると、心に垣根を作ったり、恋人を見下したりして、精神的に距離を置こうとする。これがいわゆる「回避型愛着障害」で、この施設では「恋愛回避型」と称される。その理屈に沿えば、セックス依存症の大半は「恋愛回避型」というわけだ。

それでは肉体的／性的な虐待を加える親を何と言うのか尋ねたところ、それは子どもの側からすると「ネグレクト」もしくは「てん綿」にあたる。先生の説明によれば、原則として、親の行為が子どもの主体性を奪う場合を「ネグレクト」、親の行為が偽りの主体性を植えつけることを「てん綿」という。

イングリッドは涙目をしばたたかせ、ジャンケン大会を制した手を俺の手に重ねて言った。「あなたの心が癒されて、苦しんできたしがらみから解放されるなら、私、何もかも投げ打つわ」

その言葉を聞いて、以前なら、この世で一番美しい言葉だと感動したはずだ。ところが今では、他人の幸せを願って「何もかも」投げ打つ気持ちになるのは恋愛依存や共依存の表れではないかと勘ぐりたくなる。そして、イングリッドの献身ぶりにビビッてしまうのは恋愛回避型の症状ではないかと自己分析してしまう。俺はマジで洗脳されつつあるようだ。

「一生懸命、努力しているよ」と言ってみる。いや、待て。それはあんまり正確ではない。「ここの職員はちょっと大げさで、ついていけないときもあるけどね」。このほうがいい。

「きっと、何よりも貴重な経験になると思うわ」とイングリッド。彼女の目に、俺の浮気が発覚して以来、初めて輝きが戻った。

「ホントにそう思う?」

「経験者だから分かるわ。今まで話したことがなかったけれど、私も2年間、リハビリ施設にいたのよ」

25

「つまり、対人関係において、あなたが心から望んでいるのは自由でいたいということね?」。イングリッドが廊下を歩きながら聞く。その日の夕方、俺たちは夕食を共にするために食堂に向かった。

「うん。そういうことになるかな」

「だったら、自由にしてあげる」

「本当に?」

「ええ、今すぐにね」。イングリッドはそう言うと、ふざけて俺のジーンズを下ろしにかかった。「これが自由の気分よ!」。茶目っ気たっぷりの笑顔がはじける。涙が出るほど、懐かしい笑顔だ。「自由の証しをみんなに見せてあげたら?」とイングリッドは言い、今度はボクサーパンツに手をかける。

俺は下半身があらわにならないよう、あわててパンツをずり上げた。こんなところをジョーンにでも見られたら、永久保存のファイルに「強迫性露出狂」と書かれてしまうだろう。それでもイングリッドは「自由だあああ！」と叫びながら、俺の服を脱がそうと必死だ。

2人ともニヤニヤしながら食堂に入る。イングリッドが俺たち「赤い鬼士団」の窮状をからかうからだ。最高の治療は笑いではないのか。俺にはゾロフトなんて必要ない。イングリッドがついている。

「ちょっと、シャツのボタンを首元まで留めてください」。食堂で摂食障害のグループを指導しているカウンセラーがイングリッドを見かけて注意した。胸の谷間がチラリとでも見えたら、セックス依存症の患者が公然とオナニーを始めるとでも思ったのか。

俺とイングリッドは、糊のようなライスの上に無味無臭のチキンが乗った大皿を取り、セックス依存症のテーブルに着いた。トロイが俺の背中をポンと叩き、「こんなにいい女だなんて、想像もしなかったよ」と薄ら笑いを浮かべる。やはりカウンセラーは正しかったのかもしれない。

イングリッドが着席しても、チャールズは席を立たない。ということは「異性との会話厳禁」のルールに女性の面会者は含まれないようだ。イングリッドが一人ひとりに事情を尋ねると、チャールズを除く全員が自分の罪を正直に告白した。

続いて、イングリッドは自分の家族について話し始める。「祖父は浮気ばかりしていたけれど、それでも祖母は祖父のことを愛していた。祖父が他界したあとは祖父が浮気する夢を繰り返し見るようになったらしいわ。だから毎朝、祖父の部屋に行っては遺影に向かって怒鳴っていた。『なんて人なの！　死んでも私を裏切るつもり⁉　これ以上、苦しめないで。このスケベじじい！』ってね」。全員が分かった顔で大笑いする。「それから、しばらくすると、祖母は戻ってきて祖父に謝り、部屋を掃除して、サイドテーブルに花を生けるの」

要するに、死んで思い出になったあとも、恋愛依存型と恋愛回避型のデュエットは続くわけだ。

イングリッドの母親も同じように恋愛依存型だった。「母は才色兼備でキャリアウーマンで、メキシコでは自分のテレビ番組をもっていたわ。だけど、アメリカに移り住んでからは義父の召使いに成り下がってしまった」。イングリッドが俺たちに打ち明ける。「義父と別れるように何度も訴えたんだけど、そのたびに『できない』と言ってた。『あなたたち2人が巣立ってしまったら、お母さんはどうしたらいいの？　一人ぼっちになってしまうわ』と……」

「それが女性ならではのジレンマなんだろうな」。トロイが口を挟む。「恋や愛を期待して結婚するけれど、そのうち夫から空気のように扱われ、家政婦になり、出産マシーンになり、浮気までされちまう。夫は妻の心を何一つ満たさない。おまけに妻のことを骨までしゃぶっておいて『妻は女としての魅力に欠ける』なんて抜かすようになる」

全員が悲しげにうなずく。イングリッドは10代のころの体験を手短に語った。そのなかには俺も初めて聞くエピソードがあった。義父から使用人以下の扱いを受けていたというのだ――力仕事を強制され、家族と同じ食卓につかせてもらえず、暖房も家具もないガレージで寝泊まりさせられていた。そのせいで学校の成績はオール5からオール1に転落したという。

その後、家出し、ドラッグに手を出してリハビリ施設に入所。義父から勘当されたので、2年間を施設で過ごした。最終的には、施設の青年部のスポークスマンとして活躍し、テレビに出演し、市長と対談するまでになった。親と決別し、自分の力で人生を切り開いてきたイングリッドだが、それでも祖母や母親と同じ轍《てつ》を踏み、こうして浮気性の男と恋に落ちてしまったわけだ。

食事が済んだころ、摂食障害の担当カウンセラーがイングリッドのところまで来て、面会時間が終了したことをそっけなく告げた。イングリッドと2人で受付まで来ると、美術室で知り合ったヘンリーが合流してきた。独特の抑揚のない、ゆっくりした口調で俺に話しかける。イングリッドのことは丸無視だ。「ここでは人間の感情は8種類あると言うけれど、本当は9種類だと思うんだ」

「もう一つは何なの？」

「9番目は『死の感情』。何も感じないことだよ」

人間は弱いものだ。ヘンリーの苦痛に満ちた表情を見ながら、そう思った。体の傷は治っても、心の傷は残る。

ヘンリーは会話の途中でイングリッドの存在にようやく気づき、「カノジョ？」と尋ねた。

イングリッドと顔を見合わせ、お互いの瞳を探る。俺は深く反省し、ここに入ることで改心する決意を示した。イングリッドはここまで駆けつけ、自分の過去の秘密を明かすことで俺を許してくれた。

「ええ」とイングリッドが答える。「カノジョよ」

安堵と感謝の気持ちでいっぱいになる。ここの女性患者を妄想するのは、もうやめよう。俺はやり直すチャンスをもらったのだ。イングリッドの親父やじいさんのようにならないためのチャンスを――はたまた「浮気な夫とその夫に仕える妻」という家系を継承するチャンスを。親の因果が子に報う。子が目を覚まし、行動を起こせば、話は別だが。

「君の彼氏を信用してるんだ」とヘンリーがイングリッドに言う。「何でも話せる気がするから」

「当然だろう」と俺は思った。この体は「てん綿」育ちのオーラを発し、「どんなに後ろめたいことでも打ち明けていいんだよ」というサインを振りまいているに違いない。そのおかげで『ローリングストーン』誌で人気ミュージシャンの取材を担当させてもらえたのだろう。そのおかげで用心深いセレブが安心して本音をぶちまけ、人に話したことのない話を聞かせてくれたし、そのおかげで編集部に絶賛され、カバーストーリーとして取り上げてもらえた。

幼少期のトラウマは背後から忍び寄り、カマを掘るようなまねをするが、少なくともチップは置いていってくれる。

「あのかわいそうな人、誰なの?」。去っていくヘンリーを見送りながら、イングリッドが尋ねる。ヘンリーはさきほど最新の自殺計画を明かした——この施設で一番凶暴な患者を見つけたので、そいつにけんかをけしかけてみるという。

「彼は馬とヤッたんだ」

「その馬が嫉妬して、奥さんに告げ口でもしたとか?」。イングリッドは冗談まじりに言うが、多少の嫌味が込もっていることはあえて無視した。

別れ際、イングリッドと抱き合う。この感触を心に刻もう。この胸を押す柔らかいバスト、この指に当たる背骨、この頬に密着する温かい頬——心が折れそうになったら、思い出せるように。

「あなたの心が安らいで、元気になることを心から願っているわ」。イングリッドは体を離しながら、つぶやいた。

「信じてくれてありがとう」と俺は返す。俺のカノジョに、愛する人に、看守となる人に。

イングリッドを見送ったあと、談話室の外のベンチに座っていたら、目頭が熱くなってきた。イングリッドは俺を無条件に愛してくれるだろうが、俺の愛情は条件つきだ。イングリッドを見ていると、たまに将来が心配になる。そのうち母親に似てデブになるんじゃないか。その脂肪とシワが増えた体を俺は抱く気になれるだろうか。一方で、現在のイングリッドの見た目にケチをつけ、あら探しをすることもある。悲しいかな、俺のほうがケチのつけどころはたくさんあるのだ。チビだし、薄毛だし、ガリガリだし、鼻はでかいし、脂ぎった毛穴が目立つ。だからイングリッドと出会えただけでもありがたい。そして、ふと思う。俺は人を愛することができるのか。心の底から誰かを愛したことがあるのだろうか。

この涙はイングリッドの愛に対する感謝なのか、あるいは、その愛にふさわしくない自分を情けなく思うゆえなのか。自分でも分からない。

26

ジャーナリストという職業柄、いわゆる「専門家」にたびたび会ってきた。そのほとんどは経験が浅いわりに自信だけは過剰で、自称「専門家」の肩書きを振り回してはだましやすい人間をカモにしている。ところが、ときには経験も知識も豊富な専門家に出会うこともある。生徒に情報を押しつけるだけの先生ではなく、人生の師となることを天命と心得る人たちだ。ロレインは、そんな一人ではないだろうか。

「自己卑下も自己崇拝のうちよ」。ロレインがカルバンに説明している。「その二つは表裏一体。どちらも『自己』が付くから」

リハビリ生活も2週目に突入し、俺たちのクラスはさらにグループ分けされた。「チェア・テクニック（空の椅子技法）」と呼ばれるゲシュタルト療法に似たグループセラピーを受けるためだ。幸いにも、俺とアダムとカルバンとトロイ（トラブルメーカー4人組）は別棟でロレインの指導を受けることになった。今は、トラウマ治療の荒療治といわれるチェア・テクニックの予習をしているところだ。

「俺は自己卑下が苦手でね」とカルバンにささやいた。

ロレインは俺のささやきを聞きつけ、ぴしゃりと言い放つ。「ジョークはバリアだってこと、忘れないで。一種の現実回避なの。現実の抑圧、正当化、画一化、矮小化とほぼ同じよ」

やっぱり、ロレインは本物の専門家だ。こざかしい患者に慣れているのが、よく分かる。俺の心など、本を読むように読んでしまうのだろう。

その日の午後、ロレインは全員の心をこじあけた。ロレインが人間心理についてレクチャーすると、俺たちセックス依存症の顔は、花火が上がったときのように、ときおりパッと明るくなる。それはセックス依存症の言動、心理、思考パターンに納得した瞬間だ。それが他者と、ひいては自分自身と触れ合うことができない原因だという。

伝統的な面談式のセラピーでは、カウンセラーとクライエントが週に一度、一時間ほどカウンセリング・ルームで面談する。その期間は数年から数10年に及ぶ場合もある。しかし、依存症の治療においては短期決戦が「命題」だ。患者の生死にかかわるからである。次の一杯で動脈が破裂するかもしれない。あと一回の注射が命取りになりかねないのだ。肝心なのは今日に効く療法であって、医学界が長年にわたって研究し、承認してきたメジャーな療法ではない。だから、この施設の療法には難があるという意見もある。ここで採用されている技法の多くは元看護師のピア・メロディ（ウィキペディアに独自の項目すらない）が提唱した旧式の技法だからだ。しかし一方で、自己改革には極めつけの技法と賞賛する声もある——ただし、優秀なカウンセラーと巡り合えれば。

俺たちはロレインと巡り合えて本当にラッキーだ。触れることも見ることもできない心の問題を癒すのは気の遠くなるような作業だが、それでも今のところロレインは燃え尽きることも、さじを投げることもないようだ。

ロレインはこの施設が採用している心理療法について説明しながら、俺たちに深呼吸と傾聴を促し、かつての両親の姿を思い起こすように指示した。それは大人になった今ではなく、8歳や12歳のころに焼きつけた親の（世の中の）イメージだ。以下はロレインに教わった内容である。読者のみなさんも思い当たる節があるだろう。

ざっくり解説——行動パターンの成り立ちと問題の原因

初めの一歩

この世に誕生。

赤ん坊ゆえに、まったくの非力で一人では生きていけない。生まれたての脳は未発達、人の世を理解するすべはない。

理想の生育環境

両親揃って非の打ちどころなし。子どもの心身の欲求を24時間体制でケアし、決して判断を誤らず、親子間の絶妙な距離を保ち、あらゆる害から子どもを守る。一方で、子どもが独り立ちできるように準備を進める。

しかし現実は……

完璧な人間は一人もいない。親も、それ以外の人も例外ではない。よって、成長過程に必要な一部のニーズは満たされない。

そこで問題発生

満たされなかったニーズは、大小を問わず、心の傷として残る可能性がある。

それが世に言う「幼少期のトラウマ」だ。トラウマを体験するたびに人格形成や対人関係に根本的かつ具体的な問題を引き起こす可能性がある。そのまま手当てせずに放置すれば、次の世代に同じ心の傷を引き継がせることになりかねない。この種のトラウマは発達段階の初期に発生するため、のちの社会性、情動、行動、認知、道徳観に影響を及ぼすことがある。

目に見えるとは限らない、悪意があるとも限らない

トラウマ＝心的外傷と言えば、悪意ある加害者の故意による仕打ちというイメージが強い。ところが、子煩悩な親、善意の親にも、間違いや力尽くすも力不足ということがある。こうした目につかない無意識の仕打ちが定期的に繰り返されることで、幼心には一回の虐待と同じくらいの深傷が残る。

心のトラウマ

幼いころは誰もが世界の中心だ。自分を中心に世の中が回る。だから、幼少期の心の傷は身近な養育者から受けることが多く、その養育者は情緒不安か薄情だ。授乳中の母親が慢性的なノイローゼだったり、仕事のストレスを抱える父親が家族に当たり散らしたり、たまにしか会いに来ない義理の親が金に困ってふさいでいたりした場合、子どもは親の気持ちをスポンジのごとく吸収し、自分の責任ではないかとしばしば誤解する。親が病死した場合でも、死を理解できない幼子は親に見捨てられたと思い込んだり、自分のせいで親が死んだと受け取りがちである。

身体のトラウマ

大抵の人は体罰を――たとえ子どものお尻を叩くだけでも――良からぬことと認識している。ところが、そ

れに比べて分かりにくいケースがある。例えば、外科的な治療。包茎手術や傷口の縫合といった一般的な施術も、幼児にとっては虐待経験としてインプットされる可能性がある。見知らぬ場所に連れて行かれたり、身の安全を守ってもらえなかったりしたというだけで親に対する不信感が芽生えることも。

思考のトラウマ

生後数年を過ぎると、親離れが始まる。この時期、親の務めは子どもが自己を確立し、独り立ちできるように支援すること。そこで新たなタイプの問題が発生しうる。特に親が過干渉だったり、小言が絶えなかったり、過剰な期待をかけたりする場合だ。厳格な家庭においては子どもの自立が脅威と見なされ、阻害される恐れがある。いずれのケースも子ども自身の自己評価をさいなむことになる。

アイデンティティに取って代わることも……

機能不全に陥った家庭においては、子どもが家族崩壊を阻止し、本当の問題から目をそらすために役割をになう傾向が見られる。その役割とは「優等生」「面汚し」「脇役」「ご機嫌取り」「ムードメーカー」など。家庭内でのその役割が（出生順位とあいなって）のちに性格の問題として表れることがある。「優等生」は過ぎたる完全主義に、「面汚し」はキレやすく、「脇役」は自尊心に欠け、「ご機嫌取り」は自分の欲求を押し殺し、「ムードメーカー」は責任を放棄する傾向がある。

三つ子の魂、百まで

幼少期に身につけた信条、振る舞い、反応は長年の習慣によって定着するだけでなく、脳の深部に刷り込まれる。幼少期の脳は驚異のスピードで神経回路を形成していくのだ。俗に言う「三つ子の魂、百まで」。だから自分を客観視することは右手で右肘を触るくらいに難しい。

それでも、やや俯瞰から自分を眺めてみると、自分の考えや行動は決して突発的でないことが分かる。自分の過去が現在の幸せや対人関係や生き方にどんな影を落としているのか。それを深く知るための技法やツールはいくつかある。

時間をさかのぼると……

自分を追い込んで努力し、失敗すると自分を責めさいなむ傾向がある？　だとしたら、それは学生時代に「人間の価値は成績や打率や表彰状の数で決まる」と親から叩き込まれたからではないか？

自分の心と触れ合えないのは泣くたびに父親に叱られたからではないか。自分のことをつまらない人間と感じるのは、十分に親にかまってもらえなかったではないか。人を見ると助けたり、世話を焼こうとしたりするのは、うつや依存症を患っていた母親を救えなかったからではないか。家族の欠点をかたくなに認めようとしないのは、威圧的な父親に逆らうことができなかったので、父親を批判することが神への冒涜のように感じるからではないのか。

俺の言わんとしていることが見えてきただろうか。

たとえは悪いが……

我々の一部は肥桶を担いで歩いている。そして、クソと見るや、それをつまんで肥桶の中に入れる。目の前にダイヤが転がっていても目に入らない。目につくのはクソだけだからだ。

そのクソを「思い込み」と言う。

例えば「自分はいつも判断を誤る」「本当の自分を知られたら、人に嫌われてしまう」、その逆に「自分のレベルに見合う人間はいない」といった誤った固定観念だ。そのどれもが子どものあらを探す親、子どもに無関心な親、子どもにダメ出しばかりする親によって、幼少期に刷り込まれた可能性がある。

心の成熟度・早見表

傷心の子ども（精神年齢０～５歳）	反抗期の青年（精神年齢６～18歳）	健全な大人（精神年齢・成年）
自己卑下	自己肥大	自己確立
完全弱者	無敵	身の程をわきまえる
極端にわがまま	強がり	自分の気持ちを伝達
自分は悪い子 自分のせいだ	自分は悪くない 自分は完全無欠だ	自分に正直 自分を知っている
仕切れない	仕切りたがり	柔軟性と節度がある
見捨てられることへの不安	束縛されることへの不安	相互依存 （ギブ＆テイク）
かまってちゃん	スリル狂	分別とバランス感覚の持ち主
親やパートナーを理想化	親やパートナーに幻滅	親やパートナーの現実を直視

その結果、成人後も状況判断や解釈を誤り、幼少期の思い込みを裏づけるような事実にもっぱら注目してしまう。人に対して優越感や劣等感を抱くのは、そんな思い込みにとらわれている証しの一つだ。

ここで自問してみよう――傷心の子どもや反抗期の青年のような症状を見せることはあるか。そうであれば精神的な成長がストップしている可能性がある。もしくは特定の状況が引き金となり、精神年齢が一時的に下がってしまうのかもしれない。

何かに過剰に反応して、口をきかなくなる、キレる、すねる、絶望する、パニックに陥る等々の大人気ないリアクションをしてしまうのは心の古傷がぶり返すからだ。同じ気持ちを味わったときの幼少期や青年期の精神状態に戻ってしまうのである。

「傷心の子ども」は養育者のメッセージをそのまま内面化するのに対し、「反抗期の青年」はそれに反発する傾向があることを覚えておきたい。

ところがトラウマに対する反応は千差万別

そして、生まれもった性格や打たれ強さも一人ひとり違う。よって、虐待や不当な扱いを繰り返す相手に献身的でいるとしたら、それは「心的外傷による執着」だ。無茶や危なっかしいことをしているときだけ自分らしくいられるのは「心的外傷による興奮」。ひどい自己嫌悪を募らせるのは「心的外傷による羞恥」。薬物やハイテク機器などを使って気持ちを紛らわそうとするのは「心的外傷による感情ブロック」。などなど、挙げていけばキリがない。トラウマのタイプは同じでも、それに対する反応は多種多彩。ほんのさわりだけ紹介したが、この施設で採用されているアプローチをざっと把握してもらえたと思う。

大切なのは責めるよりも理解すること

要するに、我々大人は18年がかりでプログラミングした自前のOSにのっとって生きているわけだが、どのOSも欠陥だらけ、ウイルスだらけである。そして愛着問題、精神的な成熟度、PTSD、親子関係にまつわるあらゆる理論を総合すると、それは体系化された知識となり、心のウイルスを検知したり、自分の言動、思考、感情を見つめ直しするのに役立つ。

そこまでは簡単だ。難しいのは検知したウイルスを隔離した上で、偽りの自分を識別し、本当の自分を立て直すこと。なにしろ、自分との関係が正直で良好でまっとうでなければ、他人との間に健全な愛情関係は築けないからである。

「以上がチェア・テクニックの趣旨よ」とロレインは結んだ。

27

その晩、セックス依存／恋愛依存の患者会に出席した。ソファに座っていると、キャリーが俺の隣にドスンと腰を下ろした。むき出しの腕が俺の腕に軽く触れる。俺は腕を離した。今までにないことだ。

「信じられない。あのセラピストのせいで、まだあなたとしゃべれないなんて」とキャリーはむくれる。

「君のためだよ。俺は女性にとって危険人物だから」

向かいに座っているチャールズが唇に指を当て「黙れ」の合図をする。その通りだ。一言交わしただけでも違反である。俺はいったん部屋を出て、すぐに戻り、別の席に移った。イングリッドへの敬意を行動で示したわけだが、こういうつれない態度はキャリーの気をますます引くことになるだろう。とは言え、俺のチェックインを聞けば、気も変わるはずだ。

「日曜の朝、誓いを破ってしまいました」。自分の順番になり、俺はみんなの前でそう白状した。「人前でこんなことを言うのは何だけど、オナニーしてしまったんだ。ある事情があって、起きぬけにやっちまった。仕方なかったんだ」

自分の言葉が耳に残る――「仕方なかったんだ」。いかにも依存症が言いそうなセリフではないか。それを確認したくて、ほかにもオナニーをしたやつはいないか尋ねてみた。

部屋中が静まり返る。一人だけ、こわごわと手を上げた。「俺も」とカルバンが蚊の泣くような声を出す。

突然、俺はこの中でいちばん暴走しやすいセックス依存症になってしまった。カルバンはおそらくキャリーとの妄想をおかずにしていたのだろう。「あとで気づいたんだけど……」と俺は続ける。「その日はガールフレンドが面会に来ることになっていたから、それでビビッてしまって下半身に手が伸びたんだと思う。だけど、カノジョに来てもらって本当に良かった。今まで以上に本気で回復したい、心を入れ替えたいと思うようになったからね」

患者会が終わり、廊下を歩いていると、チャールズが追いかけてきた。「二度と誓いを破ることがないようにアドバイスしておくよ」とチャールズは言う。「『信じる、正す、なる』。自分とイングリッドを信じ、イングリッドのために行いを正し、二人で核家族になることだ」

いいアドバイスだ。3つのステップか。

「ここを出たあと、依存症に負けそうになったときはロスで俺を探してくれよ」。チャールズが穏やかに言う。「ロスで屈指のセックス依存症の心理療法士がやっているグループセラピーを紹介するから」

どうやら今夜の俺の発言は上出来だったらしい。チャールズに、離脱症状が出た理由を聞いてみようと思った。彼がその理由をみんなの前で明かしたのは、俺が入所する前だった。「当時、ニュージーランドにいたんだ。あの国は売春が合法だからね」とチャールズが説明する。声は悲壮感にあふれているが、それとは裏腹に、顔はニンマリしている。これがジョーンの言う「多幸感の再生」だ。「気づいたら、より取り見取りのサービスを提供する店にいたんだ。そこで450ドル払い、2人の美女と3Pに興じてしまった」

俺たちは寮の入り口でしばし立ち止まった――お互いに3Pの場面をイメージした。ふだんは厳粛なチャールズの表情に、チラリと欲情が浮かぶ。「それはまずかったなあ」と俺は言った。「実にまずい」

「ああ、本当にまずかったよ」とチャールズは認めた。

その夜、夢を見た。俺とイングリッドがラスベガスのホテルの一室いる。そばには時給制の牧師の姿。

「おふたりが夫と妻になったことを宣言します」と牧師は言う。

そのとたん、身の毛がよだつ。取り返しのつかないことをしたと、後悔にさいなまれる。やっぱり、イングリッドと同じ気持ちにはなれない。重い気分で目が覚めた。
チャールズの言葉が脳裏をよぎる。「核家族になることだ」
核家族のどこがいいんだ？　心の中で思わず突っ込む。「核」には壊滅の恐怖しか感じない。

28

シカゴ、23年前

リーン、リーン（電話の着信音）

俺「もしもし？」
女「トッド、いる？」

女の子から弟への電話だ。女子の電話は決まって弟宛てだ。俺には一度もない。

俺「いや、留守だけど」
女「レイチェルよ」
俺「やあ」
女「ジュリアもここにいるんだけど、トッドを呼ぼうと思って電話したの。これから秘密のパーティーをやるのよ。ジュリア、説明してあげて」

2人ともクスクス笑っている。10代の女の子ならではの笑い声。繁殖期の鳥の鳴き声だ。

女「実はね、ジョナスとクレイグがさっきまでいたんだけど、もう勃《た》たなくなっちゃって……」

俺「どういうこと？　今、何してるの？」

女「私たち、すごくエッチな気分なの。あなたも、こっちに来たら？」

やった。ついに童貞を捨てるチャンスだ。大学に入る前に「男」になっておかなくては。

一つだけ問題がある。

俺「無理だよ。謹慎中なんだ」

女「後悔はさせないわ」

俺「ホント？」

女「してあげる……（小声で）フェラ」

俺「2人で？」

女「あなたが望むならね。私たちの望みをかなえてくれたら、何でもしてあげる」

俺「ああ、行きたいなあ」

3Pに誘ってくれたなんて夢のようだ。きっとスーパーボウル級の初体験になるだろう。だが、母さんに電話を入れずに夜遊びしてしまったがために、2カ月間の外出禁止を余儀なくされた。俺の青春時代は自宅謹慎の連続だ。一年前は「行ってはいけない」と言われたロックコンサートに行ったことがバレて、半年間の外出禁止を命じられた。

俺「クソッ、俺もジュリアとヤりたいけど、今日は無理だよ」
女「ニール、ご指名よ」
俺「マジか?」
女「早く来てよ。ジュリアがあなたとヤりたいって」

今日も含めて数週間は無理だ。

女「なんで?」
俺「だから言っただろ。謹慎中の身だって」
女「こっそり脱け出せばいいじゃない」
俺「ダメ。家の鍵を持ってないから」
女「つまんない人」
俺「あ、待ってよ」
女「じゃあ、アレックスを誘うわ。アレックスの番号、分かる?」

今にして思えば、高校から大学時代を通して女の子から誘惑されたのは、あの電話が最初で最後だった。あのころの俺は、どうして一度も親に反抗しなかったのか。どうして一度も家から出ようとしなかったのか。よくぞ、あの年齢で軟禁状態に耐えていたものだ。高校3年の二学期にはすでに進学先も決まっていた。あれは人生で一番楽しい時期だ――少なくとも、てん綿育ちでない10代にとっては。

29

ロレインは壁一面に模造紙を数枚、貼り付けると、俺の血縁関係を曾祖父の代までさかのぼって尋ねた。俺の返事を元に家系図を描き、俺が知る限りの情報を書き加えていく――親族一人ひとりの出生順位や悲惨な体験、配属者との力関係に至るまで。これが「ジェノグラム」と呼ばれる心理的家系図だ。ロレインはそこから規則性を探す。そして、いくつか見つけたようだ。

「こういう作業は長年やってきたけど、これほどナルシストな母親もめずらしいわ」。俺の両親と恋愛歴の部分を見ながら、ロレインは言う。「お母さんに息苦しさを覚えたあなたは、お母さんとの間に壁を作った。それが母親に対する怒り、母親の目を盗むという行為になって表れたの。あなたは今でもその壁を使って、イングリッドに束縛されないように予防線を張っているわ」

ロレインの一言一句がホウキのように作用し、脳内に張ったクモの巣を払い、脳細胞に積もったホコリを取り除く。自宅謹慎を命じられ、初体験の唯一のチャンスを逃したことに対する積年の恨みや後悔がよみがえってくるようだ。

「一つ気になることがあるんですが――」とロレインに聞いた。「どうして自分は厳しい母親に反発しなかったのか。なぜ反抗も家出もしなかったのか自分でも理解できません」

ロレインはジェノグラムにチラッと目をやり、こう答えた。「それはお父さんを模範にしていたから。お父さんも決して反発しなかった。お母さんに盾突くことがなかったでしょう」

ほかの3人は納得したようにうなずいたが、俺は違うことを考えていた。祖父も二重生活を送っていたのでは? たぶん、そうだ。「もう一つ言うと……」とロレインが続ける。「ご両親はいいお手本にはならなかった。だから、イングリッドとの将来に不安を感じるのも当然ね。両親のようになりたくないのだから」

子どものころの俺は、しばしば親の浮気を願った。だから、親父と見ず知らずの女性が写った写真を見つけたときは内心うれしかった。不毛な結婚生活では得られない喜びをよそで見つけたと思ったからだ。そう考えると、俺が難なく浮気性になったのも無理はない。初恋の相手に巡り合うはるか前から、自分に浮気を許可していたのだ。


ロレインは午前中いっぱいと午後の大半をかけて全員のジェノグラムを図解した。それが終わると、翌日のチェア・テクニックの準備として、恋愛依存型と恋愛回避型(ロレイン流に言うと「共依存型」と「抗依存型」)の関係性を説明しておきたいと言った。

「自分の心の内をあなたと共有します――そう思えることが親密さなの」とロレインは切り出す。

ここでは耳にタコができるほど「親密さ」という文句を聞く。あたかも聖杯のようだ。そして、人生の楽しみ(セックス、ドラッグ、妄想、おしゃれ、読書、沈思に至るまで)は親密さの妨げになるという理由で、ことごとく禁止される。

「親密な関係を築けないのは自分を好きになれないことに起因する」とロレインは続ける。「人と親密になるのが怖いのは『本当の自分を知ったら、相手は逃げていく』と無意識のうちに思うからよ」

「俺はしょっちゅう、そう思う！」。カルバンは宣言し、ハイタッチを求めて手を挙げた。が、応じる者はいない。

「私なら、あなたたちは全員を親密回避と診断するわ」とロレイン。「回避型は人を誘惑するのが大の得意。相手の望みを察し、かなえることに長けているという意味でね。親に絡み取られることが多かったぶん、わがままな相手のわがままに応じることで自分の存在価値を実感する傾向があるわ」

「つまり、恋愛回避型は男だけ、恋愛依存型は女だけってことですか？」とカルバンが尋ねる。

「いえ、男女どちらのパターンも見てきたわ。いずれにしても、私たちは精神年齢が一緒で、心の穴を埋めてくれる相手を求める。あなたの奥さんは、あなた一人が病んでいて、自分は正常だと思っているかもしれない。だけど、妻はまったく健全なのに、夫だけが病んでいるという夫婦には会ったためしがないわ。どちらも同じように問題を抱えている。その証拠に、病んだ夫から離れない」

「その話、うちの妻にも電話で聞かせてやってくれませんか？」とアダムが言う。

「そこ、私が言っているのは、まさにそこなの」とロレインは返す。「今のは、親に絡み取られた幼心が言わせたこと。リハビリはあなた自身のためであって、奥さんのためじゃない。今の発言が、あなたの夫婦関係を全般的に物語っているわ。恋愛回避型と恋愛依存型が恋愛関係になると、特定のパターンが表れる。回避型は当初はパートナーに尽くして、尽くして、自分のことは後回しにするのに、依存型のパートナーは決して満足しない。だから回避型は不満が募って、よそにはけ口を求めてしまう。けれども同時に罪悪感があるから、わがままなパートナーに尽くすことも止められないの」

「『はけ口』っていうのは浮気ですか？」とアダムが質問を挟む。

「それもあるわ」とロレイン。「ほかにエクササイズや仕事や薬物に病みつきになったり、無謀な行為に走ったりして、ハイリスクなことに手を出す場合もある。それも家庭とは別のところでね。秘密にするほうがスリルが増すから。こうして回避型は心の壁を厚くしていくけれど、依存型は幻想にしがみつきたい一心で見て見ぬふりをする。パートナーの許しがたい行動を許すようになるの」

ロレインの話を聞きながら、文学史に燦然と輝く不朽の神話『オデュッセイア』を思い出していた。主人公のオデュッセウスはトロイア戦争を終え、家路に着くものの、放蕩の限りを尽くし、妻のペネロペイアが帰りを待っているのを承知の上で、海の女神と7年間同棲。一方のペネロペイアは夫の生還をあきらめたにもかかわらず、20年間も貞操を守り通した。それでもオデュッセウスは英雄として描かれ、ペネロペイアに求婚した１０８人の男たちを皆殺しにするのだ。この施設では、遠征と冒険とスリルを愛するオデュッセウスは恋愛回避型、ペネロペイアは幻想に生きる恋愛依存型と診断されるだろう。こういう関係は神代の昔からあったわけだ。

図１

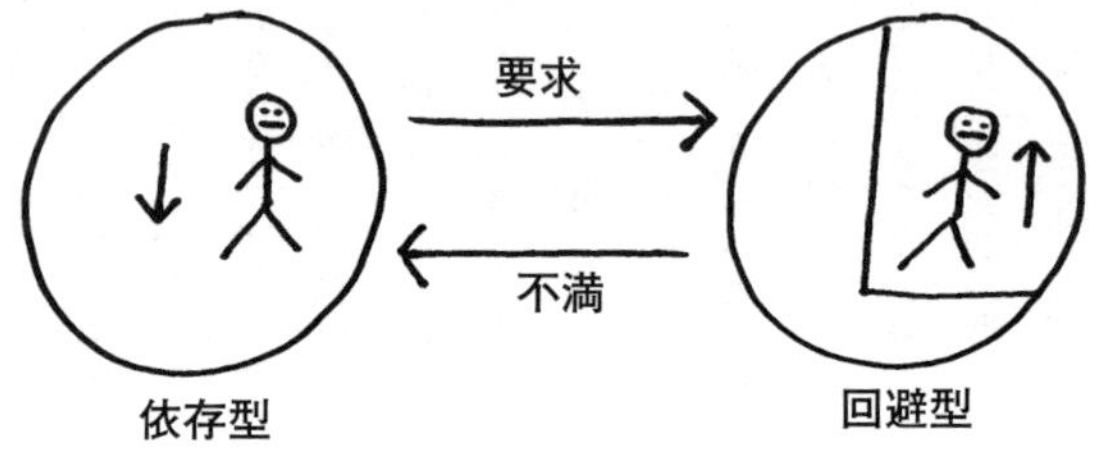

「でも、回避型の行いにはさまざまな報いがあるの」とロレインが続ける。「代表的なのが、身に覚えがあると思うけれど、パートナーに見つかってしまうこと。その現実によって依存型は幻想を打ち砕かれ、一番恐れている「見捨てられる不安」にさいなまれる。つまり、幼少期のトラウマがぶり返すわけ」

オデュッセウスにとって正解だったのは浮気がバレなかったこと。当時はパパラッチもＳＮＳもスマホもインターネットもなかった。二重生活を送るには好都合だったろう。

「強烈なショックと不安に見舞われた依存型も裏の顔をもつようになることが多いわ。とはいえ、回避型が刺激を求めるのに対して、依存型は大抵慰みを欲する——

図2

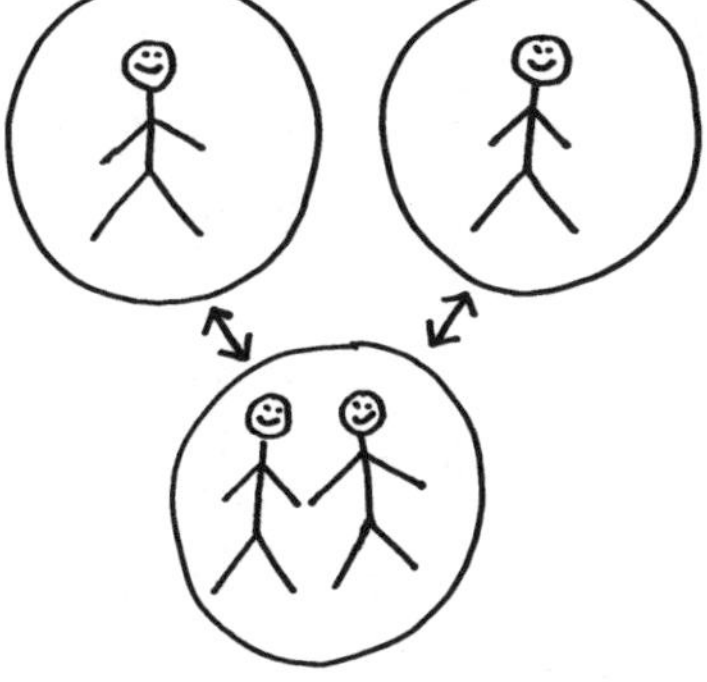

精神安定剤、アルコール、恋愛小説、買い物等々、中枢神経を落ち着かせてくれるものを求めるわ。たとえ精神的、肉体的に不倫に走ることがあっても、それはスリルを得るためではなく、心痛を和らげ、忘れるため。そのうち2人の間に愛情は通わなくなり、お互いに現実逃避がテーマになってしまう」

ロレインは不健全な関係について述べてきたことを図（図1）にした。

「みんな、どちらかのタイプに分かれるんですか？」とカルバンが質問する。「僕自身はどっちにも当てはまるような気がするんだけど……」

「いい質問だわ。私自身も回避型よりは混合型ではないかと自己分析してきたけれど、そういうブレすらも回避症状の一つかもしれない。一対一の関係を築けないことには変わりないのだから」

「人によっては両方の要素を兼ねていて、その時々で回避型になったり、依存型になったりすることもあるの」とロレインは続ける。そして、健全な夫婦関係のイメージを描いた（図2）。

「健全な夫婦関係とは別個の人格をもつ2人の成人が共に一つの関係を築こうと決意し、その関係が第三の人格になること。2人で関係を育み、その関係によって自分たちも成長する。だけど、お互いに近すぎたり、遠すぎたりはしない。「支え合う」関係にあるの。つまり、基本的に自分の面倒は自分で見るけれど、それが無理なときは遠慮せずに相手に助けを求められる」。ロレインは言葉の意味をかみしめてから、こう結んだ。「相手に対する愛情が自分自身の欲求を上回って初めて、真の夫婦関係を築くことができる」

図3

「質問してもいいですか?」。俺は唐突に口を挟んでしまった。どういうわけか、人に善悪の判断を押しつけられたり、白黒を決められたりすると、決まって不快になる。赤札仲間の3人が顔を見合わせている。どういう展開になるのか分かっているからだ。カルバンが「待ってました」とばかりに揉み手をするなか、俺は黒板まで進み出た。

ロレインが最初に描いた図1から「要求」「不満」の文字と2本の矢印を消す。続いて、左側の円と人間を消した。いろいろと消し続けて、右側の円と人間だけを残す(図3)。

「この関係から一方の人間を消すと、不健全さも解消されます」と俺は説明した。「残ったのは人生のうまみとスリルを味わいつくす独身男。この選択肢よりも支え合う関係のほうがいいのは、どうしてですか?」

「それが自分の価値観に合っていて、かつ、どこにも支障がないのであれば、それでもかまわないわ」とロレインは答える。「だけど、親密な関係よりもスリルのほうを選ぶのはなぜかしら?」

「楽しいから」

今度はカルバンのハイタッチに応えつつ、自分の席に戻った。これでは回復の足しになりそうにないが、ロレインの説明を聞くかぎり「親密な関係」の名の元に男の楽しみをことごとく犠牲にしなくてはいけない。それでは目標にする価値はないだろう。

「賭けてもいいけど、ハイになったあとは必ず反動が来る。気分が落ち込み、新しいスリルが欲しくなるわ」。ロレインは淡々と話す。「つまり、回し車を与えられたハムスターと一緒。スリルを求めて一生、回し車を回し続けるしかなくなってしまうのよ。あるいは、スリルの正体に気づくかもしれない。スリルとは、本当の自分と触れ合えないという過酷な現実から逃れるための口実だってことにね」

それまでのお祭りムードはしぼんでしまった。ロレインのブローはまさに痛いところを直撃する。けれども、ジョーンとは違って、相手を負かそうという気配はない。むしろ、力になろうとしている。ロレインの言うことは独断にはほど遠く、確かに理にかなっている。

「私たちは無意識のうちに自分を守ろうとする心理が働くわ」とロレインは続ける。「パパやママ、先生や指導者によって厳しい状況に置かれたとき、その心理は便利な手段、サバイバルの手段として機能してきた。でも、もうそれに舵を取らせてはいけない」。ロレインは俺とトロイとアダムとカルバンを見ながら、こう結んだ。「他人の人生を生きていても仕方ないでしょう」

カルバンが泣き出した。

30

今日、自分を知った。たぶん生まれて初めて。

ロレインの講義のあと、全員で別室に移動した。室内には6脚の椅子が配置してあった。2脚は一方の壁に寄せてある。一つはロレイン、もう一つは最初の犠牲者（すぐに俺だと分かった）の席だ。向かいの壁際には空《から》の椅子が1脚。残る3脚は「射程圏外」の左手の壁際に並び、好色の同輩3人が着座した。

どの椅子の横にもティッシュの箱が置いてある。

「ウエットスーツを着たつもりになって」とロレインが3人に警告する。「首元までしっかりチャックを上げたほうがいい。かなり感情的な展開になるけど、取り乱さないでほしいの」

何が始まるのかと身構えていると、「始める前に、一つ言わせて。世の中には妻に誠実なだけでなく、浮気のうの字も考えたことのない既婚者がいるわ」

俺の中の「ひねた大人」が「生まれつき足の指が11本ある既婚者もいますよ」と嫌味の一つも言いたくなった。が、そうする間もなく、目を閉じて雑念を払うように指示される。「足の裏の感触に意識を向けて。静かに息を吸って、吐いて……」とロレインは続ける——穏やかな、ゆっくりした口調で。「息を吐くたびに、だんだん心が落ち着いていくわ」

ロレインの意図は分かっている。トランス状態に導こうとしているのだ。ロレインのことは信頼しているので、リラックスし、無心になれるように努める。今度は8歳の自分をイメージするように言われた。当時の自分が隣に座り、これから起きることを一緒に見るのだ。俺は、安物のメガネをかけた貧弱で野暮ったいガキをイメージしようとしたが、そのとき「空想は他者との間に壁をつくる」というジョーンの話を思い出した。ジョーンがこの光景を見たら、どう言うだろう。

バカ、余計なことを考えるな。

呼吸を意識し、この瞬間に集中しなくては。

よし。

「お父さんが、このドアの外に立っていると仮定してほしいの。あなたが子どもだったころのお父さんを思い出してみて」

当時の親父の姿を思い起こす——ハゲ頭、イニシャル入りの色あせたブルーのワイシャツ、ワイシャツの裾は黒いズボンの中。表情は穏やかだが、遠い目をしている。心ここにあらずという感じ。一言で言うと、俺が8歳だったときの親父そのものだ。

「お父さんをここに呼んで、向かいの椅子に座るように勧めて」

ロレインの指示どおり、親父がこの部屋に入ってくる様子を想像する。不気味なほど、すぐにイメージできた。

恐るべし、人間の想像力。もっとも、俺はかなり想像力を働かせてきたが、想像する内容は「やり損ねた３Ｐ」がほとんどだった。

「今、お父さんは何をしているかしら？」とロレインが尋ねる。

「ただ座っています。ポツンと」

「お父さんに話しかけましょう。私が言うことを復唱して。『今日、親父をここに呼んだのは、親としての責任を問いただしたいからだ』」ロレインは大きな声で力強く言い放った。親が子どもに言うように、裁判官が被告に言うように。ロレインの口調をまね、復唱する。架空のウエットスーツを着た同輩たちから笑われない程度に。

「『親父の問題じゃない。俺の問題なんだ』」とロレイン。

復唱する。

「『悪いのは親父の態度であって、人間性じゃない』」

これも復唱したが、「もっと大きな声で！　本気を出して言ってやりなさい」と注意された。ロレインは叱咤モードに戻る。「『親父は一度も味方してくれなかった。俺が母さんに懲らしめられても、あえて黙ってた。母さんの言い分が感情的で不当だと知っていたのに、黙っていた』」

ロレインのセリフを自分のものにしようと努める。できるだけ実感を込め、できるだけ激しく言い放つ。復唱は続いた。

「『親父は一度も守ってくれなかった』」

「『親父は俺にかまわなかった』」

「『もう親父のまねはしない』」

「『もう二度と、女性を誘惑することをなぐさみにはしない』」

親父に向かってキツい言葉を浴びせる。だが、そのさなかに頭の中で声がした。「ちょっと待ってよ。あれだけ苦労してナンパのテクニックを身につけたのに⁉」

ロレインはかまわず畳み掛けてくる。「『もう二度と、クラブのトイレで軽率にセックスすることを慰みにはしない』」

復唱はしたが、頭の中の声はさらに大きくなる。「おいおい、あれは最高に貴重な経験だったじゃないか。ロレインはトランス状態の俺に何を吹き込むつもりなんだ？」。今度は違う声が聞こえてきた。「続けろ。そのためにここに来たんじゃないか」。いろいろな声がする。この調子だと、ジョーンは俺のファイルに「解離性同一性障害」と書き加えるのではないか。

糾弾は続く。

「『腹が立つ』」

「もっと大声で『腹が立つ‼』」。そうしているつもりだが、ロレインは不満らしい。言われるままに繰り返し叫んでいたら、本当に怒りが湧いてきて、怒号になった。

「お父さんに叱られたときのこと、お父さんに訴えて」

言われたとおりにする。「親父に怒られたのは一回だけ、俺のせいでテレビの時間に間に合わなかったとき、俺に手を上げた。俺はまだ小さかったし、遊歩道で遊んでいるのが楽しかったんだ。あれはしつけなんかじゃなかった。母さんの言うとおり、あんたは自分の都合しか考えていなかった」

「『親父、あんたは間違ってた！』」とロレインのあとに続いて叫ぶ。涙が込み上げてきた——あのとき口に出せなかった、悲しい気持ちと一緒に。ロレインが続ける。「『恥知らず！　恥を知れ！』」

親父が親ではなかったこと、責任を放棄してきたこと、決して俺をかばわなかったことを糾弾する。カルバンのすすり泣きが聞こえてきた。どうやらウエットスーツをきちんと着ていないようだ。俺にはウエットスーツすらない。この場で親父を怒鳴り、寂しく悲しかった幼心を吐き出している。肩の荷が下りていく気がした。

「親父は隠し事をしてた」。やっと言えた。「俺たち家族にうそをついて、ひどいじゃないか。木曜日になるといなくなる。どこで何をしているのか誰にも分からなかった。同じ趣味の仲間と写真を交換してたんだろう？　それをずっと内緒にしてた。家族よりも大事にしてたんだ」

「続けて」とロレインが促す。「お父さんは息子にうそをつくことや人目を盗むことを教えた。それが、どれほどの罪なのか、お父さんに伝えて」

言葉がつかえて出てこない。出てくるのは突然の、止めようのない嗚咽だ。こんなに泣けるのは何年ぶりだろう。

「どうしたの？」とロレインが聞く。

「なんで親父があんな趣味に走ったのか、分かったよ」。一言一言を搾り出した。「親父は自分を見てたんだ……手足を失った人たちに。自分のことを心の障害者だと思ってたからだ」

俺は泣き崩れた。

ロレインは俺が気を取り直すのを待って、引き続き親父自身の問題、振る舞い、心境、責任放棄を追及するように指示した。親父の反応について聞かれたので、親父なりに懸命に受け止めているようだと答えると、「お父さんに退室してもらいましょう」と言う。

「今度はお母さんがドアの向こうに立っていると思ってちょうだい」

不安が押し寄せ、全身の神経がざわつく。恐れていたときが、ついに来た。

31

母さんの姿を想像するのは、はるかに難しい。ほんの数日前「面会には行かない」と宣言されたばかりだ。その母さんがこの部屋に入ってきて、赤の他人の前で心の問題を話すとは考えられない。

「だったら、命令しましょう」とロレインは指示する。「お母さんに選択の余地はないことを告げて」

そのとおりにすると、母さんが足をひきずりながら入ってくるのがイメージできた。

「お母さんはどんな様子？」

「席に着いて、ニコニコしてます。でも、それはポーズに過ぎない」

「作り笑顔だってこと、私たちにも分かるかしら？」

「かなり手ごわいですよ」

「いつまで笑顔でいられるか確かめてみましょう。お母さんは息子相手に話すべきではないことを話した。それを伝えて」

言われたとおりにする。が、どうも歯切れが悪い。

「『母さんは俺を夫の代わりにしたんだ』」とロレインが助け舟を出す。

そのとおりに復唱し、口調もまねようとしたが、今一つである。

「『俺をてん綿にしたんだ』」

この件について母さんを糾弾するだけの度胸も自信も、まだない。第一、母さんがてん綿の意味を知るはずがない。俺も一週間前までは聞いたこともなかった。

「『母さんがしてたことは情緒的近親姦だ』」

ここで待ったをかけなくては。「『近親姦』とは言えません。『情緒的虐待』と言い換えてもいいですか?」

「いいわ。ほかに気になることはある?」

「実は、何か言うたびに、頭の中で母の声がするんです。『私は一生懸命、あなたを育ててきた。あなたに相談したのはほかに頼れる相手がいなかったからよ』と」

「そのとおりなの?」

「母さんにとっては、そうです」

「あなたにとっては?」

「違います」

「じゃあ、お母さんに育てられた感想を伝えて。それが難しいようなら、お母さんの言動を挙げるだけでいいわ」

大きく息を吸い、心の準備をする。タイムラインを発表して以来、人生の最初の18年をつないでいた糸はプッンと切れたままだ。切れた糸が記憶の中でなびき、新しい解釈に連結しようとしている。ジョーンやロレインは鮮明に見えるはずだ。だったら、包み隠さずぶちまけてしまおう。

この部屋の、そして世界の時間が止まったような気がした。必要以上に干渉され、打ちのめされ、吹き込まれた思い出を一つずつ吐露する。いつも軟禁状態にあったこと。他人は悪意の塊という忠告。友達やガールフレンドに対する批判。夫/男としての親父に対する中傷。初デートを禁止されたエピソード。夜遊びした日はその日の行動を報告するように義務づけられていたこと。俺が同棲を始めたころの手のひらを返したような態度。実家に恋人を連れてくるなと言われたこと。実家に恋人を泊まらせてくれなかったこと。孫の顔よりも俺の新刊が見たいという発言。そして、いつもの説教だ——だらしない、すぐに物を失くす、当てにならない、等々……挙げればキリがない。

少し間を置く。「ほかにもあるけど、このくらいでいいかな」

「お母さんの一連の言動について、どう思うか伝えてみて」

その解釈は、悲しいほどに明確だ。「最初は、ここの先生の言うことを信じたくはなかったよ。あまりにヘンだと思ったからさ。だけど、母さんはずっと俺を独占しようとしてきた。それが物理的に不可能だと、心理的に縛ろうとしてきたんだ。どうしてなんだよ」

「理由を知りたい？」とロレインが尋ねる。

「お願いします」

「お母さんはあなたとの恋愛を望んでる。あなたがほかの女性と付き合うことは、お母さんにとって裏切りにあたるの。だから、お母さんに縛られた心を取り戻さなければ、あなたは死ぬまでお母さんの恋人になってしまうわ」

大声で復唱するように指示された。『母さん、ひどいじゃないか！　息子を独占するために、息子の恋人を追い払うなんて』」

分かっていても、母さんを傷つけ、失望させるのかと思うと気が引ける。しかし、ロレインに促され、罪悪感を振り切り、大声で叫んだ。「俺が背負っているのは母さん自身の苦しみだ！　その苦しみをここで返す」。俺の叫びは空気が入る隙もないほど、室内に充満した。「すごく腹が立つ。腹が立って当然だ！」

「お母さんは『お父さんみたいにならないで。お父さんみたいに女を不幸にしちゃダメ』と言ったわね。そのとき、どう感じたか、伝えてみて」

「ビビッたよ。だから真剣な恋愛を避けたし、将来を考えるのも恐ろしかった。怖かったんだ。俺は愛する人を不幸にするんじゃないか、悪い夫になるんじゃないか、結婚しても父さんと母さんみたいに憎しみ合うようになるんじゃないか……」

突然、涙腺が決壊した。チクショウ。

「今、どんな気持ち？」とロレインは聞く。

「俺はイングリッドと触れ合ってこなかった」。涙がどっと出る。こんなに大泣きするなんて我ながら信じられない。しかも二度目だ。「イングリッドを抱いているとき、いつもほかの女のことを考えてる。抱いたことのない、適当な女を思い浮かべてしまう。イングリッドを受け入れていないんだ」。姿勢を保っていられなくなった。カルバンも、ほかの2人も泣いているのが分かる。3人の色情魔が揃って俺に心を寄せ、応援してくれている。

「イングリッドに申し訳ない」

「なぜそうなったのか分かる？」

「分からない」

「女性を遠ざけるようにお母さんに教え込まれたからよ。だからイングリッドと一緒にいても、心を上の空にして、深入りするのを避けようとしてしまう」

その意味をかみしめる間もなく、こう復唱させられた。「『僕から女を遠ざけようとしても、もう無駄だ。愛する相手は自分で選ぶ。母さんもほかに相談相手を見つけてくれ』」

シュールな光景ではあるが、俺は目の前に母さんがいるのを確かに感じながら、本気で語りかけている。涙が滝のように流れ落ちる。ついさっきまで情緒的近親姦の信ぴょう性に多少の疑問を感じていた。しかし、今となっては疑う余地もない。それが確かに存在することを全身の細胞が感じる。「『これからは誰かと親密になることを恐れたりしない！』」

思いの丈を吐き出し、涙も鼻水も出尽くしたと思った矢先、「ほかに言いたいことはある？」とロレインに聞かれた。

「あります」と俺は言い、深呼吸をしてから、最後の一言を放つ。「母さんの秘密はもう守らない！」。この期に及んで、まだ涙が出る。

ロレインに今の心境を尋ねられ、説明する。「気づいたんだ。母さんの外見コンプレックスは親父の内面コンプレックスだってことが……どっちも醜い」

泣いたそばから、さらに泣き崩れてしまった。あえて口には出さなかったが、2人は同類なのだ。トラウマを抱える異形の2人が秘密とコンプレックスの壁に囲まれ、安住している。俺よりも親密な関係を恐れ、自分の正体を知る者に異様におびえている。

結局、恥さらしは俺ではなかった。恥の出所は親だった。2人が心の内に、仮面の下に抱えている感情だ。枯れ果てたはずの涙がまた込み上げてくる。しかし、今度の涙は軽やかで晴れやかだ。最後に真実を見たのはいつだったろう。これは今まで試したどのドラッグよりも気分がスッキリする。不安も恐れも罪悪感も、着た覚えのない服を脱ぐように、一つずつ剥がれていった。自分の皮膚だと信じてきたものは、誰かのお下がりだった。

それが「偽りの自分」というやつだ。

知性は本や知識や論理的思考によって得られるものだと思っていた。しかし、それは知性ではない。単なる情報と解釈だ。本物の知性とは頭と心がつながった状態をいう。その状態だと、真実がはっきり正確に見えるので、改めて考える必要がない。考えると、かえって真実から離れてしまい、ペンライトを持って暗い思考回路を堂々巡りするという結果になってしまう。

「お母さんはどんな気分かしら?」とロレインが聞く。

「やっと分かったようです。心のバリアは崩壊し、自分がちっともいい母親でなかったことを悟りつつあります」。

話を聞いてもらい、理解を得たと思うだけで、不思議と解放された気分になる。脳にしてみれば、現実と想像の違いは重要ではない。どちらの情報も似たような神経回路を通って脳に伝わる。だから、現実の母さんは俺の話に耳を貸さず、理解もしないだろうが、かまうことはない。俺の脳が母さんの理解を得られたと信じれば、それで十分だ。ロレインの指示に従い、母さんを退室させたあと、俺の横で一部始終を見ていた8歳の自分に話しかける——君の両親はクビにしたよ。これからは俺が面倒を見てやるから。そして、イメージの中で8歳の自分を手のひらサイズになるまで小さくし、心の中に収めた。

「あなたは、その子を育て直すことになったの。これからは、その子を守って、大事にして……イングリッドの『心の子ども』と遊ばせてやりましょう」とロレインが言う。「気持ちが落ち着いたら、目を開けて」

ずっと追い求めてきたものがある——セックスを、執筆を、サーフィンを、パーティーを、ありとあらゆるものを通して。それは解放感だ。親元にいたころは決して味わえなかった気分である。

目を開けたとき、今までにない解放感を覚えた。壁際に並んで座る連中は涙で頬を濡らしている。3人とも俺のセラピーに付き合ってくれたのだ。ロレインに目をやると、天使のような笑みを浮かべている。俺はロレインに言った。「今のは神業だ」

そのフレーズは考えるまもなく、口をついて出た。俺は今の今まで、信仰的な意味合いで「神」という単語を使ったことがない。それどころか、先週はここの宗教カウンセラーと一時間もやりあった。俗人一人ひとりを見守る神格がいるという説を論破しようとしたのだ。

昔は『ネガティブの教典』という本を書こうと思っていた。テーマは人生の真実と辛く厳しい現実。けれども今の俺は光と希望と肯定感にあふれているから、一文字も書けそうにない。どうしてそんなテーマを思いついたのかさえ今は分からない。

この金の糸を手放してはいけない。今、この糸が俺の頭と心をつないでいる。そして「本当の自分」——歌手で詩人のパティ・スミスの言葉を借りれば「子どものころの無垢だった自分」に続く道を照らしている。

「なんだか宙を漂ってるみたいだぜ」。カルバンが俺を見て言う。

厳密に言うと、このセラピーは「誘導療法（post-induction）」の一種だ。「自我の統合」とも呼ばれる。ジョーンに言わせると「感情修正法」。ロレインは「体験療法」と呼ぶ。しかし、どれも遠回しな表現に過ぎない。単刀直入に言えば「厄払い」だ。幼少期の邪気を落とす儀式である。

よろけながら椅子から立ち上がると、ロレインは言った。「あなたは『外出を禁じられた10代の青年』に人生を預けてきたわ。その青年は失った青春時代を取り戻そうとしている。親に禁じられた遊びや女性関係を通してね。だけど、そろそろ大人にならないと」。ロレインはそう言ってティッシュの箱を手渡した。「本当の自分を生きなければ、磨り減っていくだけだわ」

断りを入れて部屋を離れ、新鮮な空気を吸いに出た。外に立っていると、活動を再開した五感に日差しのぬくもりや風の清涼感や木々の芳香が伝わってくる。ああ、早くイングリッドと触れ合いたい。彼女の目を見つめたい。俺の目を、奥の奥まで、じっと見つめてほしい。瞳の奥に何をのぞかれてもかまわないから。

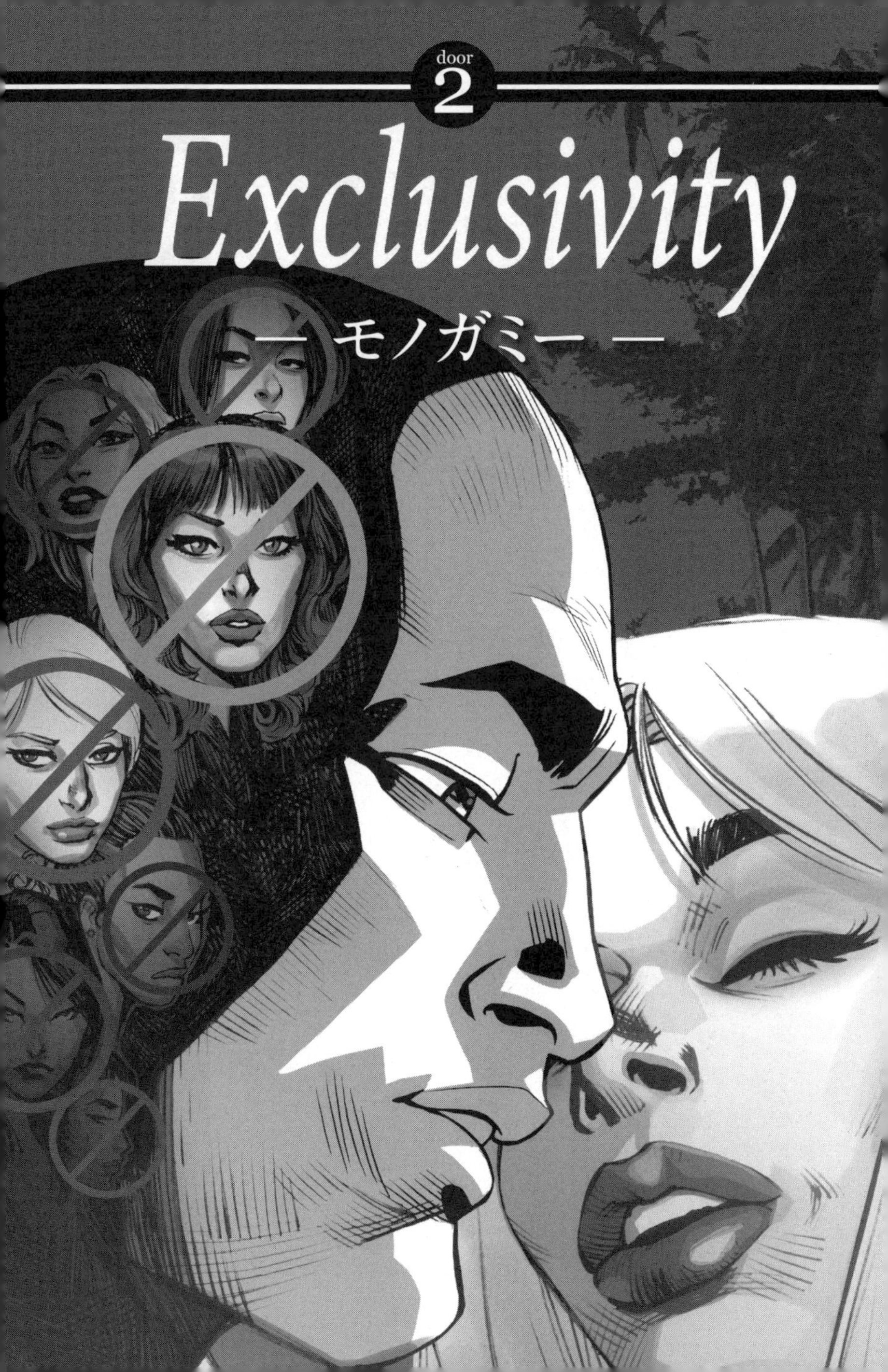
door
2
Exclusivity
—モノガミー—

恋愛回避型 義務感から恋愛を繰り返し、誘惑の壁を隔てて相手と接する

恋愛依存型 見捨てられた痛みを解消するために恋愛を繰り返し、幻想の霧の中で相手と接する

1

巻き戻せないのが時間の難点だ。

その一言、その一歩、その一文字は取り返しがつかない。車の前に飛び出したり、読みもしない契約書にサインしたり、愛しい人を裏切ったりしたら、あとは尻拭いするだけで精一杯だ。しかし、一度ついたシミはどれほど拭いても落ちない。読んでしまった文字を読まなかったことにはできないのだ。

だから、15日前に降り立った空港にこうして戻ってきた。これから飛行機でイングリッドの元に帰る。実社会の景色は以前とは違って見える。

昔は見ず知らずの人々が行き交うのをチラリと見る程度だったが、今では「子育ての失敗例」がやたらと目につく。あっちにいる、うつろな目をしたしがないオッサンは父親に意識がなくなるまで殴られたことがあるに違いない。窮屈なTシャツを着た悲しい表情の肥満男は手料理でしか愛情を表現できないママに育てられたのだろう。そっちの堅苦しいサラリーマンは両親揃って厳格で、一つのミスも許してもらえなかったに違いない。急にこの世から「大人」が消えたように感じる。みんな「傷心の子ども」か「反抗期の青年」だ。

セクシーなブロンドや黒髪を見かけても、目で追ったり、「性の対象」にしたり、「肉の塊」とみなしたりしないように努める。

かばんの中には退所時にもらった書類が入っているが、それを信じるなら、俺はかなりの重病人だ。精神科医の診断では「第1軸の性的障害、不安神経症、抑うつ症」に相当し、「支援体制」や「人的環境」に問題があるという。とどめは第5軸の生活機能の不適応評価で、100を最も重症とした場合、俺は50だ。このレベルは完全な不能者で、自殺願望があるか生活機能が著しく低下していて、基本的な対人関係を築くことができないとされる。診断書に続いてはリハビリ期間中に受けたことになっている投薬と治療の記録が3ページにわたって列記されているが、「浣腸」も含めて、どれ一つ受けた覚えも、頼んだ覚えもない。

母さんの言うとおりかもしれない。この医学的所見は大半が捏造《ねつぞう》だ。そもそも捏造した担当のセラピストが明らかに心の問題を抱えている。そんな所見が永久保存され、一生つきまとうのだ。いつか離婚訴訟にでもなったら、相手の弁護士はこの記録を証拠として提出し、俺は親権を剥奪されるだろう。

俺は医師の助言に反して、リハビリ施設を「自主退所」した。これ以上、留まる理由はないと思ったからだ。ロレインのチェア・テクニックのあと、俺たちはジョーンの元に戻され、ファミリーウィークを迎えることになった。しかし、うちの両親は来ないし、イングリッドを再び呼ぶ必要はないとジョーンに言われた。あのチャールズまでもがファミリーウィークの主な目的は退所後の通院プログラムを売り込むことだという。だったら、金を払ってまで長居する意味はないと思ったのだ。守るべき家族のいないカルバンやポールも、早期の退所を考えていると話していた。

退所前、ロレインのオフィスに立ち寄り、万一の場合に備えて連絡先を教えてもらう。ロレインは一時間に及んで的確なアドバイスをくれた。イングリッドとやり直すにあたって一番重要なのは、心のしがらみを解いてイングリッドに誠意を尽くすこと。心を解放すること。そのためにも母さんとの接触を最小限にとどめることだという。

「ニュース、スポーツ、天気予報のことだけ話題にしなさい」とロレインは笑顔を見せた。
それからジョーンのところにもあいさつに行ったが、俺のファイルを閉じると、「元気で」と言っただけだった。

機内に入った。今まで学んだことを生かしてイングリッドとの関係を修復し、信頼を取り戻せるのかと思うとワクワクする。ところがシートベルトを締めていたら、視界に女体のパーツが飛び込んできた。小麦色の脚だ。引き締まった長い脚がデニムのタイトなショートパンツから伸びている。やや視線を上げると、ほつれかけたグレーのサマーセーターが目に入る。オーバーサイズのセーターだが、バストの形がくっきり分かる。明らかに巨乳だ。首から上は茶色のロングヘアに、ほぼスッピンの日焼け顔。一つひとつのパーツが相乗効果を生み、半端ないフェロモンがムンムン漂ってくる。そのフェロモンたるや、ピエロのつなぎを着ても、覆い隠すことは不可能だろう。

ロレインのセラピーを思い出し、自分の内なる子どもとイングリッドの幼心が仲良く遊ぶ光景をイメージしようとした。が、遅かった。周囲はリアルな俗物だらけだ。ライト、色、スクリーン、注意書き、人の顔、ファストフードの包装紙、レギンスパンツ。この脳は目の前の情報を処理するのに精一杯で、後先を考える余裕がない。しかも、エロい女体まで視界に飛び込んできた。すでに妄想のなかで彼女とイチャつき、サマーセーターの中に手を入れていた。これも隠れた性暴力だ。自重しなくては——。

「高根の花」と割り切り、目をそらす。クソッ、チャールズ、おまえのアドバイスも捨てたもんじゃない。

もう一つ、リハビリの副作用に気づいた。もはや俺にとって行きずりの女は「そそる」相手でも「ムラムラする」相手でもない。「誘発する」相手だ。基本的には同じことだが、ムラムラは生理的な衝動なのに対して、誘発はビョーキの引き金である。誘発によって依存のサイクルが始まり、強迫行為に走り、ジョーンのオフィスに貼ってあった図表のような状態に陥ってしまう。

今の心理状態は負のスパイラルの始まりなのか。自由の身になって、まだ3時間もたっていないというのに。

2

ロサンゼルス空港の手荷物受取所でイングリッドと再会した。今日の彼女はリハビリ施設から出禁を食らいそうな出で立ちだ。タンクトップ、ノーブラ、タイトなジーンズ。ブロンドの髪を右サイドに流している。俺の姿を見て、照れたのか、ビビッたのか、最初は引き気味だった。そのうち満面の笑みを浮かべて、俺の元に駆け寄ってきた。

「やり直す準備はできているわ」と耳元でささやく。吐息のぬくもりと、俺のビョーキが治ったことを信じる気持ちが、この耳に伝わってくる。

「俺もだ」と返した。自分のためにもイングリッドのためにも、自分は変わったのだと信じたい。

西海岸沿いのハイウエーをドライブしながら、テクノ系のダンスナンバーを聴き、適当に歌詞をつけて歌う。左手には夕日に照らされた海が延々と続いている。束の間の新しい命を象徴するかのように。

向かう先は、2人で暮らしたマリブの一軒家。俺の浮気が発覚した日、イングリッドは友達2人を呼び寄せ、荷物をまとめて出て行った。あの日から、イングリッドは2人のところに身を寄せてきた。マリブの家を出るとき、2人は俺の既刊書のみならず、これから出る新刊の表紙のサンプルにまで油性ペンで落書きしていった。

家の中に入る。「プレゼントがあるの」とイングリッドは白い歯を見せて微笑んだ。そして、バッグの中から小さな鍵を取り出し、「誰にでも二度目のチャンスは必要だから」と言った。

「それは？」

「お母さんは実家の鍵を渡してくれなかったんでしょう？　だったら、私が自分の鍵をあげようと思って」

「どこの鍵？」

「職場のキャビネットの鍵」

「家の鍵じゃなくて？」

「今いるところは、もうすぐ出なくちゃいけないから。賃貸契約が切れちゃうのよ」

イングリッドは鍵を細いチェーンに通し、俺の首にかけてくれた。子ども時代の古傷を癒してくれるお守りのようだ。今まで付き合ったなかで、ここまでしてくれる女は一人もいなかった。

「この鍵を証しにするよ」と俺は言った。「イングリッドに信頼されている証し、イングリッドに何でも話せる証しだ」


その晩、ベッドの中でイングリッドを抱き締め、顔をなでた。何も考えず、ただ息をして、この瞬間に集中する。自分をさらけ出せるように。

「……する？」とイングリッド。

「どうしよう。君にまかせるよ」

「リハビリの誓約を破ることになってはいけないわ」

「だったら、あと10週間、お預けにしないといけないけど?」

「なんとか我慢してみるわ」

しかし、互いの体は我慢できなくなっていた。イングリッドの中に挿入すると、脳内をハッピーホルモンが駆け巡り、全身を満たした。大きな解放感と高揚感でハイになる。リハビリ明けの一杯目を飲み干した、アルコール依存症の気分だ。けれども以前とは違って、つながったままの状態でも、イングリッドの瞳と存在を見つめることに抵抗がなくなった。セックスを超えた愛の営みがラクに感じられる。

イングリッドのことをこれほど確かに感じるのは何年ぶりだろう。俺の愛はそれほど短命だ。抜けたあとは全身がとろけ、極楽を漂っているような気分になった。セックスは嗜癖なのか、純粋な快楽なのか。俺には分からない。

終わってから一緒にシャワーを浴びた。イングリッドが俺の体にタッチしながら、陰部を押しつけてくる。ジョーンに言わせれば、これもオナニーのうちだ。しかし、俺のイチモツはなかなか復活せず、2回戦に臨めそうにない。

「さっきイケなかったの」とイングリッドはむくれ、俺を自分の中に導こうとする。イングリッドにもイク権利はある。俺は裸のイングリッドを見つめ、懸命に「性の対象」にしようとした。しかし、思うように行かず、イングリッドの表情がだんだん曇ってくる。仕方なく、禁じ手を使うことにした。機内で見かけた小麦色の巨乳を妄想するのだ。

これもイングリッドのため、と自分に言い聞かせる。そして、ショートパンツの巨乳が隣に座ったと仮定する。巨乳は自分と俺に機内の毛布をかけ、毛布の下で俺の手をつかみ、小麦色の美脚へと導く。「トイレで待ってるわ」とささやきながら……おお、だんだん勃ってきたぞ。俺が立ち上がってトイレに行くと、巨乳が便座に腰かけて待っていた。おもむろにサマーセーターを脱ぎ、ショートパンツのボタンを外し、ジッパーを下げ、パンティをのぞかせる。そして、パンティの中に手を入れ、俺を見ながらオナニーを始める……よし、復活してきた。これで2回戦にいける。すべてはイングリッドのため。イングリッドのためだ。

3

翌朝、いつものクローゼットから久々にスマホを取り出し、充電し、起動させ、暗証番号を入力する。未読のメールが続々と画面に流れてきた。

例えば、アジア系アメリカ人のベンチャー企業の女社長からの一通。彼女とは以前、友達のメラニーを介してデートの手前までこぎつけた。その女社長が「気晴らしに」スカイプでチャットしたいと書いてきた。一方、俺のサイン会で知り合ったオーストラリアの女の子は「半年ぶりに抱いて」とせがむ。AV女優も会いたいとメッセージしてきたが、あのトイレでのセックスは最悪だった。SNSでやりとりしただけのフランス人女性は「次はいつパリに来るの?」と言い、面識もない俺に庭先で自撮りしたヌード写真を添付してきた。そんなメールが延々と続く。俺に秋波を送って反応をうかがい、自分の立ち位置を確かめようというのだ。

抱いた女、抱かせてくれそうな女、気をもたせたまま音信不通になった女。いずれにしても、こちらがよほどのヘマをしない限り、完全に縁が切れることはない。寂しい夜、彼氏の浮気、突然の失恋、自己嫌悪、自己陶酔……何かのきっかけで彼女たちはアドレス帳をスクロールし、話し相手、慰め、安心感、お世辞、そして心の穴を埋めてくれる誰かを探すのだ。

なのに俺は、飛んで火に入る夏の虫のごとく、ある自著に軽い気持ちで自分のメールアドレスを載せてしまった。どうせ誰も見ないだろうと思ったのだ。おかげで今では毎日のように誘いのメールが来る。今日、目に留まったのはレダニーと名乗る女性からの「ぜひ一度、お会いしたいわ」というお誘いだ。禁欲中の身にこたえるような画像まで添付されていた。彼女のルックスは「ラスベガス人」と表現するのが一番ふさわしい。作られた美は男脳の視覚野を隅々まで刺激する。エキゾチックな雰囲気にエステと整形を重ねた結果、冬でも小麦色の肌と人工巨乳が完成した。その二つが、クリスマスツリーのオーナメントのようにブロンズ色に輝いている。

イングリッドにもらった鍵を見る。鍵も俺のことを見ている。

男の浮気度は選択肢の数に比例するというが、今の俺にはよく分かる。だから、スマホの電源を切った。選択肢が多すぎる。イエス・キリストが誘惑されたのは3回だけだ。

【恋愛回避型】相手の欲求を重荷に感じ、誘惑の壁を不満の壁に変える

【恋愛依存型】相手の壁や相手の自由意思を無視する

4

ペットは子どもへの入門ドラッグだ。原則として、20代半ばを過ぎた女性が犬を飼い出したら、それは結婚出産を意識している証拠である。

リハビリ施設を退所してから3週間近くが過ぎたころ、俺とイングリッドはウエストバレーの動物保護センターを訪ねた。一匹の黒白の犬がちんちんして、イングリッドの膝に愛らしく前足を乗せる。

こいつは利口だ。イングリッドに取り入るすべを知っている。目は片方しか見えず、両耳から茶色い膿を垂らし、ニューヨークの地下鉄に乗っているホームレスも顔負けの異臭を放っているが、そんなのは問題ではない。すぐに話はまとまるだろう。この5キロに満たないチビは里親候補に愛嬌を振りまく芸を覚えたおかげで、命拾いするのだ。

通常、引き取り手が決まった犬は去勢を済ませたあとに引き渡されるが、受付の女性はこの場で俺たちに引き渡した。このチビ犬をさっさと片付けたいらしい。「健康状態が悪いので去勢手術の前に、いろいろなところを治療したほうがいい」とアドバイスした。

保護センターから帰る途中で郵便局に寄り、私書箱をのぞく。請求書やダイレクトメールに混じって、俺宛ての

正方形の封筒があった。子どもじみた筆跡は母さんの字だ。
封筒を開けてビックリ、こんなカードが入っていた。

GET
YOUR
SH*T
TOGETHER

しっかりしろ

カードを開くと、こんなメッセージが……。

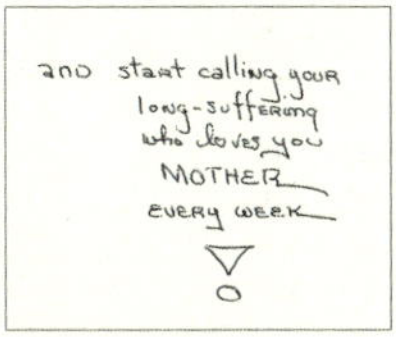
and start calling your
long-suffering
who loves you
MOTHER
every week

息子思いの
あわれな母親に
毎週電話して！

つい最近まで、母さんの言う「あわれ」は単なるジョークだと思っていた。今はどのジョークにも嫌味が込められているのが分かる。退所後は日曜日に電話する習慣を断っていたが、母さんがそれを快く思うはずがない。

母さんとはしばらく話をしていない。親孝行な俺は家に戻ると、さっそく母さんに電話をかけた。雑談で始まったやりとりはロレインが忠告したとおりの展開になった。

「あなたがリハビリで何を吹き込まれたのか気になっていたの」と母さんは切り出す。声が弾んでいる。今にも歌い出しそうだ。「セラピーなんて受けると、痛くもない腹を探られるんでしょ」

「それどころか、とてもためになったよ。俺だって、それくらいは判断できる」。母さんに理解があり、俺が学んだことを受け入れる器があればいいのだが、加害者に癒しを求めるのはしょせん無理だ。ロレインと最後に交わした会話を思い出し、「ほかの話をしようか」と切り出した。

「その前に言わせてちょうだい」と母さんが言う。「お父さんは全く育児に協力しなかった。そのことだけは覚えておいて。あなたたちを育てたのは、この私と（ベビーシッターの）マーグなの。母さんはよほどの用事がない限り家にいたし、あなたたちのそばを離れなかったわ」。まとわりつくような猫なで声で、一方的にしゃべりまくる。

思わず、こぶしを握り締めた。窒息したくなければ、応戦するしかないのか。

ニュース、スポーツ、天気……。

「よその人はお父さんのことを温厚だと言うわ。だけど、あなたも知ってのとおり、本当は人間のクズよ。愛情も思いやりなんてみじんもない。外面がいいだけ。この間、あの人のパソコンを調べたら『先天性　下肢変形』を検索した形跡があったの。最低な男ね」

「シカゴの天気はどう？」。顔に張りついたビニールを早く取らないと、窒息死しそうだ。

「あなたたち2人は私の宝物よ」と母さんが言葉をかぶせる。俺の話は耳に入らないらしい。「私は人生を棒に振ってしまった。本当に無駄にしたわ。だけど、たとえ生きがいを失っても、私には2人の息子がついているわ」

早く話を終わらせなくては。母さんは息子への愛情を語っているつもりだろうが、俺の耳には「あんたが日曜日に電話をよこさないから、私は死にそうなの」としか聞こえない。ロレインいわく、てん綿の親子関係の特徴は母親が子どもに向かって「あなただけが生きがい」と訴えることだという。

「あの、そろそろ電話を切らないと」

「どうして？」

「今日中に片付けなきゃいけない仕事が山積みなんだ」

「お母さんよりも大事な仕事？」

「母さん、切るよ、いいね？」

「分かったわ」。母さんの声色が変わった。悲しさとショックで今にも泣き出しそうだ。

「大丈夫？」

「今夜は寝つけそうにないわ。母さんがどれほどあなたのことを……」。恩着せがましさが有毒ガスのように電話から吹き出し、耳の中を伝って、脳みそのシワにまで迫ってくる。

「じゃあね、元気で、また！」。慌てて電話を切る。

危なかった。母さんを再び心の中に招き入れてはいけない。ただでさえ俺の心は問題が山積だ。

5

ソファに腰掛け、イングリッドの隣に陣取る。そのまた隣にいるのが、キズもの中古品の新顔シーズー犬だ。頭をなでてやっても反応は鈍く、鼻から液体を噴き出し、俺の腕にひっかける。立ち上がって伸びをしたと思ったら、ソファの上を2、3歩いておしっこをしやがった。おしっこのついた足で同じところをぐるぐる回ると、行き倒れたように再び寝入った。こいつにとって一連の動作はヘラクレス級の難行なのだろう。

ペーパータオルを持ってきておしっこの始末をしながら「ヘラクレス」という名前はどうかとイングリッドに聞いた。イングリッドは、黒と白の毛が混じった顔を愛しそうに眺めながら「この子に恋しちゃったわ」とつぶやく。

「ヘラクレス、大好き！」

イングリッドはこんなにほれっぽかったのか。

これも浮気のうちだろう。

一刻も早く、この犬を去勢しなくては。

なぜか動揺していた。イングリッドの口から、いともたやすく「大好き」という言葉が出たからだ。こっちは「大好き」と言ってもらえるように必死で努力しているのに。愛とは、それほど神聖なものではないかもしれない。不整脈、口臭、頻尿の動物でも与えてもらえるのだから。

イングリッドは犬を抱き上げ、昼寝をしに寝室へ向かう。今度はあいつと寝ようというのだ。俺たちの関係はモノガミーと言えるのか。

ノートパソコンを開き、メキシコ国旗の画像を検索してプリントアウトする。俺は出版社のハーパー・コリンズに小さなレーベルをもっているが、先日、メキシコ在住の2人の匿名ブロガーにコンタクトを取った。2人は現地の時事問題を発信しているので、メキシコ国内の麻薬戦争をテーマに本を書いてくれないかと打診したのだ。ところが、現地の密売組織が2人の正体を追い、口を封じようとしているらしい。2人は俺の身元を確認したいと言い、写真を送信するように求めてきた――メキシコの国旗と今日付の新聞を持った俺の写真だ。ロレインに言わせれば、俺は浮気以外の方法でよそに刺激を求めようとしているわけだ。まあ、本当にそのとおりなのだが。

国旗を印刷する間、新顔のシーズー犬のことを考える。シーズーと言えばアジア。アジアと言えばアジア系の女の子。アジア系の女の子と言えば、スカイプで、チャットしたいとメールしてきたベンチャー企業の女社長。そのベンチャー企業を検索してみたら、ビキニ姿の女社長の画像にヒットした。その5分後、アダルト系サイトのPornHubにアクセスし、女社長似のアジア系が出演するエロ動画を見ながらマスをかいた。

いや、こんなことをしてる場合じゃない。魔が差してしまった。しかし、もう止められない。それが魔というものだろう。第一、リハビリ施設に入ったのも浮気が原因であって、エロ動画の見過ぎではない。イングリッドとの約束に違反しているわけでもない。たまにオナニーするくらい、いいじゃないか。イングリッドのいないところでヌいてはいけないとでも言うのか。バカバカしい。自宅謹慎を始めてから、ほぼ1カ月がたった。これくらいは許されて当然だろう。俺は「相互依存」を実践しているんだ。

このエロ動画をメキシコのブロガーにも見せてやろうか。

動画の下のリンクをクリックすると、ピアスだらけのプラチナブロンドの女の子が現れた。イングリッドを気だるくしたような子だ。突然、イングリッドが「ねえ?」と眠そうな声で呼んだ。

あわててチャックを上げ、見ていたサイトを閉じ、パソコンを抱えて寝室に行く。しかし、火照った顔にとぼけた表情を浮かべ、ノートパソコンを持っているのだから、何をしていたのかバレバレだ。

「アダルトサイト、見てたの?」

責められているわけでもないのに、責められている気分になる。リハビリを受け、今のところ成果は上々だ。目移りする癖を直すように努めてきたし、今もその努力は継続中である。色欲の罪を一つずつ減らしてきた。今日のエロ動画は代用麻薬に過ぎない。

「見てたの? 見てなかったの?」

ここは正直に認めて、イングリッドと親密さを築くチャンスだ。エロ動画の鑑賞に問題がないなら、恥じる必要はない。「ああ、見てたよ。君は昼寝してると思ったから。起こしたら悪いなと思って」

イングリッドは寝返りを打ち、床に寝ていたヘラクレスをすくい上げ、抱き締める。今は俺のことよりもこいつのほうが大事らしい。

こいつに依存しているようにも見える。

「見終わった？」とイングリッド。

「いや、まだ」

そのときだ。イングリッドの一言がナイフのごとく腹に突き刺さり、生ぬるい罪悪感が内出血を起こしたのは。

「私を抱くよりも、そういう女の子たちとエッチしたいのね！」

「違うよ」。胸が締めつけられ、呼吸が浅くなり、腕全体が鉛を入れたように重く感じる。「ここに戻って以来、エロ動画を見たのは今日が初めてだ」

イングリッドはヘラクレスを抱いて、寝室から出て行った。自分に腹が立つ。イングリッド抜きでヌきたいだけなら、言い訳することはないじゃないか。内なる子どももたまには一人で遊びたい。

スマホの着信音が響いた。ベルからメールだ。半年ぶりにセックスを解禁したいと言ってきたオーストラリアの女の子である。「今日は私の誕生日なの。私というプレゼントを一緒に開けて」

「俺もそうしたいよ」と返信する。

次の瞬間、後悔が押し寄せた。なんで返信なんかしたんだろう。イングリッドといると息が詰まるからなのか。ベルの誕生日を台無しにするのが忍びないから？　日常に刺激が足りないから？　理由はどうあれ、バカなまねをした。浮気ではなくても、イングリッドの信頼に背いたことは確かだ。

それも裏切りのうちである。

クソ。

こんなに簡単にトリップとは信じられない。ロレインのチェア・テクニックを受けたとき、目からうろこが落ちた。あのときが遠い昔の、幼い日の思い出のように感じられる。あれはセラピーというよりも一種のハイだったのではないか。

羞恥心をかみしめ、寝室に立ち尽くしていると、イングリッドが勇んで戻ってきた。悲しそうな表情で俺を見つめ、「私のどこがいけないの？　不細工だから？」と言う。

「とんでもない。きれいだよ」。イングリッドはマジで美人だ。さきほどオカズにしたエロい女の子もイングリッドに似ている。

「だったら、どうして私を抱こうとしないの？」

「抱きたいよ。ただ、仕事は遅れちゃってるし、自分の体臭は気になるし、それにさっきは……なんていうか煩わせたくなかったし」

「いろんな言い訳を並べるのね」

「そんなことない。全部、本当さ」

分かっている。イングリッドは慰めてほしいのだ。お姫様抱っこされ、燃えるような仲直りのセックスがしたいのだ。でも、今はできない。罪の意識が勝ってしまう。俺は羞恥心の核に引きこもりつつあった。油田を掘り当てるつもりが、当てが外れた採掘業者のように。

イングリッドの言うことには一理ある。なぜ俺は生身のイングリッドを抱かずに、イングリッドのそっくりさんでオナニーするのか。親密になるのを避けるため？　男によくある妄想癖？

そこでピンと来た。どうして俺はヘラクレスに対するイングリッドの接し方に過敏になるのか。どうしてイングリッドの10分の1以下の女の子に欲情するのか。なぜ下らないメール一つでイングリッドとの関係を危険にさらしてしまうのか。それは母さんと交わした会話に条件反射しているからだ。俺はてん綿の親子関係に抵抗し、窒息しまいとしている。イングリッドの不平を聞くときの反応と、母さんから親父の悪口を聞くときの反応はほぼ同じだ。

ベッドに腰かけ、イングリッドに説明した。両親のような夫婦になるのが怖いという本音も一緒に。イングリッドの表情は徐々に和らぎ、しまいには俺の隣に腰掛け、頭をなでてくれた。俺はヘラクレスと同じで、非力であわれな生き物だ。

「先のことを考えすぎるのよ」とイングリッドは言う。その声は強く、その目は知的で、その手は優しい。「今日、自動車事故で死ぬかもしれないし、大地震が起きて天井が落ちてくるかもしれない。明日生きている保証はどこにもないわ。だったら、この瞬間のお互いを愛して、この瞬間のお互いを大切にしましょうよ。先のことは、そのときになったら考えればいいわ」

休みが取れたら旅行をしようとイングリッドは提案した。大自然のなか、2人きりでのんびりできるところがいい。「前からマチュピチュのインカトレイルを歩いてみたかったの」とイングリッドは言う。

「じゃあ、そうしよう！」

イングリッドは笑顔になり、俺の首に下がっている鍵を握りしめて、こう言った。「あなたのこと、心から信じてる。私を傷つけるようなまねをするはずないもの」

イングリッドの口から、これほどうれしい言葉を聞けるとは思わなかった。喜びの波が俺の心に押し寄せる。しかし、やましさという岸に当たって、たちまち砕け散った。さっきオーストラリアの女の子に返信したばかりだ。イングリッドが俺のスマホを見たら、どれほどショックを受けるだろう。

6

マリブ、翌日

リック「リハビリを早々に打ち切ったわけか?」
俺「あれ以上、施設にいても意味ないからね」
リック「で、禁欲の誓いを破り、イングリッドを抱いたと?」
俺「彼女は恋人だし、ヤりたがってたし」
リック「その最中に他の女のことを考えた?」
俺「イングリッドを喜ばせるためだよ」
リック「どれもこれも中途半端な言い訳にしか聞こえないぞ。だから今も浮気の虫が収まらないんだ」

俺とリックはリックのレンジローバーの中で、前日の下らないメールの件を話していた。車を止めたのは入居者募集中の空き家の、砂利を敷いた庭先だ。この空き家はヒッピーが好きそうなデカいツリーハウスといった風情である。ソース・ファミリーのファーザー・ヨッドと妻たちの愛の巣だったとしても不思議はない。

俺「説明させてよ」
リック「聞かせてもらおうじゃないか」

リックがニヤリとする。俺が何を言い出すのか楽しみで仕方ないという表情だ。

俺「リハビリでは2種類のアプローチを学んだよ。そのうち一つを教えてくれたのがすごく話の分かるロレインという先生。リハビリはパートナーのためではなく、自分自身のためだってことを教わった。自分らしく生きるためには親離れをし、心の傷を癒さなければいけないと」

リック「で、もう一つは?」

俺「もう一つのアプローチはもっと禁欲的だった。担当したのはジョーンという、めちゃめちゃ厳しい女性セラピストでね。ジョーンに言わせると、自慰行為、ポルノ、ナンパ、妄想、カジュアルセックスはすべて不健全らしい。要するに、一人のパートナーに一生忠誠を尽くさないと、セックス依存症や回避型愛着障害と診断されるんだ」

リック「どっちも正しいんじゃないのか?」

俺「よしてくれよ。だったら、この国の男はみんなリハビリが必要だ」

リック「わざわざリハビリ施設に入ったのに、好きなことしか学ばないやつがどこにいる? おまえは男のありようを勘違いしてるんじゃないか。その間違った考え方を口実にして、骨抜きにされまいと意地を張ってる。恋人がいないと満足に生きられず、恋人がいる今も満足に生きられない。そんな状態が5年も10年も続いてみろ。どっちつかずのまま、人生が終わってしまう」

俺「じゃあ、どうすりゃいいんだ? さっぱり分からないよ」

リックがあわれんだ目で俺を見る。下等動物をあわれむように。俺は高等な世界を理解しようとしているアメーバカ。

リック「俺が言えるのは――セックス依存症の治療を最後までしっかり受けろってことだ。今日から始めるんだ。専門家に言われたことは、何であれ、文句を言わずに実践する。たとえ相手がジョーンのようなソリの合わないセラピストだとしても、とにかく自分を預けてみること。3カ月間セックス禁止と言われたら、3カ月はセックスをしない。オナニーもポルノもダメと言われたら、それも断つことだ」

荒療治が必要なのは分かっているが……。

俺「どんなに訳の分からないを言われても黙って従えっていうの？ 理にかなっていなくても、納得できないとしても？」

リック「ああ、そのとおりだ。どうして俺が60キロ痩せたか分かるか？ 数年かけてもできなかったダイエットを栄養士とトレーナーに任せたからさ。2人の言うことが正しいかどうかなんて考えもしなかった。期待すらしなかったからね。けれども、2人の指示にひたすら従い、批判をしなかったんだ」

チェア・テクニックのときの目からうろこが落ちた瞬間を思い返す。あのときの素直な俺は今の俺にどうアドバイスするだろう？

「つべこべ言わずにイングリッドを大切にしろ」と言うに違いない。

俺「分かった。やってみるよ」

リック「やってみるじゃない。やるんだ。本気で治療に取り組め。最低でも3カ月は続けろ。それでも、やっぱり納得できなかったら、そのときは自分の思うようにすればいい。オープンな恋愛に合意してくれる相手を見つけ、ハメを外し、寝たい相手と寝まくる。それで納得できるかどうか確かめてみろよ。目指すべきはモノガミーかポリアモリーかではない。自分が幸せになれる道を見つけることだ」

俺「なるほどね。そうすれば、恋人を失う前に優柔不断な自分を卒業できるかもしれない」

リック「これが最後のチャンスかもしれないぞ。おまえが挫折したときは神様がなんとかしてくれるだろう」

俺「それ、どういう意味？」

リック「自分の下半身を自分でコントロールできないときは、天が代わってコントロールしてくれるってことさ」

意味深な発言だ。「ズボンのチャックを閉めていないと、雷に急所を狙われる」とでも言いたげである。

7

そんなわけで戻ってきた——銃殺隊の前に。

今回、その銃に実弾を込めているのはシーラ・カートライトというチャールズ御用達のカウンセラーだ。年配の女性で、セックス依存症の治療にかけてはロサンゼルス随一らしい。ドレッドヘアにビーズを付けているあたりは10代のヒッピーのようだが、デカい肘掛け椅子に膝掛けをして座っている様子は老女のようでもある。彼女もジョーンやロレインと同様に、セックス依存症の男たちに囲まれた紅一点だ。

アダムもいる。カルバンも。どうやら2人ともチャールズと連絡を取り続け、チャールズがここでカウンセリングを再開したと同時に、すかさず加わったようだ。知らない顔も5人ほどいる。そのうち3人はここに10年ほど通っている。

「残念ながら、男を解放し、かつ愛してくれる女性なんていませんよ」。カルバンはそう言って俺のわき腹をついた。俺たちは不ぞろいの椅子に隣り合わせて座っている。

同病の友と再会するのはうれしいが、今度こそチャールズを見習い、全プログラムを素直に受講しなくてはいけない。

このグループセラピーでは最初に一人ずつチェックインし、シーラにその週の出来事を報告することになっている。シーラは、レクチャーだけのジョーンとは違って、一人ひとりに「共感」する。そうやって俺たちに自分の心を見つめさせるのが狙いのようだ。カルバンのチェックインは続き、ブラジル行きを考えていると明かした。自分の子を身ごもっている売春婦の出産に立ち会いたいという。シーラはその話を傾聴しながら、ゆっくりとドラマチックに息を吐き、大きな優しい目でカルバンを見る。カルバン本人が自覚していない心の傷や痛みをすくい取っているかのようだ。

「ゆうべは妻と2人きりでした。なのでエッチしようかと誘ったんですが……」。今度はアダムのチェックインだ。「妻はカンカンに怒って、不謹慎だの、わざとらしいだの、そんなふうに誘われたくないだのと言い出した。結局、大げんかになってしまいました」

シーラはアダムに心を寄せ、手をつなぐことから始めるようにアドバイスした。次は俺の番だ。そこで、機内で見かけたショートパンツのこと、誘惑メールのこと、ベルへの返信、今回のリハビリにかける決意を話した。

シーラはフーッとため息を吐き、子犬のように切ない目を向ける。慰めようとしているらしい。が、俺はどういうわけか気まずくなった。シーラの反応がわざとらしいからなのか。あるいは見返りを求めないセックスには慣れていても、見返りを求めない好意には不慣れだからなのか。

俺が無理に笑顔をつくると、シーラはやっと口を開き、懇切丁寧に言った。「あなたはセックスを備蓄しているのね。恋人とトラブルになると、自分を恥じてしまう。自分はどこかおかしいのではないかと感じるの。それに対して反射的に起きるのが『防衛のための自己誇大』という心理。あなたが女性からのメールをチェックするのも、そのタイミングだと思うわ」。シーラは姿勢を変えようとしたが、膝掛けが滑り落ちてしまった。「鬱憤《うっぷん》が自己誇大感をたきつける。だからイングリッドを遠ざけ、自分の立場を強くしたくなるのよ」

シーラは俺の診療記録に目を通す。リハビリ施設からもらってきたカルテのコピーだ。そこには俺に関する所見が、あることないこと書いてある。シーラはやおら立ち上がると、床に落ちた膝掛けを椅子の上に戻し、本棚から一冊の本を取り出して俺に手渡した。本のタイトルは『Silently Seduced（無言の誘惑）』だ。

「これを読んでみて。あなたのことが書いてあるから」と薦めた。

チャールズが前かがみになって、俺に耳打ちする。「今度、機内で似たような女を見かけたら、3秒ルールを思い出せ」

ぶったまげた。「3秒ルール」はナンパアーティストのグループに密着取材したときに学んだテクニックだ。目に留まった女には3秒以内にアプローチすること。そうでないと、相手がこちらの視線に気づいてしまうか、こちらが緊張して声をかけられなくなる。「それ、話しかけろって意味?」

「まさか!」。チャールズはギョッとした顔で否定した。「3秒ルールっていうのは、視界に入った女性が欲情や妄想の対象になり始めたら、3秒以内に目をそらせという意味だよ。妄想が膨らむ前に、依存のサイクルに陥る前にね。忘れるな……」とチャールズが指を立てる。「『高根の花』だ」

セラピーを終えて車に戻る。シーラに渡された本をペラペラめくり、拾い読みしてみた。著者のケネス・アダムズ医学博士はこう綴る――「情緒的近親姦が成立するのは親が子を溺愛、恋愛、生きがい、依存の対象にする場合である。その親は、結婚生活や夫婦間の慢性的なトラブルにより孤独感や空虚感を抱え、それを発端としてわが子を配偶者の代理に仕立てる――（中略）――その子にとって、親の愛情は自由よりも束縛、注がれるよりも押しつけられるもの、慈しみよりも干渉と感じられる」。

埋もれていた記憶が急によみがえって来た。まずは香料の甘い匂い、次に白いクリームのビジュアル。当時、同級生のほとんどは夜の10～11時まで起きていたが、俺の就寝時間は7時半と決まっていた。だが、母さんの手足をマッサージすれば、8時までテレビを見せてもらえた。俺はポンプ式のマッサージクリームを手に取り、血管の浮き出たくすんだ肌にまんべんなくすり込んだ。マッサージが終わると母さんは「お父さんより、ずっと上手ね」と言った。褒め言葉だと思っていたが、今考えるとゾッとする。

そんなややこしい親子関係のせいで、アダムズいわく、その子どもは成人すると恋愛の対象に「ただちにのめりこむ」が、じきに「不安と迷い」が生じるケースが多い。また、その葛藤を解消する手段としてしばしば「不貞をはたらく」ようになるという。

本を閉じると、隣にチャールズが立っていた。いつからここにいるのか見当がつかない。とりあえずグループセラピーに誘ってくれたことに礼を言った。するとチャールズはバッグを開け、『ザ・ゲーム』を取り出し、「アルフレッド・ノーベル」と言った。

次の言葉を待つ。が、それでおしまいのようだ。「ノーベルがどうした？」と俺は言った。

「ノーベルを知ってるか？」

「会ったことはないけどね」

「アルフレッド・ノーベルはダイナマイトを発明したあと、ノーベル平和賞を創設した」

チャールズはそう言って俺の顔を見る。話の要点が伝わったかどうか確かめるように。チャールズの言わんとしていることがだんだん見えてきた。ナンパの本は破壊的だが、ナンパをやめる本なら世のためになると言いたいのだろう。嫌味だ。

「なるほどね」と俺は返した。

チャールズはバッグの中に本をしまい、代わって、セックス／恋愛依存症の患者会のパンフレットを差し出した。最初の一文にこうある――「私たちはセックス／恋愛依存症を進行性の疾患と認識し、完治は不可能でも、多くの疾患と同様に進行を止めることは可能と考えます」。

チャールズは「聞いてもいいかな」ときっぱり言い、俺をまっすぐに見た。「自分が病気だってこと、自覚できたか？」

「ビョーキってことは分かるけど」と正直に答える。

「いや、正真正銘の『病気』だよ。意志とは無関係に起きるんだから。最初は自分の意志かもしれないけれど、ストレスや悩みを解消しようとするうちに、脳に異変が起きて、衝動は嗜癖に変わるんだ」

「それを病気と言うなら……」。リックとの約束を思い出す。「俺は病気だろうな」

チャールズは納得しないようだ。「おまえのためを思って言うが、病気だってことを証明させてくれ。知り合いのダニエル・エイメン医師を紹介するよ。先生は依存症が専門の脳科学者だ。無料で脳をスキャンしてくれるし、どこに病巣があり、どう治療すればいいのか教えてくれる」

とっさに「冗談だろう」と思った。が、「ありがとう」と礼を言う。

8

ダニエル・エイメン博士はハゲ上がった小柄な先生だ。レバノン系のカリスマ商人を父親にもち、今では『ワシントン・ポスト』紙いわく「全米で一番人気の精神分析医」である。

エイメン・クリニックの待合室では、そんなエイメン先生を紹介したテレビ番組の録画がエンドレスで流れてくる。番組の中で先生は脳の画像が行動パターンの診断と改善にいかに役立つか、台本どおりにまくしたてる。俺は気をそらしたくなり、大胆にも、しばらく無視していたメールをチェックすることにした。

未読の「お誘い」メッセージを流し読みしながら、一件一件に返信する。恋人がいることを匂わせつつ。

誕生日を一緒に祝ってやれなかったオーストラリアのベルは、飛行機の乗り継ぎの関係でロサンゼルスに一泊するので会えないかと尋ねてきた。そこで「まだ予定が分からないんだ。だけど、僕にはカノジョがいるからね。会うなら、友達として会おう」と返す。

ネット上で知り合ったフランスのアンは、またしても自撮りのヌード写真を添付してきた。今度はポールダンスだ。宙をくねるボディラインが俺の妄想をたきつける。だが、「君とやりとりできて楽しかった。オフラインで会えたらうれしいけれど、今はガールフレンドがいるから」と返した。

返信するたび、キンタマに釘が刺さったような痛みが走る。それでも、やらなければ。イングリッドとの未来を信じる。そして、行いを正す。そして、2人で家族になりたい。

そのとき、スリムでセクシーな受付嬢に名前を呼ばれ、診察室に入るように言われた。このクリニックの職員は20代と30代の美人ばかりだ。先生自身も診断の確定していない嗜癖があるのだろうか。

診察室に入ると、エイメン先生が背もたれの高い回転椅子に座っていた。ブカブカの服の中で体が泳いでいる。

頭部以外は無関心といわんばかりだ。四方の壁にはペンギンの絵。先生が書いたポジティブ思考の絵本に関係するのだろう。先生が手にしている紙の束には、ところどころに緑の模様が入っている。ヘラクレスの鼻汁のシミのようだ。その紙の束はすべて俺の脳の画像データだ。具体的にはこんな感じである。

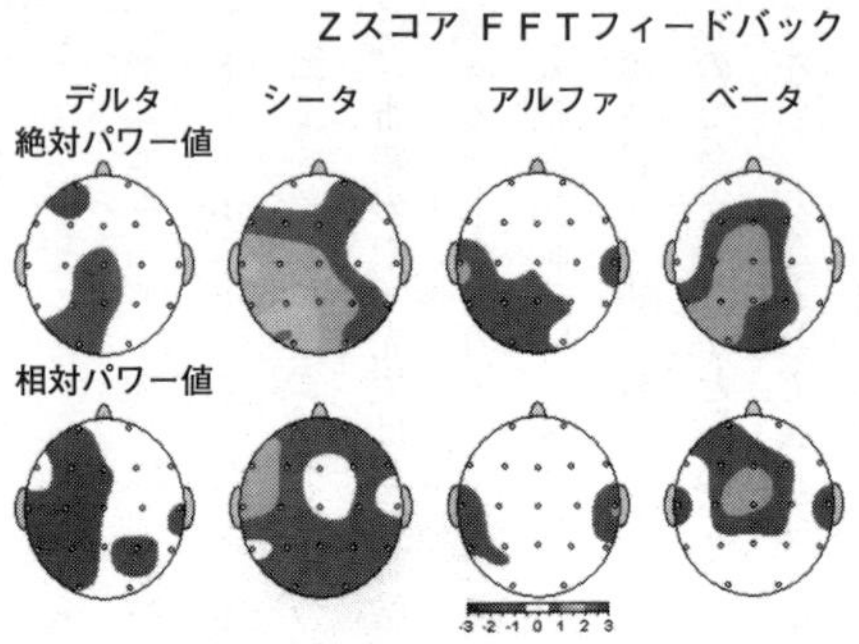

エイメン先生の専門は脳の断層撮影による画像診断で、その検査にはラジオアイソトープ（放射性の薬品）を注射しなくてはいけないが、俺はそれよりも安全に思える脳波検査を選んだ。検査は女性の神経学者が前もって実施してくれた。レギンス姿の長身のブロンドだった。

「それは変質者の脳でしょうか？」とエイメン先生に尋ねる。

「頭部を強打したことはありますか？」と先生が尋ね返す。俺の質問を無視しているのか。いや、質問に答えているのかもしれない。

「一度だけあります」。俺は10年以上も前の出来事を話した。ある日の午後、マンハッタンのマンションまで歩いて帰る途中で、見知らぬ男たちにわけもなく襲われたことがあった。

「具体的にはどこを殴られたの？」

「とどめの一発を食らったのは、このあたりです」と頭の左上に触れてみせた。

「それは重要かもしれないな」

「どういう意味で？」

「あなたの脳は非常に柔らかく、頭蓋骨は非常に硬い。そして、頭蓋骨の内側にたくさんひだが寄っている。セックス依存症患者の場合、頭部外傷を認めるケースが多々あるが、本人は大抵自覚していない。大半の患者はカウンセラーの元を訪ねるからね。カウンセラーは脳について詳しく説明するけれども、実際に脳を診ることはない。そこが問題なんだよ」

「つまり、僕の脳もダメージを負っているわけですか？」。クソ、長い病歴リストにまた一つ病名が加わりそうだ。

「この画像によると、外傷の痕跡がわずかに見られる」。先生は画像の束を繰りながら、素人にはチンプンカンプンの専門用語をかみ砕いて説明する。「あと、もう一つ気になるのは低周波がかなり出ている点だ。ADD（注意欠陥障害）を知っている？」

「聞いたことはあります」

「そう指摘されたことは？」

「いえ、一度もありませんが」

「あなたの言動は典型的なADDの症状じゃないかな。スリルに貪欲で心に葛藤を抱えている点は特にね。女性に目移りするのは子孫繁栄のための動物的本能とも言えるが、きちんと身を固めて家族を増やすことができないとなると、かえってアダになってしまう」

その説明を聞きながら、問題の所在が分かった。スリルと結婚――この二つに対する矛盾した願望が、この心を引き裂いてきたのだ。二つの願望を同時にかなえようと努力してきたが、道半ばにして、どちらもかないそうにない。そればかりか、頭がイカレていると指摘されつつある。

2カ月前の俺は恋人を裏切り、ひどく悔やんでいた単なるバカだった。セラピーに行ったことも、行きたいと思ったこともなかった。それが今では不安神経症、抑うつ症、対人問題、脳損傷、ADD、セックス依存症、怒りの欲情化、進行性PTSD障害、情緒的近親姦、第五軸生活機能低下、その他諸々を抱える身だ。実社会で生きているだけでも奇跡である。

「ほかに認められるのは、目が開いているときに奥の部位が非常に活発になることだ。これはまずい」

「なぜ?」。これ以上、病名がついてはたまらない。いっそのこと、この段階でロボトミー手術でも受けたほうがいいのかもしれない。

「すれ違う女性をことごとく目で追うことになるからね」

「ああ、それなら前からトラブルの種になってます」

「そんなふうに視覚野がいつも興奮していては、よほど自重しないと、パートナーに苦労をかけてしまうよ」と言って先生は笑った。俺も笑う。以心伝心。男同士の暗黙の了解だ。先生の手に目をやると、結婚指輪が光っている。

「あなたが目移りするのを見て、ガールフレンドはどう反応する?」

「大目に見てくれています。最近は自重していますから。ただ……」。俺はトリップしたことを打ち明けた。

「まあ、原因の一つは習慣化でしょうな」と先生。「女性を熱心に研究したので、今でもハンターの意識が抜けない。深く染み込んだ第二の習性だから、すぐに断つことは難しいだろうね。もう一つの問題は前頭前野。この部位はブレーキの役割を果たすんだが、あなたの場合はその働きが少し鈍い。だから目の覚めるような美女を見かけてモノにしたいと思うと、前頭葉が指令を出して、実行させてしまうんだよ」

これで確定した。俺の脳はアダルト動画の配信サービスなのだ。これから年と共に前頭前野はさらに劣化する。将来はエロじじいになるのかと思うと先が楽しみだ。「つまり、僕の脳はセックス依存症の表れですか?」

先生は画像を見ながら、診断を下した。俺の前頭前野は活動が弱く、本能を抑えることが苦手である。前帯状皮質(先生の説明によると、思考や行動を切り替えるギアのような働きをする)がスムーズに働かないので、行きずりの女性に執着しがち。また、情動を司る部位が異常に活発で、それゆえにイングリッドの言動に過敏になり、衝動的に反応してしまう。

先生は最後に不吉なことを言った。「『安心の思考回路』が確立するためには、愛情豊かで信頼に足る大人から、繰り返し心身のケアを受ける必要がある。あなたのお母さんは障害があり、一人で子育てできずにベビーシッターを雇ったのかもしれない。そうだとしたら、あなたの脳内には安心の思考回路が全く、あるいはほとんど形成されていない可能性がある。だから短期間の恋愛はできるが、長期間かけて愛情を育み、維持していくのはむずかしいのかもしれない」

要するに、俺の脳は部位も思考回路も半分イカレているということだ。「男の浮気度は選択肢の数に比例すると言いますが、一理あると思いますか」。わずかな情状酌量を求めて聞いてみる。

「そうは思わんね」と先生は言い切った。「脳が健康であれば、あとは心掛けの問題だよ。脳が健康でない場合は選択肢の数によるだろうけれど」

そのあと先生は、俺のイカレた脳を正常にするべく、詳細な治療プランを作成してくれた。ニューロフィードバックなるもので脳を鍛え直し、各種ハーブで前頭葉の働きを改善し、食事療法で血糖値を安定させ、オメガ3とビタミンDで衝動をコントロールする。もちろん、グループセラピーを継続することも治療プランに入っている。

帰り際にはダンボール一箱分の手土産を持たせてくれた。ダンボールの中には先生の著書、オーディオブック、有名どころのサプリメントが入っていた。帰宅してから、さっそく地元のセックス依存症の患者会を調べ、パトリック・カーンズの回復セットを注文し、ニューロフィードバックをやっている診療所を検索。チャールズに電話をかけ、グループセラピーに協賛してくれるスポンサー探しについて相談した。

新しい人生の始まりだ。

恋愛回避型 パートナーの束縛に接してますます逃げ腰になり、はけ口を求める

恋愛依存型 厳然たる事実や現実に接してパートナーに幻滅する

9

この10カ月、患者会や勉強会に参加し、色情狂のリハビリ仲間と色情を抑える努力をしてきた。この10カ月、シーラ・カートライトのグループセラピーに通い、感情を素直に表現し、無力な自分を受け入れることを学んできた。この10カ月、別のセラピストの元で個人的にカウンセリングを受け、よこしまな妄想をすべて報告してきた。この10カ月、ニューロフィードバックやサプリメントなど、ダニエル・エイメン考案の治療メニューをきちんと実践してきた。この10カ月、パトリック・カーンズのドリルに取り組み、金言集を毎日読み、患者会のスポンサー集めに奔走し、神に祈りを捧げ、セックス日記をつけてきた。

だが、成果は上がっているのか。

日も暮れてきたので、読書を中断し、アダムからかかってきた電話に出る。読んでいたのはピア・メロディ著『恋愛依存症の心理分析――なぜ、つらい恋にのめり込むのか』（ミラー&ミラー共著、大和書房）。次回の面談までに読んでくるようにセラピストに言われたのだ。すると、突然、イングリッドの靴音が聞こえてきた。わざとらしくヒールを響かせる。木のステップを踏みしめる音がメッセージになって、この耳に届く——た、だ、い、ま。て、を、や、す、め、て。わ、た、し、を、で、む、か、え、て。

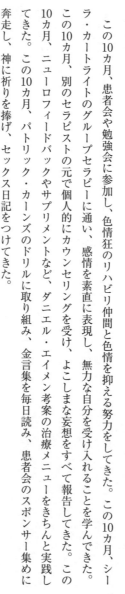

このところアダムとは毎晩、電話で話しているが、アダムに敬意を感じるようになった。リハビリ施設を出てから女に見向きもせず、ひたすら妻を喜ばせようとしている。

今日の話題はサッカーだ。アダムのチームが女性チームと合同練習したらしい。それ自体は問題ではないが、アダムの妻は嫉妬し、逆上した。今後サッカーの練習に行ったら、二度と信じないと激怒したそうだ。

「それで、どうするつもり?」

「それがさ、ニール、妻を見ていて分かったよ。不倫するような夫と一緒にいたい女性なんていないってことがね。妻は俺の不倫によって多くを失った。どうすればその穴埋めができるのか、いつも考えてるんだ。だから、サッカーは当分おあずけにするよ。妻を第一に考えてることを分かってほしいからね」

イングリッドが玄関をノックしている。同居を始めたときに合鍵は渡したはずだが、それでもドアを叩く。これは「失礼な隣人」や「無礼な宅配便ドライバー」のレベルを超えている。夜中にハンマーで鉄パイプを叩くのと同じくらい、迷惑だ。

「アダム、もう切らないと。だけど、奥さんが気を悪くしたからって、自分の好きなことをやめるのはいかがなものだろう。じゃあ、また」

スマホをポケットにしまい、ドアを開け、イングリッドを出迎える。

イングリッドは勇んで入ってくると、「一緒に『トワイライト・ゾーン』見ない?」とニンマリしながら言った。そして、ヘラクレスを床に下ろし、ヘラクレスの周りを回っておどける。笑いをとろうというのか。

「今は無理。課題図書を読まなきゃいけないから」

イングリッドの表情が曇る。ケネス・アダムズ著『Silently Seduced(無言の誘惑)』によれば、こういう場合は自分の都合を優先し、パートナーに絡み取られるのを避けたほうがいい。しかし、それだとイングリッドの不安をあおるだけではないか。イングリッドは、俺の愛情が冷めつつあると思っている。だから、常に俺の気持ちを確認しないと気がすまないのだろう。

「じゃあ、スキティキッツは？」とイングリッドがすっとんきょうな声を出す。スキティキッツは知り合いが考案したトランプゲームだ。

「この章を読み終えるまで待ってくれ。いい？」。断るのも一度だけなら簡単だが、二度目、三度目はさすがに悪い気がして、決意が鈍る。常に自分の都合よりも相手のわがままを優先するのは、シーラいわく「病的従順」だ。

「分かった！」。イングリッドが抱きついてきた。俺も抱きつき返す。イングリッドの体温が肌に伝わり、神経がざわつく。ざわつきは波紋のように全身に広がり、心臓にまで達した。イングリッドがようやく体を離す。

先週、イングリッドと2人でビルの屋上のオープンバーに行った。酔ったイングリッドに絡まれたとき、屋上の手すりを乗り越え、飛び降りたい衝動に駆られた。発作的に投身自殺する人の気持ちが分かった。その人たちは、どうしてビルや橋や窓から身を投げるのか。そのほうが面倒と向き合うよりも簡単だからだ。離婚するよりも、恋人とやり直すよりも、昇給の交渉をするよりも、借金を返すよりも、家庭不和に向き合うよりも、患者会やセラピーに通って自分を押し殺すよりも、飛び降りるほうが簡単だし、手っ取り早い。あらゆる問題が一発で確実に片づく。

ソファに座り、イングリッドが察してくれることを願いながら、本の続きを読み始めた。ところがイングリッドは俺の隣に腰かけ、本を覗き込み、声に出して読み始めた。芝居がかった朗々とした声で、ふざけてみせる。

「……恋愛回避型が憤りを覚えるのはパートナーの欲求や『接触要求』によって自分を犠牲にしたと感じるからである……」

イングリッドは目を合わせようとしたが、俺は無視した。「あなたもそうなの？」

セラピストの先生には、たとえ言いにくいことでも、正直に打ち明けるようにアドバイスされている。だから

「今はね」とはっきり言った。笑顔をつくってフォローしながら。

イングリッドはこめかみを押さえ、目を閉じ、しばし考え込む。「聞いてもいいかしら？」

「うーん。あとにしてくれる？」。またイングリッドの表情が曇った。ここで口論になるのはごめんだ。やむなく「病的」に「従順」でいることにした。「分かったよ。何？」

「私は、あなたの元カノと比べて、どこが違うの？」

質問というより詰問という感じだ。「君といると楽しいんだ。見た目も中味も丸ごと好きだし。それに、笑わせてくれるしね」

イングリッドは腕を組む。「笑わせてくれるから？　それだけ？」

「違うよ、愛しているからだよ」。それは本当だ。今はそうでもないが。

「私のどこが好きなの？」

「安らげるから。君といると、そういう気分になるんだ」。今はそうでもないが。

イングリッドは黙っている。

「どうしたの？　なんだか尋問を受けているみたいだ。俺、悪いことをした？」

イングリッドは唇をかみ、足元のヘラクレスを見つめる。そして究極の質問を投げた。「だったら、どうして、そんなに努力が必要なの？」

いい質問だ。俺も最近、同じことを考えるようになった。過去の恋愛を振り返ってみる。キャシーと別れたのは嫉妬深さにまいったからだ。ケイティと破局したのは彼女の浮気癖が原因。リサとはかなり真剣に付き合ったが、彼女の言動が母さんに似てきたので嫌になった。

それにひきかえ、イングリッドには致命的な欠点が見当たらない。その言動や短所が別れる理由にはなり得ないのだ。確かに今はウザったい。昔から、怒ると口をきかなくなるし、うるさいくらいに世話を焼くし、俺の気を引こうとして仕事の邪魔をするし、「見捨てられ不安」からわがままになることもある。だが、その程度は許容範囲だ。つまり、イングリッドに決定的な落ち度がないのだから、結論は一つしかない——悪いのは昔も今も俺だ。数カ月前から改心しようと努めてきたのに、以前にも増して収拾がつかなくなっている。イングリッドに隠れて浮気していたころは平和だった。イングリッドは幸せだった。俺もそれなりに幸せだった。「知らぬが仏」というやつだ。甘いうそが懐かしい。

ところが今では、好きだったものがことごとく病気の症状ということになってしまった。依存症の専門家には「自分の言葉も考えも気持ちも信用するな」と繰り返し言われる。内側から自信を育てろとも言われた。しかし、そのためには人格が破綻していて、病気とトラウマを抱えていることを受け入れなくてはいけない。そうしようとしたら、死んで生まれ変わりたくなり、ビルの屋上から飛び降りようと思った。

つまり、回復するどころか焦って、いらだち、感情的になってしまった。体の中を流れる血に砂とガラス片が混じっているのかと思うほどだ。それに下半身の欲求不満も沸点に達しようとしていた。「3秒ルール」を守っているつもりだが、体重200キロ未満の女性を見るたびに目が泳ぐし、アニメの女子キャラにも萌えるような始末。酒を止められたアルコール依存症が洗口液を口に含み、消毒用アルコールを体にすり込んで我慢しているようなものだ。今にも反動が来そうだった。イングリッドも俺の変化に敏感になっているから、きっと気づいているだろう。

「ねえ、どうしてなの?」。また質問だ。さっきから30回くらい繰り返しているが、俺は一人で本を読みたい。話を聞かない相手に話を伝えるには、どうすればいいのか。

うまい言い方を考えていると、着信音が鳴った。スマホをちらりとチェックする。カルバンからだ。ブラジルから戻ってきたカルバンが、生まれたばかりの我が子の写真をメールしてきた。俺は返信せずにスマホをポケットに戻した。

「誰から?」

「カルバン。リハビリ施設で一緒だったやつさ」

イングリッドは目を細めていぶかる。「2人で何か企んでいるんでしょ?」

「違うよ。君と話している最中に返信するのは失礼だと思ったんだ」

「そう。でも怪しかった」

「だったらクビにしてくれ」と言いたかった。俺を信じるはずじゃなかったのか。人のスマホより、自分のを気にしたらどうだ。だけど、こらえた……なんとか我慢した。今の俺は「健全な大人」モードだ。「本当にカルバンだよ。なんなら、見てみる? やましいことはないから」。いや「反抗期の青年」モードかもしれない。

「その必要はないわ」

イングリッドは俺の顔をそっとなでた。気がなごむどころか気に障る。顔にハエがたかったように。イングリッドは俺の目を見つめて「ごめんね」と言い、反応を待っている。

けれども、込み上げてくるのは嫌悪感だけ。この10分間で俺たちはメロドラマの主役を演じた。愛と疑惑とハッピーエンド。神経がクタクタだ。

イングリッドを見つめ返し、幼少期のトラウマに心を乗っ取られまいとしたが、遅かった。イングリッドの瞳の奥の愛情は、熊を捕獲するための罠のように、俺の魂を生け捕りにし、自由を奪う。俺は恐怖に囚われた。そして、その瞬間に悟った――最近、自滅行為に走ってしまったのは自分を傷つけたいからではない。自由が欲しいからだ。監視されて生活すること、イングリッドの機嫌を取ること、他の女を妄想するたびに罪悪感を覚えること、自分の言動が凶器のようにイングリッドを傷つけるのではないかと気を揉むこと。その全てに嫌気が差したからだ。

今度も、恋人は母さんになってしまった——イングリッドは俺を信じていない、息つく間を与えてくれない。彼女の幸せは、俺のやることなすことにかかっているらしい。

「ぜいたく言っちゃいけない」と無理に自分をなだめる。少なくとも、イングリッドは俺を信用して鍵を渡してくれたじゃないか。

しばらく一人になりたくてバスルームに向かう。その前に、キッチンのテーブルに自分のスマホを置いた。バスルームに隠れてメールをやりとりしていると思われてはいけないからだ。ドアを閉め、洗面台の前に立つ。鏡の中のうつろな顔が見つめ返してきた。目尻に小ジワがある。額の苦労ジワは本格的なシワになりかけている。ヒゲには白いものが混じっている。たぶん、男としてのピークは過ぎたのだ。すでに劣化が始まっている。

いつになったら治療の効果が表れるのだろう。こんな生活、いつまでも続けていられない。このぶんだと、あっという間に老いて、良き父親になりそこねてしまう。子どもの話し相手やキャッチボールの相手も務まらないだろう。治療を始めて一年近くになるが、ちっとも幸せじゃない。本当の自分になるというよりも自分を殺している気がする。

バスルームを出て、キッチンに戻ると、イングリッドが俺のスマホを握り締め、テーブルに座っていた。アゴを突き出し、怒りに燃えた目をしている。どうして血相を変えているのか分からない。悪いことは何もしていないのに——

「ベルって誰?」

……いや、していた。胃に穴が開きそうだ。疑り深く、覗き見の好きな恋人には、さすがのパスワードも通用しない。

「何で人のスマホを見るんだよ!」。俺は声を荒らげた。頼むから、静かに本を読ませてくれ。

「誰なの?」とイングリッドは繰り返す。さらに大きく、荒っぽく、怒りに満ちた声で。弁解しようとしたが、息が詰まり、のどの奥が情けなさで焼けつく。

後ろめたいのは息が詰まったから。恥ずかしいのは息をしているから。

「大昔に一度寝た相手だよ。君と出会う前のことだ」と声を搾り出す。「どうしていまだに連絡を取っているのか、自分でも分からない。本当にごめん。俺がバカだったよ。前頭葉が発達していないんだ」

「鍵を返して」

「ダメ、これはダメ！」。首から下げたこの鍵は信頼の証しだ。これだけは絶対に渡せない。

「もう信じられない。鍵を返して」

イングリッドは俺のネックスレスをつかみ、チェーンを引きちぎろうとする。

「分かった、分かったよ。今、外すから」

イングリッドの言うとおりだ。俺はこの鍵にふさわしくない。イングリッドにふさわしくない。

怒りは消えた。イングリッドに対する怒りは。今は自分に腹が立つ。ネックレスを外し、イングリッドの書類キャビネットの鍵を返す。カノジョがいると断ったのに、ベルはかまわずメールを送ってきた。俺はそれに対して感謝もしなかったが、拒絶もしなかった。むしろベルの体を妄想した。メールを無視するか着信を拒否すればよかった。最初のメールが来たとき、すぐにイングリッドに謝るべきだった。

恋愛は心臓手術と同じ。ささいなミスが命取りになる。信頼を取り戻そうと一年がかりで努力してきたが、それも水の泡と化した。原因はてん綿の生育環境か、「病的従順」か、セックス依存症か、ＡＤＤか、脳の損傷か。あるいはその全部が入り混じり、努力を妨げているのかもしれない。

イングリッドは鍵をつかんで家を飛び出し、車で走り去った。

やっと願いがかなった。一人になれる。息がつける。本が読める。好きなことができる。

最悪だ。

10

「こんなこと、やってられんよ」とカルバンにこぼす。あれから一週間後、俺たちは日本のカレー店で会い、互いに近況報告した。

「俺もかなり葛藤してる」とカルバンは言う。「終わりがないからね。『あと何カ月か何年か頑張れば、必ず良くなります』ってもんじゃないし。このぶんだと、患者会やセラピーに一生通わないといけない」

カルバンはジーンズの尻のポケットから折り畳んだ紙を取り出した。「これ、見て」

紙には、ロバート・ワイスなる人物の記事が印刷されていた。ワイス氏はロサンゼルスで「セックス依存回復センター」というリハビリ施設を運営しているらしい。

「リハビリはもういいよ」

「とにかく読んでみろよ」とカルバンは急かす。「トロイがメールしてきたんだ。ロブ・ワイスはパトリック・カーンズの同僚だったんだけど、仲違いか何かが原因で袂を分かち、自分のセンターを設立したんだ」

記事によると、セックス依存回復センターはリハビリ施設の大手チェーン「エレメンツ・ビヘイビアル・ヘルス」に吸収され、これから全国展開を目指すという。アメリカ各地に豪華な入所施設を建設する予定で、記事によると、ターゲットは「富裕層のセックス依存症」だ。また「富裕層以外」の患者には2週間の通院プログラムを設けるという。

「分かるか?」とカルバンが言う。「考えてもみろ。不倫経験者はアメリカだけで1千万人は下らない。それだけの人数が顧客候補になるわけだ。さらにポルノ好きの人数を足したら、すごい数に膨れ上がる。世界一賢いビジネスプランだよ。例えば、男のスケベの原因を保険の利く脳腫瘍か何かにできたら、それこそ大もうけできる」

「リハビリに効果があるなら一考に値するかもしれないけれど……」と俺は答えた。「とにかく生活の全てをリハビリに費やさなくちゃいけないからね。起きてる時間の半分は患者会に出たり、セラピーの本を読んだりするのに精一杯で、実際にイングリッドと恋愛している暇がないんだ」

ベルのメールを発見したイングリッドは、その日、会社のソファで一夜を明かした。翌日、家に戻ってきたので2人で長時間話し合ったが、イングリッドには許す気も忘れる気もないようだ。

「シャレにならないぜ」とカルバンは言う。「そういう悩みは、いろいろなウェブサイトにも掲載されているよ。俺がジョーンの指示で買春に注ぎ込んだ金額を計算したこと、覚えてる？　このぶんだと、リハビリに注ぎ込む金額のほうが大きくなりそうだ」

ちきしょう、カルバンの言うことは全部もっともだ。

「リハビリしたって、再発するのが関の山だ」とカルバンが続ける。「だったら、何の意味がある？　シーラは、俺がマリアナ（カルバンがはらませたブラジルの売春婦）とフラヴィオ（二人の間に生まれた子ども）を迎え入れることに反対している。回復の妨げになるからと。だけど、フラヴィオは俺の息子だよ。親としての務めは当然、果たさなくちゃ。別に間違ってないだろう？」

「何が間違っているのかいないのか、俺には分からない。分からなくなったよ。ただ、認めたくはないけれど、てん綿の親子関係というのは俺にピッタリだ」

「そうかもしれないけど、これだけは忘れちゃいけない――てん綿関係を提唱した専門家は、同性愛を精神病と決めつけ、ゲイの人たちに電気ショックやロボトミー手術を施した専門家でもある。当時の当てにならないセラピストだって、セックス依存症の原因は口うるさい母親にあると断定したはずだ。ひょっとして、俺たちは新しいタイプの性的少数派かもしれないぜ。世の中にはまだ認められていないけれど」

なかなかいいことを言う。よくよく考えると危険な発想かもしれないが。子どものころ、俺の周りには2人の女性がいた。母さんと住み込みのベビーシッターだ。だから複数の女性を同時に求めるのは、俺にとって自然な心理なのかもしれない。それに俺が習った限りでは、セックス依存症の定義はあまりに広すぎる。つくられた病と言っても過言ではない。カーンズなどはさしずめ「性欲の安楽死」を推進する医師だ。

その昔、医者は「ドラペトマニア」という病気があると主張した。奴隷特有の精神疾患で、異常な逃亡欲求に駆られるのが特徴という。しかし、それもレッテルに過ぎない。学位をもつエリートが規範を押しつけるためにでっち上げたビョーキだ。

「そうかもしれないね」と俺はあいまいな返事をした。「俺たちの脳は生まれつき、そうプログラムされているのかもしれない」

おそらく、セックス依存症は第二の注意欠陥障害か第二のアスペルガー症候群だ。本当に患っている人もいるが、あまりにもあっけなく診断が下るので、聖人君子以外は誰もがセックス依存症にされてしまう。今は6歳児にも向精神薬が処方される時代だ。そのうち、バービー人形を裸にする子どもはセックス依存症の治療を受けさせられるだろう。

「俺たちはエセ医学にだまされているんだ」。カルバンがチキンカツにフォークを突き立てる。「精神病と名のつくものはほとんど立証されていない。科学者に聞いてみろ。医者に聞いてみろ。まともなセラピストに聞いてみろ。パトリック・カーンズとその弟子以外の人間に聞いてみろよ。おまえが診てもらった脳の先生だって、医学界ではほとんど相手にされていないんだぜ」

リックは専門家を信用しろといったが、俺は専門家の選択を間違えたのかもしれない。

「セックス依存症は精神疾患の診断マニュアルにも載っていないんだ」。カルバンが丸い顔を真っ赤にして言う。「一度は候補に上がったけれど、完全に却下された！　俺たちは亡霊を追いかけているんだよ」

11

『ローリングストーン』誌の記者をやっていると、いろいろなうまみがある。ほぼ万人が電話に出てくれることも、その一つだ。俺はカルバンに会ったあと、情報を求めて、さっそく世界的に名の知れた専門家にコンタクトを取った。カルバンと話し合ったテーマについて、意見を請うためだ。

一人目は人類学者のヘレン・フィッシャー博士。博士は20年以上にわたって、さまざまな文化、種、時代の恋愛、セックス、結婚を研究してきた。男女関係学の分野では、論文の引用回数が最も多い現役の学者だ。

そんなフィッシャー博士の結論は「人間は浮気する動物である」。

博士はその根拠について、自著『愛はなぜ終わるのか』（草思社）の中でこう説明している――「長い進化の歴史のなかで、ほとんどのオスは逢びきをかさねて遺伝子をばらまき、メスは資源獲得のためにふたつの戦略的選択肢を発展させてきたということだ。ある女性はひとりの男に比較的貞操を尽くすことで、彼が提供する便宜をフルに利用し、べつの女性は多くの男とひそかに性的関係をもつことで、それぞれから便宜を提供させてきた。この筋書は、男は本質的にプレイボーイで、女は聖母か娼婦だという一般的な見かたにも合致する」。

しかし、近年の研究結果によってフィッシャー博士の見解は変わったという。「今、同じ一節を書くとしたら、こう付け加えると思います」と博士はおっしゃる。「今どきの40歳以下の男女を比較した場合、女性も男性と同程度に浮気性である」

博士いわく、我々の祖先は子どもをもうけ、育てるためだけに便宜上の夫婦となり、子どもがある程度自立すると、パートナーを替えて新たに子作りに励み、不貞も繰り返した。この結婚と密通の反復を博士は「子孫繁栄のためのダブル戦略」と称する。

博士の話を総合すると、自分に正直でいられる男女関係を目指しているなら、イングリッドを裏切ったことは一つのステップだ。あとはイングリッドと結婚し、子どもを2、3人もうけ、浮気を再開し、イングリッドに浮気されて、離婚すればいい。これがホモ・サピエンスの男女愛。「モノガミーもどき」と言うべきか。

しかし、仮に博士の説が正しいとしても、現代社会でこのライフスタイルを貫くには問題がある。不幸にも、リハビリ施設で赤札仲間と気づいてしまったことだが、こういう男女関係はパートナーに地獄の苦しみを与え、親密な関係を築けず、家族全員を不幸にしてしまう。モラルの問題だけではない。今は位置情報確認のアプリ、電話やクレジットカードの使用データ、タグ付きの画像が拡散するSNSに簡単にアクセスできる時代だ。目ざといパートナーに隠れて浮気の痕跡を消すことは不可能に近い。

そこでフィッシャー博士に尋ねた。21世紀において、進化の歴史に背き、良好な男女関係を続けるにはどうしたらいいのか。博士いわく、ヒトの脳はつがいに関する3つの機能を発達させてきた。第1は情欲、第2は恋心、第3は深い愛着だ。情欲や恋心は伴侶を離れて新しい相手に向かうが、愛着は伴侶のもとに留まるという。

俺が総括しようとしたとき、博士は「情欲や恋心の減退は防ぐことができる」と付け加えた。それには一緒に楽しいことにチャレンジし（ドーパミンが放出され、恋心を活性化）、定期的な性生活を心がけ（オキシトシンの分泌を促し、体の絆を深めるのに効果的）、誘惑の多い場を避けることが大切。一般的には、互いに「常に刺激的な存在」でいることが3つの機能を活性化する秘訣という。

「ああ、それにはかなりの努力が必要ですね」と俺は言った。

「ええ。それでも浮気心は起きますから」と博士。「ですから、もし浮気をするなら、絶対に隠し通してください」

ついに出た。つがい行動の研究で世界をリードするヘレン・フィッシャー博士が浮気にゴーサインを出してくれた。意外にも、これは学術界の共通認識だ。今まで、浮気は慢性の病気で、浮気の虫を抑えるには神に祈るしかないと自分に言い聞かせてきた。しかし、モノガミーに飽き足らなくなるのは、てん綿の親子関係や幼少期のトラウマやセックス依存症が原因ではない。リックにも言ったとおり、人間の性《さが》なのだ。

現代精神医学の父と言われるフロイトとユングにも愛人がいたらしい。前者の愛人は妻の妹、後者は女性患者。ユングはフロイトに宛てた手紙の中で「円満な結婚生活を続けるには不貞の自由が必要不可欠ではないか」と綴った。また、12のステップの回復プログラムで知られるアルコール依存症の自助グループ、アルコホーリクス・アノニマス（AA：Alcoholics Anonymous）の創設者ビル・ウィルソンも不倫の常習者として知られていた。患者会に来る美人を目をつけ、浮気を繰り返すので、同僚たちはその好色ぶりを「13番目のステップ」と称するようになった。

カーンズに言わせれば、彼らもセックス依存症だ。フィッシャー博士に言わせれば、優秀なホモ・サピエンスだし、世間的には色情魔と呼ばれるだろう。紛らわしいこと、この上ない。

その後の数日間、俺はつがいの研究に没頭した。人類学や進化論に関する古典的な文献を当たってみたが「ヒトは伴侶を一人に決め、その伴侶に忠誠を尽くし、一生添い遂げる生き物である」という説を裏づけるものは見あたらない。

今までの俺は、イングリッドと親密になることを避け、他の女を妄想することに大きな罪悪感を抱いてきた。しかし、米バーモント大学が性的空想について調査したところ、男性の98パーセント（女性の80パーセント）はパートナー以外の異性を妄想したことがあるという結果になった。

どうりで、イングリッド一人に情欲と恋心を注ぐのは難しいわけだ。俺はまったく正常じゃないか。そう思うと気が軽くなる。毎日、自分を責め続けるのに疲れてしまった。

さらに深くリサーチすると、一夫一妻制（モノガミー）のメリットを調査している研究チームにたどりついた。歴史的に見て、一夫一妻制は独身女性を増やし、独身男性を減らすので、異性をめぐる争いが減り、犯罪や暴力の抑止につながるという。ところが、調査チームはモノガミーを「不貞行為のないこと」とは定義していない。そればかりか男女の自然なあり方とも考えていない。

研究チームのピーター・J・リチャーソン教授いわく、「モノガミーが人類の遺伝子に組み込まれていたら、すなわち、ヒトは生まれつき一人の伴侶と一生固い絆で結ばれる運命にあるなら、そもそも結婚という慣習は必要がありません」。

結婚という制度について『Marriage, a History（結婚史）』の著者で歴史学者のステファニー・クーンツは「本来、結婚と愛情は別物」と説明する。長い間、男女の婚姻は経済的、政略的なシステムだった。その目的は両者の資産を統合すること、両者が同盟関係を確立して世継ぎを残すこと。恋愛結婚が始まったのは18世紀の後半。両家の都合よりも個人の愛情が優先されるようになったのは、21世紀後半になってからだという。

最近はさらに結婚事情が変わってきたとクーンツは考える。「今の人たちは『一人の人を愛したい』『不特定多数の相手と遊びたい』『子どもが欲しい』『子どもは要らない』『あれがいい』『こっちがいい』と声に出して言えるようになりました」と指摘する。「選択肢は一つしかなく、自分の意向を押し殺さなくてはいけない時代は何百年もありました。けれども、今は違います。文字通り、えり好みができます。いろいろな選択肢を自由に組み合わせて、思いどおりに生きられる。結婚も恋愛も自由設計の時代です」

その晩、クーンツ先生の自宅をあとにしつつ、カルバンの言うことは正しいと確信した。俺たちは洗脳されているのだ。激動の21世紀に生きているのに、一世紀前の旧態依然としたしきたりに縛られている。

思ったとおりだった。どんな自論であれ、それを裏づけてくれる博士号の権威はどこかに必ずいるものだ。

12

リハビリから戻って一年近くになるが、気づけば両論の板ばさみになっていた。ある専門家は、俺は不治の精神疾患に冒されていて日々の治療が欠かせないと主張する。ところが、ほかの専門家は200年以上の文化史と進化史に裏打ちされた議論を展開し、俺の行動は人間としてごく自然であると太鼓判を押す。

そうしている間にも、イングリッドとの間は不安定になる一方だ。一緒に笑って、見つめ合ったかと思えば、次の瞬間には言い争いが始まるか口をきかなくなってしまう。俺は、ほぼ毎晩ソファで寝ている。ところが、ベッド脇の床で寝ていたヘラクレスは掛け布団の上で、枕の上で、ついにはイングリッドの隣で寝るようになっていた。

ある日の午後、『ローリングストーン』誌の取材でイギリスのシンガーソングライターのエリー・ゴールディングとマリブで会い、制作中の曲を披露してもらった。一緒に海に出てパドリングをしながら、音楽の話や近況を聞いた。イングリッドがヘラクレスと共に仕事から戻ってきたので、取材の件を話して聞かせる。

「親の話で盛り上がったよ。エリーの父親は妻子を残して出て行ったらしい。ある日、すごく寂しくなって『私のこと、まだ好き?』と父親にメールしたんだって。そうしたら、父親の再婚相手から返信があって、わずらわしいから連絡するなって。ひどい話さ。思わず、もらい泣きしたよ」

イングリッドは固い表情で冷たく言った。「へえ、2人で一緒に泣いたわけ?」聞き覚えのある口調だ。晴れた日の雷鳴のように、嵐の予感がする。イングリッドは憤然と部屋から出て行ったが、すぐに引き返し、俺を質問攻めにした。「どうしてエリーと電話番号を交換したの?」「なんでマリブに呼び寄せたの?」「私の留守中に彼女と会ったのは、なぜ?」

イングリッドは俺が隠しごとをしていると決め込んでいる。しかし今回は、俺にしてはめずらしく、そうではない。イングリッドは俺の弁明を不機嫌な顔で聞いていたが、突然、禁句を口にした。「スマホを見せて」

イングリッドがゴールディングと交わしたメールを一字一句チェックしている。俺はその間、ヘラクレスを眺めていた。ベッドの上で仰向けに寝ている。しなびたチンチンは去勢によって本来の機能と目的を失った。いまやヘラクレスはご主人を無条件に慕い、受け入れるだけのしもべだ。動物からセックスの悦びを奪うのはいかがなものか。

イングリッドが俺のスマホをチェックし終わってから、ゴールディングの件で30分間けんかした。イングリッドが無実の罪で俺を責め、真実を信じようとしなかったのはこれが初めてだ。いたたまれなかった。イングリッドの信頼を何度となく裏切ったツケが、こうして回ってきたのだ。そればかりか、努力しないと浮気をやめられない男と付き合うのはラクではない。

セックス依存症の男と結婚したい女性はいない。いるとしたら、恋愛依存症だけだ。

ついにイングリッドはヘラクレスの横に倒れ込んだ。すねて、泣きべそをかいている。付き合い始めて一年目までのイングリッドは、いつも微笑み、笑い、デザインの仕事に打ち込んでいた。彼女を好きになった理由の一つは、俺の心の闇を隅々まで明るく照らしてくれたからだ。なのに、今のイングリッドは光を失い、創作意欲も尽きてしまったように見える。友達と会うこともなくなった。俺と付き合うことに反対されるからだ。

涙でにじんだマスカラが目の周りに付着し、苦り切った表情を浮かべている。胎児のポーズでヘラクレスを囲むようにして横たわっている。そんなイングリッドを見ていると、母さんの言葉が頭の中でこだました。「お父さんみたいに女を不幸にしちゃダメよ」

恋愛回避型 パートナーと別れ、次の相手と同じパターンを繰り返す

恋愛依存型 パートナーに再び幻想を抱く、あるいは次の相手と同じパターンを繰り返す

13

赤いワンピースにいつもの黒いブーツ。車に乗り込んできた彼女を見て、ホッとした。今まで出会った専門家のなかで、もつれた糸をたどり、人間の行動心理を読み解くことができるのは、この人しかいないと思う。

ロレインの第一声は衝撃的というだけでなく、今の俺にはまさに必要な言葉だった。「あなたが施設を退所したあと、スタッフと話し合ったんだけど……」とロレインは言う。「私たちが思うに、あなたはセックス依存症ではないわ」

「本当?」

「あなたの強迫行動は生育環境に原因がある」

「ありがとう」

依存と強迫の差がよく分からないが、そんなことはどうでもいい。ロレインのおかげで最後のかんぬきが外れ、俺の心は昨年来の恥辱やプレッシャーや葛藤からきれいに解放された。リハビリ以来、こんなにうれしい言葉をかけてもらうのは初めてだ。

イングリッドと仲違いしたあと、ロレインにメールした。俺のことを誰よりも理解しているであろう彼女に相談

したかったのだ。イングリッドと別れることはお互いのためになるのか、それとも一生の後悔になるのか。ロレインはオレンジ郡で講習会の予定があり、近日中にカリフォルニアに来るという。そこで、直接会って話をすることになり、リックを交えて夕食に招待したのだ。

イタリアンレストランのジョルジオ・バルディに着くと、すでにリックがテーブルに座っていた。白のTシャツ姿だ。それ以外の格好でいることはめったにない。俺がロレインを紹介すると、リックはニッコリ微笑み、丁重に会釈した。

料理をオーダーしたあと、専門家の指示に従えというアドバイスにはもはや従えないことをリックに宣言した。

「あれから一年になるけど、いまだハッピーになれない。専門家の言うことは全部聞き入れたし、勉強にもなった。だけど、イングリッドとの関係は壊れかけているし、ほかの女性とつるみたい気持ちも、それが性に合っているという考えも捨てきれないんだ」

リックの表情を観察しつつ、返事を待つ。リックは軽く目を閉じ、考えをまとめている。というか「考えが出てくるのを待っている」と表現するほうが正確かもしれない。

リックの返事を待たずに、ロレインが質問してきた。「それは自分の価値観に反していると思う?」

「いいえ」

「だったら、問題ないと思うわ。私は夫が死んだとき、男と暮らすのはもうよそうと思ったの。今も一人暮らしだけど、それで満足しているし、この生活を誰にも邪魔されたくない。私の性に合っているから。ありがたいことに、今はいろんな選択肢があって、自分に合ったライフスタイルを取捨選択できるわ」

ロレインがこんなにさばけているとは思わなかった。リハビリで世話になったときから、考えが変わったのか。

本人に聞いてみた。

「チェア・テクニックの時間に話したことは、みんな本当よ」とロレインが答える。「でも、プログラムの責任者はジョーンだし、彼女の方針はすごく厳しい。婚外交渉を容認するような発言は一切禁止されているから、あそこでは個人的な見解を自由に言うことができないの」

「じゃあ、個人的には婚外交渉もありと考えているんですか？」。ロレインの真意を確かめたくて、念を押した。

「子どもをもうけ、一生を添い遂げるカップルのなかにも、オープンな関係に合意している人たちがいる。2人の間に愛情と敬意があって、人に迷惑をかけていないのなら、批判するつもりはないわ」

そのファンデーションが詰まった小ジワや垂れ落ちそうな首のたるみ、そして教養をたたえた目を見ながら、俺は心の中で感謝した——分かってくれてありがとう。

ロレインの賛同がこんなにもありがたいとは思わなかった。俺はリハビリ施設で欲情する権利を剥奪された。権利を乱用し、罪のないイングリッドを傷つけた罰として。そして今、一年間の保護観察を経て一時的に権利を取り戻したのだ。

「男女関係の新しい形を模索してみたいんですが、少しビビッてます」とロレインに打ち明けた。「この一週間、不安な気分で目が覚めるんです。イングリッドを失ったら、この先どうなるんだろうと。こんなに良く出来た女性とは二度と巡り合えないんじゃないか。このチャンスを逃したら、幸せな未来や家庭を築くことはできないんじゃないか。そんなことを考えてしまうんです」

俺は決心するのが大の苦手だ。決心しないことを決心することさえできない。

優柔不断。それが俺の守護神だ。恋愛の疫病神「優柔不断」にバンザイ！

リックは無言のまま、俺たちの会話に耳を傾け、相槌を打ち、考えをまとめている。

料理が運ばれてきた。「男女関係の新しい形を受け入れられるかどうか、イングリッドに聞いてみた？」とロレインが言う。

「そうできたらいいんですけど。でも、彼女が賛成するとは思えないな」

「分からないわよ」とロレイン。

血縁で結ばれた家族がいるなら、自分の意思で第二の家族をつくることもできるはずだ。現に今、第二の父親と第二の母親に挟まれている気がする。

ここでリックが初めて口を開いた。「おまえに望むことは一つ――」。一語一語に重みを持たせるように話を切り出す。「自分が目指す破天荒な生き方を最後まで貫け。逃げ道は一切つくるな。狙った女を全員ものにしろ。そうすれば、そんなことをしたって、孤独や人恋しさや心の痛みは解消されないと実感できるだろう」

厳しい助言にショックを受けた。俺がどんな生き方を選んでも批判しないと約束したはずだ。「最初に話したときは、そんなふうに言わなかったじゃないか」

「あのときは、もう少しおまえに希望をもってたからね。だが、最初から、こういう生き方が望みだったわけだ」

ロレインはリックの顔を見つめている。ロレインまでリックの意見に賛成だったらどうしようと心配になった。

「自分の決めた道を本気で進むつもりなら――」とロレインが口を挟む。「謎を解くことを勧めるわ」

「謎って？」

「これからやろうとしていることは自分の本望なのか、それとも、心の傷がそうさせているのか」

「その違いはどうすれば分かるんでしょう？」

「心の傷はドラマとトラウマを招く。慰めにはならないわ」。ロレインは一呼吸置き、俺が理解したことを確認してから、話を続ける。「人には6つの基本的な欲求があるの。心理的欲求、社会的欲求、知的欲求、身体的欲求、性的欲求、精神的欲求。それが十二分に満たされたら、正しい道を選んだことになる」

「健全な心で選んだ道なら、一生満足できるはずだ」とリックが付け加える。自論を翻したというよりも、自分の決断の行く末をしっかり見届けろと言いたいようだ。

「そうなるように願っているよ」と2人に言った。「同じ考えや価値観をもつパートナーに出会えるかもしれない」

そう言ってから、ふと不安になる。そういうパートナーはつまり、俺の女版に過ぎないのではないか。

「忘れないで」。俺の動揺を察したかのようにロレインが諭す。「生きている実感がないのは自分に合わないことをしている証しよ」

「いずれにせよ――」とリックが意味深なことを言った。「正々堂々、気の済むようにすることだ。プレッシャーを感じることなくね」

14

「最高に楽しい日々だった」と俺はつぶやいた。「こんなに誰かを愛したことはなかったからね」

俺とイングリッドは空いている寝室で寝転んでいた。イングリッドはこの部屋を改装し、「宇宙船」と名づけた。4枚のマットレスが床に並んで置かれ、壁と窓は黒いシーツで覆われている。壁一面にプロジェクターの銀河の映像が流れる。天井にも星空の映像が広がり、月の形の電灯が下がっている。イングリッドの遊び心の産物だ。俺はそんなイングリッドにほれている。なのに、今からその心を傷つけなくてはいけない。自分自身の心も。

「でも、それが問題なんだ」と俺は続けた。

「問題って？」

言葉に詰まる。次の文句がなかなか出てこない。イングリッドの目が潤む。次の展開を察知したのだ。

「あなたを失いたくない」とイングリッドは言った。そうなることを承知の上で。

しばしの沈黙のあと、イングリッドが口を開く。「最近、私たちの間がおかしくなったのは、みんな私のせいなの。不安だったから、あなたに冷たくあたったり、あなたを疑ったりしたわ」

そういうことにしたいが、事実に反する。

「いや、俺が悪いんだ」。本当にひどい男だ。自分勝手で、罪深い、クズみたいな野郎だ。「どう表現していいか分からないんだけど、実験として、一対一以外の男女関係を試してみないか？　ほんの短い間でいい。ガス抜きが必要なんだ」

何を言ってるんだ？　この体からガスが抜けるわけがないだろう。それは実証済みだ。

「ガス抜きって？」

深呼吸する。体が震えてきた。こんなことを言っていいのか。「君の信頼を取り戻すことは無理だと思う」。長い沈黙。「一人の女性と、一生を共にするのは、俺には向いていないから」

ついに言ってしまった。イングリッドの澄んだ瞳、高い頬骨、V字形の鎖骨を見つめる。それ以上に美しく、衰えを知らないのは形容しがたい魂だ。機内で見かけた女みたいにグラマーだったらいいのにとか、俺を放っておいてほしいとか、本を覗き見するなとか、そんなことをイングリッドに対して本気で望んだわけじゃない。なのに、チラリと思ってしまった自分が情けない。イングリッドのどこが不足なのか。なぜ彼女に満足できないんだろう。涙が込み上げてくる。

イングリッドは怒っていない。取り乱してもいない。俺の目をまっすぐ見て、優しく言った。「あなたはほかの人と寝たいかもしれないけれど、私は嫌。好きでもない男に抱かれるなんて、想像できないわ」

「だったら3カ月くらい離れてみようか？　その間、お互いにじっくり考えればいいんじゃないかな」。そう提案しつつ、イングリッドの同意を得られないことは分かっていた。

「一度離れたら、それでおしまい。私たちは終わりよ。あなたと会うことも話すことも二度とないわ」とイングリッドは言う。優しいけれども決然とした口調だ。その決心が揺らぐとは思えない。

ならば仕方ない。俺もここで腹をくくらなくては。愛する女性と添い遂げるのか。それとも、遊びたい女と遊び、好きなことをして、自由奔放に生きるべきか。後者を選んでもパートナーや子どもや家庭をあきらめる必要はない。ただし、俺なりのルールを貫く。新婚の夫婦にモノガミーを期待するような、社会の窮屈なルールには従わない。

俺は黙っていた。口に出せなかった。それこそが人間の生理にかなっていると思い続けてきたのに、いざとなったら、言葉にできない。もうすぐ2人でマチュピチュ旅行に出発することとなっている。ほかにも2人で楽しい予定や遊びの計画を立てていた。イングリッドのような女性は長年の憧れだった。信頼と尊敬に値するパートナー。いつも一緒に笑ってくれる相手。隣で目覚めるたびに、顔を見つめて微笑みたくなる人。巡り合えたことに感謝したくなるような、愛情豊かで愛らしい女性。それなのに……。

イングリッドにとって、沈黙は会話よりも辛い。涙が頬を伝っている。「あなたには自分の決めた道を進んでほしい。だけど、私はついていけない。一人で行って」

「自分でも分からないんだ。バカげてるかな？　俺たち、こんなにも愛し合っているのに。間違いだと思う？」

「いいえ」とイングリッドは言う。「そんなことない……あなたが幸せになるなら」。ありがたいことに、イングリッドは気丈だ。

「君は別れたい？」

「ううん。でも、あなたのためだから」

もう耐えられない。イングリッドを抱き寄せる。互いの涙で互いの頬がびしょびしょに濡れた。「人を好きになることを教えてくれてありがとう。愛を教えてくれてありがとう」とイングリッドはつぶやく。「あなたは誰よりも心の大きい人よ」。信じられない。どうして俺のことをそんなふうに思うのか。だけど、とにかくそう思っているのだ。

黙って抱き合ったあと、イングリッドがささやいた。「あなたの子どもが欲しかったわ」

天井で、壁で、宇宙が回っている。天体と星座の小さなレプリカが、それぞれ軌道を描いている。俺たちは天のさだめを変えようとしている――そう思った。このちっぽけな決断によって、俺たちの子どもが地球に誕生することはなくなるのだ。〝太陽のイングリッド〟二世や〝弱虫ニール〟ジュニアの親になることもない。

窓がガタガタと音を立てる。地震なのか風なのか知らないが、考え直せという天からの警告かもしれない。それともメキシコの殺し屋が、俺がドラッグ抗争の本を出そうとしているのを知って殺しに来たのか。リック・ルービンが言っていた――人が死ぬ間際に思うのは仕事でも、功績でも、やり残したことでもない。最後に思い浮かべるのは愛する家族だ。その家族をもつ夢を俺は捨てようとしている。子どものころに見た悪夢――落ちぶれて、金もなく、弟家族の豪邸に寄生する夢が、本当に現実になるかもしれない。

だが、もう一つの夢はどうだ？　郊外の一軒家、惰性と化した結婚生活、映画に行くのが唯一の楽しみのような退屈な日々、すべて親のせいにするバカ息子。俺の心はイングリッドが言うほど大きくはないらしい。大きいとしたら、それは飢えた心が刺激をむさぼり膨張しているからだろう。

この一年間、焦がれ続けた自由を前にして、ビルの屋上から身を投げるような心境に陥ってしまった。

イングリッドは俺の頭をなでながら「私はかわいい野鳥をつかまえて、カゴの中に閉じ込めてきたのね。自分の手元に置きたいばかりに」となだめてくれた。

　耳がダンボになった。イングリッドは分かっている。俺のことを理解している。

「鳥カゴは窓辺にあって、鳥はずっと窓の外を眺めながら、外の世界に憧れていた。だから、カゴを開けて自然に帰してやらなくちゃ。本当は野生の鳥だもの」

　イングリッドの表情が曇り、泣き腫らした目から涙がボロボロ落ちる。俺は気持ちを表現できないが、イングリッドは違った。泣きながら、言葉を絞り出す。イングリッドの最後の一言はその後も俺の脳裏に焼きつくことになった。「でも、鳥は自然のなかで息絶えるわ」

door 3

ALTERNATIVES

—新しい恋愛スタイル—

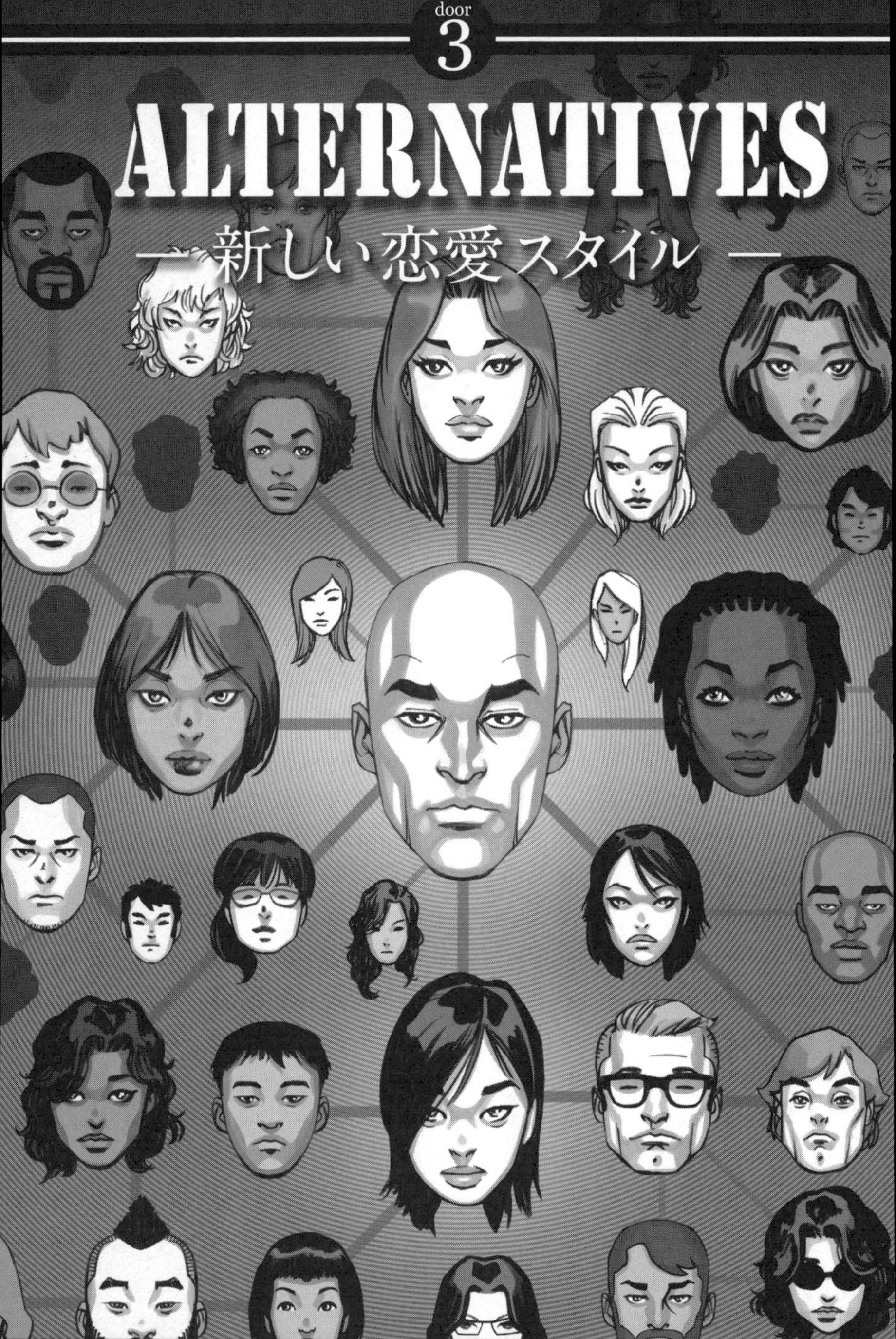

STAGE 1 ポリアモリー

結婚してからはほかの男が欲しくならないものと思った。
そして夫もほかの女を欲しがらないものと思った。
それからそういう欲望がやってきて、おぞましい自己嫌悪に投げ込まれた。
――（中略）――
そんなことは夫とちっとも関係ないなんて、
誰か教えてくれたろうか。

――エリカ・ジョング『飛ぶのが怖い』（新潮文庫）

1

自由だ。

無茶できる。好きなだけ女遊びができる。いつ誰に何をメールしてもかまわない。いよいよ究極の男女関係を探求できる。

だが、どういうわけか、今はその権利を行使していない。ひたすら、のんびりしている。時がたつのも忘れるほどに。

ゆうべは本を一冊読破し、今朝はもう次の本に没頭している。こんなに活字を読むのは久しぶりだが、とても楽しい。ベッドは広々しているし、日光は温かく心地よい。シナモン・トースト・クランチは禁断の食べごたえだ。リックに言わせると、俺は将来、はしゃぐ子どもを怒鳴り飛ばす寂しい老人になるらしい。だけど、俺には本がある。温かいベッドがある。シリアルがある。それだけあれば寂しくない。

イングリッドは半透明のゴミ袋に私物をまとめて、2日前に出て行った。辛かった。2人とも涙が止まらなかった。残していったのは鉢植えの観葉植物と書き置きだけである。

心の中を覗かせてくれてありがとう。「俺の心は闇だらけ」っていつも言っていたけど、私には明るくて、暖かくて、輝いて見えたわ。最高に美しかった。ロウソクを持って洞窟の中を歩いていたら、秘宝を見つけたように思えたの。だから、あなたのお尻には宝の地図が描かれているんじゃないかしら。子どものころ、飼っていた金魚を捨てられたって言ってたわね。『おまえには生き物の世話はできない』ってお母さんから言われたって。だから、この鉢植えを置いていくわ。この子の名前は「サバイバー」。何カ月も水をやらなかったのに立派に育ったから、そう呼ぶことにしたの。このたくましい子をあなたにあげる。生き物の世話ができることを証明してね。

イングリッドのメッセージは俺の急所を――心臓と「恥の中核」を直撃した。俺にとって、この2つは実は同じなのかもしれない。恋人を見つけることが至難の業と言われる昨今、正当な理由もないのに「もう好きにならないでくれ」と好きな相手に宣言するのは正気の沙汰ではない。特に、純心で優しいイングリットのような女性が相手なら、なおさらだ。なのに俺はやっちまった。

ときどき寂しくなり、たまに悲しくなり、イングリッドのいない将来に不安を覚え、彼女を訳の分からない迷いや怒りや葛藤に付き合わせてしまったことに罪の意識を感じる。だけど、一人でいるほうがやっぱり気楽だ。サバイバーと2人きり。サバイバーのおかげで、ほかの鉢植えにも水やりするのを忘れずに済みそうだ。

書き置きの裏には追伸があった。「返事は不要。電話もかけてこないで。立ち直りたいから。緊急のときは『自由だあああ！』とだけメールして。ただし、一回きりよ。すぐにあなたの元に駆けつけるわ」

ヨロヨロしながらキッチンに行き、汚れた食器を下げる。皿洗いもしない。歯も磨かない。今朝はシャワーに入るどころか顔も洗わなかった。

愛車のデュランゴにサーフボードを積み、ビーチに向かう。太陽が照りつけ、山がよく見え、美しい波が立っている。独り占めするのが申し訳ないほどの景観だ。別れ際に恋人を傷つけるような人間は、そもそも付き合う価値のない人間である。そういうタイプは思いやりに欠けている。イングリッドは思いやりだけを残して去った。

自宅に戻り、ジーンズと薄手のパーカーに着替える。キッチンのカウンターに置いた『Silentely Seduced（無言の誘惑）』がこっちを見ている。ページをめくり、線を引いた箇所を読み返す。「この恋愛が自分のためになると思ったら、是が非でも守り抜かなければいけない」と著者のアダムズは訴える。「内なる子どもの非現実的なわがままと、成人としての現実的な愛着欲求とは分けて考えなくてはいけない。残念ながら、情緒的近親姦によってかなうことのなかった幼少期の欲求は、その後の恋愛関係においても満たされることがない」

一瞬、パニックに陥った。俺は取り返しのつかない間違いを犯したのかもしれない。母親に束縛された青年期の俺が、父親に捨てられた幼少期のイングリッドと別れただけではないかと不安になったのだ。しかし、すぐに考え直した。俺の欲求が特定の恋人に満たしてもらえないなら、不特定多数の愛人に満たしてもらうのは大正解だろう。心の傷が修復不可能であれば、その古傷と共存し、仲良くし、敵ではなく味方につける方法を探せばいい。

日が暮れたので、スーパーまで車を走らせ、ポークステーキ１２０グラムとコールスローサラダを購入した。家に戻り、パソコンで映画の予告編を見ながら、プラスチック容器に入った晩飯を皿に移すことなく食う。こんなに自由なのは久しぶりだ。どこへ行こうが自分の勝手。誰にも邪魔されず、引き止められず、誰をも傷つけることがない。行き先を告げる必要もなければ、相手が身支度するのを待つ必要もないのだ。

夜には人恋しくなるだろうと思っていた。添い寝してくれる相手を探して、方々に電話をかけまくる自分を想像していた。ところが、今はこうして一人ぼっちをエンジョイしている。それほどまでに自分をすり減らし、自分の欲求を無視してきたのだろうか。俺はイングリッドから離れたかったのではなく、負い目を感じ、自分を殺さなくてはいけなかったセックス依存症の治療から逃げたかっただけかもしれない。

ベッドに入り、『その男ゾルバ』（ニコス・カザンザキス、恒文社）を読む。「粉屋の女房の尻、あれが人間の理性ってもんだ」と主人公のゾルバは豪語する。いつのまにかイングリッドの姿が頭に浮かび、イングリッドのやることなすことが思い出される。俺のズボンを下ろして「自由だあああ！」と叫び、俺の背中を押したこと。ベーコン味やトウモロコシ味の妙なソーダを買ってきて、レフリーがボクサーを紹介するように、俺の前に並べたこと。寝室の前に立ちはだかり、バーの用心棒をまねて身分証を見せるように迫ったこと。ああ、親友のイングリッドが恋しい。

以前、ギタリストのデイヴ・ナヴァロに離婚の理由を聞いたことがある。ナヴァロとは一緒に本を出したことがあるが、その彼が、世界一のセックスシンボルと言われた女優のカルメン・エレクトラと別れた。ナヴァロは「だって、親友と暮らしているみたいになっちゃったからさ」とこぼしたのだが、そのとき俺は「それなら最高じゃないか。親友を伴侶にできるなんて夢みたいな話だよ」と言った。けれども、今は分かる。親友と暮らしていると下半身が寂しくなるのだ。

元カノのリンダが絶妙なタイミングで電話してきた。俺のことをレーダーで監視しているのか。いや、サイバーストーカーしている可能性のほうが高い。俺はリンダの「初めての男」だ。お互いに恋人がいなくなると（いるときでも）一時的にヨリを戻してきた。イングリッドと別れたことを告げると、「良かった。これで安心して私と子どもをつくれるじゃない？」とリンダは冗談めかす。

「まあ、そのうちね。だけど、結婚はごめんだよ」

結婚は嫌なのに、父親になるのはやぶさかでない。どうしてそう思うのか自分でも不思議だ。要するに、責任よりも束縛が嫌なのだ。子どもだったら、1人と言わず、2人目、3人目、10人目をつくることができる。いずれ子どもは手がかからなくなり、自然に親離れしていくから、時がたてば親子ともども自由になれる。

もし子どもができたら、俺たちはどんな関係でいるのが望ましいのか。それについてリンダと議論したが、ただの空論に過ぎないことが判明した。今、リンダにはボーイフレンドがいるという。だったら、なぜ俺に電話してきたのか分からない。分かっているのはリンダの電話に気兼ねなく出られるということだ。

心地よいベッドに戻って、目を閉じる。朝になれば、また自由な一日が始まる。どこへ行き、何をしようが遠慮することはない。今の俺は何でもありだ。リンダと子どもをつくるのもよし。ファーザー・ヨッドよろしくハーレムをつくるのもよし。縛りも後腐れもないフリーな恋愛を楽しむことも可能。そして、自分の欲求に正直でいられる。

これが自由というものだろう。自由とは、複数の扉がある円形の部屋だ。どの扉からでも出入りできて、どの扉の向こうにも新しい冒険が待っている。

イングリッドが恋しくなる日もあるだろう。けれども、覚悟はできている。

2

イングリッドの日記

1日目

午後一時

　ヘラクレスを連れて公園のドッグランに行く。声をかけてきた男の人たちと会話した。ちょっと恥ずかしい。ヘンな気分。なんだか別世界にいるみたい。今のところ、ニールのことはあまり考えずに済んでいる。そのうち夜が来る。夜は怖い。

　ドッグランにいた人たちはヘラクレスのことをかわいいと言ってくれた。ヘラクレスはお友達と遊ばずに、ひたすら草の匂いを嗅いでいた。

　私は今、とても神経質になっている。誰にも近づいて欲しくないし、話しかけられるのもいや。一人にしてほしい。でも、寂しい。悲しい。

午後九時

　(友達の)メリッサの家の前。彼女が出てくるのを待っているところ。今夜は2人で飲みに行くことにした。メリッサはどうやって失恋から立ち直ったのか聞くつもり。ドッグランから職場に戻る途中、ロケット・フィズに寄っておもしろい味のソーダを買おうとした。けれど、どんなソーダを見てもニールを思い出してしまう。ここのソーダはほぼ全種類、ニールと制覇した。新しい味も出ていたけれど手が出ない。それを飲んで美味しかったら、ニールに話したくなっちゃうから。結局、何も買わずに店を出た。

ニールに会いたい。私の親友、私の家族、私の全てだった。

立ち直れるかしら?

メリッサは何をしているの? やだ! もう30分以上も待たされてるじゃない。

今夜の月は明るい。優しい月の光に慰められる。ニールも外に出て、お月見したらいいのに。同じ月を眺めて、同じ光で結ばれる。

愛してる。やっぱり。

バーに到着。メリッサは知り合いの男性と話してる。その男性が、私とバーテンを引き合わせようとしている。

3

チャールズが動揺している。またしても奥さんの怒りを買い、家から閉め出され、売春婦との浮気を親戚中に言いふらされたからだ。アダムは奥さんのために好きなサッカーをやめたが、奥さんの態度に変化なし。ロッドというやつれたギタリストは、妻に内緒でアジア系の風俗店に通っていると告白した。

そして今、槍玉に上がっているのは俺だ。

今回限りでグループセラピーをやめることにした。それに対して、シーラは俺の退会を分析するよう全員に促したのだ。先週は、やはり退会を決意したカルバンが同じ目に遭った。カルバンは売春婦のマリアナと息子をロサンゼルスに呼び寄せ、家族としてやっていけるかどうか様子を見たいと言った。

「これから、どうするつもりだ？」とチャールズが聞く。セックス依存症の治療を中断するとは何事だと言わんばかりだ。

「男女関係の新しい形を探ってみようと思うんだ。自分にぴったりのスタイルが見つかるまでね」

「新しい形って？」とアダムが困惑ぎみに言う。モノガミー以外の選択肢は思いつかないのだろう。

「男と女の理想的なあり方を考えてみたんだ」。俺はスマホを取り出し、ゆうべ考えた理想の関係を読み上げた。

1　互いの体を独占しないこと。従って、モノガミーはNG。
2　互いに隠し立てをしないこと。従って、密通はNG。
3　互いに恋愛感情で結ばれること。従って、独身主義の相手はNG。
4　子どもをもうけ、子どもの健康と情操教育のために協力できること。従って、堅実でない生き方やパートナーはNG。

気まずい沈黙が流れたあと、チャールズが口を開く。「君の症状はぜいたく病の一種だと思ってた。治療を受けて回復すれば、全てを失わずに済むと思っていたんだが……」。チャールズは失意の表情で首を振る。アルフレッド・ノーベルと見込んだ男（俺）は〝原爆の父〟のロバート・オッペンハイマーだった。

「だけど、一度地獄を見ないと治らないようだ」

「あんたの頭は病んでいる！」。そう叫んだのは建設作業員の男だ。中世の修道僧が「あなたは悪魔に憑《つ》かれている」と宣告しているように聞こえた。この男がグループセラピーに参加したのは、未成年者相手のチャットに大金を使ったのが妻にバレたからだ。「だから、あんたはまともな判断ができないんだ。そもそも頭がおかしいから、こんなことになったのに、その頭で何を考えようっていうんだ？」

反論しようとしたが、シーラが唇に指を当てた。「まずは全員の意見を聞きましょう」

次はロッドの番だ。「俺の友達でオープンな男女関係を試したのが何人かいるけれど、誰もうまく行かなかった。そういう関係に憧れるのは自然な心理だと思う。男だし、依存症なんだから。だけど、常識ある女性が浮気を宣言する男を好きになるとは思えない。何も言えない女性であれば、浮気を黙認するかもしれないけれど……」

「自然」とか「常識」とか、いったい誰が決めるのだろう。それは女性に対するプレッシャーに過ぎないのではないか。女は幼いころから貞操を守れと言われ、「伴侶」を見つけろとせっつかれ、その結果、子どもに無関心な父親の影響もあって、物欲しげな恋愛依存症に陥ってしまう。社会はそれを女性本来の姿と思い込み、白馬の王子様と一生添い遂げることが女性の本望と勘違いしているのではないだろうか。

全員の糾弾が終わったところで、シーラは深呼吸した。深呼吸するたびに、広げた両手を上下させ、場の空気を落ち着かせようとする。そして、これでもかというほど甘ったるい声で俺を諭した。「症状が再発したのです。イングリッドと別れた辛さやイングリッドの期待に応えられなかった負い目から逃れるために、違うことを考えようとしているだけですよ」

シーラの発言を理解したいが、ナンセンスとしか言いようがない。そのときアダムが助け舟を出してくれた。俺が言った「新しい男女関係の形」がようやく分かったようだ。「はっきり言う。ニールが望んでいることはイングリッドとは何の関係もない。ニールは彼女に本音を打ち明けた。それだけでも大きな前進だ。それにひきかえ俺たちは、妻に本音を打ち明けたことがあるか。少なくともニールは結婚する前に問題を解決しようとしている」

「アダム、分からないのですか。ニールの言動は『怒りの欲情化』ですよ」とシーラが釘を刺す。

俺は言ってやりたかった。「怒りの欲情化」という一言で、モノガミー以外の恋愛スタイルやカジュアルセックスを否定するのは、それこそ「怒りの暴論」だ。人の考え方や道徳観をおとしめる行為である。シーラが俺の書いたものを読んだら、すぐに異常と決めつけ、幼少期のトラウマのせいにするはずだ。さらにイングリッドと親密な関係を築くためにも2人でよく話し合い、12のステップの回復プログラムを受講し、独りよがりな考え方を改めるよう説教するに違いない。

けれども、ここは黙ることにした。いずれシーラに許可を得て、最後のあいさつをするときが来る。それまでの辛抱だ。それよりも、ロッドの風俗通いを誰も非難しないのはなぜなのか聞きたかった。しかし、病人のようにうなだれるロッドを見て、その理由が分かった。ロッドは心を病んでいることを自覚している。それにひきかえ、俺は病気の存在を否定し、婚外活動に励もうとしている。つまり、俺が死ぬか自滅するかしないと、ほかの連中はこのインチキ宗教に対する信仰を失い、煩悩に負けてしまうことになるだろう。

だから最後は簡単に自説を述べ、礼を言うだけにとどめた。しかし、そのあとシーラがこれみよがしに悲しげな表情を浮かべ、あわれみの言葉を並べるので、少しムキになってしまった。「心配しないでください」と俺は言った。「先生が感じているのは先生自身の悲しみや痛みであって、僕の心情じゃない。僕は大丈夫ですから」

そう、俺はバカで気弱で臆病な脱落者だ。だから、こんな腰抜け連中と一緒にいるのが嫌になった。こいつらが必死で守ろうとしているのは、楽しくもない結婚生活じゃないか。

現代は男女関係の暗黒時代である。モノガミーを神聖なものとして喧伝したのは19世紀のカトリック教会だった。そろそろ恋愛と性愛の新しい時代を開かなければいけない。社会が俺たちに装着した貞操帯を誰かが外さなくては……。たとえ火あぶりの刑に処せられるとしても、使命を果たさなければいけない。処刑にはシーラ、チャールズ、ジョーン、パトリック・カーンズをはじめ、変化と自由と快楽を恐れる数百万人が立ち会うはずである。

セックス依存症のみなさん、さようなら。セックス愛好家のみなさん、こんにちは。

4

イングリッドの日記

4日目

私はいつだって捨てられる運命にある。父も、ほかの男たちも、私から離れていった。男はみんなろくでなしだと思っていた。だけど、考え直した。ろくでなしを選ぶ私もろくでなしだ。

ろくでなしを卒業したい。今はあまりに辛くて、何も感じることができない。ニールは私を必要としていない。私がいなくなってホッとしているだろう。

忘れよう。そうすれば、辛くないから。少しずつ。明日になれば、少しは気持ちが軽くなるはず。きっと大丈夫。希望の光が私を見守り、応援してくれる。

ニールは私のこと、もう忘れたかしら？　私はニールをまだ忘れていない。

私が傷ついていること、ニールに知られたくない。ニールは私を手放しただけ。

5

繰り返すが、今回の俺は悪役だ。

6

シャーマ・ヘレナに教わった番地の近くに車を停める。タイヤがビールの空き缶とポリ袋を踏みつける。不揃いな民家が道路沿いに立ち並び、どの家の芝生も枯れている。比較的、裕福な家は鉄製の塀で囲まれているから、すぐにそれと分かる。

目印は黄色い壁の平屋の家。その家の裏にガレージと倉庫があり、どちらもアパートとして貸し出されている。俺が会いに来たのは、そのガレージの住人だ。

この界隈はサンフェルナンド・バレーのなかでも高級住宅街ではない。こんなところに来て、大丈夫か。だが、スタート地点を決めないことには先に進めない。だったら、シャーマ・ヘレナが無難である。

グループセラピーを退会したあと、モノガミーに代わる男女関係についてさっそくネットで検索した。最初に目に留まったのが「ポリアモリー」のコミュニティだ。ポリガミー（複婚）は一夫多妻、多夫一妻のように複数の相手と婚姻関係を結ぶことだが、ポリアモリーはそれよりも新しい概念で「複数の愛人」を意味する。この表現が誕生したのは19世紀の前半。生みの親はモーニング・グローリー・ゼル＝レイヴンハートというニューエイジの女流作家だ。彼女はポリアモリーの草分け的存在とされている。ポリアモリーという造語が瞬く間に広まった理由はいくつかあるが、第一は「多夫多妻」「複数愛」などと言うよりもシャレた響きがあるからだろう。

近場のオフ会を検索していたら、シャーマ・ヘレナという名前にヒットした。シャーマはオフ会を主宰するだけでなく、『Polyamory 101（ポリアモリー入門）』なる著書を自費出版し、ポリアモリー初心者に向けたレクチャーも行っている。そこで彼女にコンタクトを取り、どういう選択肢があり、どこで同好のパートナーと知り合えるのか相談することにした。

ガレージのドアを軽くノックする。新しい世界に一歩踏み出し、モノガミーに代わる恋愛スタイルを発見できるのか思うと、胸が高鳴った。シャーマの自宅兼仕事場を見る限り、愛人を増やせと説くことは、愛人を減らせと指導するのと同じで、儲かる商売ではなさそうだ。

シャーマはゆるゆるのゴムパン姿で俺を出迎えた。タンクトップの胸元からバストがはみ出ている。年は50代か。赤毛で、前髪を伸ばし、魔女のような顔立ちをしている。しかし、かぎ鼻ではなく団子鼻だ。俺の理性は「引き返したほうがいい」と忠告するが、好奇心に負けて中に入る。

ガレージの中は二部屋に区切られている。サンフェルナンドの巨乳の魔女の案内で、奥の部屋に通された。左右の壁に挟まれるようにしてベッドがある。シャーマは枕側のほうに足を組んで座った。ここが「オフィス」なのだ。

俺は足元のほうに座ったほうが良さそうだ。それにしても、ネットで知り合った見ず知らずの男を自宅に入れ、ものの数秒でベッドに上げる女がどこにいるだろう。いや、俺はこういうタイプを探しに来たのだ。

今が16世紀だったら、シャーマ・ヘレナのような女性は火あぶりにされただろう。見た目が魔女っぽいし、家中にロウソクやお香や赤い布地が散乱している。それだけではない。当時シャーマのような発展家は悪魔に魅入られた魔女と考えられた。あれから5世紀を経て、世の中は変わった。今は彼女たちを魔女と呼んで処刑するのではなく、淫乱と呼んで社会的に抹殺する。

男は女性の性に対して葛藤がある。独身男が望むのはポルノ女優のように口説きやすく、落としやすい女性だ。しかし、同時にそういう女性に不安を抱く。「自分」と簡単に寝るようでは「ほかの男」とも簡単に寝るに違いないから、貞淑な妻や恋人にはならないだろうと。我々は性に対して矛盾した思いやひそかな願望や自分勝手な考えを抱く。その根底には、他人の心身に対する異常な独占欲があるのではないか。

「で、今日はどんな相談？」とシャーマ・ヘレナが聞く。

俺は事情を話し始めたが、途中で、心の何かが崩れるのを感じた。一呼吸置き、目を閉じ、心の壁を修復する。しかし、すべてお見通しのシャーマに気づかれてしまった。

「どうしたの？」

俺はお香の漂う空気を胸いっぱいに吸い込んでから、「元カノのイングリッドが頭に浮かんだんです」と吐き出した。イングリッドを「元」カノと呼ぶのは妙な感じだ。この世からいなくなってしまったように思える。「2人でマチュピチュ旅行を予約しました。だけど、彼女抜きで出発しなければいけないのかと思ったら、つい悲しくなって……」

シャーマは吐息交じりのゆったりした口調で話し始めた。ケネディ元大統領に「ハッピーバスデー・ミスタープレジデント」を歌うマリリン・モンローの動画を研究したのかもしれない。シャーマいわく、男には3つのタイプがある。1つは、結婚の誓いを立てた相手と「死が2人を分かつまで」添い遂げるタイプ。2つ目は、大人になることを拒み、下半身の欲望を満たすことしか頭にないピーター・パン。3つ目は複数のパートナーと愛を育む成熟した紳士。

俺はその3つを合わせた混合タイプかもしれない。そう思いつつ、シャーマのセックスライフを妄想する――全裸のシャーマはシワだらけで、垂れ下がったオッパイをさらしつつ、満面の笑みを浮かべている。そのシャーマを、白髪交じりの胸毛と三段腹のじいさんたちが愛撫する。そんな場面を想像しても、なぜか気持ち悪いとは思わない。むしろ楽しそうだ。

シャーマが立ち上がり、数歩先の棚まで行き、棚の上のホットプレート（キッチン代わり）から紅茶を注ぐ。俺にも勧めてくれたが、媚薬でも入っていると困るので遠慮した。

シャーマがベッド（テーブル代わり）に戻ってきたので、ポリアモリーの主なパターンについて尋ねた。シャーマの長い説明を要約すると、ポリアモリーは3種類に大別できる。

1　カップルのそれぞれが第2、第3の恋人をつくる。

2　「トライアド」と呼ばれる、3人のメンバーによる性愛関係。3人の立場が平等なパターン（トライアングル＝正三角形）、一人のメンバーに二人のパートナーがいるパターン（V＝ヴィー）、カップルが第三者を共有するパターン（シャーマは名称を言わなかったが、しいて言うなら「T＝ティー」か）がある。

3　4人以上によるグループ恋愛

「スワッピングはどこに入るんですか？」と尋ねた。

シャーマは渋い表情になり、「スワッピングは『やりまくろう』ってだけ。ポリアモリーは相手を深く知るのがテーマだから」と答えた。

ポリアモリーの目的がセックスだけなら「乱交」と同じだ。シャーマによれば、ポリアモリーとは複数のパートナーと恋愛関係を結ぶことであり、パートナー同士も互いの存在を知っている。キーワードは「恋愛」だ。一夜の浮気を容認する程度ではポリアモリーとは言わない。もう一つの特徴はうそがないこと。内緒で愛人を囲ったり、互いの身の上を「聞かず、語らず」だったりするのも、厳密にはポリアモリーではない。そして必ずしも自由な関係とは限らない。シャーマの説明では、ポリアモリスト（ポリアモリー主義者）の多くは性交渉の相手をグループ内のパートナーに限定している。これを「ポリフィデリティ＝複数の貞節」という。

「どんなスタイルを選ぶにせよ、パートナーとの間に確かな絆を築くことが大切」とシャーマは言う。「『コンパージョン』っていう考え方があるの。パートナーが自分以外の人と恋愛していることに、嫉妬ではなく、幸せを感じることよ」

突然、現実に引き戻された。俺が好き放題やれるなら、パートナーになる女性も当然、好き勝手にやる権利がある。ということは、こっちが自宅にこもって仕事をしているときにパートナーは愛人宅で一夜を過ごしたり、カーマ・スートラをマスターしたジゴロと五つ星ホテルでまったり楽しんだりする可能性もあるわけだ。そのとき俺は、どう思うだろう？

昔から不倫は男の特権とされてきた。人類学者のグエン・ブルードが調査した１１２の国と地域のうち、夫の婚外交渉を容認するコミュニティは56パーセントだが、妻の婚外交渉を認めているのはわずか12パーセント。聖書の中であれ、石打刑が残っている現代社会であれ、不貞の罪で罰せられるのはもっぱら女性（とその愛人）であり、既婚男性が独身女性と浮気しても、ほとんどとがめられない。

しかし、カップルの一方だけに自由を認めるのは本当の意味で自由な関係とは言えない。それは全体主義だ。だったら、俺も相手の自由を認め、割り切るように努めなければいけない。

「コンパージョンな気持ちになれなかったら……？」

「何事にも努力が必要よ」とシャーマが腰をそらす。顔こそ魔女だが、今の仕草にムラっとした。たぶんお香のせいだ。さっき紅茶を飲まなくて良かった。「真のポリアモリストになるには、ネガティブな気持ちに慣れなくてはだめ。嫉妬はつきものと割り切らないと。それは自分の問題であって、相手のせいじゃない。自分の気持ちに正直になることが大切なの。感情や欲求は遠慮せずに口に出すこと。そのうち自分の気持ちはどうあれ、パートナーの幸せを願うことが本当の愛情と気づくわ」

なるべくお香を吸い込まないように慎重に息を吸う。すばらしいアドバイスだ。俺にもやれそうな気がしてきた。イングリッドがほかの男に抱かれる場面を想像する。それでも俺のことを本命と思ってくれるなら、どんな気持ちになろうと対処できるかもしれない。むしろ、イングリッドとのセックスが充実しそうだ。今まではワンパターンだったり、ほかの女を妄想したりしていたが。

約束の時間まで、あと数分になった。どうしても教えてほしいことが、まだ2つある。イングリッドとけんかになるたび、頭に浮かんでくるイメージがあった。それは愛人に囲まれて暮らすファーザー・ヨッドの写真だ。

そこで、質問その1。「パートナーを一堂に集めてコミュニティを作り、大家族のように暮らすというのはどうでしょう?」

この質問はポイントが高かったようだ。シャーマも同じ夢をもっていた。いつか広い敷地を手に入れ、そこにいくつも家を建て「同志」を住まわせたいと言う。シャーマがこの界隈のガレージを買い占め、大家になる画が頭に浮かぶ。

質問その2。「自分に合うスタイルを見つけるには、どうすればいいですか?」

シャーマが勧めたのは、年に一度の「世界ポリアモリー大会」に出席すること。ポリアモリストにとっては最大にして最高峰のイベントらしい。「時間をかけて自分に合うスタイルを探しなさい」とシャーマは言う。「まずはいろんなオプションを探ることね。良い例も悪い例も見る。観察者の立場で、興味を引かれるスタイルをチェックするといいわ」

相談を終え、今後のめどが立ち、元気と希望が沸いてきた。

立ち上がり、部屋をあとにしようとしたとき、シャーマがゆっくり手を上げ、俺を指差し、「もう一つだけ」と言った。今度は吐息交じりではない。厳しい口調だ。一瞬、シャーマの魔法でカエルかバイブレーターに姿を変えられるのではないかと思った。「これから出会う女性には必ず正直に接しなさい。モノガミストの女性はあなたにも一対一の恋愛関係を期待するはず。それでは相手がかわいそうだわ。本気でポリアモリストを目指すなら、モノガミストとは絶対に付き合わないで。ここで約束してちょうだい」

しかし、それでは選択の余地が大幅に限られてしまう。元カノは全員アウトだし、北米の人口の大部分も除外しなくてはいけない。しかし、ドイツの食人鬼はすすんで生け贄になる人間を見つけた。それなら三角関係、四角関係を受け入れてくれるパートナーくらい、簡単に見つかるはずだ……。

「ええ、約束します」

「よろしい。あくまでも自分の守備範囲で相手を見つけなさい。例えば、私はタントラ教徒だから、教徒でない相手とは関係を持たないことにしているわ」

やっぱり魔女だ。シャーマに「お布施」の50ドルを渡しながら、そう思った。俺は精神世界を商売にするやつを信用しない。シャーマ・ヘレナもその一人かもしれない。しかし、ポリアモリーへの入門としては、まずまずだった。これからシャーマの助言を参考に、世界ポリアモリー大会に出席してパートナー候補を見つけるのが楽しみだ。

ドアを開け、外に出ようとしたとき、背後でシャーマの声がした。「マチュピチュへはいつ行くのか」と聞くので、「来月です」と答えた。すでに頭の中はポリアモリー大会に出席する女性のイメージで一杯だった。ヨガで鍛えた引き締まった女体。シャーマ・ヘレナのヤング・バージョンだ。

そのときシャーマが叫んだ。「ペルーで宇宙人に遭遇したら、教えてね！」

心の中で何かがしぼんだ。たぶん、希望だ。ロッドの言うことは正しかった。「このコミュニティでまともな女を見つけようというのは間違いかもしれない。彼女たちは愛想のいい異星人、天使、北欧神話の女神って感じだからね。要するに架空のキャラであり、空想の産物であり、寂しい男の願望が生んだ妄想だよ」

7 イングリッドの日記

7日目

ずいぶん気分が良くなった。

8

翌日、ネット経由で世界ポリアモリー大会に参加の申し込みをした。ペルーに出発する日と重なったため、旅行のほうを延期。それからアマゾンで書籍をたんまり買い込んだ。脱モノガミーをテーマにしたロングセラー『性の進化論』（クリストファー・ライアン、カシルダ・ジェタ、作品社）、『ポリアモリー 恋愛革命』（デボラ・アナポール、河出書房新社）、『The Ethical Slut（道徳観のある淫らな女）』『Opening Up（オープンな恋愛）』ほか、心理学的観点を交えたキャシー・ラブリオラ著『Love in Abundance: A Counselor's Advice on Open Relationships（複数の愛：オープンな関係についてのカウンセラーの助言）』などだ。ラブリオラとは電話で手短に話をしたが、「複数愛はゲイやストレートと同じで、性的指向の一つ」と考えられるという。

ポリアモリー大会まで、まだ1カ月ある。そこで1年間我慢してきたことを再開した。イングリッドと暮らしていたころ、パソコンやスマホにメールを送ってきた女性たちとの交流だ。イングリッドはもういないのに、なぜか負い目を感じる。

あいにく、最初のデートはうまくいき過ぎた。まずはラスベガスに住む、ぽっちゃり体型のラジニーに会いに行った。俺がリハビリから戻った直後にメールをくれた女性だ。しかし、二晩一緒に過ごしただけで「ほかに女はいるの？」と聞いてきた。その口ぶりからすると、ただの質問ではなく、決断を迫っている感じだ。

そこで、俺の意向をはっきり説明した。「その口ぶりから察するに、第三者がいると、俺たちの関係が損なわれると思っているみたいだね。だけど、成り行きに任せてみないか？　ルールを決めたり、お互いを束縛したりするのはやめようよ。相手の肉体を独り占めできるかどうかで、その人を好きになったり、嫌いになったりするのは間違いだと思うんだ」

ラジニーは耳を傾け、つけまつ毛をしばたたかせながら、俺の一言一句をかみしめる。そして、突然「私、そういう趣味はないから」と言った。

彼女はモノガミストの「高根の花」だった。

1週間後、ＩＴ起業家のエリザベスが接待がらみの夕食会に招待してくれた。俺がイングリッドと付き合っていたとき、スカイプでチャットしたいとメールしてきた女性だ。夕食会のあと、エリザベスのマンションでいい雰囲気になった。彼女は俺の指をしゃぶり、股間に手を伸ばす。ところが、急に体を離すと「あなたのことは大好きよ。だけど、私には息子がいるの。私を抱きたいなら、結婚して」と迫った。

驚いた。セックスは結婚の条件で、愛情は交渉の材料で契約の対象、そして彼女のあそこは新興企業で、俺のペニスは出資者とでも言いたいようだ。さらに驚いたことに、エリザベスには長年付き合っている有名な弁護士がいるという。ひょっとして鞍替え？　てんびんにかけるとはこれか？

暗い気分で自宅に戻る。早くもドジを踏んでしまった。モノガミストは浅瀬に網を張り、獲物を待ち伏せしている。一歩間違えば、また網にかかってしまうだろう。イングリッドと別れたのにモノガミーに逆戻りしたら、それこそ笑いぐさだ。おまけにラジニーもエリザベスも、イングリッドほど思いやりやユーモアや遊び心にあふれているわけではない。シャーマ・ヘレナの言うとおりだ。手当たりしだいにデートして、ポリアモリーに引き込もうとしても、うまくいくはずがない。最初から的を絞らなくては。

俺は週の半分を費やして「持ち駒」を精査した。モノガミストや恋人のいる女、恋愛の対象にならない知り合いを除外。残った有力候補は3人だ。一人はバイセクシャルのライターのバイオレット。彼女とは以前さまざまなプレイを楽しんだ。しかし、電話してみると、今はモノガミーを実践中という。

2人目は、自撮りのヌード画像を送ってきたフランス人のアンだ。アンは人を癒す指圧師であり、SNSの投稿を見ても、新しい男女関係を模索しているのが分かる。そこで何度か電話で話し、ポリアモリー大会のあとで会う約束をした。

続いては、男好きのベル。イングリッドがいる間にもメールを送り続けてきたオーストラリアの子だ。初めて会ったとき、ベルとベルの連れでスケートをやってるかわいい子をホテルに持ち帰ることができた。だから、間違いなく非モノガミストだ。

「あの夜のこと、覚えてる?」と電話で聞いてみた。ベルはくすくす笑っている。覚えているようだ。しばらく雑談したあと、本題に入る。「ポリアモリーって知ってるかな。自由な恋愛は独身の専売特許じゃないっていう考え方なんだ」

やり込められるか、演説が始まるのか。俺は返事を待った。しかし、ベルは黙っているので、さらに恐る恐るプッシュする。「誰だって親や子どもやペットや好きな歌やら映画やら同時に愛せるよね? だったら、複数のパートナーに均等に愛情をかけることだってできるはずだ。つまり――」

ここでベルが口を挟んでくれた。「つまりハーレムを作りたいわけ？　ストラウスさん」

そこまでは考えていなかった。確か、ファーザー・ヨッドは複数の男女と暮らしていたが、それぞれ伴侶がいたはずだ。だが、ハーレムに憧れない男がどこにいる？　ベルの声は弾んでいる。媚びている。電話を切ろうとしないし、俺を変態扱いしてもいない。これは脈がありそうだ。

しかし、どこかのカルト教団のように男尊女卑の生活共同体にはしたくない。「ハーレムというと、男一人が複数の女性を支配しているイメージがある。だけど、俺が目指しているのはメンバー全員が自由で平等で、共に学び、共に成長できるようなグループ恋愛なんだ」

「ほかのメンバーは誰？」。弾んでいた声が一転し、探りを入れるようなトーンに変わった。「イエス」の背後には、一瞬でムードをぶち壊す「ノー」が控えている。

「まだ決めていないよ。だけど、もし君がこの実験に参加する気になったら、そのときは君とも僕ともウマが合う、クールなメンバーを集めるからさ」

「関係」よりも「実験」と表現するほうが無難に思えた。そのほうが重くないし、途中で抜けるのも簡単だろう。第一、俺もベルも互いをよく知らない。それでも本心を正直に話すことが必要だ。

「ストラウスさん、あなたが何をしたいのかよく分からないけど、確かにおもしろそうね」とベルの声が再び弾む。思ったほど難しくはなかった。あと2、3人の女の子を集めれば、楽園のような生活が、学生時代には夢のまた夢だった生活が現実になる。ファーザー・ヨッドのコミューンのようなものをつくるには数年かかると思っていた。

「いつ、こっちに来れる？」と俺は聞いた。

「次の休みは3カ月後なの」

「じゃあ、そのとき会おう」

よし、決まった。

話だけは。

幸い、試行錯誤する時間はある。世界ポリアモリー大会はもうすぐだ。大会に行けば、俺の計画に役立つツールだけでなく、経験豊富な「先輩」と知り合えるし、運が良ければ、計画に賛同してくれる女性が見つかるだろう。モノガミーが人間の自然に反し、浮気が人の道に反するなら、大会に集まるポリアモリストたちは最も勇敢で、道徳的で、さばけたタイプに違いない。

9

「サーシャと言います」

男はそう名乗ると、服を脱いでスッポンポンになり、人の輪のなかを走り回ってみせる。輪になっていた男たち（大半は白髪交じり。頬がたるみ、蒼白い顔をしている）も次々とだぶだぶの服を脱ぎ、輪の中心に進み出る。男の乳首と垂れ尻と揺れるイチモツのオンパレードだ。

服を着たまま、その場に立ち尽くしているのは俺だけである。世界ポリアモリー大会は予想とは違った。交流、講演、講習の場として、モノガミー以外の恋愛スタイルや複数のパートナーと暮らすコツを学べる場だと思っていた。ところが俺は今、ムダに明るい男たちに囲まれ、ハービン・ホット・スプリングスという21世紀のヌーディスト・リゾートにいる。このスッポンポンの連中がまともな社会生活を送っているとは思えない。けれども自由ではある。本当に文字どおりの自由だ。

開会直後、参加者は男女に分かれて輪になった。その後、一人ずつ自己紹介し、なんらかのジェスチャーをして、みんなでそれをまねることになった。一人目はくるりと回り、二人目は手を振り、三人目の俺はおじぎをした。だから、哀れなサーシャ（満面の笑みと深い笑いジワが特徴の元気な70歳）は裸になるしかなかったのだ。

サーシャと妻のジャネットは、この大会の創設メンバーである。ジャネットいわく、ポリアモリーはニビル星人から地球人への贈り物だそうだ。シャーマ・ヘレナの最後の言葉を思い出す。ポリアモリーはあまりにも浮世離れしている。宇宙人の存在を信じる者だけが理解できる概念なのか。

おそらく、宇宙との絡みはSF小説の名著『異星の客』（東京創元社）が元ネタになっているのだろう。この小説は火星で生まれた男が地球に戻り、自由恋愛のカルト教団を立ち上げるという話で、1961年に発表された。著者のロバート・A・ハインラインは「掟では『汝の隣人の妻を欲してはならない』といっている」と記し、「その結果は？　いやいやながらの貞淑、姦通、嫉妬、悲痛と暴力と、ときには殺人、家庭の破壊とひねくれた子どもたち――（中略）――わたしの妻を欲しがる必要はない。彼女を愛せ！　彼女の愛には限度がない……」。

自己紹介の輪に続いて、白髪の女性が蚊の泣くような声（この大会では静かに話すことがスピリチュアルの証しらしい）でエクササイズの説明を始めた。2人1組になり、自分の周囲にエネルギーの地場を作り、パートナーにその地場を感知させ、中に入ってもらうというエクササイズだ。何もかもがポリアモリーとは無関係に思える。

「パートナーになりましょうか？」と頭上で声がした。

見上げると、あごひげを生やした長身の男が全裸で立っている。気味の悪いやつだ。というか、素っ裸の男にいきなり話しかけられたら気味が悪いに決まっている。その男がエイブラハム・リンカーン似の三段腹だと、さらに気味が悪い。俺はドン引きして「このエクササイズはパスします」と返事した。

壁際の目立たないスポットを見つけ、壁に張りついた。目の前で、肥えた中年女性がうつ伏せになり、カーペットに贅肉を押し付けている。その隣に横たわるのは異様に色の白いカーリーヘアの童顔男。女性よりも二周りほど若く、二周りほど小柄に見える。全身にシーツのような布をまとっているが、イチモツがはみ出たまま、中年女性のむっちりした肩を揉んでいる。

午前の部の最後は「触れ合いのダンス」。ポリアモリストたちが丸太のように床に寝転び、あっちへゴロゴロ、こっちにゴロゴロ移動する。ぶつかったり、重なったり、触れ合ったり、触れ合ったり……。こんなこと、好きな女と一緒でもやりたくない。

俺はこんなまねをするためにイングリッドと別れたのか？

今までの流れを見る限り、これはポリアモリーの大会ではなく、ニューエイジ世代のバイセクシャルの乱交パーティーだ。

サーシャが昼休みに入ると告げた。足早にバイキングのテーブルに向かう。真っ先に料理をゲットしないと、誰かの陰毛が野菜バーガーに混入しかねない。てんこ盛りした皿を持ち、中庭のテーブルのベンチ席に座る。ベンチの横には湯をはったバスタブがあり、全裸の女性がニコニコしながら日光を浴び、仰向けになって湯に浮いている。

先ほどの裸のリンカーンが俺の隣に座り、身の上話を始めた。最近、奥さんを亡くしたという。妻を亡くした直後にポリアモリー大会に参加し、赤の他人と丸太ごっこに興じるというのは妙な話だが、そういう俺もイングリッドと別れた直後に同じことをしている。裸のリンカーンは将来の俺の姿だ。

ほどなくして一組のカップルが合流した。2人はマーティンとダイアナと名乗った。マーティンはフランス出身の画家で筋骨たくましく、小麦色の肌をしている。奥さんのダイアナはラテン系で天然の巨乳。本当は夫にポリアモリストをやめてほしいと思っているが、それでもポリアモリーを実践し、愛人もいるという。しかし、ダイアナはマーティンをにらみつけて、「この人がモノガミストに転向すると言ってくれたら、私も今の生活をすぐに捨てるんだけど」と言った。

2人の横に座っているのはサクラメントから来たおとなしい夫婦。夫のほうは会話に入りたいようだが、妻は引き気味だ。ここに集まるカップルはリハビリ施設で見聞きした夫婦像とは正反対である。「モノガミーを期待する妻と苦手とする夫」ではなく「非モノガミーを期待する夫と苦手とする妻」という図式である。こういう夫婦関係において妻の不貞とは何を指すのか。婚外交渉しないことが夫を裏切ることになる？

裸のリンカーンによれば、この大会も以前は200人近い参加者が集まったが、有能な女性ボランティアがやめてしまった。ボランティアの女性には3人の愛人がいて、それを理由に親権を失いそうになり、モノガミー生活を余儀なくされたらしい。

その話を聞いて気が滅入った。複数のパートナーがいると、国家から「親失格」の烙印を押されるのか。だとしたら、セックス改革にはセックス依存症セラピストよりもはるかに強大な敵がいる。

我々の会話に横槍を入れてきたのはスッポンポンのユダヤ教指導者だ。彼はイスラエルのコミューンで暮らしており、バスタブの中で寝ているのか、死んでいるのか、瞑想しているのか分からない女性と付き合っている。指導者はやおら立ち上がると、グラスにワインを注ぎ、美しいバリトンボイスで祈り始めた。イチモツをメトロノームのように揺らしながら……。

こんなとき、イングリッドがそばにいたらと思う。冗談を飛ばしたくても、冗談の通じる相手がいないのは寂しい。

昼食後、メイン会場に戻る。参加者が若干増えていたので、いい女がいないかチェックする。しかし、ハードルを下げても目に留まったのは一人だけ。ブロンドのオタク系女子だ。小柄で肉感的だが、ビン底みたいな黒ぶちメガネをかけている。

次の講師は、長い白髪をなびかせたスコット・カタマスという自称「恋愛コーチ」で、「4つの発想転換」なるものを説明した。健全で円満な男女関係を築くには、次の4カ条を実践する必要があるという。

1　偏見を共感と受容に変える
2　羞恥心を自信に変える
3　批判を感謝に変える
4　非難を理解に変える

ここに来て初めて、ためになることを聞いた。リハビリ施設でロレインに教わった「成熟した大人」を思い出す。そのあと、ポリアモリストたちが車座になり、本当の自分について議論する光景を目にした。マイク代わりの棒を回しながら、発言が終わると「アーホ！」と叫ぶ。彼らもリハビリの脱落者かもしれない。

これ以上の長居は無用と思った矢先、男女8人のグループがさっそうと会場に入ってきた。8人とも比較的若く、まあまあスタイルが良く、そこそこルックスが良い。先頭を歩いているのは痩せ細った女性。女版ファーザー・ヨッドだ。骨ばった顔におかっぱ頭。角度によっては可愛く見えたり、きつく見えたり、男みたいに見えたりする。

「あれは誰？」と裸のリンカーンに聞いた。

「カマラ・デビだよ。すごい大物さ。メルマガの読者が4000人もいるんだぜ」とリンカーンは感心しきりだ。

カマラは会場の前方に進み出ると、合わせた両手を頭上と胸元の間で往復させながら、寄ってくる崇拝者たちに「ナマステ」とあいさつする。その周りを7人の取り巻きが囲む。ここの参加者は、俺が見る限り、一人か夫婦連れで来ている。この男女8人組は初めて目にするポリアモリーの一族だ。全員がヨガパンツをはき、男は上半身裸、女はヘソ出しタンクトップという出で立ち。一族を率いるカマラという女性は、昼休みに知り合った夫婦とは違って、長としての風格があり、ポリアモリストが板についている。

カマラはヨガらしきポーズで演壇に立った。センターパートの髪、広い額。顔には薄い皮が一枚張りついているだけで、頭蓋骨の形が透けて見えるようだ。講演を始める前に聴衆に呼びかけ、「オーム」を唱和する。続いて、自ら「女神」と名乗り、取り巻きの「ポリ・ファミリー」を紹介した。取り巻きの内訳はカマラの夫、カマラの愛人（女性）、一組の夫婦、その妻の愛人（男性）、残る男性2人はメンバー間の「共有物」。話についていけない。離婚と再婚を繰り返すだけでも、家族関係は複雑怪奇になる。拡大路線をたどる一方のポリ・ファミリーは役所にとっての悪夢だろう。だから、この国では複婚が禁じられているのかもしれない。そうでなかったら、悪いことを考えるやつは外国人女性を次々と妻にし、グリーンカードを取得させ、何千ドルもの配偶者控除にあやかるだろう。

カマラがスピーチしている間も取り巻き連中はカマラにも、互いに手足を絡ませ、美しいポリ愛を見せつける。ニューエイジ思想が絡まなければ、実に楽しそうな生き方だ。

カマラは最後に言った。大所帯のポリ・ファミリーを円滑に運営するには「優しい独裁者」でなければならず、「仕切りの鬼」に化すこともあるという。頼りないニューエイジ論と有無を言わさぬ独裁主義を巧みに使い分ける――それがポリアモリーを生きる秘訣なのか。そうでないことを願うばかりだ。

シャーマ・ヘレナは「観察者の立場で、興味を引かれるものを探せ」と助言した。今夜、俺の興味を引いたのはカマラのポリ・ファミリーだ。どこに陣取るか迷っていると、カマラ一家の男3人が着衣禁止のバスタブに漬かっているのを発見した。ビン底メガネのオタク系女子と混浴している。3人のうち、1人はカマラの夫のマイケル、もう1人は夫婦の妻の愛人のタール、最後は共有物の1人だ。「このあと別室で特別なパーティーがあるんだ」と共有物がオタク系女子を口説いている。「見てるだけでもいいし、良かったら参加してよ」

俺もバスタブに入り、会話に加わる。マイケルの話では、カマラと出会ったのは10年あまり前、サンディエゴで開催された「プージャ」の会場だった。本来のプージャはヒンズー教の儀式で、神に祈祷し、神と対話するのが主旨だ。ところが彼らはその儀式をエロチックな瞑想会とダンスパーティーにアレンジしたらしい。

タールによると、タールの妻は元々ポリアモリーに全く関心がなかった。タールはオープンな夫婦関係を築くべく、まずは妻に浮気を勧め、自分は誠実な夫であり続けた。妻が自由恋愛を楽しむようになって1年ほどたち、自分も徐々に婚外交渉を始めた。そのときカマラと出会い、カマラの説得で夫婦揃ってファミリーに加わったという。

その話を聞いて、目からうろこが落ちた。イングリッドと付き合っていたころ、俺はセックスの自由を求めていた。だが、オープンな男女関係を目指すなら、自分が欲しい自由をまずはパートナーに与えるのがはるかに得策だ。

次は、「共有物」にファミリーに参加した経緯を尋ねた。共有物はタールの肩をつねると、「俺たち、昔付き合ってたんだ。でも、ゲイじゃないよ」と言う。

「そんなの、アリか?」と俺は突っ込んだ。

「若い世代のポリアモリストは大抵バイだから」とマイケルが言う。「うちのファミリーも全員が両性愛者。俺は違うけどね。俺は「両・性愛者」なんだ」

これぞ自由恋愛の未来だ。セックスに垣根なし。年齢も体型も性別も関係ない。

3人は現在企画中のテレビ番組や建設予定のポリ・ホテルについて話し始めた。そのとき「行くぞ!」と頭上で大きな声がした。

見上げると、カマラ一族のもう1人の共有物が立っている。

「女の子は集まった?」とバスタブの共有物が聞く。

カマラ・デビもシャーマ・ヘレナもポリアモリーは愛情で結ばれた関係であり、フリーセックスが目的ではないと説いた。だが、こいつらは新手のナンパ師に近い。こういう集まりに来ては手当たり次第に女を口説き、自分たちの世界に引きずりこもうとしているようだ。

しかし、博愛精神にあふれる信心深い人種にとって、フリーセックスなどというものは存在しない。万人をこよなく愛しているのだから、どんなセックスも複数愛のうちだ。

「いや、まだ集めてない。でも、急がないと「誕生日の鞭うち」を見逃しちまうぞ。カマラがお待ちかねだ」

2人がバスタブから出る。オタク系女子も連れて行くつもりらしい。「本気で学びたいなら、君も参加しろよ。「タントラ祭り」っていうんだ」とマイケルがバスタブ仲間のよしみで誘ってくれた。「みんなとセックスし放題だぜ」

その後ろ姿を見送りながら、つくづく感心した。彼らは独自の恋愛スタイルを確立したばかりか、独自の世界を作り上げている。まったく新しい感覚の生き方だ。パートナーを見つけるためにバーに繰り出し、出会い系サイトを検索する必要がどこにある？　セックスをテーマにしたホテルやイベントを立ち上げれば、女のほうから寄ってくる。

映画のセリフじゃないが、「場を作れば、人は集まる」のだ。

10

次の日の夜、色とりどりのサロンやショールや布をまとい、肌を露出した30人以上の男女が集まってきた。これから何が起きるか楽しみだ。

俺にとっては初めてのプージャである。

「一つ注意があります」。エヴァリーナ・ローズという白髪の女性があいさつに立った。受付のテーブルに置いてあるパンフレットによれば、女性は異次元のヒーリング、魂の再生、依存症治療を専門とするセラピストだ。「女性の参加者からクレームがあったのですが、男性諸氏は女性を巡って激しい奪い合いになるようです。どうか節度をわきまえてください」

女性がカタマスにマイクを手渡した。カタマスは自由に体を使って羽目を外すように呼びかける。どう外せばいいのか、俺には検討がつかない。

次は全員で車座になり、アイコンタクトを取る。悲しげな目、うれしそうな目、落ち着きのない目、おびえた目、怖い目。カマラ・ファミリーのメンバーの目はどれも生き生きと輝いている。

「母なる大地と父なる天を感じましょう。おふたりを心臓の中にお招きすると、その愛は血流に乗って全身を駆け巡ります」とカタマスは説明する。

カタマスの指示に従い、胸に手を当て、体を前後に揺らし、深呼吸する。徐々に無我の境地に入ってきた。心身共にリラックスし、理性が薄れていく。全員で深呼吸しながら体を揺らしていると一体感が芽生えてくる。そこへ突然、カマラ・デビの独特の声が響いた。「オーガズムまで、あと3呼吸！」

俺は思わず吹き出した。あまりにも唐突で突飛な掛け声だ。「今夜のメインイベントはセックスですよ」と念を押したかったのだろう。エヴァリーナ・ローズが「空気を読め」と言わんばかりに俺をにらみつける。なので、口を閉じ、笑いをこらえようとするが、笑い声が鼻から漏れてしまう。なんとか気を取り直したものの、カマラが「司祭」を名乗り、マイクを握ったのを見て、また吹き出してしまった。決まり悪くなると、笑ってごまかすのが俺の癖らしい。

「それでは神聖なエネルギーの源に手を当て、みんなでつながりましょう」とカマラは歌うように呼びかける。俺は胸に手を当てたが、ほかの人は下半身に手をやっている。俺の知らない「お約束」があるようだ。

俺も神聖な股間に手を当て、周囲を見回した。このスピリチュアルな前戯が欲情をたきつけている。そのとき、俺の股間が訴えた。「ニール、頼むからやめてくれ。こんな連中に触られるのは嫌だよ」

心の中で返事をする。「なあ、フリーセックスを望んだのはおまえじゃないか。裸のシャーマ・ヘレナを妄想して美しいと思ったのも、おまえだぜ。これはおまえの夢だ。夢はかなった。今さら優等生ぶることはないじゃないか。そういう世界は捨てたんだ。これからは万人を愛さなくちゃ」

「あっちに座ってる、イボだらけのアマゾンを愛せって言うのか？」。俺の股間がこわごわ尋ねる。「シワだらけの70代のニビル星人も？　やもめの裸のリンカーンも？」

やれやれ。股間ともども興ざめした。

目立たぬようにその場を離れ、壁際のスポットに避難し、人目を避ける。カマラは人が欲情するのを敏感に察知し、見知らぬ同士を姦通させようとしている。

全員で床に寝転び、丸太ごっこをしたかと思えば、次は男同士で禁断のハグ。興奮しきった安産体型の50代女性が両手を突き上げ、よがり声を上げる。

俺の腹が鳴った。今夜はプージャのことで頭が一杯で、晩飯を食い損ねたのだ。

「今度は会場を歩き回って、お互いの足を鑑賞しましょう」とカマラが指示する。「相手に許可をとれば、自分の足で相手の足をタッチしてもかまいません」

カマラの指示は続き、最後は互いの「大事なところ」に触れるよう呼びかけた。まるで痴漢ごっこだ。壁際で眺めている分には、おもしろい光景である。タールが50代女性の手を取り、社交ダンスの要領で回転させる。あんなふうに素直に喜びを分かち合えたらどんなにいいか。しかし、ここにいる全員がスーパーモデル並みの美男美女だったとしても、俺はやっぱり拒絶反応を起こし、仲間に入れないだろう。この機会に、その理由を探らなくては。

バイキングのテーブルに忍び寄り、食べるものを探したが、残っていたのはオーガニックのオリーブオイルを使用したポップコーンが一袋だけ。厳密に言うと、ポップコーンは空気で膨らませた野菜だし、オリーブはフルーツだから、食事としては決して不健康ではない。それに袋には「オーガニック」と明記してある。その袋をつかんで、壁際のスポットに戻った。

「次はお互いの男根や女陰を見つめます」とカマラが言う。

男も女も部屋中をうろうろ歩きながら、互いの股間を愛おしそうに見つめる。「女性の『聖堂』の美を堪能してください」とカマラは畳み掛けた。一番高齢の男どもが一番若い女たちを物欲しげに取り囲む。まるで椅子取りゲームだ。カマラの話がストップしたとたんに近くの女体を愛撫しようというのだ。

こうして見る限り、プージャは恋愛回避型にとって理想の恋愛スタイルかもしれない。回避型の男にとっては、しがらみも後腐れもなく愛と絆を体感できるし、回避型の女は罪悪感や被害者意識や危険を感じることなく冒険できる。

だったら、どうして俺はいたたまれない気分になるのか。自由なセックスを渇望していた男がこうして壁の花になり……不自由な思いをしている。

ポップコーンの袋に手を突っ込み、晩飯をつかんだ。袋がガサガサと音を立て、カマラの耳にも届いた。カマラは猫のようにそば耳を立てる。そして、じりじりと俺に近づき、あと10センチで顔と顔がくっつくところまで接近してきた。「ここは寺院なの。飲食は禁止！」

「すみません。寺院だとは知らなくて」。まじめに謝るつもりが、嫌味っぽい言い方になってしまった。動揺を隠し切れない。

このつまらない会議室が、いつから聖域になったんだ？　宗教儀式のつもりなら、ポップコーンを聖餅に見立ててもいいじゃないか。これは聖なるポップコーンだ。バージンオリーブの聖油に浸されているんだぞ。

そう言ってやりたかったが黙っていた。ポップコーンの袋に別れのキスをし、慈悲深い司祭の足元に置く。さようなら、ポップコーン。おまえとのプージャは終わった。オーガズムまで、あと3粒だったのに……。

カマラは立ち去り、参加者に指示を出す――4人1組になり、マッサージを受ける人を1人決めたら、あとの3人でマッサージしてやりなさい。

手の中にポップコーンが数粒残っていたので、納めるべきところに納める。口の中だ。腹が減っているからではない。これはささやかな反抗であり、居場所を失った男の意地である。俺は寺院のお供え泥棒だ。

その瞬間、カマラがまた詰め寄ってきた。今度は顔が近すぎる。「ここでの飲食は禁止と言ったでしょう」と細い首に青筋を立てながら、搾り出すような声ですごむ。「そんなに食べたいなら、キッチンに持っていって食べなさい」

俺は渋々立ち上がり、カマラの視線を背中に感じながら、ポップコーンの袋をバイキングの祭壇にいったん戻す。袋の中に手を突っ込み、ポップコーンをもう一つかみして、キッチンに移動する。

俺はいったい何をしてるんだ? ポップコーンを食いたいのは腹が減っているからじゃない。無駄で無意味で窮屈なルールが嫌だからだ。イングリッドと別れ、モノガミーの世界を捨てた理由もそこにある。なのに、この世界はもっと不条理で、もっと下らないルールに満ちている。てん綿育ちの男にとって、カマラは親切な司祭ではない。

カマラの声が「寺院」に響き渡る。「男性の『魔法の杖』に触れたくなったら、遠慮せずに触れてみましょう」

キッチンを出て会場に戻ると、参加者が脱ぎ捨てた服や布が床に散乱している。どこを見ても、しなびた「魔法の杖」や毛の生えた「聖堂」が露出している。司祭だの、寺院だの、男根像だのはフリーセックスを楽しむための都合のいい口実だ。厳粛な響きがある。

宗教の世界にカルト教団があるように、性愛の世界にもカルト信仰があるのだろう。一神教、多神教、無神論に代わって、モノガミー、ポリアモリー、禁欲主義がある。そして、どの信仰にもそれぞれ儀式がある。例えば、12のステップ、プージャ、結婚、姦淫。家のローンを巡って毎晩のように夫婦ゲンカするのも儀式のうち。パトリック・カーンズやヘレン・フィッシャーやカマラ・デビのような連中は「我こそが性愛の教祖」と信じ込んでいる狂信者だ。

批判するのはこのくらいにして、カタマスの4カ条にならい、偏見を共感に変えようと努める。この恥も外聞もない性愛革命を好意的に分析してみよう――この人たちは平凡な会議室を神聖な空間になぞらえ、男女の絆を深めんとしている。プージャとはデートにおけるアルコールのようなもの。互いの緊張をほぐし、打ち解けるきっかけになる。

プージャの主旨が分かったような気がした。スコット・カタマス、ありがとう。男と女の性欲には格差がある。前者は自分本位の肉欲だが、後者は感情を伴う情欲だ。つまり、乱交はスケベに向いていて、こういう集まりは色情魔に向いている。乱交が尻軽向きなら、プージャは聖女向きだ。

目的は同じでもアプローチが違う。

足元を見ると、さっきのポップコーンが数粒落ちていた。神聖な床を汚したままにしてはいけない。このポップコーンはバージン（オリーブオイル）だ。こんな場所にはそぐわない。

ポップコーンを拾い上げ、捨てに行こうとしたが、またプージャの邪魔をしてはいけない。口に入れようかとも思ったが、裸のリンカーンの水虫菌が体内に入るかもしれない。リンカーンの様子を横目でうかがうと、年増の女性に愛撫されていた。口を開け、気持ちよさそうにうめいている。

ポップコーンの処理に困り、とりあえずポケットに入れる。しかし、またしても「優しい独裁者」ことカマラに見つかった。今回は「優しくない独裁者」だ。「ここでは飲食禁止と言ったでしょ！」と怒鳴りつけ、顔を寄せて目をひんむく。その目は憎悪に燃えている。司祭から悪魔に変身したのだ。そう言えば、「デビ」は「デビル」と一字違いではないか。「私のプージャを冒涜《ぼうとく》するつもり⁉　あなたのオーラは目障りだし、会場のムードに水を差す。退場してもらいます！」

「寺院の床を掃除しただけですよ」と俺はにらみ返した。「それに、僕のオーラがどうだって言うんです？　不可抗力でしょ」。オーラをけなされたのは初めてだ。不細工と言われるよりもショックである。オーラは隠せるものではないし、ダイエットや整形手術でどうにかなるものでもない。つまり俺は盲人にとっても不細工な男というわけだ。

「話はあとで。とにかく出て行きなさい」

プージャを見届けたい気持ちは山々だが、ため息をつきながら退散する。カマラの言うとおりだ。参加者が全裸で羽目を外すには、安心できる環境が必要だろう。服を着たままのジャーナリストが、部屋の隅でスナック菓子をつまみながら、ニヤニヤしていてはいけない。

人生最大の汚点だ。ポップコーンをつまみ食いして、乱交会場から締め出されるのだから。

ガラス戸を開け、中庭に出て、さっきのテーブルに向かう。幸い、ガラス戸はデカい。室内の会話は聞こえないが、様子をうかがうことはできる。一人寂しくテーブルの上に腰掛けた。冷たい夜風が肌にしみる。外出禁止を食らった青春時代に逆戻りだ。自分の部屋から出られず、晩飯にありつけず、女の子と遊ぶことも許されない。

会場の雰囲気がだんだん妖しくなってきた。カマラは両手を広げ、４人１組になって悶絶する人々の間を縫うように踊る。『サウンド・オブ・ミュージック』のジュリー・アンドリュースか。実にシュールな光景だ。カマラ一族の共有物がタールの妻のダイアナにまたがり、自分のペニスをしごいて巨乳の上に噴射した。その瞬間、聖なる儀式が本性をあらわにした――悪趣味なＡＶそのものだ。

これがポリアモリーなら俺には向かない。夜な夜な自称「神」たちと乱交もどきを繰り返すくらいなら、イングリッドとモノガミーな関係でいるほうがましだ。たとえプージャに参加しても、そのうち出入り禁止を食らうだろう。俺も女と寝るためにあざとい手を使ってきたが、神様をだしにしたことは一度もない。

11

「まずは俺に相談してほしかったな」とローレンスは言う。「そうすりゃ、世界ポリアモリー大会には行くなとアドバイスできたのに。ああいうイベントを主催するのはマウイ出身のニューエイジの信奉者だし、参加する連中も頭のイカレた狂信者ばかりだよ」

ローレンスは性愛と瞑想のコーチだ。長身のスキンヘッドで、電球を飲み込んだのかと思うくらいに肌の色つやがいい。ローレンスとはどこかのパーティーで知り合ったのだが、そのとき友達のレイアを彼に紹介した。レイアはよくいるタイプの女の子で、何時間見ていても飽きないくらい福福しい顔立ちをしている。後日、レイアから電話があり、ローレンスとの初デートで人生最高のオーガズムを味わったという。それから2人に会うことはなかったのだが、初夜のオーガズムがハッピーホルモンを量産したらしく、4年たった今も2人は続いている。

「オープンな関係はこれが初めてなの」とレイアは目を輝かせる。オープンな関係に至った経緯を尋ねると、タールと妻のケースによく似ていた。まずはローレンスがレイアに恋愛の自由を与え（今もそうだ）、恐れや独占欲を捨てることを学習させたという。

俺は今、ロサンゼルスのピザ店のテラス席にいる。ロスにはポリアモリストの交流会に参加するためにやって来た。ポリアモリー大会から帰った直後はヘコんでいたが、よく調べてみると、ポリアモリーのコミュニティはプージャだけではないと分かった。

この交流会も、その一つ。参加する人の大半はまったく違う流派に属している。例えば、ＢＤＳＭ（「ボンデージ&ディシプリン、サド&マゾ」の頭文字。主従関係とＳＭを実践するグループ）だ。参加者の年齢層はポリアモリー大会と同様に40代が多い。しかし「女神」や「司祭」に代わって「ご主人」や「愛人」がいる。敬う対象は天界ではなく地上にいるのだ。

参加者の中にローレンスとレイアが混じっていたのには驚いた。2人はローレンスの愛弟子に会うために交流会に来たという。俺は2人にポリアモリー大会のことを尋ねてみようと思った。あのシュールな光景は何だったのか。説明が欲しい。

「プージャと複数愛がどうつながるのか検討がつかないよ」とローレンスに訴えた。「配偶者や恋人がいてもいなくても関係ないみたいだし」

「要するに、君が見たのはポリアモリーの一派に過ぎない」とローレンスは言う。「タントラ・ポリアモリーというコミュニティだ」

大会に参加する前は、タントラとはオーガズムを長持ちさせるための秘儀だと思っていた。しかし、参加したら、かえって分からなくなった。カマラ・デビは「タントラは生命そのもの」と言うが、カマラファミリーの共有物は50代女性の巨乳に遠慮なく射精していた。

「要するに、その一派にとってタントラって何なの？」

「連中が言うタントラはアメリカ発祥のムーブメントだよ。『セックス』と言わずにセックスを表現しようというこじつけだ」。今まで出会ったポリアモリストのなかで、ローレンスだけは話が通じる。最初に「ナマステ」とか言わないし、最後に宇宙人のことを尋ねたりもしない。「『セックス』って言葉には猥雑なイメージがあるだろ？

だから連中はセックスを性欲がらみのピストン運動ではなく、神聖で上品な営みに仕立てたいんだ。女は寝る相手にも心のつながりを求める傾向があるけれど、精神世界を介することで深く早く相手とつながれるんじゃないかな。タントラの教祖や指導者はそのあたりを心得ていると思う」

「だけど残念ながら、悪い教祖のえじきになる女性もいるのよ」とレイアがつけ加える。「ローレンスの同僚だった教祖は自分のペニスを『神』と称して、口に含めばご利益があると豪語していたわ。自分の精子を『神の酒』だとも言っていた。女性たちはあとになって騙された、利用されたと気づいたの」

俺はプージャをちらっと見学しただけで、体験したわけじゃない。だから結論を急いではいけないと思っていた。なんだかんだ言っても、プージャは俺が知る限り、自由恋愛に最も近い。しかし、ローレンスやレイアの話を聞くうちに、俺が見たのはポリアモリーの全てではなく、一つのスタイルに過ぎないことが判明した。それでも収穫はあった。セックスや恋愛は自由に楽しむものであって、束縛したり独占したりするものではないと考える人たちがいることが分かったからだ。

俺たちが話していると、近くにいた体格のいい黒人男性がゴツい手を差し出し、バリトンボイスで「黒いオルフェ」と名乗った。女性を3人連れている。オルフェによると、1人は「奴隷」、1人は「パートナー」、もう1人は「第三夫人」。カリフォルニアで複婚すると一年の懲役刑を食らうから、3人のうち2人の妻とは「魔女の結婚式」と呼ばれる異教徒の儀式で契りを結んだという。

妻だか、愛人だか、しもべだか知らないが、3人の女性に囲まれるオルフェはファーザー・ヨッドそのものだ。俺はポリ大会で学び損ねた情報を求めて、オルフェ師匠を質問攻めにした。「僕もあなたのようなコミューンを作りたいのですが、うまく仕切るコツはありますか」

オルフェ師匠は低い声でクククと笑っていたが、前かがみになってこう漏らした。「これは一大事業だよ。リーダーとしての自覚をもつことだ。弱みや迷いを見せちゃいけない。そうでないと食い殺されちまうからね」

あんまり楽しくなさそうだ。「だけど、たまには弱さも見せないと親密な関係にならないのでは？」と突っ込んでみる。俺はジョーンか？「主人と奴隷みたいな主従関係ではなく、全員が平等というのが理想なんですが、どうでしょう？」

「いずれにしても、女はある程度、平等に扱われることを望むものだ」とオルフェは言う。「だから、えこひいきをしないことがポイントさ。もう一つのポイントは女たちに未来を示しつつ、現実を思い知らせることだね」

「未来とは？」

「家族になることさ！」。オルフェは力強く言い放つと、腕を組み、自分の言葉をかみしめるようにうなずいた。「一人ひとりに家族の一員としての自覚を持たせなくちゃいけない。合言葉は『人ではなくコミュニティに奉仕せよ』だ」

なんだかオルフェのファミリーはモノガミーの家族以上に縛りがきつそうだ。それはBDSMが制約、規律、懲罰、主従関係を重視していることと関係するのかもしれない。緊縛プレイ、鞭打ち、鎖を首に巻くのもオプションとしては楽しそうだが、基本的に俺の趣味に合わない。俺は上でも下でもない、中間が好きだ。

モノガミーから卒業したいだけなのに、なぜ、これほど苦労しなくてはいけないのだろう？　潜在的な同志は世の中にたくさんいるが、恥ずかしいから隠れているのか、仕事や家族や世間体を気にして表に出てこないだけなのか。

意気消沈したまま帰途に就く。このぶんだと、俺の居場所もハーレムのメンバーも永遠に見つからないかもしれない。

その晩、夢を見た。リック・ルービンと一緒に手品のショーを見に行き、後ろの席に座っている夢だ。イングリッドも来ているが、彼女は最前列にいる。ショーが終わり、車に戻って、イングリッドが出てくるのを待つ。さっきの手品のことを話そうと思ったのだ。けれど、イングリッドは出てこない。

目が覚めた。全身が汗にまみれ、心の中は恐怖で一杯だ――俺は判断を誤り、イングリッドを完全に失ったのではないか。イングリッドが去ってから感じたことのなかった痛みが胸に走る。鉢植えのサバイバーを見た。窓辺でたくましく生きている。俺の良心の証し。しかし、その良心が今、ズシンと重たい。

また心が揺れる。今度は逆の方向に。イングリッドと別れるべきかどうかではなく、別れて正解だったかどうかだ。今すぐイングリッドに電話して、「自分探しはもういい。君とヨリを戻したい」と言おうかとも考えた。しかし、それが一時の気の迷いであることは自分でも分かっている。探し物が見つからないから、不安と孤独に駆られているだけだ。今、よりを戻したところで同じことの繰り返しになるだろう。

男にとって別れよりもつらいのは恋人に愛想を尽かされ、見限られることだ。幼少期の不安（心理的脅威）が蒸し返されるからだろう。愛してほしい最初の女性、すなわち母親に見捨てられる不安だ。だから、シーラに言われたとおり、今は胸の痛みと孤独と不安を受け入れることにした。しばらくは気を取り直して、やり過ごすしかない。心が折れ、イングリッドに泣きつくことがないように。

ポリアモリーや自由恋愛のイベントに参加するのも一案だが、今まで期待はずれに終わったことを思うと、参加する気になれるかどうか。胸の痛みは嘆きに変わり、嘆きはあきらめに変わった。イベントに行くのはもうやめよう。

そう決めたとたん、有望な出会いがあった。出会った場所はポリアモリーの交流会ではなく、セス・マクファーレンの自宅の洗濯室だった。

12

イングリッドの日記

まだ送っていない手紙

ニールへ

この険しい道を歩いていれば、いつか再会できると思っていた。でも、日にちがたつにつれて、2人の道が交わることはもうないと分かったの。ずっと不安だった。助けに来てほしかった。私をさらってほしかった。でも、それはかなわなかった。

予想もしていなかったけれど、最近、ある男性と出会ったわ。この出会いはまったくの偶然。なぜだか分からないけど、彼のことが本当に好き。最初は遊び仲間の一人だと思ってた。それ以上の関係にはなりそうもないし、そのうち彼に飽きて、電話をすることもなくなると思ってた。でも、一緒に過ごすうちに気づいたの。この人はただの遊び仲間ではないということに。彼も私のことをかなり気に入っているみたい。そう言い切るには早すぎるかもしれないけれど、私のカンは確かよ。だから、彼に賭けてみるつもり。

本音を言うと、すごく怖い。しばらく恋はしたくない。だけど同時に、新しい恋に踏み出すなら今がチャンスかもしれないとも思う。

あなたが迎えに来てくれたら……と今でも思うけれど、後ろを見ると、あなたの姿はずいぶん遠ざかってしまった。遠すぎて、かすんでしまうくらいに。

こんな結果になって残念だわ。あなたの幸せを心から祈っている。あなたを幸せにしてくれる相手と必ず巡り合えるわ。あなたが私を幸せにしてくれたように。本当よ。あなたと過ごした日々は最高に幸せな日々だった。

さようなら。

イングリッド

スワッピング

どれほど厳格なファシズム国家にも地下組織がある。それも二つある。一つは反体制組織。もう一つは美と快楽を維持する組織――すなわち、人間の魂を大切にする組織だ。

――トム・ロビンス著『Still Life With Woodpecker』

13

ニコールはイングリッドをひと回り小さく、細く、おとなしくしたような女性だ。身長は１６０センチほど。清楚な青のワンピースから、くっきりと鎖骨がのぞく。サンフランシスコからやって来た女性弁護士だ。婚約者として堂々と母親に紹介できるタイプである。母親と言っても、うちの母さんは例外だが。

ニコールとは30分前に知り合ったばかりだ。この日本食レストランで、共通の友人で映画プロデューサーのランディが引き合わせてくれた。ランディ夫妻は俺とニコールを夕食に招待してくれたのだ。このあと、4人でハリウッド・ヒルズのパーティーに行くことになっている。会場は、テレビアニメ『ファミリー・ガイ』の生みの親として知られるセス・マクファーレンの自宅だ。ランディの妻のジェシカは唇のぽってりしたセクシーな女性で「気むずかしい」という表現がぴったり。「神経質」とも言える。

俺がオープンな関係を求めていると話すと、ジェシカは不愉快そうな顔で「私は3Pなんて絶対にイヤ」と言い放つ。

その剣幕に驚き、俺は「なんで?」と突っ込んだ。

「私とランディは心から愛し合っているし、私たちの夫婦愛は本物だもの。それに、そういうことは既婚者のすることじゃないでしょ」

背筋がゾッとする。ジェシカは俺が恐れていることを言葉にしやがった——結婚は快楽の終わりを意味し、伴侶との性生活は旅先でのアバンチュールほど楽しくないと宣言したわけだ。俺は思わず頭を抱えた。ランディも同じ心境らしいが、俺よりも取り繕うのがうまい。

「どうかした?」とジェシカが俺に尋ねる。

「ランディを見てよ。絶望してるじゃない」と俺は言った。「今の発言は、君たちが夫婦でなかったら、2人の性生活はもっと充実していたってことだろう?」

ランディは妻の視線を避けている。ここで俺の言うことに賛同したら夫婦げんかになることは間違いない。「仮に君が独身で……条件が揃い、自然とそういうムードになったら、3Pする?」

ジェシカは無言でニッコリした。「やっぱり!」と俺は声を上げた。自論を認めてもらった気分だ。「じゃあ、聞くけれど……結婚生活で満たされないものが男にとって性欲だとしたら、女にとっては何だと思う?」。今の俺にとっての「結婚生活」の響きは「愛の選択」よりも「終身刑」に近い。

「ほとんどの女性は『心のつながり』や『精神的な支え』と答えるんじゃない? でも私はそれをランディだけに求めようとは思わないわ」

「それだよ、そこが悩ましいんだ! 心のつながりなら、夫以外に求めても許される。なのに下半身の欲求は一人の配偶者に満たしてもらわなくちゃいけない。それ以外の相手に期待すれば、ひんしゅくを買う」

そのときだ。ニコールがおもむろにこちらを向き、淡いブルーの瞳で俺の顔を見つめながら、静かにこう言ったのは。「あなたの言うとおり」

「本当にそう思う？」

「私、見た目だけは『優等生』なの」


「妻を口説いて3Pに持ち込めたら最高なんだけど……」とランディが声をひそめる。一時間後、俺とランディはマクファーレン邸の庭をぶらぶらした。こぢんまりしたパーティーではない。氷の彫刻あり、仮設トイレあり、フルオーケストラの演奏あり、180センチのスリムな美女の一団ありの大宴会だ。

ニコールは俺のそばを片時も離れようとしない。だんだんいいムードになってきた。ニコールはやたらと目を合わせようとするし、俺の下らない冗談にも笑ってくれる。ナンパの世界で言う「脈のある証拠」だ。イングリッドと別れて以来、初めて得た脈。しかも彼女はオープンな関係に……オープンな考えをもっている。

ニコールの手を引いて中庭のソファに向かう。オーケストラの前でマクファーレンがシナトラの『ラック・ビー・ア・レディ』を口ずさんでいる。なぜかランディも俺たちのあとをついてきて、ニコールの隣に座った。ボディガードのつもりなのか、空気が読めないのか。俺はニコールの耳元で甘い言葉をささやきつつ、肘でランディをつつき、気をきかせるように促した。だが、ランディは反応しない。何やら物思いにふけっている。

「俺たちがキスを始めたら、隣の男はどこかに行ってくれるかな？」とニコールに聞いた。

「ヤり始めたって行かないわよ」とニコールは返す。

ニコールは下ネタに動じない希少な女性だ。まさしく俺のタイプである。それはセックスをタブー視しない女性。

女の子は「どうして男の子の下半身は私と違うの？」と質問した瞬間から、性を口にするのははしたないと親に叩き込まれる。

思い出すのは、子連れのバツイチ男と温泉で一緒になったときのことだ。男は出会いに恵まれないことを嘆き、その傍らで小学生の2人の娘が水しぶきを上げて遊んでいた。男が何か言うと、「男の子ってヘンなのよ」と上の子が同調する。男は目を細めながら「娘たちには30を過ぎるまでデート禁止と言ってある」と胸を張った。すると下の子は「私、ずっと独身でいるの！」と声を上げた。そのとき、世の中の男は自分で自分の首を絞めていると分かった。自分の娘には男やセックスを遠ざけろと教え込む。自分のような男に食われてはたまらないからだ。そのくせ人の娘には惜しげなく、ためらいなく抱かせてほしいと思う。

ニコールの髪をかき上げ、唇を合わせた。次第にキスで熱くなり、互いに相手の体をまさぐる。それでもランディは微動だにせず、ロダン作『考える人』のポーズをとっている。

ニコールから唇を離し、「ちょっとひと回りしてくる。またあとで」とランディに言って立ち上がった。

ニコールと室内に戻り、あらゆる部屋のノブを回してみたが、どれも鍵がかかっている。マクファーレンがホームパーティーを開くのは初めてではないらしい。あるドアにのぞき窓がついていたので中をのぞくと、洗濯室だ。運良く、鍵はかかっていない。

洗濯室に忍び込み、ドアを閉めた。のぞき窓から見られては困るので明かりを消す。ニコールをドアに押し付け、ワンピースの中に手を入れ、パンティの上から愛撫する。ニコールは身をよじり、俺のズボンのボタンに手をかけた。世界ポリアモリー大会の性愛の儀式よりも、成り行きまかせの下世話な秘め事のほうがはるかに意味がある。

早々に体を許せば、男に軽蔑されると多くの女性は考える。それは誤解だ。大切なのはセックスに至るまでの「時間」ではなく「気持ち」である。俺はすでにニコールが好きだ。非モノガミー／ポリアモリー／グループ恋愛のメインパートナーにしたいと思うほど好きだ。彼女なら自由の愛の巣に興味をもち、俺やベルと同居してくれるかもしれない。

ニコールがひざまずき、フェラを始める。俺は尻のポケットからコンドームを出した。そのときだ。

ニコールが口を離し、俺を見上げて無邪気に言った。「カレがここにいないから本番は無理なの」

その意味がすぐには飲み込めなかった。そんな言い草、聞いたことがない。「カレがい
、、
るから本番は無理なの」なら聞き慣れているが。

「カレ⁉」と悲鳴にも似た声を出してしまった。すでに先約がいたのか。

「私たちオープンな関係なんだけど、カレがいないところで、ほかの人とセックスしてはいけない決まりになっているから」

ニコールがフェラを再開する。「イッてもいいかな？」。どうして許可を得ようとするのか、自分でも分からない。カレに電話し、カレにも許しを得たほうがいい気がしてきた。

「どうぞ」とニコール。いい返事だ。

ニコールは献身的に奉仕してくれるが、俺は混乱と失意で気もそぞろになる。『Anatomy of Sex』というテレビのドキュメンタリーを思い出した。それによると、萎えたペニスはじつは緊張していて、筋肉が収縮しているという。一方、興奮状態のペニスはリラックスしている。それゆえに血流が集まり、海綿体が膨張し、勃起する。ストレスで緊張すると、勃起できない。今、俺はストレスにさらされている。やっと有望なパートナー候補を見つけたと思ったのに、先約がいたとは。

続ける気になれない。チャックを上げた。

「君とは出会うべくして出会ったと思うんだ」と言いながら、ニコールと2人で洗濯室からこっそり出た。「最近、

オープンな関係のことばかり考えているからね」

「あなた、『ライフスタイル』の常連？」。ニコールが探りを入れるように聞く。

「『ライフスタイル』って？」

「すかした呼び方でしょ。スワッピングのことよ」

「スワッピングに参加するにはガールフレンドがいないとダメ？」

「そんなことないわ。『ライフスタイル・ラウンジ』って知ってる？」

「いいや」

「私とカレが登録しているサイト。アクセスすると同伴相手が見つかるかも」

「そのサイトに同志が隠れているのかな？」

「みんなが隠れているのは『ブリス』という集まり。素敵な人たちばかりよ。2～3週間後にブリスがあるから、あなたも来なさいよ」

「プージャもやる？」と念のために聞く。

「プージャって？」

「良かった。だったら行くよ」

14

「ゆうべはありがとう。こちらの事情を理解してくれて感謝しているわ」。翌日、ニコールからメールが来た。これから飛行機でサンフランシスコに戻るという。「また近いうちに会えるのが楽しみ。次はジェームズも一緒にね」

できればニコールを共有したくない。ほかの男が一緒というのは気が引ける。見られるだけでも嫌だ。見られているから嫌なのだ。だが、シャーマ・ヘレナはよそのカップルを観察しろと言った。これはチャンスかもしれない。あいにく、チャンスは思ったよりも早くやって来た。2時間後、ニコールから再びメールが来て、相談があるという。

性交渉した相手の「相談」は決してろくな話ではない。俺の頭に浮かぶのは「実は性病もちなの」という告白だけだ。ニコールに電話し、詳細を確認したところ、「さっきジェームズと話したんだけど、私は越えてはいけない一線を越えてしまったみたい」と動揺している。

「君たちはオープンな関係じゃなかったの？」。オープンといっても「全開」ではなく「半開き」の関係なのか。

「実を言うと、カレに隠れてセックス及びオーラル・セックスをしてはいけないという取り決めがあったの」とニコールは明かす。「そんなに細かいことを気にする人じゃないと思っていたんだけど、あなたとのことを話したら、ものすごく怒っちゃって。私たち、もう終わりかもしれない。ジェームズがいなかったのがまずかったわ。『俺のことを愛していたら、そんなまねはできないだろう』って叱られてしまったの。それに、場所が洗濯室だったのも気に入らないみたい。私があんな場所で行為に及んだから、2人の関係がおとしめられたと思っているのよ」。ニコールはしばし沈黙した。「あいにく、私たちは2人とも弁護士でしょ。だから契約を重視するの」

一時間後、今度はジェームズ本人がメールしてきた。「やあ、ニール。ジェームズだ。どうか自分を責めないでくれ」。別に責めちゃいない。「ちょっと相談したいことがあるんだ。僕たちが今までどおりの関係を続けていくには、お互いに信頼が欠かせない。ニコールは僕の信頼を裏切った。それについて少し考えたい」

このカップルにはモノガミーの男女と変わらぬ火種があるらしい。火種の中身も同じ、信用問題だ。恋愛よりも友情のほうが長続きするのは、厳しい規則も「専属契約」も存在しないからだろう。

一分後、またジェームズからメール。「これから、どうしたらいいのか分からない（君の意向も分からない）。だから、3人で相談できたらと思う。自分の考えがまとまったら、追ってメールするよ」

「3人で」と言われて、戸惑ってしまった。この俺に2人の仲裁をする権利があるのか。

いずれにしても、ブリスに参加するチャンスがふいにならないことを願うばかりだ。

15

スワッピングは風評の被害者だ。

大抵の人はオープンな夫婦関係と聞くと、真っ先にスワッピングを連想する。しかし、世間の拒絶反応は根強く、「スワッピング」という言葉は欲情よりも笑いを誘うようになった。ミュージシャンの追っかけよりも評判が悪い。

スワッピングがバッシングを受けるのは、第1に、いわれのない悪評が立ったからだろう。スワッピングに参加するカップルはルックスもセンスも悪く「垢抜けない倦怠期の夫婦」というイメージが定着してしまった。第2に、スワッピング会場のクラブは性病の温床のように思われていること。スワッピングの愛好家はそんな風潮を一新するために「ライフスタイル」と呼び名を変えたのではないか。

愛好家の肩をもつわけではないが、美男美女だけが快楽の交換会に参加する資格があるという発想はスワッピング賛成派ではなく、反対派の偏見である。性病の件についても、専門家に言わせれば、スワッピング参加者の感染率は一般の感染率と何ら変わらない。性病温床説は反スワッピング派が持ち出した議論であり、医学的根拠はないという。

スワッピング・パーティーがどれもブリスのようだったら、参加者は軽蔑どころか憧れの対象になるだろう。

ラスベガスのパームス・ホテルのレストランでニコールと待ち合わせた。ニコールの隣に座っているのがカレのジェームズに違いない。ジェームズは俺の目をまっすぐ見ながら、固く握手した。ややオーバーな男同士のあいさつ。ちょっと堅苦しくて、恥ずかしい。しかし、一人の女を共有する男同士が初めて顔を合わせるときは当然の礼儀かもしれない。決闘前の2人のガンマンのようだ。

30代半ばとおぼしきジェームズは20代半ばの装いをしている。タイトで派手なTシャツにストーンウォッシュのジーンズ。金髪を刈り上げ、引き締まった良い体格をしているが、それは鍛え上げた成果というよりも生まれつきだろう。その証拠に、大柄な割にはけんかが強そうには見えない。俺にとってはラッキーだ。というのも、ニコールとは出会った日以来、ずっとメールをやりとりしているからである。ジェームズにも敬意を表して、5回に1回はメールを共有してきた。

「君に対しては何の恨みもわだかまりもない。それを言いたかったんだ。むしろ、君のおかげでニコールと腹を割って話せるようになったし、絆も深まったよ」

そりゃ、どうも。これからは君のガールフレンドと堂々とセックスしていいわけだ。

間もなく2組のカップルが俺たちのテーブルに合流した。2組とも男のほうは若づくり、女のほうはグラビア・アイドルという趣だ。女性の一人は彫刻のような顔立ちに黒髪。もう一人は歩くバービー人形といった感じで、チェルシーと名乗った。

チェルシーは褐色の肌にブロンドヘア。スタイルは抜群だ。胸だけはシリコンを入れてDカップにしたが、それ以外は努力のたまものという。本人いわく、1日5時間以上を全身のケアに費やし、その習慣を1日も欠かすことなく15年間続けてきた。時間に換算すると合計で2万7375時間。化粧品、マニキュア、服、靴、整形、美容院、エステ、個人トレーナーに何万ドルも注ぎ込んだことになる。

美容マニアもここまでくると依存症だ。男の期待に応えることは時代と共に難しくなる。写真修正、エアブラシ、フォトショップ、画像編集アプリといったテクノロジーが10年ごとに進化し、理想の女性美を追求するにもハードルは高くなる一方だ。

この中にいると肩身が狭い。同伴者がいないぶん、怪しさが増す。幸い、ニコールが自分の女友達を呼び寄せてくれた。俺とその友達は「お似合いのカップルになるわ」とニコールは意味ありげに言った。

全員が揃った。ジェームズが俺に「前カノ」のことを尋ねてくる。どうやら探りを入れているようだ。俺がどんな男で、ニコールを預ける価値はあるのか確かめたいのだろう。俺は正直に話した――自分はオープンな関係を望んだけれど、イングリッドは関心を示さなかったと。

「あなたの間違いは――」とニコールが話に割り込む。「自分一人でほかの人と楽しもうとしたことだと思うの。それよりも、彼女と一緒に冒険することを考えるべきだったんじゃない？　それなら、彼女を引き込むことができるし、悪者にしないで済むわ。私にはその方法が効いたわよ」

そのとおりだ。俺は勝手だった。イングリッドをどれほど傷つけることになろうと、自分が楽しむことばかり考えていた。そうではなく、イングリッドや2人の関係にプラスになるように考えていたら、イングリッドはオープンな関係に賛成したかもしれない。いや、やっぱり無理か。だが、確かにそのほうが良かった。

ジェームズとニコールも、「ライフスタイル」を実践する多くの人と同様に、自分がスワッピングに参加するとは夢にも思っていなかったという。2人とも結婚神話を信じて育った――モノガミー、幸せな結婚、永遠の誓い。だから、出会う前は、お互いに別の相手と結婚していたが、現実の結婚生活は人生を豊かにするどころか貧しくすることに気づいた。

「このテーブルにいるみんなも、『ライフスタイル』の大部分の会員も、離婚を経験したり、長年の恋人と破局したりして現在に至っているわ」とニコールは言う。「だから、結婚や大恋愛の一つも経て、自分なりに割り切って初めて真実にはたどりつける。ほかの人と肉体関係をもっても、パートナーとの関係には影響がないという真実にね。影響があるとしたら、かえって愛情が深まるってことかしら」

ニコールによると、ジェームズと出会ったのは今の職場の法律事務所。付き合い始めて数カ月後、ジェームズが誕生日祝いにストリップ・バーに連れて行ってくれた。そこで楽しい思いをしたのでスワッピングにトライする気になったという。最初は普通のスワッピング・クラブに通ったが、気の合うカップルがなかなか見つからなかった。そこでネットなどで愛好者を探し、ベッドの内外で楽しく付き合えるカップルに出会えたらしい。そして「ブリス」の存在を知り、写真や申し込み書を送って審査を受け、会員制のパーティーに出入りできるようになった。ブリスのスワッピング・パーティーは邸宅やクラブやリゾートホテルで開催されるそうだ。

「同僚には内緒なんだ」とジェームズは明かす。「僕のスマホの通信履歴を見たら、みんなびっくりすると思うよ。半分は『ライフスタイル』の連中とのやりとりだし、『ガールフレンドが生理だから、しばらくパーティーに出られない』なんて内容だからね」

ウエートレスがオーダーを取りに来た。ジェームズが「みんなで料理をシェアしようか?」と提案する。「そんな気分じゃないわ」と黒髪の女性が不機嫌そうに言う。隣のボーイフレンドもムスッとしている。彼女の声を初めて聞いた。「私たち2人は別に注文するから」

ジェームズが俺に耳打ちする。「この2人は朝からけんかしてるんだ。今夜のパーティーには来ないだろうね。スワッピングのコミュニティに行くと、口げんかしたり、グラスの酒をひっかけたり、部屋から飛び出して行ったりするカップルが必ずいる。スワッピングのいいところは円満なカップルをさらに円満に、険悪なカップルを別れにと導くことだよ」

チェルシーは婚約者のトミーを連れてきた。短い髪をツンツン立てたチャラい感じの男で、ワインレッドのシャツを外に出している。チェルシー以上に今夜のパーティーを楽しみにしているようだ。「私たち、『ライフスタイル』の初心者だけど、『バニラ』のクラブやパーティーには二度と行きたくないの」とチェルシーが言えば、トミーが物欲しそうにチェルシーを見つめる。心の中で「性的暴行」を働いているに違いない。「『ライフスタイル』に集まる人たちはみんな素敵だし、楽しいし、自分に満足している。女同士のひがみやねたみもないわ。『バニラ』の世界とは大違いよ」

「バニラ」という言葉が頻繁に飛び交う、常に侮蔑の意味を込めて。「バニラ」とは「ライフスタイル」の会員以外のことだ。誰かがそう言うたびに、俺は調子を合わせて野暮なバニラたちを茶化したが、内心では「そう言う俺もバニラの一人じゃないか」と突っ込んでいた。

ベルのことが頭に浮かぶ。彼女はまもなくオーストラリアから俺を訪ねてくる。ベルならスワッピングでシェアしてもいい。ベルのあとは、ヌードになるのが好きなパリジェンヌのアンと会う予定だ。アンとチェルシーを交換するのも悪くない。しかし、ジェームズやトミーを見るにつけ、こいつらがイングリッドの穴という穴をむさぼり、何度もイカせるのを眺めながら「コンパージョン」を感じるなんて想像できない。

シャーマ・ヘレナのアドバイスを思い出す。真の自由へと続く道には不快な思いや心細さがあることを覚悟しなくてはいけない。

「で、俺の同伴者はどこ?」とニコールに聞いた。

「今、こっちに向かってる。すぐに会えるわ」

不安で一杯になる。見知らぬ相手と対面するだけでも緊張するが、見知らぬ相手とスワッピングに行くのだから、なおさらだ。どうあいさつすればいいんだろう?「ほかの男と君をシェアするのが楽しみだよ」とか……?

食事の後、ロビーを通って会場に移動する。ニコールとジェームズは、AV女優と見間違うような女性たちとあいさつを交わす。みんな「ブリス」のメンバーだ。彼女たちを引き連れて歩くのは、まばゆいほどの自信にあふれた男スワッパー。ホテルの一般客がみなバニラに見える。クラブに向かう女性たちも同じように露出度の高い服を着ているが、「ライフスタイル」のメンバーは着こなし方が違う。

けんか中のカップルはけんかの続きをするために、ここで退散した。残りのメンバーでエレベーターに乗り、チェルシーのスイートルームに向かう。そこで女性陣はおめかしするらしい。これ以上、セクシーになりようがないのにと思ったが、スイートルームに入って分かった。部屋の中はランジェリー・ショップさながらだ。セクシーな下着、化粧品、香水、ハイヒール、ボディーローションが所狭しと置かれている。トミーはアダルトグッズの製造販売が本業ゆえ、自作の商品をボストンバッグとアタッシェケースにつめて持参。そしてカメラと三脚、プロ仕様の照明器具をセッティングし始めた。リハビリ施設では持ち込み禁止だったものが、ここでは堂々の主役だ。

「なんだかポルノ映画の撮影現場みたいだね」とジェームズに水を向けた。

「今夜は、もっと上等なものが見れるよ」とジェームズ。「もうポルノなんか見る気がしなくなる」

チェルシーがニコールにランジェリーをプレゼントし、トミーがシャンパンを開ける。スワッピングの前戯の始まりだ。トミーはややはしゃぎ過ぎだが、プージャに比べれば、はるかに居心地が良い。セックスを信仰と儀式に見立てる代わりに、ランジェリーとシャンパンで景気づけというわけだ。

突然、ノックが聞こえた。

「待ち人が来たわ」。ニコールが俺を見ながら声を弾ませる。

心臓が口から飛び出そうになった。気に入らない相手だったらどうしよう？　相手に気に入られなかったらどうしよう？　２人ともほかのメンバーに気に入られなかったらどうしよう？　どうしよう、どうしよう……。

「そんなに緊張しないで」。ニコールは俺の心中を察したようだ。「彼女もこういうパーティーは初めてだから」

ホッとした。

ドアが開き、スラリとした赤毛の女性が入ってきた。ファッション誌のカバーガールみたいだ。あどけない顔立ちに、薄いそばかす。黒っぽいアイシャドーに、ぽってりした官能的な唇。ショートヘアの前髪を右に流している。個性派の美人だ。主流とサブカル、男と女、未熟と成熟が同居している。何よりも驚いたのは顔見知りだったことだ。「セージ？」。彼女に会ったのは一度だけだが、顔ははっきり覚えている。『ローリングストーン』誌の取材でニューヨークに行き、あるバンドにインタビューしたとき、セージもその場にいた。言葉はほとんど交わさなかったが、セージは天使のようなオーラを放ち、アルコール依存症のミュージシャンに囲まれたマドンナのようだった。そのときの鮮烈な印象はしばらく残った。

セージは歓声を上げ、俺の首に腕を回し、抱きついた。俺のことを覚えていたのか、気安いだけなのか。セージの体温とボディーローションの香りとスタイリング剤の匂いで息苦しい。楽しい夜になりそうだ。

16

チェルシー、セージ、ニコールがミニスカートとハイヒール姿でホテルのカジノを闊歩《かっぽ》すると、誰もが振り向く。ディーラーまでもが首を伸ばして目で追う始末だ。3人ともいい女だからなのか、売春婦だと思われているのか、その両方なのかは定かでないが、そんなのはどうでもいい。ここはベガスだ。

俺はジェームズとトミーのあとをついていく。2人とも自分のパートナーが熱い視線を集めていることにご満悦だ。「おい、俺のフィアンセを見ろよ」とトミーが鼻の下を伸ばし、漆黒のツンツンヘアをかき上げる。ジェルでばっちり塗り固めているので、パリパリ音がしそうだ。「俺はあの女と結婚するんだ。なんてラッキーなんだろう」

異様に背の高い男とめかし込んだ妻が俺たちのグループに合流した。「結婚して16年になるが、僕と妻は新婚当初から『ライフスタイル』の会員なんだ」と男は誇らしげに言う。「妻のボディラインを見てくれ。見事なもんだ！」

やはりスワッピングは求めていた答えに近づくための入り口だ。男どもは、よその女に目もくれず、いまも自分の女に熱を上げている。どのカップルも人前で裸になるわけだから、体型維持に余念がない。スワッピングは若さの源泉だ。互いに年老いていくだけの夫婦関係に刺激を与え、仕事、子育て、なれ合い、所帯苦労に伴うセックスアピールの喪失を防いでくれるだろう。その証拠に、ここにいるカップルは長い付き合いにもかかわらず、ヘレン・フィッシャー博士の言う3つの欲求（セックス、恋愛、愛着）をすべて満たし、いい関係を保っている。

目的地のダンスクラブに到着した。入り口の前に長い列ができている。見目麗しいブリスの運営者が俺たちの前を足早に通り過ぎた。途中から合流してきた背の高い男が妻に懇願する。「さっき話した2人の女の子はこの中にいるんだ。今夜、2人と交わってもいいかな？」

まあ、よその女に目をくれることもあるらしい。それでも、まずはパートナーの承諾を得る。

「ライフスタイル」のカップルはクラブやホテルに繰り出すだけではない。「テイクオーバー（乗っ取り）」と呼ばれるウォーミングアップをする。例えば、セックスアピールを振りまきながら一般客に紛れて、バニラたちを圧倒する。そこでスワッピングを始めるわけではないが、今宵のプランを練り、同伴者候補をスカウトし、しばし優越感に浸る。俺とジェームズはブリス会員の大きな輪に加わった。ジェームズによれば、お待ちかねの本番はホテル内のいくつかの部屋に分かれて開催されるという。

ダンスフロアでは、銀ラメのタイトなワンピースを着たブロンド美人が、思わせぶりに体をくねらせている。俺の心拍数は一気に上昇した。世界一の金持ちも自信家も有名人も、セクシーに踊る美女にはかなわない。だから自己破産や家庭崩壊や戦争が絶えないのだ。

「こういう集まりに来ると落ち着くんだ」とジェームズは言う。「同類しかいないからね」

我がグループのきれいどころも銀ラメのブロンド美人と踊り始めた。ここでは女が元気で、男がおとなしく見える。女性はスワッピング仲間に囲まれているほうが心置きなく大胆になれる（そして賞賛される）。バニラの集まりと違って、品定めされたり、セクハラを受けたり、しつこく言い寄られたりすることもない。そして、チェルシーが言ったように、嫉妬深い同性にいじめられることもない。

俺の目はセージに釘づけである。脚を開いて激しく腰を振る姿は「いつでも来て」と誘っているかのようだ。しばらくすると、セージがブロンド美人を伴って俺のところに来た。ブロンド美人は「あなたのカノジョ、すごくセクシーね」と言い、セージの全身をまさぐる。そして、近くにいる小柄な女性とチビな男を指差した。女性はウェディングベールをかぶり、男はタキシードを着ている。「あの2人、私の友達なの。明日、式を挙げるのよ。だから今夜は彼女をめちゃめちゃにしてやって。花嫁には洗礼が必要だから」

「成り行きに任せてみるよ」と一応の返事をしたが、内心ではすでに昇天していた。悲しいかな、結婚前夜の女性をこます男はベガスにごまんといるのだろう。

ブロンド美人が立ち去ったあと、セージが顔を寄せてきた。今にも頬がつきそうだ。「私に特定の恋人がいたら……」とセージはささやく。「ほかの男とは付き合わないわ」

「ホント？」。ショックだ。セージがモノガミーでないことを祈る。

「自分のカノジョをほかの男に抱かせるような男は意気地なしだと思うから」

「じゃあ、どうしてここに来たの？」

「恋人と別れたばかりだし、ニコールにしばらく会ってなかったし。せっかくのご招待だから、気晴らしと見学を兼ねて来たってわけ」

「俺も別れたばかりなんだ」

セージはいたずらっぽく舌を出し、別れた恋人のことを話し始めた。その男は「サークル」なるグループ恋愛を確立しようとしたらしい。メンバーは、自分とセージとほかに女性が2人だ。ファーザー・ヨッドのコミューンに似ている。ところが、やがて男は女性の一人に熱を上げ、セージやもう一人の女性と手を切り、彼女と真剣に付き合い、先日結婚したという。そいつはグループ恋愛よりも一対一の関係が好みだったと見える。

良かった。セージはオープンな関係にオープンだ。みるみるうちにリハビリ施設のジョーンが記憶から遠ざかっていく。ここにはここの「正常」がある。恥じるべきはジョーンのほうだ。性革命に異論を唱える、バニラの急先鋒なのだから。

セージを誘ってソファに移動した。もっとセージを知りたい。俺がイングリッドを裏切り、リハビリ施設に入ったことを明かすと、セージも自らの浮気体験を告白した。セージの浮気を知った元カレは「許してほしかったら、方法は一つしかない」と迫ったらしい。それは浮気相手をバーに呼び出し、バーのトイレで元彼にフェラしたあと、浮気相手に精液を口移しするというものだった。

「言われたとおりにしたの。今でもすごく後悔してる」とセージは言う。「だけど、あのときは彼に申し訳ない気持ちで一杯だったから、許してもらえるなら何でもするつもりだったの」

「分かるよ。俺もそうだったから」

スワッピングが自分に合っているかどうかは別としても、とりあえず居心地のいいグループを見つけた。彼らは親密な関係とオープンな関係を両立しているように見える。おかげでニコール、チェルシー、セージとも知り合うことができた。誰か一人に決める必要がないから、優柔不断な男としてはありがたい。気に入った女に男がいたところで、遠慮することはないのだ。気に入った女の浮気が気がかりだが、俺にそんなことを言う資格はない。とにかく、この世界はリハビリ後の生活よりも民主的だ。女性を再発の引き金として避けるのではなく、遊び仲間として歓迎しようという気概がある。

セージと話し込んでいると、ジェームズが駆け寄って来た。これから本会場に移動し、会員と招待客限定で、映画『アイズ・ワイド・シャット』をテーマにしたパーティーを始めると言う。「でも、その前にいいものを見せるよ」とジェームズが言う。

ジェームズの部屋に立ち寄った。ジェームズは洗面具用のポーチを開け、GHB（gamma hydroxybutyric acid／γ-ヒドロキシ酪酸）の瓶を取り出した。俺はGHBをやったことはないが、それに関する不吉な記事を読んだことはある。船旅を楽しんでいた女性がレイプ目的でGHBを飲まされたという記事だ。女性は全身の機能が低下し、意識を失い、心肺停止に陥り、亡くなってしまった。

「どうすれば自分の適量が分かるの？」とジェームズに聞いた。

ジェームズは手に持ったスポイトで宙にXを描く。頼りない怪傑ゾロみたいだ。「心配は無用。俺に任せてくれ」

「じゃあ、君が考えている量の半分にしてくれよ」。GHBは無味無臭だ。ジェームズが俺とニコールの洗濯室での一件を恨んでいるとしたら、今がリベンジのチャンスである。

「気に入るはずだよ。ちょっと酔った気分になるけど、酒みたいな悪酔いはないからね」

「了解」。怖いけれども了解した。リハビリ施設でトロイとアダムに尋ねられたことを思い出す。薬物依存も抱えているかと聞かれたので、酒やクスリに溺れたことはないと答え、「やり過ぎたときの自分が好きじゃないから、控えてるんだ」と2人に説明した。すると、トロイがアダムの背中を叩き、「ほら、俺の言ったとおりじゃないか。やっぱりニールは純粋なセックス依存だ」

トロイは俺の自己管理能力を褒めていたのか、あるいは自信不足を言い当てたのか。いずれにせよ、今は少しぐらいハメを外しても差し支えないだろう。

ジェームズはGHBをスポイトで吸い上げ、瓶のフタに少量を落とし、俺に差し出す。スワッピングの媚薬の儀式といったところか。15分後、ほろ酔い気分になった。そこで質問を思い出した。

「これは、その……ベッドでのパフォーマンスに影響あるのかな？」

「来いよ」とジェームズが言う。

ジェームズについて行くと、テーブルの上に液体入りの小瓶がある。「こいつは液状のバイアグラさ」とジェームズ。「まだ動物実験をパスしただけなんだけど、ネットで手に入れたんだ。液状だと、用量が正確に量れるから便利だよ。試してみる？」

「ヘンなものは混ざってないよね？　トリップとかしたくないんだけど」。実験用の動物を勃起させてどうしようというのだ。

「楽しい夜を演出するだけだよ」

「だったらいいけど、ちょっとにしてくれよ。凶暴になったらヤバいから」

俺の口にバイアグラが数滴、入る。マズい。これで準備は万端。ここに集う連中は基本的に信奉者だ。ミュージシャンではなく、セックスを崇拝している。

俺は何をしているんだろう。60年代後半、フリーセックスにはフリードラッグがつきものだった。おそらく古代ローマの酒宴バッカナリア以前から、サブカルチャーと名のつくものにはセックス前の儀式があり、緊張をほぐす方便として役立ってきたのだろう。それに、こっちのほうがタントラの集会よりもはるかに楽しい。俺はタントラの神聖な儀式をあれほど拒絶しながら、スワッピング前の不法ドラッグはやすやすと受け入れてしまった。モラルの欠如もはなはだしい。

いい気持ちでふらふらとホテルの廊下に出て、スワッピング以外のパーティー会場をいくつかのぞいていたら、GHBの効果も切れてしまった。別棟のファンタジー・タワーに移動し、いよいよスワッピング会場に到着した。

寝室が2つあるスイートルームに入る。中にはDJがいて、ストリップ用のポールが立っていた。部屋の中央を占拠しているのは白いシーツをかぶせた丸いテーブル。40人近い半裸の男女が集まり、みな仮装用の凝ったマスクをつけている。これほどたくさんのシリコン入りオッパイを見るのは初めてだ。ポルノ映画もかなわない。不思議なのは、誰一人セックスしていないことだ。

ドアの近くに、コスプレグッズの入った段ボール箱が置いてある。セージはその中から、カラフルな孔雀の羽根が付いた黒いアイマスクを選んだ。俺は映画『時計じかけのオレンジ』に出てきた長い鼻のついた白いマスクをつかみ、中世の道化師の帽子をかぶる。

「最後の一杯だ」。ジェームズはそう言い、俺たち全員にGHBを配った。そして待つ、何かが始まるのを。ほかの連中も同様らしい。部屋中に気まずさが漂う。誰も踊ろうとしない高校のダンスパーティーみたいだ。

そのとき、甲高くハスキーな声が響いた。「よおおお、ニール・ストラウスじゃないか！」

振り返ると、赤いバスローブ姿の男が白いマスクをつけて立っている。スリムな体つき、マスクの下からのぞく、がっちりしたあごと無精ひげ。まちがいなくコリー・フェルドマンだ。「俺のパーティーで何してんの？」

「君のパーティーなの？」

コリー・フェルドマンは『スタンド・バイ・ミー』『ロストボーイ』の子役として知られる俳優だが、最後に会ったのは7年以上前だ。初対面したのはマリリン・マンソンと本を書いているときで、当時のコリーはマリリンのお気に入りだった。と言っても、コリーをからかってばかりいたが。

「どうしてここに?」とコリーもビックリしている。

スワッピングに初めて参加することをコリーに話していると、クラブのダンスフロアで踊っていたブロンド美人が視界に入った。『ローン・レンジャー』の黒いアイマスクをしているが、それ以外は何も身に着けていない。ブロンド美人は円形のテーブルまで進み出ると、きびすをかえし、テーブルに腰掛け、脚を大きく開いた。それから体を後ろにずらし、テーブルの端で止まり、さらに大きく開脚。部屋全体をヴァギナに吸い込まんとばかりに、ポーズを取っている。

「それで、数をこなしに来たのかい?」とコリーは聞いた。

やっかいな質問だ。ここでは男同士が腹を探り合い、正当な理由で参加しているかどうか見極めようとしているように思える。何を正当な理由とするのかは分からないが、俺は幸いにも数をこなしたいわけではない。

「ありきたりのモノガミーではない、新しい男女関係を見つけるためだよ」

「だったら、これが究極の答えだ」とコリーはうれしそうだ。どうやら俺は合格したらしい。視界の隅に男の姿が入った。男は円形のテーブルに近づき、ひざまずくと、ブロンド美人の股ぐらに顔をうずめた。

「でも、どうして究極の答えなの?」

「ほれた女がほかの男に抱かれるのを見るのは最高に萌えるからさ」

「そうかもしれないけど、萌えたついでに殺意にも火がつくだろう」

「それが問題なんだ。折り合うのが難しい。ふつうは嫉妬や怒りのほうを感じるからね。ただし、そこをこらえて――」とフェルドマンは言いかけ、胸の高さにもってきた両手をへその下まで下ろし、重石をするようなジェスチャーをした。「――欲情に変えることができたら、2人の絆はものすごく深くなる」

あえぎ声が部屋中に響き渡る。視線を上げると、円形のテーブルの上で3組の男女が絡んでいた。女性のうち2人はテーブルに突っ伏し、バックから責められている。みんな、勇気あるトップバッターが出てくるのを待っていたに違いない。だが、これはスワッピングでも乱交でもない。男と女が、セックスしている男女のそばで、セックスしているだけだ。むしろプージャのほうがスワッピングに近かった。一部の愛好者にとって、スワッピングの極意は退廃的な雰囲気を味わうことにあるかもしれない。

二度目のGHBが効いてきた。さっきのほろ酔い気分とは違って、今度はもっと強烈だ。足元がふらつき、めまいがして、プージャにトライしたくなるほど上機嫌になる。

「あのテーブルは、わざわざここまで運んできたんだ」。コリーはテーブルを指差し、得意になる。その周囲では複数のカップルが交わっていた。「もともとガラスのテーブルがあったんだけど、そいつをどかして、あれを置いたんだよ」

意識を集中し、めまいが収まるのを待って、返事をする。「そりゃあ、その、グッドアイデアだったね」。しかし、どうして丸いテーブルがスワッピングに一役買うのか、さっぱり分からない。

「自分が何をしているのか分かっているつもりさ」とコリーは自慢げに言う。「クスリの代わりにセックスをやるんだ。ゆうべは6人の女と寝たよ」

コリーに取材したときを思い出した。彼の母子関係もてん綿だった。幼いころは母親に命じられて足を揉み、髪をとかし、風呂を沸かした。ステージママだった母親は社会的野心を満たすために息子を利用し、コリーが14歳になると痩せ薬まで飲ませたという。

リックなら、ここを「セックスジャンキーの溜まり場」と言うだろう。依存症の3大特徴は、ジョーンによると「慢性、進行性、日常生活への支障」だ。俺の場合、慢性かどうかはまだ分からないが、進行性であることは間違いない。日常生活に支障が出るかどうかは……夜はまだ始まったばかりだ。

俺の横に上半身裸の男が座った。男の連れは肉感的なブロンドだが、これまたシリコン・オッパイだ。ここでは豊胸手術が必須らしい。ブロンドは男のズボンを下げ、フェラを始めた。

「すっかり引き留めちゃって」と俺は遠慮がちに言った。そろそろ会話を終わりにしたい。

「いいんだ。俺はえり好みが激しいから」とコリーは言い、そのまま話を続ける。ある晩、コリーとガールフレンドは女優のパメラ・アンダーソンのホテルで一夜を過ごしたが、3Pに持ち込むことはできなかったそうだ。「パメラは同性とキスしたこともないんだって。うそみたいだろ？」とコリー。「でも、そのときパメラはラリっていたから案外、本音かもしれない」

俺のグループがそばに来た。やっとその気になり、本番を始めるようだ。「俺にかまうことはない。せいぜい楽しんでくれ」とコリーに言われてしまった。

俺は気まずくなり、「再会できて良かった」とボソボソ言いながら、グループに合流したが、すぐにご機嫌になった。欲情を隠す必要はもはやない。

いよいよだ。念願のグループセックスだ。しかも、相手は気の合う仲間。前回のプージャのように締め出しを食らうこともないだろう。主催者は知り合いだし、ポップコーンも置いていない。

セージにキスしようとしたが、マスクの付け鼻がセージの顔に当たってしまう。マスクが悪いのか、めまいのせいなのか。セージはクスクス笑うと、首を傾け、付け鼻をよけた。唇が重なる寸前に、今度はセージのマスクの羽根が俺の鼻をくすぐる。ファーストキスに没頭したいが、くしゃみが出そうだ。

ちょっと首をそらしたら、俺の帽子の先がジェームズの目を直撃した。ジェームズはジェームズで、マスクの選択を間違え、誰にもキスできない。セージとチェルシーがペッティングを始めたが、2人のマスクが俺とトミーをつつくので、2人して体を引く。

『アイズ・ワイド・シャット』をはじめ、妖しい仮面パーティーが出てくる映画では、どのゲストも優雅に、流れるように、なまめかしく交わる。しかし、実際はキスしようとするだけで付け鼻や羽根やツノや鈴が当たったり、刺さったり、邪魔になったりする。その光景はドタバタコメディに近い。

「こんなふざけたマスク、外しましょう」とニコールが言い出した。

現実は映画のようには行かない。

17

俺もマスクを外そうとしたら、セージに「つけていたほうがいいわ」とささやかれた。ほめられたのか、けなされたのか分からない（たぶん後者だ）が、言うとおりにする。

セージは俺の股間を握り、ズボンの上から愛撫を始めた。俺もセージのスカートの中に手を入れる。人差し指を挿入すると、すぐに愛液が滴り落ちた。

「この子、潮吹いてる！」とチェルシーが叫ぶ。それを合図に、ほかの3人がチェルシーの全身を愛撫し始めた。

「もっといい場所を探してくる」とジェームズが言う。

GHBの効き目がマックスに達した。見回すと、真っ最中のカップルがあっちにも、こっちにもいる。女たちは男の股間に顔をうずめるか、男の上に馬乗りになっている。単なるセックスではなく、パフォーマンスを披露しているのだ。

ジェームズの言ったとおり、これはポルノ映画の比ではない。

「空いてるベッドを見つけたよ」とジェームズが言う。5人一緒にベッドルームに移動する。何が起きるか見当もつかないが、GHB、シャンパン、液体バイアグラ、目の前で乱れるカップルのおかげで俺の興奮は最高潮に達していた。ニコールの美脚、チェルシーの巨乳、セージの潮吹き。これで男二人がいなくなれば、最高だ。こいつらは何を企んでいるのか分かったものじゃない。

ベッドの上で仰向けになる。フカフカなのが、ありがたい。めまいが少し楽になる。セージは俺の上にまたがり、腰を振り出した。チェルシーは服を脱ぎ、パンティ一枚になった。乳首にハート形のスパンコールが付いている。

トミーとジェームズがいたたまれなさそうにベッドの脇に突っ立っている。俺は少し体をずらして、ベッドにスペースをつくってやった。なんで、そんなことをするのか自分でも分からない。俺は今、3人の美女と楽しもうとしている。非モノガミーの3人が、ほぼ全裸でイケイケムードになっている。なのに、どうして2人の男に気を使わなくてはいけないのか。10年前は、こんな思いができるとは夢にも思わなかった。それがかなうなら、全財産を投げ出しても惜しくはなかっただろう。なのに、夢がかなったとたん、楽しむ代わりに席を譲ろうとしている。

チェルシーが俺の隣に横たわる。細身だが、下腹部の締まったナイスボディだ。スパンコールの付いた乳首がツンと立っている。「かわいがってやってくれ」とトミーが言う。

「かわいがる?」と聞き返した。スワッピングは初めてなので、マナーが分からない。あとで「枕を取ってやってくれ」という意味だったと分かっても遅い。

「『好きにしていい』ってことだよ」とジェームズ。「今夜は君が先発だからね」

「ただし、手荒なまねをしたら承知しないぞ。分かった?」とトミーが俺に耳打ちした。

こいつらは文字通り、自分の恋人を俺に差し出している。ナンパの修行中は一人の女とこういう機会をもちたくて懸命に努力した。それが今夜は3人だ。しかも、バカバカしい駆け引きは不要。翌朝、ナンパした相手にどう思われるか心配する必要もない。期待に胸が膨らみ、喜びと欲望と感謝と興奮とで頭が爆発しそうだ。ＧＨＢとバイアグラのせいかもしれない。分からない。だが、どうでもいい。これほどの極楽気分を味わうのは初めてだ。

「起きろ！」。男の絶叫が聞こえる。たぶん、ジェームズの声だ。

「寝ちゃいないよ」。自分の声が遠くに聞こえる。「寝ちゃいないよ」

目を開ける。濡れたトイレットペーパーが頭の中に詰まっているような感覚だ。くそ、気を失っていたのか。セージが馬乗りになっている。チェルシーは横にいる。チェルシーが甘い声でささやいた。「何かお持ちしましょうか？」

なんて気が利くんだ。まるでフーターズのウエートレスじゃないか。「食うものはあるかな？」

チェルシーは前かがみになった。彼女のバストが俺の胸に密着する。そして、さらに甘い声でささやく。「何でもあるわよ」

「やっぱり、水だけでいいよ」と俺は笑顔を返した。

チェルシーはじっとしたまま、水を取りに行こうともしない。（ラリっていない者にとっては）当然だ。彼女が提供したいのは水ではない。もうろうとする意識のなかで、脳細胞が輝き始めた。「ラメだ！」。自分の言葉がスローモーションのように聞こえた。チェルシーは戸惑いの表情を浮かべている。「そのラメ、素敵だね。どこで手に入れの？」

雑談している場合か。ここは「しゃぶってくれ」とか何とか言うべきだろう。脳の司令塔が機能しなくなった。これだからドラッグは嫌いだ。人がやるとカッコいいが、俺は違う。セージはとりあえず俺のズボンのチャックを下ろしている。いいぞ……。

「起きろよ！」。また、あの声だ。鼓膜にガンガン響く。

「なんで、さっきからそればっか言うんだよ」と俺は文句をたれた。声の主に目のピントを合わせると、やっぱりジェームズだ。正面では相変わらずセージが乗っているが、今は笑っている。

「セージの前で寝るなって」とジェームズ。「いびきかいてたぜ」

「反省しろよ。美女を相手に居眠りしたんだから」とトミーにも注意された。

「冗談だろ？」

「本当よ」とセージが言う。「しゃぶってあげようと思ったのに、あなた、寝入っちゃって、いびきをかき始めたの」

記憶がない。恐ろしいことだ。道理でレイプドラッグと言われるだけのことはある。どれだけ大いびきをかいていたか確かめたかったが、聞くのも恐ろしい。そこで野暮な質問をした。「勃ってた？」

「ええ」とセージ。

「すげえ、バイアグラって本当に効くんだ」

ふと気づくと、見ず知らずの男たちが壁際に一列に並んで、こっちを見ている。気づいたのも今が初めてなら、人のセックスをこれほどジロジロ見る連中も初めてだ。

ベッドから立ち上がり、頭を振り、脳内からトイレットペーパーを一掃しようとしたが、めまいはひどくなるばかり。いつの間にかマスクが外れている。どこへやったんだろう？　ジェームズがなにやら訳の分からないことをつぶやいている。ブレスミントを差し出すのを見て、分かった。たぶん俺の息が臭うのだ。

ジェームズは俺の口にミントを入れようとするが、気味が悪いので「自分で食べるよ」と言い、一粒もらった。「気をつけろよ」。ジェームズはそう言って、俺の手をそっと口元まで持っていく。ミントを落とされたら困ると言わんばかりだ。

せっかくの３Ｐは不発に終わった。俺はグループセックスの壊し屋なのか。何よりも情けないのは、目が開いているときよりも閉じているときのほうが進展があったことだ。ＧＨＢの記事をまた思い出す――確か、アルコールと併用しないほうがいいと書いてあった。

部屋を出ようとしたとき、壁際で見物していた男の一人が「ブリスのプロモーターです」とあいさつした。「あなたの活躍はよく存じ上げています。このコミュニティを気に入っていただけたと確信しています」

プロモーターは別の男を指差し、「彼もあなたの著書のファンでしてね」と言う。

壁際に並んでいた見物人たちは俺の醜態を見ていただけでなく、俺の素性を知ってやがる。俺は自分にいい聞かせた――乱交の最中に寝入るのもクールだぞ。もうセックスには飽き飽きというふうに見えなくもないし……。

プロモーターは、スワッピングに招待するカップルをいかにしてスカウトするか話し始めた。まずはクラブに出向き、カップルを観察して2人の関係性を見極める。それから目ぼしいカップルに声をかけるそうだ。「ポイントは女性がいい女かどうかです」とプロモーターは言う。「男のほうは10人並みのルックスで、嫉妬深くなければ、それでいいんですよ」

ジェームズに腕を引っ張られながら、スワッピングは俺に向いているかもと思った。こういう淫靡な休暇を年に何度か取れれば、一生モノガミーでも我慢できそうだ。ダイエット中に「息抜きの日」を設けて好きなものを食べるのと似ている。大昔の儀式的な乱交にも同じような効果があったのではないか。人肌恋しさを紛らわすための儀式。

「ほかの部屋ものぞいてみないか?」とジェームズ。

「今日はやめとくよ」と俺は遠慮した。

「Eをやったら、眠れないぜ」

「そんなの、やらないよ」

「もう遅いだろ」

「どういう意味?」

「さっき飲んだじゃないか」

「はあ?」。いつの間にE（エクスタシー）を飲んだんだ? 気を失っているとき? いや、ありえない。寝込んでいる俺に飲ませるのは至難の業だ。

「さっきのブレスミントだよ。知ってるのかと思ってた」

「ただの口臭予防だと思ってたよ」

「心配するな。純度の高いやつだから。ただし副作用があって、勃ちにくくなるんだ。それに大量のバイアグラと併用すると危険だし」

「だったら、なんで飲ませるんだよ!?」。こいつは完全にイカレてる。『バットマン』に出てくるジョーカーみたいだ。訳が分からない。「そんなことしたら、ここに来た意味がないじゃないか!」

「そんなことはない。女の子はそういう男が好きだし、興奮するし」

「エクスタシーの効果はどのくらい続く?」

「5時間かな」

ああ、なんてこった。

18

部屋を出て、エレベーターで下の階まで行き、動く廊下の上を歩く。廊下が終わったとたん、足に来た。エクスタシーが回ってきたのだ。

セージの背中に手をつき、そのまま手を這わせて肩をつかんだ。何かにつかまっていないと立っていられない。

セージはイラっとしたようだ。

「何なの?」と言いながら肩をゆすり、俺の手を振り落とす。

振り落とされた手がセージの肩に戻る。しっかりつかまらなくては。「完ぺきに回ってきちゃった。君はどう?」

「ぜんぜん」

「飲まなかったの?」

「飲んだけど、前にも大量にやったことがあるから」

「大量って、どのくらい?」

「腸がパニックを起こすくらい、とだけ言っておくわ」

ホテルの本館に戻り、ジェームズの目当ての部屋を探す。目の前にじゅうたんが広がっている。以前もベガスでハイになり過ぎたことがある。一つだけ記憶に残っているのが、こういうホテルのじゅうたんだ。同じようなじゅうたんが延々と続いている。どこまでも、どこまでも。果てしない。じゅうたん。

ある部屋の前に到着した。俺たちを出迎えたのは上半身裸の男。室内は蛍光シールだらけだ。小柄なブロンドの女性の人工巨乳にも2枚ついている。

「上着ぐらい脱げよ。みんな厚着だなあ」と男は言う。

その場に立ち尽くしたまま、部屋を見回す。キラキラ光るシールが壁にも、ステレオにも、冷蔵庫にもベタベタ貼ってある。突き当たりのベッドルームではテレビ画面にアダルトビデオが流れていた。「どうして、この状況でアダルトビデオを流すかねえ」とニコールに話しかけた。「興ざめだよ。ポルノはフィクションで、こっちはノンフィクションと言っているようなもんじゃないか」

「どうしてかしら。でも、品がないわね」

「どうせならCNNでも見りゃいいんだ」と俺は続けた。「そっちのほうがセクシーだぞ。ニュースを見て、つまらない連中をコケにする。こっちはこんなに楽しいぞってね。戦争だの死人だのを見ながら、こっちは人妻とやってんだぞーってさ」

ハイになると、陽気になるやつがいる。人に絡んだり、スケベになったり、泣き上戸になったりするのもいる。俺の場合は理屈っぽいオタクになる。特に幻覚剤をやると、頭のセンサーが利かなくなる。それが俺だ。人が受け入れなくても、自分は受け入れるしかない。

「奥のほうを見せてもらいましょうよ」とセージが言う。

俺はセージの腕にしがみつき「ここにいてくれ！」と頼んだ。もう一方の手でテーブルの端をつかみ、テコでも動かないというポーズを作る。「いやだよ。ポルノなんか見たくない！」

「じゃあ、どうしたいの？」

いよいよヤバイ。もっと支えが欲しい。「俺の頭を両手で、その、何とかしてくれないか？」

セージは腫れ物にでも触るように、薄くなった頭に両手を添えた。

「そうじゃなくて、もっと……しっかり押さえて」

セージが手に力を込めている。安定感が増した。

「手を離すなよ」と命令口調になった。セージの手のぬくもりが頭皮に伝わる。ひょっとして俺は非モノガミーのパートナーを見つけたのではないか。ニコールに紹介されたときから、セージが他人とは思えなかった。確かに「面識」はあった。しかし、肝心なのはこういう状況をなじみのカップルのように共有しているという事実だ。それにセージはチェルシーやニコールに嫉妬することもない。愛の巣での共同生活に誘ってみようか。セージはすでに経験者だ。申し分ない。セージなら申し分ない。

これもエクスタシーのなせる業か。もっと冷静にならなくては。勢いに任せて告白すれば、ドン引きされるかもしれない。早まっちゃダメだ。俺は雰囲気に流されているだけかもしれない。セージもそうかもしれない。全てがそうなのかもしれない。

太った男がパッツンパッツンのTシャツを着て、廊下のソファの上で伸びている——せっかくのチャンスを棒に振り、前後不覚になって。

「スワッピング・パーティーで伸びるなんて、よほどラリってんだな。バカなやつだ」とセージに言った。

セージは呆れて俺を見る。そのとおり。俺もかなりラリってる。

「場所を変えよう」とジェームズが言う。理由は分からないが、そうするのがいちばん良さそうだ。

セージは相変わらず俺の頭をサンドイッチしながら歩いている。どうして二次会を求めてうろつかなくてはいけないのか。この6人はエクスタシーのブレスミントを食ったセックスの猛者だ。俺たちが歩くパーティーだ。みんなにそう言った。

「完全にハイになっちゃった」とニコールに言う。セージはまだ俺の頭を支えている。

「分かってるわ」とニコール。

なんで分かるんだろう？　そんなにバレバレ？　「どうしてみんなはハイじゃないの？」

ニコールが苦笑する。

「チキショー、俺はあの男と同じだ。ド素人だ‼」。ニコールがまた苦笑した。「ねえ、手持ちぶさたなら、俺の頭を支えてよ。今、すごく必要なんだ」

6人でホテルの廊下をひたすら歩く。セージとニコールの手が離れないように祈る。歯を失った気がしてきた。エクスタシーの効き目は強くなる一方だ。「効き過ぎたよ」みんなにそう言った。

「大丈夫よ」。ニコールが、雷にビビる子どもをなだめるように俺に言う。

黙ってじゅうたんの上を歩く。いつだってじゅうたんだ。無限の廊下に敷き詰められた無限のじゅうたん。始まりもない。終わりもない。出口もない。

やっとドアが見えてきた。ドアが開く。ドアの向こうはフローリングの床だ。良かった。

部屋に入る。俺の頭はまだ支えられている。ありがたい。首から下は消えかかっているからだ。

部屋の奥にソファがある。柔らかそうだ。ソファが手招きしている。俺を呼んでいる。

「座ろうか？」と頭を支える2人に聞いた。

とたんに不安が押し寄せた。下心があると思われたらどうしよう。「ダメ、ダメ。そりゃまずい」と俺はつぶやいた。

「やっぱり、ここに立っていよう」

しかし、思い直した。そもそも下心があるから、こういう集まりに来たのではないか。「ダメ、ダメ。やっぱりソファに座ろう」

ソファまで移動し、3人で座る。やれやれ。やっと3人でくつろげる。記念撮影と行きたいところだ。「写真でも撮る？」と俺は提案した。「カメラはどこ？」

「三脚を取ってくるよ」とトミーがやけに意気込む。

トミーが俺たちの3Pを連写するイメージが突然、頭に浮かんだ。そんなものをネットにアップされたら一大事だ。破廉恥な画像は、たとえSNSのプロフィール画像に使われるだけでも他人に共有され、ブログに投稿され、どこまでも拡散する。しまいには俺の名前でググれば、検索結果のトップに表示されるだろう。

今はネットワークとアーカイブの時代だ。失態の証拠は本人が死んでも、なお残る。

「いいよ」と俺は引き止めた。「気にしないでくれ」

「それじゃ、チョコレートでもどう?」とトミーが勧める。「これ、いけるぜ。初めて味わう食感じゃないかな」

トミーがエキゾチックな板チョコを割り、全員に配る。美味なチョコなら歓迎だ。今の俺には酔い覚ましになるだろう。ところが口に入れた瞬間、違和感を覚えた。首から下がないのに、胃にモノを入れようというのはおかしくないか。チョコレートのかけらが口の中をさまよう。レントゲン写真に写った、胃の中のコインみたいに。

「ダメだこりゃ」。俺はセージの手のひらにチョコを吐いた。「飲み込めないよ。体が受けつけないんだ」

セージは俺の顔を見て、自分の手を見て、黙り込む。これで完全に愛想を尽かされた。俺は一人じゃないと思い始めた矢先だったのに。セージをメインパートナーにするつもりだったのに。2人でパリに行ってアンに会い、ベルも交えてファーザー・ヨッドの愛の巣をつくり、世間の常識に外れても幸せになれることを証明したかったのに。

それなのに、唾液交じりの溶けかかった茶色い汚物をセージの手に吐き出してしまった。

「オレンジジュース、飲もうよ」とみんなに提案する。「ビタミンCが入ると、もっとハイになれるぜ!」。冗談じゃない。なんで、そんなことを口走ったんだ? 照れ隠しなのか。それとも、この前頭葉はダニエル・エイメン先生が診断した以上にイカレているのか。チェア・テクニックをやり直したほうがいいのかもしれない。いや、やり直さなきゃダメだ。とにかく俺の言動は正常じゃない。でも、これが本当の自分だったらどうしよう。ただの異常者だ。

チェルシーとトミーが新婚旅行の話をしている。セージと俺を招待したいという。俺たちはカップルとして認定されたらしい。

「セントクリストファー島の俺のマンションを使ってよ」と申し出た。カリブのセントクリストファー島では特定の不動産を購入すると、市民権を得ることができる。俺は印税の前払いを全額はたき、現地にマンションを購入した。ほぼ衝動買いだったので、今となっては自分でも何を考えていたのか定かでない。「エクスタシーのせいでデタラメ言ってるわけじゃない。本気で言ってるんだ」

みんな笑ってる。たわごとだと思っているのだ。

「本当だよ」とむきになった。「明日、改めてメールするから」

気まずい沈黙が流れる。俺はソファで伸びていたあのデブと一緒だ。俺の声だけが静まり返った部屋に響き渡る。みんなセックスしたいのだ。なのに、聞こえてくるのは「俺ってヤボだからさ～」という自分の声ばかり。

「俺っておもしろい？ それとも、ウザい？」とセージに突っ込む。返事は欲しくない。セージに嫌われていないか、バカ丸出しになっていないか、それだけ確かめたかった。セージは困った顔をしている。

「それとも、両方かな？」。答えやすいように選択肢を増やしてみた。

「ええ、両方じゃないかしら」。セージが力なく笑う。

胸にナイフが突き刺さったようだ。ああ、しょせん俺はヤボでウザったいろくでなしだ。その引け目をごまかすために、両隣の美女にキスした。

この引け目が、この10年間の俺を象徴している。

セージにキスする。ニコールにキスする。股間が反応した。「さっきのエクスタシーに関する警告だけどさ――ラッキーなことに的外れだよ」とジェームズに突っ込んだ。

「何を言ってるんだ？」とジェームズがけげんな表情をする。

「別に」。クソ、俺ははた迷惑な男だ。スワッピングに呼んではいけない男だ。ここでも締め出されるかもしれない。

「疲れちゃった」。セージが俺の頭から手を離し、ソファに横になる。寝かせるものか。ここで寝られたら、俺たちは終わりだ。セージをパートナーすることもかなわなくなる。是が非でも目を開けていてもらわなければ。寝かせない方法なら、一つある。俺はセージのパンティに手を入れた。

「爪が食い込んで、痛い」。セージがクレームをつける。

いつから、そんなに不機嫌に、敏感になったんだ？　俺は乱暴なことはしていないぞ。むしろ、優しすぎるくらいだ。そのときハタと気づいた。俺はエクスタシーのせいで完全に現実感を失っている。だったら、本当に爪が食い込んだのかもしれない。すぐに手を引っ込めた。

「チェルシーのロデオ、一緒に見ようよ」とトミーが提案する。

「賛成！」と俺。美女が電動式のサドルにまたがり、よがる姿を見たくないわけがない。

トミーはバッグの中からアダルトグッズを次々と出す。訪問販売員とエッチなサンタクロースを兼ねているようなやつだ。バイブレーター、潤滑ゼリー、装具。楽しいショーの幕が開く。俺は最前列を確保した。

問題はこの頭だ。優しくケアしてほしい。

「ロデオを見る間、また頭をギュッと押さえてくれないか？」とセージに頼む。

「私、部屋に戻る」

しまった、完全に機嫌を損ねてしまった。イカレた頭のせいだ。この頭がパートナー候補を遠ざけている。だが、打つ手はある。「部屋まで送るよ」

「いい。大丈夫。一人で戻れるから」

やっぱり、打つ手はなかった。

今夜のセージはやけに気まぐれだ。興奮して、はしゃいだかと思えば、つれなく不機嫌になる。「愛と共感のドラッグ」と言われるエクスタシーをやっていながら、女に肘鉄を食らうとは、さすが俺だ。俺はバニラだ、バニラの典型だ。

今夜は十分に楽しんだ。そして十分に恥をかいた。

「俺も部屋に戻るよ」と宣言した。

「本当に見ないの？」とトミーが念を押す。セージが部屋に帰ると言い出したときよりも、さらにがっかりした様子だ。

俺は「夜が明ける前にベッドに入らなくちゃ」と言い訳し、ニコールを見た。今夜のパーティーに誘ってくれただけでなく、この俺によく耐えてくれた。「幹事としてもガイドとしても最高だったよ。エクスタシーのせいで言ってるんじゃないぜ」

「ありがとう」

つれない返事だ。俺の言うことが信じられないのだろう。どうしたら妄言ではなく本気だと分かってもらえるだろう？　方法は一つ。

「本当だよ。明日、改めてメールを入れるからさ」

その晩、ベッドに入って考えた。ジェームズは「洗濯室事件」の仕返しとして、俺に一服盛ったのではないか。ニコールやみんなの前で俺に恥をかかそうと企てていたのかもしれない。

目が覚めて、その答えが分かった。スマホを見ると、ジェームズからメールが来ている。受信時刻は朝の5時13分。みんなと別れた後だ。「よお」で始まる本文には「このベッドに君もいてくれたら良かったのに。次回は俺たち3人だけで会おう」と書いてある。

俺を恨んでないのは明々白々だ。ジェームズは俺を辱めるつもりはなかった。俺を辱めたのは俺自身だ。

19

「地獄がどんなところか思い知っただろう？」。ブリスの話を聞いたリックが言う。

俺はリックの自宅のテラスに座り、ジンジャー・ティーをすすっている。ここはリックと同じだ。静かで、平和で、のどかである。ベガスとは大違いだ。「だけど、いいところもある」と俺は言った。「あの人たちはいいとこどりを知っているんだ。パートナーと親密な愛情関係を築きながら、浮気や愛人に走るのではなく、一緒にアバンチュールを楽しんでいる」

「連中は何が『いいとこ』なのか分かっちゃいない！　依存心と悪習慣と空虚感からそうしているだけだ。気温40度のベガスに集まってくるのは、かなり病んでる連中だよ。そもそも不健全な場所だし、自己評価の低い人間の集会としか思えんね」

俺にとって、リックは良心のかたまりだ。だが、今は良心など欲しくない。目を閉じるたびに、あの快楽のパノラマがまぶたに浮かび、希望を与えてくれる。スワッピング反対派は間違っているという希望、そして、非モノガミストにはまっとうな成人がたくさんいるという希望だ。げんに、心身共に魅力的な女性がいた。「女神」を自称したり、宇宙人と交信したりしない女性がいた。セージのようにさばけた女性がいた。

俺はブリスから戻ったあと、さっそくチェルシーにメールし、改めてセントクリストファー島に招待する旨を伝えた。ニコールにもお礼のメールを送り、幹事を努めてくれた労をねぎらった。ブリスでの発言を信じてもらいたい一心で。すると「名幹事」のニコールはサンフランシスコのホームパーティーに誘ってくれた。同好の仲間をさらに紹介してくれるという。

「忘れてもらっちゃ困るよ。目的は幸せに続く道を探すことなんだから」と俺は反論した。「スワッピングが合っているかどうかは別としても、俺にとって正しい方向であることは間違いない。おかげで四六時中、罪悪感を抱えることはなくなったよ。それに誰も傷つけないしね」

「自分を傷つけているぞ」とリックが指摘する。「おまえは体質に合わない、好きですらないドラッグに手を染めた。その結果、どうなったか。ハイになって、根の深い問題が表面化したんだ。つまり、柄に合わない世界に身を置いているこに気づいた。おまえにとってセックスは現実逃避のためのドラッグに過ぎない」

「そのとおりかもしれない。だけど、依存症の治療は何の解決にもならなかった。それにひきかえ今回の経験はうそ偽りのない自分に気づかせてくれた気がする。だから、しばらくこの幸せに浸って、様子を見ようと思う。全く未知の世界だし、まだ初心者だから、多少の失敗は仕方ないよ」

リックは首を振りながら、言った。「おまえはリハビリ施設を出るべきじゃなかった」

リックと別れた後、アダムに電話して近況を聞く。グループカウンセリングは恋しくないが、グループのメンバーは恋しい。

アダムの夫婦関係はさらに悪化していた。「針のむしろだよ。幸せそうに振舞っているけれど、本当はちっとも幸せじゃない。しょっちゅう妻に拒絶されているように感じるんだ。『俺に、その日の出来事を最後に尋ねたのはいつだった?』と聞いたら、妻は思い出せなかったよ」

アダムが浮気をしたのも不思議だが、それ以上に、一回しかしなかったことも驚きだ。

妻が自分を理解しようとしない、雑談に応じない、会話が成立しないほど不満を募らせている、迷惑電話のようにぞんざいな扱いをする、口を開けば責め立てる――そんなときは愛人が欲しくなる。潤んだ瞳で見つめてくれる相手、耳をダンボにして話を聞いてくれる相手、肌を求めてくる相手、キスするだけで濡れる相手――つまり、こちらの存在に感謝し、罪人ではなく授かり物のように扱ってくれる女性だ。それは「夫の顔を見るのも嫌」と言い出す前の、昔の妻の姿である。

以前、トロイに聞いたことがある。よりによってカウンセラーの彼がなぜ浮気をしたのかと。「不倫は結婚生活の穴を埋めてくれるから」とトロイは言った。

「そもそも奥さんは分かってるのか？　夫を浮気に追いやったのは自分だってことを」

「さあね」とアダムがため息をつく。「俺はセックスなしでも生きていけそうだけど、愛情だけは必要だ。もう一年以上たつのに、妻は俺と一緒に教会に行こうともしない。いまだに不倫の細かい内容を蒸し返そうとするんだ。それに、その、俺のパソコンに来たメールは全部『既読』になってる。妻が先に読んでしまうんだよ」

「生き地獄じゃないか。君にとっても、奥さんにとってもね。そういうのをロレインは何て呼ぶか、知ってる？」

「知らない」

「『トラウマ買い』。そんなことをしたら、奥さん自身が癒されない。トラウマを繰り返すだけだ」

「今の妻はまさにそれだよ。俺の親父もあきれてる。同情するって言ってた。そんな夫婦関係をよく続けていられると」

「じゃあ、どうして別れないの？」

アダムのいら立ちがあきらめに変わる。「どうしても踏み切れない自分がいるんだ。離婚するくらいなら、ここで一生、針のむしろに座っているほうがましだよ。子どもたちがいるからね」。14歳と16歳の子どもだ。「すべては子どものため。それが自分なりの結論かな」

これを結婚生活と呼べるのか。いい年をした大人2人が恨みつらみを募らせながら鎖につながれている。人類が何かの産物だとしたら——その何かが進化なのか、神の思し召しなのか、宇宙人ポリアモリストの実験結果なのかは知らないが、どうして家庭を一緒に築く相手や一緒に子孫を残す相手と仲良くできないのだろう？　それは選ぶ相手を間違えるからだ。

「仲の悪い父親と母親が一緒にいることが、本当に子どものためになると思う？」。俺は思わず詰め寄った。

「それでも子どもの手本になると思うか？」

アダムはしどろもどろになった。そのとき、なぜ自分がムキになるのか分かった。俺自身がアダムの子どもなのだ。親父と母さんはほとんどソリが合わず、互いの嫌な面を引き出し合っていた。なのに、どういうわけか離婚しなかった。子どものころ、2人が離婚し、違う相手を見つけて幸せになることを願った。俺は今、親父ができなかったことをアダムに促し、幼少期の気持ちに決着をつけようとしているのかもしれない。

「ところで、ほかの連中はどうしてる?」と話題を変えた。「何かおもしろい進展でもあったかな」

「俺の口から言うことじゃないから、とにかくチャールズに連絡してやって」

20

ミッション地区のメキシコ料理店に集合したのは「ライフスタイル」のカップルだけではない。共同生活を営む擬似家族や非宗教系のポリアモリー実践者も、このテーブルを囲んでいる。いずれもニコールとジェームズが俺に紹介するために呼んでくれた人たちだ。この一週間、毎日チャールズに電話をしたが、つながらなかった。良からぬことが起きたのではないかと気にかかる。

俺がこの店に到着したとたん、チェルシーが熱烈なキスで迎えてくれた。ベガスのときとは打って変わって、今日のファッションはハイソな若妻という雰囲気だ。現代においてピンヒール、タイトなワンピース、つけまつ毛、メイクは四種の神器である。女を上げるだけでなく、男たちの意識をも変えてしまう。顔の造作は関係ない。結局、男が引かれるのは美よりも落としやすさだからだ。

トミーは相変わらずのツンツンヘア。ジャストサイズのシャツを外に出している。ベガスのときと同じスタイルだ。というより、同じ服を着ているかもしれない。トミーの隣に座っているのは貫禄のある大柄な紳士。ステファノスという名で、禁酒法時代のマフィアを思わせる。ニコールによると、この紳士はサンフランシスコ・アーモリーで開かれるマニアックなパーティーを毎週撮影しているという。サンフランシスコ・アーモリーはもともと兵器庫だったが、ポルノ界の重鎮が買い取り、その一部をアダルトサイトの撮影スタジオに改装した。

集まった顔ぶれを見ていると、これから何かデカいことが――俺がずっと夢見てきたことが起こりそうな予感がする。

「セージから連絡はあった？」とニコールが聞く。

「いいや。そっちは？」。俺はセージの電話番号すら教えてもらっていない。

「こっちもベガス以来、音信不通になっちゃって」

セージにはさんざんな思いをさせてしまった。彼女に本気だったのに。

だが、あのときはエクスタシーも入っていた。だから、新品のドアノブにも簡単にほれてしまったかもしれない。

唯一、空いている椅子に座った。隣はジェームズだ。あの晩、ジェームズが送ってきたメールの真意を聞いてみた。俺を口説きたかったのか、それともニコールを提供したかったのか定かでなかったからだ。しかし、後者が正解だとすぐに分かった。「俺、親父に捨てられたから、同性に認められたい気持ちが強いんだ。セクシーな恋人を共有するのは、そのための方便さ」

驚いた。スワッピングは本で読む以上に奥が深い。男にとって「ライフスタイル」の目的は、不特定多数の女を抱くことだと思っていた。しかし、ジェームズのような連中にとっては、付き合ってる女を自慢することも目的の一つなのだ――見ろよ、いい女だろう。彼女は俺を愛してる。俺にはそれだけの価値があるからね。おまえも俺をリスペクトするなら、彼女を貸してやってもいい。だけど図に乗るな、彼女をコントロールできなくなったら困るからな。そうなったら俺の心は傷つくし、はかない自信が揺らいでしまう。

リックの言うとおり、スワッピング愛好家は病んだ連中なのか。げんにジェームズは他人の賞賛を求めている。「ゲイだったら、めちゃくちゃ幸せだったろうなあ」とジェームズは続ける。「僕が欲しいのは男の敬意だからね。僕とニコールと第三の女性とで複数恋愛していた時期があったけど、一番うれしかったのは3Pじゃない。両手に花でクラブに繰り出し、男どもの羨望を集めることだったんだ」

ブリスでジェームズやトミーに恋人を押しつけられたわけが、これではっきりした。スワッピングは男同士の究極の親睦会なのだ。

俺は来週のパリ行きのことを話し、現地にライフスタイルのネットワークがあるかどうか、みんなに聞いてみた。「パリの『ライフスタイル』は別次元だよ」とジェームズが教えてくれる。「仲間内では『スイッチング』と呼んでる。カップル単位のイベントよりも、もっとオープンなんだ。いい女性を紹介するよ。彼女も作家だし、おまけに美人だ」

「それはうれしいな」と感謝した。トミーとチェルシーが俺をチラチラ見ながら、なにやら内緒話をしている。

「スワッピングしか経験したことがないからと言って、それを唯一の選択肢だと思うのは間違いだ」。威厳をたたえた静かな声がテーブルの端から聞こえてきた。その方向に目をやると、まだあいさつしていない男が座っている。蒼白くシャープな顔立ちにロングの黒髪。首に黒いチョーカーをつけ、ソフトでうつろなまなざしをしている。

男はペッパーと名乗り、オネエ系のゴスを自称し、ポリアモリーとSMの実践者であると宣言した。リハビリ施設でもそうだったが、レッテルは磁石と同じで人の耳目を引く。だが、箇条書きしたメモを読み上げるように自己紹介するのはいかがなものか。

ペッパーの両親はオープンな夫婦だった。ペッパー自身はモノガミーを試したものの、うまくいかなかったので、両親に習うことにした。現在は8年越しのメインパートナー、4年越しのセカンドパートナー2人と共同生活を送り、ほかに恋人が4人いる。メインパートナーの女性にも愛人がおり、共同生活に参加したがっているので、メンバーに入れてやるつもりだという。

　これが、何でもありの時代の恋愛スタイルだ。

「そういう関係を維持していくために、具体的なルールを決めたりしている？」とペッパーに聞いた。

「ポリアモリーや非モノガミーを貫いている人たちにはルールというよりポリシーを重視する傾向がある」とペッパーは言う。不自由な青年期を送った俺はルールとポリシーの違いに大いに共鳴した。「僕が思うに、ポリシーとはパートナーのパートナーを尊重すること、嫉妬をあおるようなまねはしないということかな」

「それでも嫉妬の問題が起きたときは、どう対処している？」

「相手を失う不安を解消できれば、自然とやり過ごせる」。ペッパーの口調は抑揚がなく、ほとんど機械的だ。嫉妬が気にならないのは、生まれつき感情の起伏がないからではないか。「例えば、パートナーが自分から離れていくのは2人の仲がうまく行かないからであって、鞍替えされたからではない。なにしろ一対一の関係を卒業したんだから、二者択一の必要はもうないんだ。二者の両方を選ぶこともできる」

「その発想、いいね」と俺は感心した。「だけど、君のような家庭で育った人間でなければ、旧態依然としたモノガミーを卒業するのはたやすいことじゃない。俺の知り合いの既婚者たちは公然と愛人をもつよりも、隠れて浮気をするほうがラクだと思うだろうね。愛人の存在が妻に知れたら、妻を傷つけると思っているから」

「大抵の人にとって、罪の意識や背信の意識は強烈だから、割り切るまでに数年かかるものだ」とペッパー。

「だからこそ、パートナーを増やす過程では、どのパートナーとも正直に何でも話すことが大切だと思う」

　ペッパーもロレインと同様に信頼に足る専門家だ。ラストネームが「ミント」というのは少し気になるが。彼は「歩く用語辞典」といったふうで、聞いたこともない表現を次々と口にする。「修業期間」とはオープンな関係に同意したカップルが、その後の課題や試練を乗り越えるまでの期間（通常は2年）を言う。「バーチャルオープンの歓喜」はオープンな関係を公言するカップルが浮気の自由を得たことだけで満足し、実践が伴わないケースだ。「ジェラシーテスト」というのもある。このテストに合格するには、自分のほかに恋人や愛人のいる相手と真剣に交際しなければいけない。「液体関係」というのは避妊具なしでセックスできる関係。「拒否権の発動」は自分以外のパートナーと手を切るように要請する権利のことだが、ペッパーいわく、この権利を行使すると問題が解決するどころか大きくなるという。また、ポリアモリー界の「カウボーイ」「カウガール」と呼ばれる男女は人のパートナーと関係をもったのち、首に縄をかけるようにして、そのパートナーを独占しようとするタイプだ。

ペッパーの話を30分聞くだけで、ポリアモリー大会を最後まで見学するよりも勉強になった。ペッパーに礼を言い、電話番号を教えてもらう。

散会したあと、「残念だったな。君とじっくり話ができなかった」とトミーが声をかけてきた。

「ああ、でもまたこっちに来るから」

「このあと、予定ある？　実はチェルシーのロデオを君に見せようと思ってたんだ。ベガスで見損ねただろう？」とトミーが軽い調子で言う。エクスタシー入りのブレスミントを勧めたときと同じだ。

チェルシーはチャーミングだが、トミーはどうも苦手だ。初めて会ったときから婚約者を押しつけてきたからかもしれない。意味もなく現金を握らせようとする、ありがた迷惑の人と同じだ。こいつは何か企んでいるんじゃないかと疑いたくなる。しかし、わざわざ車を飛ばしてここまで来たのは、男女関係の新しい形を模索するためだったら、トミーの申し出は新しい男女関係をライブで見学する、絶好のチャンスである。

「明日、朝一番で帰らないといけないんだ」と俺は前置きした。「さて、どうしようか」

結局、俺が借りているウイークリーマンションにトミーが押しかけてくることになった。俺は拒否しなかった。

21

トミーとチェルシーがウイークリーマンションの駐車場に到着した。２人が乗ってきた白いバンは連続殺人鬼が好みそうな、窓がほとんどついていないタイプだ。トミーはバンの中からアタッシェケースやボストンバッグを次々に取り出す。ベガスに持ってきたのと同じものだ。その場でアタッシェケースの一つを開け、バイブレーターのコレクションを俺に見せた。中サイズのピンク色もあれば、特大サイズの黒いやつもある。男２人が夜の路上で男根のレプリカを覗き込んでいるのだから、異様な光景だ。

「これ、全部、売り物？」。気まずい沈黙を破るために俺は尋ねた。

「レンタル用だ」とトミーが訂正する。

「アダルトグッズをレ、レ、レ、レンタルするわけ？」

これほど気持ちの悪い商売は、たぶん聞いたことがない。使い回しのアダルトグッズを求めるのは、よほど怖いもの知らずのスワッパーだけだろう。病原菌を含んでいるかもしれない、他人の体液がベッタリついているのだから。

「使用後は必ず洗浄して消毒している。当然だけど」

「そりゃ、当然だ」

話を聞いていると、トミーは儲けたくて商売をやっているのではないことが分かってきた。この商売のうまみはさまざまな乱交パーティーに出入りできることなのだ。そこで薬売りのように店開きし、女性たちにグッズを試すように勧め、会場を18禁のマルチ販売会にする。トミーの「レンタル用アダルトグッズ」は聞こえは悪いが、カマラのプージャと同様に期待をあおる。

トミーは商売道具をすべてリビングに運び込み、準備オーケーと宣言した。そのとき気づいた。俺はこいつの素性をまったく知らない。ニコールやジェームズがこいつをどの程度知っているのかも知らない。確かベガスではスワッピング初心者と自己紹介していたが。

トミーが開けたバッグには色気とは縁のない代物が詰まっていた。まるで50年代の研究所から盗んできた実験器具のようだ。その使用目的は、刺激に飢えたマゾヒストに強度の違う電気ショックを与えることだという。別のボストンバッグには厚手のナイロン製の黒ひもがぎっしり入っている。ホラー映画の小道具といったところか。どうやら俺は連続殺人鬼かセックス産業のサイコパスを招き入れてしまったようだ。

一番の目玉は騎乗式の電動バイブレーター。1台1300ドルの値が付いた、アダルトグッズ界のキャディラックである。トミーは床の上に毛布を広げた。ピクニックをするのか死体を包むのかは分からない。そして、毛布の上に大型バイブレーターを丁寧に設置し、その上にゴム製の座面を乗せた。座面には、円柱の消しゴムみたいな突起物が付いている。

次に、丁寧に折り畳まれたラップ材をアタッシェケースから取り出し、それを広げて座面に密着させる。バイキンよけのつもりかどうかは分からないが、そこに座るのが俺でなくて良かった。

チェルシーはスカートをたくし上げ、バイブレーターにまたがる。

「見ろよ、あのケツ！」とトミーが叫ぶ。

さっきジェームズと話したおかげで、トミーが同性の賞賛を求めていることが分かった。そこで「ああ、芸術品だね」と調子を合わせる。

「好きに動かしていいよ」とトミーが指差したのは正方形のリモコンだ。リモコンのダイヤルには0から100まで目盛りが付いており、バイブレーター本体と黒いコードでつながっている。

ダイヤルを回し、振動レベルを25まで上げると、座面の動きが速く小刻みになった。男の指ではこうはいかない。チェルシーがよがり声を上げる。耳の毒だ。全身を流れる血が「常識と警戒心」の脳から「本能と衝動」の下半身に集中する。

レベルを30にすると、チェルシーは肌を紅潮させ、天を仰いだ。どれほど気持ちいいのか分からないが、とにかくうらやましい。体の構造上、男には味わえない快感だ。男性用の騎乗式バイブができたら、掃除機のノズルみたいな形状になるだろう。ノズルの内側は柔らかく湿り気があり「あなたのは大きくて最高」などと音声が流れるに違いない。

トミーがチェルシーの背後でひざまずき、肩や腰をなでながら、ときどき尻を叩く。しばらくすると、「選手交代しよう」と言った。

これも台本のうちなのだ。2人は夜の演出をわきまえている。最後に俺を縛り上げ、バイブ責めにしないように願いたい。このカップルは寂しい男に狙いをつけては「俺のカノジョが高いオモチャで遊ぶのを見てよ」と声をかけてきたのだろう。

トミーにリモコンを渡した。レベルは50に引き上げられた。本体の動きは異様に早くなり、チェルシーの興奮も別次元に突入する。

「良かったら触ってやって」とトミーが勧める。

恐る恐るチェルシーの背中や腕をブラウスの上からなでた。興奮したチェルシーは俺の両手をつかみ、自分の胸に当てた。

トミーが振動レベルをいったん下げ、チェルシーがその間にブラウスとブラジャーを脱ぐ。再びレベルが上がり、100に達すると、シリコン入りのバストが激しく揺れた。チェルシーの絶叫は快感か苦痛か区別がつかない。が、振動のレベルが再び下がると、セクシーな半開きの唇から「もっと強く」と声が漏れた。顔もバストも濃いピンクや淡いピンクに染まっている。そのときチェルシーの手がコブラのように伸び、俺の股間をわしづかみにした。

トミーに視線を送り、許可を求める。これから何をやろうとトミーを尊重していることを分かってもらうためだ。

「こいつには手を焼いているんだ」とトミーは言い、戦友のように俺を見て、うなずいた。「一晩で14回もイッたことがあるからね。君が引き受けてくれて感謝するよ」

ベガスでも禁断のシーンを味わったが、人の女をそいつの目の前でこましたことは一度もない。俺にとって、これが本当のスワッピング初体験――いや、半スワッピング初体験である。

数分後、チェルシーは電動バイブからベッドに移動し、仰向けになった。トミーはボストンバッグから目当てのロープを取り出す。念のため、一歩下がって様子をうかがう。トミーはチェルシーの両手を頭の上で縛り上げた。

そして「ゴム手袋、ある？」と聞く。

そんなものはないと答えると、コンドームを差し出し、人差し指にはめてチェルシーを愛撫するよう指示した。これが21世紀のフリーセックス。抗菌、電動、衛生第一だ。

チェルシーは俺の手マンでイッたあと、蚊の泣くような声で「どっちが先？」と聞く。

「こないだニールは乗り損ねたんだから、ニールが先だ」とトミー。チェルシーは遊園地の乗り物か。

俺は「了解」と言ったものの、気が乗らない。強制的、場当たり的で反感すら覚えた。これは無茶振りだ。しばらくチェルシーの胸を揉んで時間を稼いだが、チェルシーが腰をくねらせ、よがる姿を見て開き直った。アホらしい。また遠慮か？　トミーが望んでいるんだ。ここでやらなかったら、2人に失礼じゃないか。2人とも、そのために来た。第一、俺が目指している自由恋愛は誰に遠慮することなく、こういう冒険ができる恋愛のはずだ。それはジョーンにもイングリッドにも訴えた俺の自論、すなわちセックスのためのセックスだ。

そこで新しいコンドームをトミーに要求した。

「撮影してもいいだろ?」とトミー。

「ダメだ!」と思わず叫んだ。こんな映像がネットに流出したら最悪である。

「どうして?」とトミーが言う。俺の返事は非常識と言わんばかりだ。

「思い出は胸にしまっておこう」と俺はごまかした。

気を取り直そうとするが、どこかにカメラが仕込んであるのではないかと不安になる。テクノロジーは日進月歩で短小軽量化している。

「隠し撮りとか、してないだろうね?」と念を押す。

「とんでもない」とトミー。「その代わり録音しているよ」

スワッピングの世界を分かりかけたと思ったが、これは理解を超えている。録音してどうしようというのだ? 退屈しのぎに車の中で聞こうとでもいうのか?

「やめてくれない?」

「いいの? よがり声をあとから聞くのもいいもんだぜ」

狂ってる。こんな男のガールフレンドを抱くべきではない。それは確かだが、全裸の当人は目の前で開脚している。イチモツを出せるギリギリの位置までズボンを下ろした。隠しカメラを警戒し、ケツが丸出しにならないように気をつける。そして、挿入を開始。

トミーは背中に枕を当て、壁にもたれて眺めている。「気持ちいい?」とチェルシーに声をかける。「ニールのテクニックは最高か?」

「アーン……」。チェルシーが明快に答えた。

トミーは仲間に加わったつもりで、場を仕切ろうとしているのだ。俺は努めてトミーの声も姿も無視し、チェルシーを突くことに専念する。

「おお、すげえ！」とトミーが声を上げた。「まるでドリルだ」

今度は実況中継のアナウンサーよろしく、コメントしやがった。俺は無視を決め込み、チェルシーの局部に自分の恥骨をすりつけた。

「おもしろいね。そんなテクは初めて見た。それは君の得技？」とトミー。

テクの解説をしている場合じゃない。「さあね。流れに任せてるだけだ」と俺は答えたが、挿入しながら挿入相手の婚約者と話をするのはラクじゃない。バイクに乗りながらメールを打つようなものだ。

ありがたいことにトミーは30秒ほど沈黙していた。が、突然、チェルシーの手首のひもをほどき、「コンドームチェック！」と宣言した。

コンドームの装着具合を確かめるという口実で肉棒に触られてはたまらない。そこで俺は自らの手で確かめ、トミーにきちんと装着されている旨を伝えた。

「ニールに腰技を披露してやれよ」。そう言われたチェルシーは仰向けのまま腰を上げ、俺の竿を含んでピストン運動を始めた。

俺がチェルシーの体位を変えたとたん、実況アナは「いいね。見事だ」とコメント。

トミーは人のセックスを目の当たりにしても興奮しているようには見えない。むしろゴリラの交尾を客観的に観察している感じだ。俺が体位を変えるたびに、科学的な発見をしたかのようにコメントする。それが録音用のナレーションでないことを願うばかりだ。

そろそろ終わりにしなければ。俺は録音を警戒しつつ、声を出さないように注意しながら、なかば強制的に抜いた。

ホッとしつつ腰を引き、コンドームを外して床に捨て、チェルシーの隣に横たわる。彼女の髪をなでながら余韻に浸っていると、案の定トミーがまどろみを邪魔する。何を言ったのか正確には分からないが、俺の耳には「ジュースを拝見」と聞こえた。

「どういう意味?」

「さっきのコンドームを調べたい。一滴残らずキャッチしたかどうかね」

「どうやって一滴残らずかどうか分かるんだ?」と突っ込みたかった。いや、トミーならコンドームの内容量を量る精液秤をボストンバッグに忍ばせているかもしれない。

床に捨てたコンドームを探し、トミーの目の前でつまみ上げて見せた。こいつに使用済みのゴムを触られたくない。

「合格」とトミーはうなずく。俺はゴムを再び床に置き、トミーが帰りがけに瓶に詰めて持ち帰ったりしないように祈った。

トミーはチェルシーの隣に寝転び、キスしながら「愛してる」とささやいた。

「すごく良かったよ」と俺もチェルシーを褒めた。トミーのために。

3人でベッドに横たわりながら、何年前からこういうことをしているのか2人に聞いた。2人は付き合って5年になるという。1年半前にネット上に個人広告を出し、応募者の中から男を一人選び、その男の家へ行き、チェルシーが手コキをした。次の男にはフェラをした。やがてライフスタイル・ラウンジでスワッピング愛好者を見つけたが、当初チェルシーはトミーがよその女を喜ばせるのを見て嫉妬に狂った。10回以上の場数を踏んで、ようやくスワッピングに慣れたという。

ポリアモリー大会で知り合ったタールとローレンスの発言を思い出した。関係をオープンにするにはエチケットが大切、つまりレディーファーストを心得る必要がある。

俺は2人にソファベッドで寝るように勧めた。

ベッドに寝転び、チェルシー、ニコール、そのほかの女性たちとの思い出をたどる。スワッピングは今まで見聞きしたなかではベストな選択肢だ。場合によってはカップル同士が長く親密な関係を築き、友人兼愛人になれる。ただ、俺はトミーやジェームズやコリー・フェルドマンとは違って、ガールフレンドがほかの男に抱かれるのを見て萌えることはないだろう。

スワッピングに参加する男のほとんどは自分の欲求を満たすことだけが目的で、それと引き換えに妻や恋人を提供しているに過ぎない。取引の条件になったセックスは自由なセックスではない。一種のビジネスだ。

とどのつまり、スワッピングは伝統的な男女関係の逃げ道なのだろう。ヘレン・フィッシャー博士が言う「子孫繁栄のためのW作戦」を公然と実行しているだけである。リハビリ施設でジョーンに説明したたとえではないが、妻の手料理しか食べてはいけないのがモノガミーなら、条件つきで外食が許されるのがスワッピングだ。条件は、パートナーが同意する店で一緒に食事することである。

それも縛りの一つだ。縛る鎖が多少長くなっただけのことである。むしろスワッピング愛好家のほうが、トミーの口ぶりから察するに、パートナーを私物化するきらいがある。

既存の世界に参加するよりも、独自の世界を築くときが来たようだ。完全なる自由を目指し、自由恋愛の愛の巣を完成させなければ。運が良ければ、同居してくれる女性をパリで見つけることができる。時間が迫っている。ベルが来るまで5週間しかない。

22

ロスに戻る途中で、チャールズに再度連絡する。今度は電話に出てくれた。

「大丈夫？　心配してたんだ」

「ごめん」。チャールズはためらいがちに言う。「ちょっと留守にしてたから。地球がひっくり返るようなことがあって、まだ心の整理がつかないよ」

「何があったの？」

「妻に男がいたんだ」。チャールズは声を荒らげる。「この20年間、ずっと！」

ショックのあまり、どう返事すればいいのか分からない。リハビリ施設の連中はパートナーの信頼を取り戻すことばかり考えていて、パ、ト、ト、ナ、ーを疑う余裕はどこにもなかった。

チャールズの話は途切れ途切れだったが、順序立ててつなぎ合わせると、こうなる。目の前にあった妻の携帯にメールが届いた。妻の会社で警備員をしている男からだった。「20年間、君にすべてを捧げた」と書いてあった。

チャールズは真偽を確かめるべく、そのメールに返信した。「私たちのセックスは素晴らしかったわ。それだけは確かよ」

すると「そうだね。懐かしいな」との返事。

さらにチャールズは「初めてのとき、覚えてる？」と返した。すると――

「君の車の中だったね」

そして、チャールズは傷口に塩をすり込むようなまねをした。「そうよ。あなたのモノをしゃぶったわ」

すると警備員は「君はそんな言い方はしない。おまえは誰だ？」と突っ込んできた。

チャールズはショックのあまり震えた。警備員とやりとりするのをやめ、妻の携帯の通話とメールの履歴を夢中で調べた。ことの経緯はすぐに判明した。妻と警備員は毎日のように昼休みに密会を重ねていたのだ。しかも、その関係は結婚期間の半分以上に及んでいた。

「ああ、なんてこった。それで、どうしたの？」と俺は尋ねた。知り合いのなかに、伴侶に浮気されるより先立たれるほうがましと考える人（大部分は恋愛依存症）がいる。死別するほうが、少なくとも責任を感じる必要がない。しかし、チャールズから返ってきた言葉は想定外もいいところだった。

「筆舌に尽くしがたい解放感があったね」

「そんなに怒りをぶちまけたのか？」

「違う、ホッとしたんだ！」

「冗談だろ⁉」

「ニール、今までの羞恥心も罪悪感も全部きれいに消えたんだ」。チャールズは、しばし沈黙した。「妻は俺の病が再発したと知って、俺をなじり倒した。まるで『私は聖人君子です』と言わんばかりにね。『また夫に裏切られた』『夫はひどいセックス依存症だ』と共通の友達に言って回ったんだ。俺を家から閉め出し、『身ぐるみはいでやる』と脅し、しまいには俺の親族まで自分の味方にした。あれ以来、俺はずっと自分を責め続けてきたんだ」。チャールズの声が震え出す。「なのに、妻は……どうしてこんなにむごいことをするんだろう」

チャールズのほかに何人いるのだろう。パートナーと復縁するために何年もかけてセックス依存症の治療を受け、患者会に出席したあげく、パートナーの不倫を発見するというやつは。もっと悲惨なのはパートナーの不倫を知ることなく墓に入るやつだ。自分一人が悪者で、パートナーは聖人と思いながら死んでいく。自分のことを棚に上げ、人を一方的に責めるのは人間の醜さの一つである。何しろ、自分を否定するより相手を糾弾するほうがはるかにパワフルだ。内心で後ろめたさを感じながら、表向きは相手を見下すことができる。

「じゃあ、これからも治療は続けるつもり？」と俺は聞いた。

長い沈黙。「それを相談するために友達と2人でしばらく遠出したんだ。頭を冷やして、今後の身の振り方を決めるためにね」とチャールズが言う。一つ深呼吸。「離婚することにしたよ」。長いため息。「離婚したら、女遊びを毎日してやる」

今のチャールズは、俺が同情し、敬意を払ってきたチャールズではない。俺の知らない一面だ。去年からチャールズに言われてきたことを今度は俺が言う番になった。「そんなこと、誰も薦めないだろう。きっと病気に惑わされているんだ。気をつけたほうがいい」

「ニール、俺はもう50だ。結婚生活22年。その半分はうそで塗り固められていた。俺はただ……分からない。何が本当なのか、もう分からない」。突然の嗚咽《おえつ》に続いて、押し殺したようなすすり泣きが聞こえてくる。

世の中には自分をコントロールするのに苦労している人が大勢いる。自分を抑えようとしてダイエット、信仰、趣味、12のステップにのめり込む。そして自分を抑えきれなくなると、自滅行為に走ってしまう。今のチャールズは後者の状態にあるらしい。抑圧していた心の闇が暴走を始めたのだ。共感できた。俺にも覚えがある。しかし、心の闇は、ユング派の優秀なセラピストが言うように、そもそも抑えるものではない。共存すべきものだ。俺もチャールズも共存する道を見つけられるといいのだが。

チャールズに聞いてみたかった。今でも自分をセックス依存症と思うか、実は奥さんのほうがそうなのか、セックス依存症は伝染病でチャールズから奥さんにうつってしまったのか。だが、今はそんなことを聞いている場合ではない。だから「何をどう決めるにしても、一人で考えこんじゃだめだぞ」とだけ言った。

「そうするよ」とチャールズが涙声を出す。「で、君はイングリッドと離れてみて、どう？　彼女が恋しい？」

誰にも聞かれたことのない質問だ。ボーッとするとき、人と接するとき、スワッピングで醜態をさらしたときは、イングリッドのことを考えずに済んだ。しかし、それ以外の時間は彼女の存在をいつもどこかで感じている。頭で、心で、この家で、意識の奥底で。

「ああ、しょっちゅうね」と俺は答えた。

23

パリの街中は、どこを見ても若い夫婦が歩いている。眠った子どもを乗せたベビーカーを押し、毛布にくるんだ赤ん坊を抱き、アニメキャラのリュックを背負った幼子を連れている。そんな家族連れを見るたびにイングリッドを思い出し、失った将来を思う。恋人と別れるリスクの一つは次の出会いがいつになるのか分からないことだ。しかも、その出会いは本物の恋に発展するとも、長続きするとも分からない。

だが、このパリですべてが変わるだろう。愛の巣で同居するメンバーも見つかるはずだ。小さなトラウマが募って大きなトラウマになるように、小さな愛が募れば、大きな愛になるかもしれない。

まずはアンに会う。アンはホテルの部屋で俺の到着を待っていた。スリムなボディに肩までのブロンドヘア、薄化粧でボーイッシュな格好をしている。茶色の瞳を揺らし、部屋に入ってきた俺をじっと見つめる。俺はアンに近づき、髪をかき上げ、キスをした。

服を脱ぐ。ベッドに入る。抱き合う。まどろむ。アンが「よろしく」と言った。それが最初の一言だ。

次は、ジェームズとニコールの友達のカミーユだ。「ハイ、ニール。これから友達のローラに会うの。あなたと同じアメリカの子よ」とメールが来た。「彼女、有名なスワッピング・クラブに行きたがってるわ。私も付き合うことになってるんだけど、あなたも一緒にどう？」

「女の子を連れて行ってもいい？」と返信した。

「だめよ。女の子ならクラブに行けば、いくらでもいるわ！　みんなセックスに飢えてるわよ :)」

そのクラブはオープンな独身女性のたまり場らしい。唯一の問題は俺がアンを同伴したいことだ。

「どうしてもと言うなら、『酒を飲みながら見物するだけでいいんだ』って口説くといいわ」とカミーユは折れた。

「私も最初はそうやってカレに誘われたの。それが今ではこのとおり！　クラブはモンマルトルの近くよ。食事が済んだら電話して」

去年まで俺のモットーは「ノー」だった。イングリッドを傷つけないために誘い文句にノーと言わざるを得なかった。それが今では「イエスマン」だ、誰に対しても、何に対しても。イエスは冒険への入り口。これから俺が築いていく男女関係は、どんな形であれ、イエスが合言葉である。

その晩、ディナーの席で俺はカミーユのアドバイスに素直に従うことにした。俺とアンのほかに女性が2人同席している。数年前に出張先のヨーロッパで知り合った、ドイツ人のファッション・カメラマンとスウェーデンのファッション・デザイナーだ。

「何もする必要はないからね」と俺はアンを説得する。「酒を飲みながら見物してるだけでいいんだ。つまらなかったら、すぐに出よう」

「ちょっと疲れちゃった」。アンは蚊の鳴くような声を出す。そう言えば、アンは丸一日ほとんど言葉を発しない。それでも俺のそばを片時も離れず、つぶらな瞳で、まばたきするのも忘れて俺の顔をじっと見つめる。催促しているのか満足なのかは分からない。「ホテルに戻ってもいい？」と聞く。

「私たちも連れて行ってよ」とファッション通の2人が口を挟んだ。

「私にかまわず、2人と一緒に行って」とアンはささやくように言った。

アンの心は読みにくい。本当に疲れているのか、それともパーティーが嫌なのか。「本当にいいの?」

「かまわないわ」とアン。

本気なのか。アンの表情をまじまじ観察する。本当はパーティーよりも自分を選んでほしいのではないか。その表情は落ち着いているし、不安そうには見えない。俺は真意を確かめるため、同じ質問を3回繰り返した。

「かまわないって言ってるじゃない!」。ドイツ人のカメラマンがしびれを切らす。

「イエス」を合言葉にするのは、やっぱりラクじゃない。会ったばかりのアンに対してさえ、別行動を取ることに罪悪感を覚えるのはなぜだろう。アンの独占欲が問題なのではない。問題は俺自身だ。一度寝た相手に義理を感じて独占する権利を与えてしまうのである。てん綿関係を自分で再現し、モノガミーの恋愛に自分をはめ込もうとする。モノガミーは間違っていると確信していて、その信念に従って行動していたら、そもそもイングリッドを恋人にすることはなかったし、傷つけることもなかったはずだ。人生、信念の強いほうが勝つ。信念が揺らげば、足場も揺らぐ。

全員でタクシーに乗り、アン一人をホテル前で降ろす。アンは俺にディープキスをして去っていった。いい子だ。男を一人でセックス・クラブに行かせるのは、一緒についてくるよりも、はるかにさばけている。タクシーが再び走り出すと、女性カメラマンが腕を絡めてきた。

今度こそヘマはしない。満腹だから、ポップコーンに手が出ることもない。ドラッグの類はやっていないし、今後もやらない。爪もきれいに切り揃えた

クラブに着くころには12時を回っていた。すぐにカミーユの姿を見つけた。ブラウンのロングヘアはシャンプーのCMに出られるくらいに艶やかで、シミ一つない肌は真珠に例えるのも失礼なほどに美しい。

カミーユと一緒に入店待ちをしているのは2人の女性だ。一人はアメリカ人のローラで、ろうそくみたいな印象である。細身で長身、白のパンツスーツにブロンドの短髪ヘア。もう一人のヴェロニカはプラハ出身の近寄りがたい雰囲気の美人である。クッションのように厚い唇、ブラウンの髪、高すぎるほど高い鼻、スリムだが女らしい体つきが女優のジェーン・バーキンを思わせる。

「バスローブかタオルをつけて入るの?」とカミーユに聞く。こういう場所の決まりが分からない。

カミーユはあきれた表情で「まさか。服を着たままでいいのよ」と言う。

良かった。俺は自由なセックス、先端のセックス、恥じないセックスを求めながら、自分の体にはまったく自信がない。初体験のときは恥ずかしくてシャツを脱げなかった。2回目、3回目のときも同じだった。

俺たちの後ろに並んでいるのはスーツを着たオールバックのフランス人。コカインを常用している怪しいサラリーマンといった印象だ。「女の子を大勢連れている君に頼みたいんだけど、一緒に入店していいかな?」

このクラブでは、男は女性を同伴しないと入店できない。俺は絶倫男さながらに5人も連れている。イングリッドと付き合っていたころはかなわなかったことだ。オプション、バリエーション、アドベンチャー、発見、刺激、未知との遭遇。ロレインに言わせれば「スリル」である。

「分からない。ここに来るのは初めてだから」とオールバックに言った。

カミーユとローラがオモチャの相談をしている。オモチャは「男子」の意味だ。「彼氏も来るの?」と俺はカミーユに聞いた。

「いいえ」

「君がここにいること、彼氏は知ってるのかな」。カミーユを責めるつもりはないが、2人の関係がどうなっているのか興味がある。

「内緒なの」とカミーユは決まり悪そうに言った。やはり、関係をオープンにしても浮気は防止できない。ニコールしかり、元カレと揉めたセージしかり、そして今度はカミーユだ。男女関係では、ルールがルール以上になったとき問題が起きるのだろう。

カミーユの・オモチャ・2人がやっと到着した。どちらもブランドのジャケットと細身のネクタイを着用している。男たちはブルーノ、パスカルと名乗った。ブルーノは短髪の大学生アスリートという雰囲気だが、パスカルのほうは細いフレームのメガネにキツめのパーマ、ゆったりとした上品な物腰で、インテリの伊達男という感じだ。

ここに集う男女は肉食系のブリスの連中とは違い、AV俳優のような格好もしていないし、週末の猛者という雰囲気でもない。オールバックのサラリーマンを除けば、若くておしゃれで、美容整形と縁のない面々ばかり。会員制クラブの会員と大して変わらない。どうやら夜の街で遊んだあと、最後の仕上げとしてここに来るようだ。入店待ちの列が動き出した。ローラはオールバックに同情し、自分と並んで入店するように勧めた。

「ここの人たち、趣味が悪い」と女性カメラマンがローラに言う。「あの靴、見てよ。もらっても嫌だわ」

俺はこういうパーティーのたびに致命的なミスを犯すようだ。今回のミスはファッション通を連れてきたこと。しかし、2人から離れようにも時すでに遅し。受け付けが始まってしまった。

店の入り口では、主催者の女性がジャケットを着用しているかどうか確認（ファッション通の2人はなぜか忍び笑い）したあと、俺にカードを手渡し、伝票として持っているように説明する。ヴェロニカはさっそうと歩きながらブレザーを脱ぎ、ワンピース一枚になった。背中がばっくり開いている。エロすぎるデザインだ。「最初の獲物は彼女に決めた」とパスカルが自信ありげに言う。俺はヴェロニカの後ろ姿に見とれた。

地下に下りると、人けのない薄暗いダンスフロアが広がっていた。ところどころにストリップ用のポールが立っている。20人ほどがバーカウンターに群がり、本番前の緊張を酒と共に飲み干している。BGMはケイティ・ペリーの『キス・ア・ガール』。かなり……ベタだ。

この奥に黒い扉があり、その先がメイン会場になっている。カミーユは友達が会場に入ったのを見届け、俺の手を取り、会場内を案内すると言う。「連れはどうしよう?」と俺は聞いた。

「気にすることないわ。来るの? 来ないの?」

振り返ると、2人のファッション通は人の悪口で盛り上がっていた。人をけなして緊張をほぐそうとしているのか。連れてきたのは俺だから、本来は2人を誘うべきだ。しかし、人のセックスを見て「テクニックが時代遅れ」などと批評するのは勘弁してほしい。

2人を置き去りにするのは、アンのときと同様に気が引ける。それでも俺はカミーユに「イエス」と言った。

24

黒い扉を開け、一段低くなったリビングルームや配管の通った小部屋を通過する。どこも年季が入っている感じだが、その奥に特大ベッドだけが置かれた空間が出現した
ベッドの上にいる女性はみな全裸だが、男たちはシャツやズボンを着て、ネクタイも着けたままだ。しかし、チャックを全開にしているかズボンを下げているので、肉棒は丸出し。どこもかしこもペニスだらけだ。連れのいない男でさえも物欲しげにイチモツをブラブラさせながら歩いている。出番に備えているのだろう。チャックを閉めているのは俺だけだ。ブリスに参加するまで男の裸体を見ることはほとんどなかったが、今回は狭い空間に大勢がひしめているだけに、蛇の巣穴を覗いている気がする。
ベッドの右端にローラがいる。ワンピースをたくし上げ、四つん這いになっている。ブルーノはローラから肉棒

を引き抜き、カミーユの口内に入れた。一方のパスカルは有言実行でヴェロニカを攻めている。ヴェロニカは壁を背にして片足を上げ、顔を紅潮させている。このポーズを写真に撮れば、何百万人もの男のオカズになるだろう。

何をすればいいのか、どうしたら参加できるのか、決まりはあるのか、さっぱり分からない。ブリスではジェームズやニコールが状況を解説し、面倒を見てくれた。しかし、こちらははるかに過激――飛び入り参加大歓迎といった風情だ。

とりあえず、ベッドの上の空いたスペースに腰掛けた。目の前には四つん這いのまま、待機しているローラがいる。「誘ってくれてありがとう」と礼を言った。何か言わないといけないと思ったからだ。

「スイッチクラブは初めて？」とローラが如才なく応じる。こんなに野暮ったい雑談は前回の乱交パーティー以来だ。

「ご明察」と俺は答えた。

雑談のさなかに、さきほどのオールバックのサラリーマン風がローラの背後に近づき、手マンを始めた。続いて車の修理工のごとくローラの下に滑り込み、クンニを開始する。

「大丈夫？」。俺はローラに聞いた。「嫌だったら、やめるように言うけど」。また、このザマだ。自分よりも人の心配をしてしまう。

「あなた、いかにもアメリカ人ね」とローラが笑う。

「どういう意味？　何がいかにもなの？」。発言の意味が分からない。そう言うローラもアメリカ人だ。

「そんなこと聞かれたの、初めてだわ」

「だけど、俺はただ――」

「いいから早く入れてよ」

10代のころ、こういう女を妄想していた。節操のない女。こっちのほうが、プージャやブリスよりもフリーセックスらしい。信仰、ドラッグ、ややこしい人間関係は一切ない。むしろ、しがらみや縛りがないだけに、肉の塊同士が純粋に絡み合っているだけである。俺は今、その真っ只中でビビッている。あまりにも……オープンだ。

制約を押し付けるのは社会ではなく、自分自身だ。社会のせいにするのは、そのほうがラクだし、社会は避けて通れないほど大きな存在だからである。社会を悪者にすれば、自分を変えなくて済む。俺は社会制度を相手に戦っているつもりでいたが、実は自分相手に戦ってきたのだ。昔は自身の衝動、今は自分の遠慮と格闘している。

そうこうするうちに、オールバック男はクンニをやめ、本番に入ろうとしている。

「コンドームをつけたかどうか確かめてもらえる?」とローラが言う。

「了解!」とやけに張り切ってしまった。手持ち無沙汰から解放されただけでもありがたい。やっと仕事ができた。役目だ。コンドーム警察である。オールバックがきちんと装着するかどうか注意深く見守る。気味が悪いと思われたらどうしよう。いや、この大事な任務を投げ出すわけにはいかない。避妊なくして本番なし。「はい、その調子、根元までゴムをしっかり伸ばして。ちゃんとつけないとベッドから退去してもらいますよ」

「装着、完了しました」と、かしこまってローラに報告する。

バックから突かれ、ローラの顔が目の前で揺れる。今度は俺の番だ。ローラにキスする。

そのとき気づいた。このベッドの上でキスをしているやつは誰もいない。ローラはすでに何本しゃぶったのだろう?

思わず唇を離した。俺は「イエス」とつぶやき、チャックを下ろす。その場にひざまずき、ローラの顔の高さに股間を固定。目の前に迫るペニスにあらがえるわけがない。ローラは俺のペニスを両手でつかみ、口元まで持っていき、しゃぶり始めた。

非常に生々しい描写ではあるが、舞台はセックス・クラブだ。ほかに何を書けばいいのか。シャンデリア？　ここには乱交以外、見るものはない。

「どうしてほしい？」とローラが手を休めて聞く。

いい質問だ。「これ」を続けてくれ。フェラ以上に望むことなんかあるもんか。いや、ローラは具体的な指示を求めているのかもしれない。ここではフェラのタイプによって呼び名が変わるのだろう。「ツヤ出し」とか「世界一周」とか「アメリカ人泣かせ」とか。

何事もそうだが、フリーセックスにも鍛錬が必要だ。なじむには、もっと経験を積まなくてはならない。

いきなりパスカルの顔が迫ってきて、俺に耳打ちした。「ヴェロニカがご指名だぜ」

福音だ。ローラとは、どうも相性が合わない。ローラがどんな肉棒でも歓迎するのは分かるが、俺のはなぜか反応が鈍い。

オールバッグがイッたと同時に、ローラも退散。しかし、目の前に現れたのはヴェロニカではなくカミーユだ。俺の前にひざまずき、ローラのあとを引き継ぐようにして、ローラ以上に献身的にしゃぶりつく。なのに、俺は理性を捨てきれず今一つ没頭できない。改めて辺りを見回すと、エキゾチックな風貌の女性が目の前に横たわっている。女性の手を取りなでると、相手も俺の手をなで返す。俺は彼女の股間に手を移動し、愛撫を始める。グショグショに濡れてきた。爪を切っておいて正解だ。

だんだんなじんできた。ようやく乱交パーティーデビューだ。今回は居眠りしていないし、仲間に入れてもらっているし、元気もある。首を伸ばして周囲を見る。全員が腰を振っているか、しゃぶっている。

ポリアモリー大会やスワッピングでの散々な体験はこの日のための必要悪、乱交道を極めるための修行だったのではないか。

そのとき、男の悲鳴が響いた。「俺の足を踏むな！」

特大ベッドの上にいる、ほぼ全員が笑い出した。

俺がそいつの上で膝を突いたらしい。膝をどかそうとしたとき、ヴェロニカがベッドの上を這って来るのが見えた。息を飲むほどの美しさと子どもっぽい仕草。俺はそのギャップにやられ、すぐに股間が反応した。

ヴェロニカと熱いキスを交わす。さっきから人の不潔な唇に触れ続けているが、自分でも理由は分からない。けれども、行きずりのセックスだけではなく、心の触れ合いが欲しい。俺はポリアモリストなのだろう。だからフリーセックスのほかにも、フリーな恋愛、フリーな人脈、フリーな男女関係、フリーな「セックスから始まる裸の付き合い」を求める。

まじめな話、これが済んだら、洗口液でうがいしなくては。

その間もブルーノはどこからともなく現れて、エキゾチックな彼女とやり始めた。

唇を離し、ヴェロニカの顔を見つめると、ヴェロニカは下唇をかんだ。出会ったばかりなのに、早くも情熱が通う。ヴェロニカが父親に見捨てられた過去がないことを願うばかりだ。

その唇を指でなぞれば、なぞる指をくわえてみせる……ああ、我慢できなくなってきた……。

しかし、終わらせるのはまだ早い。俺は体を引き、カミーユを離した。

「もっとしゃぶらせて」とカミーユがねだる。

人生最高の夜だ。

このベッドはイスラム教の殉教者が行ける死後の世界と同じだ。処女はいない。が、楽園であることに変わりはない。現世の天国だ。

やっとたどりついた。10代のときから夢見ていたエロ雑誌やポルノ映画の世界に、こうして踏み入ることができたのだ。女の子が世間やマスコミの影響で白馬の王子様に憧れるように、男は淫乱な女に焦がれる。結婚相手としてではなく、冒険の対象として。どちらもメルヘンではあるが、白馬の王子様は、永遠の幻だから、巡り合うのは不可能に近いだろう。淫乱に巡り合うのは5分とかからない。

セックスの楽園を満喫しきれない唯一の理由は罪悪感だ。アンはホテルの部屋で心配しながら待っているのではないか。ファッション通の2人は怒っているだろう。それに、こういう楽園が好きだということは、今夜集まった男女と同様に、俺もセックス依存症というわけだ。リハビリ施設ではたくさんの知識を詰め込まれた。昔は性病だけが心配だったが、カウンセラーはセックス自体をビョーキ扱いする。だから今では快楽に身を委ねようとすると「親密な関係を避けようとしている」というジョーンの声が聞こえるようになってしまった。

俺はかつて「依存症の治療を迷わず試す」とリックに誓ったが、今度は自由に通じる道を遠慮なく突き進まなければいけない。そのうち結果が見えてくるだろう。チャールズの予想どおり地獄を見るか、自分が望むとおり自分に合う生き方を見つけられるか、2つに1つだ。理性を捨てて、今に没頭しなけば。そして、ここに来た目的を忘れてはいけない。それはやりまくることではない。自分にぴったりの男女のあり方と、同好のパートナーを見つけることだ。

ヴェロニカと再び見つめ合っていると、揺れるペニスが視界をよぎった。太陽にかかる雲のようだ。ペニスの持ち主はきついフランスなまりで「女の子たちは君のモノをしゃぶっているね」と話しかけてきた。

「まあね」

「フェラは好きかい?」

答えるまでもないが、「好きだよ」と返事をする。あえて目を合わせない。こういう会話は苦手だ。

「僕もしゃぶっていいかな?」

いますから」

「遠慮しておきます」と言った。理由は分からないが、ここは丁重に出たほうがいいように思える。「間に合って

完全な自由が欲しいのなら、本来はこの男の好きなようにさせるべきだ。けれども、俺は無秩序なセックスを望んでいるのではない。自分の嗜好は自分で決める、人に決められるのはごめんだ。そこは大きな違いである——セックスの好みに限らず、人生のあらゆる問題において。

つまり、俺が目指すのは解放であり、自分のオーガズムの主人になることである。オーガズムをパートナーに独占されたくはない。それではモノガミーになってしまう。オーガズムに支配されるのも嫌だ。それではセックス依存症になってしまう。

俺の新しいファンは期せずしていいモノを見せてくれる。あれから一言も話しかけてこないが、肉棒だけは俺の視界に入れてくる。右に見え、左に見え、今は頭上30センチのあたりでちらついている。ブラブラさせていれば、いつか褒めてもらえると思っているのか。このクラブではそれが習わしのようだ。ここに集まる女性たちもペニスの自撮り画像を見て喜ぶタイプなのかもしれない。

若い女の子がボーイフレンドと一緒にベッドに上がってきた。ブロンドのロングヘアに上向きのバスト。彼女を視線でヤリながら、気合を入れ直す。彼女と目が合った。しかし、反応しようと思ったのもつかの間、またしてもブルーノが現れ、彼女と交わり始めた。

どこまでタフなんだ。これで10人目じゃないか。ふと気づけば、カミーユは30分前から俺をしゃぶり続けている。ゴムを装着し、仰向けになり、カミーユを乗せた。

カミーユが俺の下半身に、ヴェロニカが俺の顔にまたがる。息が詰まる。母さんに窒息させられたのは、このための予行演習だったのか。だったら、マジで母さんに感謝しなければいけない。

そのとき突然、ドイツなまりの英語が響き渡った。「どこにいるの⁉」

首を伸ばすと、ファッション通コンビが壁にもたれて立っているのが逆さまに見えた。ベッドの上の裸族を見渡している。

「人をこんなに待たせるなんて、いかにもあいつらしいわ！」

見つからないように、馬乗りの2人の下で息を潜める。

「あんな男は置いて、私たちだけで帰りましょう！」

その声は部屋中にこだまし、ムードをぶち壊す。

「まったく、勝手なんだから」

一瞬、中断しようかと思った――ホテルに戻って、アンの様子だけでも見に行こうか。

だが、考え直した。ダメだ。せっかくいいところなんだから。どうせ俺は勝手な男だ。勝手にさせてくれ。ファッション通コンビのことは後で考えればいい。今は自分の都合を第一に考える訓練をしなくては。

こういうときに人間の本性が出るものだ。

「交代しましょ」とヴェロニカが提案する。確かに、ここはスイッチ（交代）クラブだ。2人が選手交代できるように、カミーユからいったん引き抜く。カミーユの下半身がフリーになったとたん、またしてもブルーノがやって来た。油断も隙もないやつだ。普段はさぞかし優秀なサラリーマンだろう。

ヴェロニカは俺に馬乗りしたまま、体を後方にずらす。彼女の素肌が俺の服をかすめる。ヴェロニカは背を丸めて俺の顔をのぞく。俺はコンドームを替え、ゆっくりと挿入した。互いにリズムを合わせて腰を振る。時間の流れが遅くなる。周囲から離れ、2人だけの世界にいるようだ。

ヴェロニカの瞳の奥を見つめる。ヴェロニカも俺の目を見つめ返す。これは愛だ。その愛は結婚の約束や見捨てられる不安とは無縁の愛。何も望まず、何をも恐れない愛である。スワッピングの場で、一瞬、愛を見つけた。心もつなぐセックスは魂のレベルの体験だが、タントラの解釈とは違う。ここで言う魂のレベルとは自我を離れ、相手と一つになり、原子に分解されて瞬間移動し、独断も偏見もなく万物を貫く宇宙のエネルギーとつながること。したがって、オーガズムとは地上の万物を一つにするスピリチュアルな体験であり、それゆえに恐れやプレッシャーを伴うのだろう。リハビリ施設でも、プージャでも言われたとおり――「神聖」だ。どのようなオーガズムでも、それ自体が神聖なのだ。天界にアクセスせんとする試みである。そして一瞬だけ、天と地の隔たりは消滅する。時空を超える。永遠に触れる。ああ、神よ！

ヴェロニカはベッドを濡らし、俺はコンドームを満たした。

乱交の場で愛ばかりか悟りまで得たような気がする。

25

「何か飲みに行こうか?」。ヴェロニカを誘ってベッドを降りた。本当はシャワールームに行かなくてはいけないのだが。

「タバコが吸いたい」とカミーユは言い、ブルーノから離れる。ブルーノもすかさず、その場を離れた。次の「商機」を探しに行ったに違いない。

ラウンジに行く。あらゆることに対する罪の意識は消えていた。スイッチングに対しては、とにかくいい経験になった。アンに対しては、参加しないと決めたのは彼女自身だ。ファッション通の2人については、最初からほかの人間と距離を置いていたし、今頃はホテルに帰って俺の悪口で盛り上がっているだろう――左の尻のアザがグッチのマークにそっくりだったとか、何とか言って。

3人で上の喫煙室に行く。ヴェロニカと落ち着いて話す機会がようやく訪れた。順序は逆だが理想的なデートだ。まずはセックス、次は自己紹介。

ヴェロニカは大学院で美術を専攻していたが、単位が足りずに除籍になった。独立心旺盛で、向学心があり、その表情はどこか憂いを含んでいる。東欧なまりが強く、歯に衣着せぬ物言い。冷たい印象を与えるのは、飢えと寒さと苦難の歴史を経てきたチェコ人の血なのかもしれない。だが、その先祖のおかげで今日はパリ有数の流行のクラブで見ず知らずの男どもと交わることができたわけだ。

「今日が初めてだったけど、気に入ったわ」とヴェロニカ。

「本当に今まで参加したこと、なかったの?」

「ええ。パリには男を訪ねてきたの。友達として会いに行くって断っておいたのに、私がセックスを拒んだら、逆上しちゃって。カミーユが彼の隣に住んでいたから、今夜、誘い出してくれたのよ」

「そいつと寝るのは拒んだのに、行きずりの男と寝たわけ?」

「後学のためにね。あいつは強引すぎる。キスしなかったら追い出してやるって、今日も脅されたわ」

「良かったら、俺の部屋に来れば? あと2、3日はこっちにいるから」

「うれしいな」。ヴェロニカは笑顔を見せずに微笑む。彼女と話すうちに、60年代の名曲のワンフレーズを思い出した――「恋の相手はほとんど問わない。人間は最高に面白いからね」。

これがイングリッドと別れてから気づいたことだ。ニコール、セージ、アン、ヴェロニカ――女性は誰もが一つの素晴らしき世界だ。なのにモノガミーとは何か? 一つの町から出ないのと同じである。世界各地のユニークな名所を巡ることもなく、その土地ならではの美しさ、歴史、魅力に触れることもない。愛はどうして人を縛るのだろう。

いや、そうではない。人を縛るのは恐れだ。愛は解放である。てん綿を恐れて親密な人間関係を避け、見捨てられる恐怖から独占欲が強くなるとしたら、そうしたトラウマから解放されたとき、どんな愛情関係が生まれるのだろう。

心の中でイングリッドの存在が初めて小さくなり、美しい思い出に変わり始めていた。俺が柄にもなくモノガミーを貫こうとしたせいで、イングリッドは巻き添えを食ってしまった。目の前に恋愛とセックスの可能性が果てしなく広がる。背後では葛藤の日々が終わろうとしている。どれほど相性のいい相手でも、根本的な価値観が合わなければうまくはいかない。

ヴェロニカがドキュメンタリー映画『The Workshop』のことを口にした。それは人里離れた合宿所を描いた作品で、集まった人たちは全裸になってグループセックスに加わり、コンプレックスを癒し、悟りを得るという。俺はポリアモリーの「愛の巣計画」をヴェロニカに話して聞かせた。

「それ、楽しそう」。ヴェロニカが俺の肩にもたれかかる。「あなたとなら、時期にもよるけれど、トライしてみたいわ」。胸が高鳴る。もっと互いを知った上で計画がうまく行けば、念願の関係を構築できるかもしれない。

カミーユの友達も喫煙室にやってきた。その後、みんなで電話番号を交換し、クラブの外で別れた。ホテルに戻ると、アンが抱きついてきた。恐れや安堵や嫉妬や心配からではなく、ただ喜んでいる。俺の肩にあごを乗せ、「私、大人の女になりたいの」とささやく。

やった。俺は今、オープンな女性とフリーセックスの世界にいる。これが自分の生きる道。自分の居場所。自分と同類を見つけた。

これからは複数のパートナーと共に肉体関係のみならず、深い愛情関係も築いていかなければ。その生き方を本当に貫けるのか、今まで経験したことのない恋愛、家族の形、幸せが待っているのか見極めなくてはいけない。

STAGE 3

ハーレム

預言者（ムハマンド）は昼夜を問わず妻たちの元を順番に訪れた。妻は合わせて11人いた。「預言者にそれだけのスタミナがあったのか」と尋ねたところ、アナスは「預言者には30人分のスタミナが備わっていると言われていた」と答えた。

――アブー・カタータ『サヒール・アル＝ブハーリー』洗滌の書　２６８

26

人間の本質は略奪者だ。生きることとは広大な地球の資源をあさる行為である。必要はものは全てここにある。自然の色合いや味覚も、生命の営みや移ろいも。探し物はいずれ見つかる――探し物のほうから歩いて来てくれなくても。ところが、見つかるものは意識的に探していたものではなく、無意識のうちに求めていたものかもしれない。つまり、期待と本望は必ずしも一致しない。それが略奪者のさだめだ。果実のなる木は見つけられるが、どれほどの果実がなるかは分からない。

俺はパリをあとにし、３人の女性と暮らすことにした。１人目はアン。近々再会できることを喜んでいた。２人目はヴェロニカ。彼女とは、アンがパリを離れたあと、至福の３日間を過ごした。３人目はベル。今まで絶えず連絡を取り合ってきた相手だ。いずれも楽しい冒険を通じて知り合った女性なので「冒険の続きをしよう」と口説くのに時間はかからなかった。

シャーマ・ヘレナなら、この関係をどう呼ぶだろう。「ヴィー（V）」では1人多い。4人組を表す「クワッド」か、「片足立ちのダブル（W）」か、あるいは「三脚」か。いずれにせよ、非モノガミーを観察する立場から、実践する立場になるのがうれしい。

未知の世界に踏み出すわけだから、万全の準備が必要だ。ロスに戻ってから、3人とは毎日連絡を取るように努めてきた。メールや電話でやりとりするたびに親交が深まるのを感じる。恋の始まりみたいだ。胸の中は期待と希望に満ちあふれ、汚い現実は入る余地がない。だが、本格的に共同生活を始めるにはさすがに早過ぎる。そこで3人と相談の上、2週間の「お試し期間」を設けることにした。セージを誘えなかったのが残念でならない。俺が知る限り、グループ恋愛の経験者は彼女だけだった。

今、俺が借りている一軒家は4人で住むには手狭なので、広くてボロいツリーハウスのオーナーに問い合わせてみた。そのツリーハウスは、まだイングリッドと付き合っていたころにリックと下見したことがある。あいにくツリーハウスは空いていなかったので、ほかを探すことになり、目ぼしい物件の画像を3人に送った。

「だったら、サンフランシスコに来れば？」。俺が計画を話すと、ニコールはそう提案した。「世界広しと言えど、ここほど自由恋愛に理解のあるところはないわ。あなたが読んでいるポリアモリーの本だって、著者の多くはサンフランシスコ在住よ。こっちに来てくれれば、あちこちのパーティーに連れて行ってあげられるわ」

ニコールは頼れる女神だ。決して期待を裏切らない。新人ポリアモリストの世話役を買って出るのが好きなのだろう。そこで俺は新しい恋愛スタイルを新天地のサンフランシスコで試すことにした。

ベル、アン、ヴェロニカが現地に集合する数日前、フィッシャーマンズ・ワーフの近くに手ごろな家賃の短期滞在用マンションを借りた。メゾネットタイプで寝室が3つあるから、女性陣は自分の部屋とクローゼットとバスルームをもてる。ゆくゆくは3人が仲良くなり、全員で一つのベッドに寝られるようになれば理想的。しかし、最悪の場合は俺が各自の部屋を順番に回って寝ることになるが、ポリガミストの大半はそうしているようだ。

最初に来るのはヴェロニカ、その数時間後にベルを乗せた飛行機が到着し、翌日の午後にアンが合流する予定になっている。

期待半分、不安半分で空港に向かい、ヴェロニカの到着を待つ。夢のまた夢が日常になろうとしている。ヴェロニカがロビーに出てきた。ヴェロニカは俺より5センチほど身長が高く、10キロくらい軽い。今日のファッションはタイトな黄色のTシャツ、スリムなジーンズ、ハイヒール。その目は常に憂いを含んでいる。ヴェロニカの英語は人混みの中でも聞き分けられるくらいに東欧なまりが強く、Rの発音が独特で色っぽい。冷戦時代のスパイ映画を思わせる。

3時間後、俺と彼女は一戦を交え、ベッドの中でまどろんでいた。サンフランシスコの午後の日差しを浴びながら、ボディランゲージの話をする。俺はこの瞬間を記憶に刻もうとしていた。ヴェロニカとは1カ月もしないうちに、赤の他人から深い仲になり、こうして同居するまでになった。この感激をいつまでも忘れたくない。

スマホの着信音が鳴った。アンからのメールだ。今、荷造りしている最中で、早く俺にハグしたいという。そこで「2人の女の子も君にハグしたがっているよ」と返信した。オルフェも言っていたが、家族意識を忘れてもらっては困る。その直後、今度はベルからメールだ。予定よりも早い便でサンフランシスコに着いたそうで、俺のために「デコマン」してきたという。どういう意味だか見当がつかないが、とりあえず「それは楽しみだ。今すぐ迎えに行くよ」と返した。

「それよりもタクシーを拾うほうが早いわ」とベルは返信してきたが、そのときヴェロニカがいら立ったように深いため息をついた。そしてベッドから出てタオルを一枚巻くと、スーツケースを開け、クローゼットに服を収め出したのだ。クローゼットのバーにハンガーをかけるたびに嫌味な金属音が響く。

「どうしたの？」と尋ねた。

「何でもないわ」

「『何でもない』には何かある。話してよ」

「大丈夫だから、本当に」。ヴェロニカは洗面道具を持ってバスルームに消えた。やることなすことに冷気が漂う。

「『大丈夫』は『大丈夫じゃない』の裏返しだ」と声を掛けたがスルーされた。

しかし、次の瞬間「失礼じゃない！　私の隣でほかの子とメールをやりとりするなんて」と怒られてしまった。そりゃそうだと反省する。そして、困ったもんだと頭を抱えた。今ここにはヴェロニカしかいない。なのに、もう嫉妬問題が勃発だ。さっきの感激が瞬く間に消えた。しかし、ここに来た目的は新しい恋愛スタイルの現実を見極めるためだ。人の奥さんや恋人と寝るのは簡単だが、複数のパートナーと「心のつながり（とジョーンなら言うだろう）」をもつのは至難の業である。下半身のみならず、気持ちも交えなければいけない。スワッピングで他人同士が何をやってもかまわないが、現実の世界で恋人同士が何かをすれば、何らかの意味をもつ。

今後は、この試験的共同生活を成功させるためにも口に気をつけ、大人げない言動を慎まなくてはいけない。たかが数週間の話ではなく、俺の将来がかかっている。「ここに来る女の子2人とやりとりしていたんだ。でも、これからは用件以外の連絡は一切受けないことにするよ。君との時間を大切にするために」とヴェロニカに宣言した。

ヴェロニカはうなずき、笑顔を見せる。俺の言葉に満足したようだ。昔は、良好な男女関係とは揉めごとのない関係だと思っていた。しかし今、思い直した。良好な関係を築く秘訣は1人がキレたり、黙り込んだりしたとき、もう1人が「成熟した大人」に徹することだ。2人とも「傷心の子ども」や「反抗期の青年」になってしまうと、恋愛につきもののメロドラマが勃発してしまう。俺はこのことをヴェロニカに伝え、3タイプの自我を解説した。わだかまりはすぐに解けた。

「早くも勉強になったわ。ここに来て良かった」とヴェロニカはうれしそうだ。

1時間後、ベルがやって来た。小柄で色白な彼女はチェックのスカート、紺色のカーディガン、白のブラウスという格好に、変わったデザインの赤いメガネをかけ、ブロンドヘアをポニーテールにしている。いわゆる女子高生ファッションだ。男の欲情と罪悪感を同時にたきつける。

「ストラウスさん、ここがあなたの禁断のお城?」とベルが冗談めかす。

ベルをリビングに案内し、ヴェロニカに紹介する。俺はその場を離れ、2人だけで話ができるように計らう。しばらくすると笑い声が聞こえてきた。いいサインだ。リビングに戻ると、ヴェロニカは散歩に行くと言い出した。

ヴェロニカが出ていったとたん、ベルは俺の膝に飛び乗り、俺の服を脱がし始める。2人で打ち合わせしたのだろう。早くも想定外のことが起きている。

チェルシーのようなタイプは血のにじむような努力をして、雑誌の修正写真のようなボディを手に入れようとする。だが、完璧すぎる人工美よりも男心をそそるのは混じり気のない柔肌だ。修正するのがもったいないほどの自然美。日光や外気にさらしてはいけないほど薄く、透明感のある素肌。人目に触れると震え出すような柔肌。

それがベルの全身だ。

だが、その自然美はキズモノになっていた。ベルが言っていた「デコマン」を見つけたのである。それはデコレーションされた局部だった。アンダーヘアがあった部分にカラフルなラメが光っている。名実共にナンセンスな装飾だ。

パンツをはいて数分すると、ヴェロニカが散歩から戻ってきた。彼女の表情を注意深く観察する。怒ってはいないようだ。

食事に出かける用意をし、３人で内階段を下り、俺の愛車に向かう。３人１組で綱渡りをするように。車の前まで来たとき、その綱が切れそうになった。グループ恋愛の最初の関門に突き当たったのだ。

２人とも助手席のドアの前に立ちつくし、不安そうな表情で俺の決断を待つ。

そこで俺は「ベルはこの車に乗るのは初めてだから、ベルに譲ってやって。帰りは君が助手席に座っていいよ」とヴェロニカに指示した。

人に聞かれたら恥ずかしい。俺と弟が小学生だったころ、親父に言われたのと同じ文句である。ポリアモリー大会の出席者でさえ、パートナーの席順を指示しているやつなどいなかったはずだ。

この実験は何一つ期待どおりにいかない。そんな予感がした。これも略奪者のさだめだ。

27

レストランでは、ロリコン趣味の変態どもがＪＫルックのベルに見とれている。

「思い出した！」。３杯目を飲み干したベルが叫ぶ。「私、ランジェリーを大量に買い込んで来たの。今夜、ぜ～んぶ着て見せてあげる」

本来なら、夕食時の話題としては最高だ。が、一つ問題があった。ベルは俺の顔だけ見てしゃべっている。というよりも、同じテーブルにいるヴェロニカをわざと無視しているようだ。ヴェロニカの表情が凍りついていく。

ヴェロニカがトイレに立った隙にベルに注意した。「ヴェロニカも会話に交えなきゃダメだよ」

「彼女はどうでもいいわ。大事なのはあなただけ」

開いた口がふさがらない。「ここに来た目的はそうじゃないだろ。サンフランシスコでポリアモリーを実践しようと決めたじゃないか。そのためには、ほかの人間も交えなくちゃいけないんだ」「分かってるわ」。ベルはグラスを見つめて、ため息をつく。悪いと分かっていながら悪さをしてしまった子どもみたいだ。

愛人に愛人を引き合わせるのは、ネコにネコを紹介するようなもの。細心の注意と計画と配慮を要する。一歩間違えれば、折り合いがつかなくなる。

食事のあと、2人を連れて繁華街の大衆バー「ウィルソン&ウィルソン」に行く。店を変えれば、少しはムードも変わるかもしれない。しかし、カクテルを飲み干すたびにベルはますます口数が多くなり、ヴェロニカはますます不機嫌になる。しまいには、ベルが話し出すと、ヴェロニカは視線を落とすようになってしまった。「うるさい！」とダイレクトに言うより目を背けるほうがたちが悪い。それは無言の抗議である。

アンが加わる前から、すでに一触即発の状態だ。最盛期のファーザー・ヨッドは14人のパートナーと一つ屋根の下で平和に暮らしていた。だったら俺も2人ぐらいはさばけるはずだ。

リハビリ施設を思い出す。同じグループの連中は一人ひとり違っていたが、すぐに結束することができた。それは各自のタイムラインや幼少期の体験を全員で共有したからである。この辺で雑談はやめ、身の上話に移ったほうが良さそうだ。

「興味があるんだけど……」と話題を変え、ベルに質問を振る。「君が小さいころ、お父さんとお母さんはどんな感じだったの？」

「100点満点。私のこと、めちゃめちゃかわいがってくれたもの」。ベルはカクテルに口をつけ、赤ら顔で微笑んで見せる。ゴムマスクをかぶり、本音を隠そうとしているようだ。

親に対する絶賛は、大抵事実に反している。親がそうした幻想を植えつけることもある。神が人間を諭すように「自分は完璧な親である」と子どもに叩き込み、産んで育てた恩を着せ、子どもに服従を強いる。あるいは、子どもも自身が生きるための知恵として親を理想化し、現実から逃げることもある。そうやって有害な生育環境から自分の心を守るのだ。

俺はベルのガードを突破しようとして荒療治を試みた。今の「親に対する幻想」を説明した上で、こう言ったのだ。「完璧な親なんて一人もいない。子どもにそう吹き込むのがせいぜいだよ」

「それに、悪い親も反面教師にできるわ」とヴェロニカが話をつなぎ、ベルと対話する姿勢を見せる。ベルの力になろうとしているようだ。だんだん、いい雰囲気になってきた。「うちの父は家に寄りつかなかったし、母は仕事ばかりしていた。でも、私はおかげで8歳になるころには一人でバスに乗ってどこにでも行けるようになったの。だから、今でも人一倍、自立心が強いわけ」

俺のフェロモンは父親に見放された女性だけを引き寄せるのか。それとも、世の中にはろくでもない父親が多すぎるから、女性の大半は見捨てられた娘になってしまうのか。

会話の途中でベルはグラスをテーブルに叩きつけ、ほかの客が振り向くほどの音量でわめき散らした。「そうよ！　ママは自分のことしか考えないナルシストな女だったわ‼」。ベルの顔がゆがみ、涙が流れ落ちる。「もう、その話はよして。分かった？　絶対にしないで！　ここまで言わせたんだから満足でしょ」

心が触れ合う瞬間が訪れた。

……と思うのだが。

少なくともベルは現実に接することができた。俺とヴェロニカはベルの素顔を知った。ベルは薬物依存でもセックス依存でもなく「言語依存」だ。言葉の壁を張り巡らせ、気まずい思いを紛らわそうとしている。しかし、同性の親に絡み取られた子どもは同性の友達と親しくなるのを苦手とする傾向がある。そこが、アンを含めた俺たち4人にとってネックになるかもしれない。

明るい材料としては、本音をぶつけ合ったのが功を奏したのか、ヴェロニカは再びベルの目を見るようになった。本日の教訓——ポリアモリーならぬ「ポリハーモニー」への近道は本音と理解にあり。

店を出るとき、ヴェロニカが俺に抱きつき、首にキスした。そして、俺の腕をベルの肩に回した。俺たちは仲良く肩を組んで店を出た。２人の唇にチュッとやる。この日、初めて希望を感じた。「ヴィー（Ｖ）」の気分だ。

家に着く。ヴェロニカは「シャワーを浴びたい」と言い、自分の部屋に直行。俺も別のバスルームに入る。身を清め、待望の「初夜」に備えなくては。

しかし、ベルがついてきた。俺の耳を挑発するようになめ、「抱いて。でも、その前にこっちを向いて、あなたのモノをくわえさせて」とささやく。

「そうしたいのは山々だけど、ヴェロニカがシャワーから出てくるまで待とうよ」と言った。

ベルの手を引いてヴェロニカの部屋に行き、ベッドに寝そべって、話をしながら待つ。ところが、すぐにベルはそわそわし始めた。急に起き上がり、笑い声を上げ、家中を走り回る。

俺の希望がまたしぼむ。ベルは異様にたかぶっているようだ。原因はアルコールなのか、時差ぼけなのか、緊張なのか。はたまた、俺とヴェロニカが母子関係の痛いところを突ついたせいなのか。ヴェロニカを待っているのが面白くないのか。それとも、俺を誘って鬼ごっこをしようとでもいうのか。

バスルームから出てきたヴェロニカが俺の隣で横になる。ベルが壁に追突し、ヒステリックに笑い、喘息もちのように息を切らすのが聞こえてくる。

「あの子、どうしちゃったの？」とヴェロニカがあきれた。

「正直、さっぱり分からないんだ」と俺は答えた。出会ったときのベルはシャイで思慮深くユーモアの分かる女性だった。こういう一面があるとは知らなかった。酔った女は嫌というほど見てきたが、こんなザマは見たことも想像したこともない。とにかく壁が気の毒だ。

人生は皮肉なものである。イングリッドに息苦しさを感じた理由の一つはベルと浮気したくてもできないからだった。なのに今、俺はベルから逃げたい。再会して半日もたたないのに、このありさまだ。浮気心を抑えるコツは、隣の芝生はクレイジーであることを心得ることかもしれない。

ベルはこの部屋に駆け込んで来ると、ベッドに飛び乗り、ヴェロニカにキスしようとした。が、ヴェロニカは無言で顔を背けた。ベルは一瞬静止したが、やおら立ち上がり、よろよろしながら部屋を出て行った。そして再び狂ったように家中を駆け回る。クローゼットというクローゼットを開けたり、閉めたりしたあと、自分のバスルームにこもり、鍵をかけたようだ。

「クスリをやってるのかもしれない。アルコールとの飲み合わせが悪かったのかな」と俺はフォローした。

「そうかもね」。ヴェロニカはそっけなく言うと、寝返りを打ち、サイドテーブルから日記とペンを取り出す。何を書き込んでいるのだろう。ほかのメンバーにもここでの出来事を日記につけるように指示したほうがいいかもしれない。そうすれば、みんなで反省会ができる。

ヴェロニカの隣で静かに寝転びながら、今夜がただのハプニングであることを願う。ベルは緊張のあまり飲みすぎただけ、一方のヴェロニカは今夜のことを奇跡的に水に流してくれると思いたい。これは「初夜」ではなく、「初めての夜」と考えることにした。

翌朝、目が覚めると、ベルが隣で寝ていた。３人で川の字になっている。

ここでポリアモリー生活のもう一つの課題が浮上した。女性に挟まれた体勢で起き上がり、誰も起こすことなくトイレに行くのは至難の業ということだ。

それでも、このグループ恋愛にはまだ希望がある。ゆうべほど奇妙なことは、もう起きないはずだ。

28

ヴェロニカの日記（抜粋）

空港に到着。今、入国審査を待っているところ。ニールに呼んでもらえて、とてもうれしい。前回、会ったとき、彼に恋したけれど、しばらくすると冷静になった。彼には私みたいな女がたくさんいるはず。私にも選択肢はある。だから問題ではない。気にしないことにしよう。

生まれたときからやんちゃだった。私の人生はどうして波乱続きなのか自分でも分からない。子どものころは軽率で不注意で極端な性格だったし、面倒を見てくれる大人は誰もいなかった。パパは大抵飲んでいるか、仕事をしているか、飲んで仕事をしているかだった。ママは庭いじりとペットの世話に忙しくて、パートに出ていたこともある。

恋愛で一番大切なのはコミュニケーションだと分かった。1人でも、2人でも、誰かと付き合うときはお互いの気持ちを遠慮なく口にできるようでなければいけない。例えば、ニールがメールばかりで電話をくれないことに腹が立っていた。だけど、私の気持ちを理解してくれて、顔を見ながら話したら、すべてが変わった。お互いに態度を改め、歩み寄ることができた。ぜんぜん難しくなかったから、ビックリ。彼にとても感謝している。

伸びたカーディガン、白いブラウス、プリーツスカート、黒いおでこ靴、メガネ、ピッピみたいな三つ編みのヘアスタイル。オーストラリア人。女子高生ルックそのもの。ロリータ丸出し。安っぽい。だけど、おもしろい。男はああいうファッションが好きなのね。でも、彼があんな子を選んだなんて。信じられない！

彼と一緒にいられるなら、こういう生活でも大丈夫だと思ってた。ここでの暮らしをきちんとイメージしていなかった。バカみたい。でも勉強になる。それはいいこと。

あの子にはもうウンザリ。しゃべりすぎ！　話し出すと止まらない。

ニールのことを「ハートの目」で見つめるのはもう無理。あの人には誠意がないのかもしれない。すべては心理ゲームみたい。彼は自分の目的を果たすことしか考えていない。私のことを本当に大事に思うなら、こんなまねはしないはず。私たちと順番に寝るつもり？　何を考えているんだろう。彼は自分を万能だと思っている。だけど、そう思わせているのは私たち。

女は好きな人のためなら、やりたくないことでもやってしまうことがある。そこが男と女の違うところ。私たちが彼の提案に乗ったのは彼を愛しているから。いつか自分のものになってくれると思ったから。だけど、かえって彼を手放す結果になるかもしれない。

オーストラリアの子はやけを起こして、発狂している。いつも大声で笑うけど、心の中では泣いているのかも。彼女の言動はまったく意味不明。悪酔いして、クローゼットを開けてニールを探してる。おかげで私たちもおかしくなりそう。

明日、３人目の子が来る予定。フランス人の女の子。この子と違って、マトモだといいけれど。

29

翌朝、ヴェロニカが3人分の朝食を作り、全員でテーブルを囲んだ。ベルもしらふに戻り、団らんムードが漂う。

ゆうべの一件もあるので、今後ヴェロニカがベルを尊重するかどうかは定かでない。けれども我慢はしている。願わくば、物静かで落ち着いたアンが潤滑油の役目を果たしてくれればいいのだが。

アンを迎えに空港までドライブ。助手席に座るのは朝食を担当したヴェロニカだ。バカバカしいが仕方ない。

空港に到着。ターミナルの外で人待ち顔で立っているアンを見つけた。4人組の一角を担う最後の1人だ。見るからに華奢でトラックが猛スピードで通過しようものなら吹き飛ばされてしまうだろう。大きな瞳はヘッドライトのように輝き、顔の4分の1を占めている。残り4分の3はブロンドの乱れ髪がかかっていて、よく見えない。車を降りて出迎えると、アンは1分ほど俺を無言で抱きしめた。アンが後部座席に乗ったのを確認し、3人のために市内を一通り案内する。

「素敵な人ね」。家に戻ったあと、ヴェロニカがそう言った。「彼女には教わることがいろいろありそう」

安堵のため息が漏れる。アンの存在が涼風となり、場を和ませるかもしれない。この4人なら、うまくやれそうだ。

その晩、サパークラブでジェームズやニコールと合流。二次会はニコールの自宅ロフトで開かれ、そこに6人のスワッピング愛好者やBDSMのカップル数組も加わった。チェルシー&トミーの「金魚のフン・カップル」もいる。

ニコールのロフトは、スワッピング仕様に改装された独身貴族の部屋のようだ。照明やスピーカーを取りつけた吊り棚があり、部屋の中央にストリップダンス用のポールが立っている。意味不明な円形のテーブルは、コリー・フェルドマンのスイートルームで見たやつにそっくりだ。

ヴェロニカとアンはソファに座り、アンが指圧師として勤務しているフランスのヒーリング施設の話をしている。俺は2人の背に右腕を回し、会話に加わった。すでに2、3杯飲んでいるベルも俺の横に来て、俺の左手を握る。

この瞬間、4人の関係はうまく機能している。

ベルが体を寄せ、キスしようとする。その場のノリというよりも、ほかの2人に自分がナンバーワンだと誇示しているようだ。

俺が体を引くと、ベルはそそくさと去り、エロチックなポールダンスを披露したかと思ったら、ニコールといちゃつき始めた。「あの子、あなたの関心を引きたくてあんなことしているのよ」。ヴェロニカが冷めた口調で言う。「そろそろ帰らない？」

この瞬間、4人の関係は機能不全に陥った。

「みんなの意見も聞かないと」。複数愛では人数のぶんだけ個人の自由が減るのだろうか。

ベルに聞いたが、まだいたいと言う。

ソファに戻り、ヴェロニカと相談する。俺たちの横ではスワッピング目当ての連中が『2001年宇宙の旅』に出てくるモノリスに見入るかのように、丸いテーブルをじっと見つめている。そのとき、アンが俺のほうを向き、優しいけれどすがるようなまなざしで「2人だけで話せるかしら？」と言い出した。

ヴェロニカに「すぐに戻る」と断り、アンと一緒に部屋を出る。アンは言い出しにくいのか、しばらく黙っていたが、ついに口を開いた。「どうして、あなたはあんなことばかりするの？」。アンは取り乱している。その証拠に、びっくりするほど乱暴に俺の腕をつかみ、震える手でさすり始めた。「フランスでは親愛のしるしではないわ。ほかに意味があるんでしょう？　私には理解できない」。アンは黙り込み、首を振るばかり。いったい何を言いたいのか。

「家にいれば、あんなことしないくせに」

俺は一瞬、戸惑った。しかし、アンの言いたいことが分かってくるにつれて、最後の望みは完全に絶たれた。アンは嫉妬している。俺がヴェロニカとベルを口説いていると思ったのだ。

「俺がイチャつく女の子は、すでに抱いた女の子だよ」と説明する。「君と体の関係があるように、彼女たちとも肉体関係がある。そのことは前にも話したよね?」

アンはうなずくが、不満そうだ。期待していた返事と違うのだろう。驚いた。ヴェロニカと出会ったのはスイッチ・クラブで、ヴェロニカは相手かまわずやりまくっていた。その晩、アンは俺の行き先も何をするところなのかも承知していたはずだ。初めてベルを抱いたとき、別の女性も同じベッドにいた。3人とも非モノガミーの状況で俺と出会い、俺がコミューンをつくることに賛同した。

それなのに、ヴェロニカは違うとしても、この期に及んで俺を独占しようというのか。ニコールと初めて会った夕食の席で、ランディの奥さんが言ってたことは本当なのかもしれない――「男と女の実験は楽しいわ。情が絡まなければね」。

情のせいだ。情が悪い。どうして情が絡むと、とたんに「助手席の女」になりたがるのだろう? リハビリ施設でロレインに教わったことが頭の中で不気味にこだまする――「無言の期待は、いずれ恨みに変わる」。

会場に戻ると、ベルが駆け寄ってきた。「ニコールってすごくセクシーね。彼女とずっとペッティングしてたの」ベルが腕を絡めた。アンが見たら、また動揺するに違いない。「アンの前ではまずいよ」とベルを諭した。「スキンシップに抵抗がなくなるまでに時間がかかりそうなんだ」

ベルはきびすを返して立ち去ると、俺に当てつけるかのようにジェームズの腕にしがみつく。俺は完全に心理戦に巻き込まれた。モノガミーの経験しかないから勝ち目はない。誰かに触れれば、怒られる。誰にも触れないと、やっぱり怒られる。

俺は3人の恋人というより仲裁役だ。

これからパーティーが始まるようだが、参加できる状態ではない。俺は3人を呼び集め、会場をあとにした。どうすれば、黒いオルフェが言っていた「家族意識」が生まれるのか考えながら。アンが断りもなしに助手席に乗り込むと、ほかの2人が目配せする。これが、ある意味、典型的な家族の姿かもしれないと自分に言い聞かせた。

家に到着。まずはヴェロニカの部屋に行き、「おやすみ」のあいさつ。「また来て」とヴェロニカがせがむ。努力するとだけ言っておく。

次はベルの部屋。「こういうの、私には無理。だって、好きなときにあなたにベタベタできないんだもん」とベルは文句を言う。

「うまくやるにはチームとして団結しなくちゃ」と諭した。

「私だって女よ。感情ってものがあるわ」とベルは反発する。「頭ではわかってるけど、やっぱりあなたと2人きりになりたい」

最後はアンのところだ。もう少し一緒にいてほしいと頼まれる。ベッドに横たわるアンを見る。長旅のストレスで人肌と優しい言葉に飢えているようだ。俺は聞き入れることにした。えこひいきではない。ほかの2人とはすでに一戦を交えたからだ。着ているものを脱がす。ランナーのような脚、競泳選手のような下腹部、バレリーナのようなバストがあらわになり、再び興奮した。

それでも、ここで一夜を明かすわけにはいかない。ほかの2人に申し訳が立たない。

そう告げると、アンは一言「本気で人を愛したことある?」と聞く。

とっぴな質問だ。とりあえず「今も昔も誰かを愛してきたよ」と答える。

「でも、本気?」

「どう違うの?」

「本気の愛は母親が生まれたばかりの娘に感じる愛。たくさんの愛、いつも感じる愛のこと」

「つまり、毎秒、毎日、一生感じる愛?」

「そう。本気で誰かを愛しているなら、ほかの人は目に入らないわ」

「そうかな」と俺。「君は本気で誰かを愛したこと、ある?」

「あなたが初めて」

背筋が凍った。単なる寝物語のつもりだったのに。アンがこんなに早く俺にほれ込むとは思いもよらなかった。俺は依存症を招き入れてしまったのだ――幻想を通して相手を求める、恋愛依存症を。「2人目が生まれたら、1人目の子と同じくらいに愛しいと思うよね」と俺は言った。アンが理解できるように、できるだけゆっくり話す。「知り合ったばかりの相手を本気で愛していると思い込むのは、本当の愛ではないよ。それは執着と言うんだ」

アンは黙っている。

「分かる?」

「ええ。分かるわ」。アンは俺にそっとキスした。

分かってくれたと思いたい。

階段を上がり、クローゼットの中を探ったが、予備の毛布はない。シングルサイズのシーツが一枚あるだけだ。シーツをつかみ、リビングに戻ってソファを点検する。ソファベッドならありがたいが、あいにくそうではなかった。

仕方なく背もたれのクッションを外し、スペースをいくらか広げ、その上に仰向けになり、シーツをかけた。寒い、狭い、寝心地が悪い。この体を温めてくれるのはいら立ちだ。3人の愛人と暮らしながら、夜はソファで一人寝である。夢にまで見たファーザー・ヨッドもどきの愛の巣で、こんなことになろうとは思いもしなかった。

30

朝一番でペッパーに電話した。現状を説明し、アドバイスを求める。

「歩けないうちから走ろうとしているようなものだね」とペッパーは言う。

「どういう意味？」

「何人で暮らしているの？」

「俺も含めて４人」

「だったら、計算上は6通りの関係があるわけだ。一つの関係をうまくやるのも大変なのに」

一通りか、せいぜい三通りだと思ってた。しかし、ポリアモリーの計算式（注：N×（N－1）÷2。Nはグループ内のパートナーの数）当てはめてみると、確かにペッパーの言うとおりだ。

「ファーザー・ヨッドという男には14人も妻がいたんだぜ」と反論してみる。「だけど、全員で仲良く暮らしていた……らしいよ」。考えてみれば、ファーザー・ヨッドがポリファミリーをどう仕切っていたのか良く知らない。リックが見せてくれた本も実は読んでいない。中の写真を眺めただけである。

「ファーザー・ヨッドって？」

「チャールズ・マンソンみたいな人物。人殺しではないけどね」。いや、それも正確ではない。ネットで検索したところ、ヨッドは柔道の達人で、正当防衛と称し、素手で2人の命を奪ったという。

「一つ言えるのは、同居型の関係は『上級者向け』とされている」とペッパーが説明する。「でも、きっとうまくいくはずだ。僕もパートナーとパートナーの恋人を連れて一週間のハワイ旅行をしたことがある。ほとんど3人で行動していたから、とても円滑に行ったよ」

「俺たちがそのレベルに達するとは、今のところ思えないな」と俺。まあ、2，3年もすれば、慣れるだろうが。

「良かったら、そっちに出向いて話を聞こうか？」

「頼む！」

一時間後、ペッパーがやって来た。俺たち4人は神にすがるような気持ちでリビングに集まる。俺はあえてソファを避ける。たまたま隣に座った一人をひいきにしていると思われてはいけないからだ。そこで肘掛け椅子を選んだ。ヴェロニカとペッパーはそれぞれ椅子に座り、ベルとアンはソファに腰掛けた。

ペッパーを3人に紹介したあと、ゆうべの詳細をペッパーに説明。ペッパーは親身になって話を聞いたあと、幼稚園児をたしなめるように、互いに穏やかに接するように諭した。今の社会には、モノガミーに関する講習会はあっても、グループ恋愛を学ぶ機会はどこにもない。手本もなければ、相談できる人（がいるとして）もごくわずかだ。映画に出てくる夫婦も関係をオープンにすると、たいがい悲惨な結果に終わり、お互いだけで満足しなさいというオチがつく。

「全員で遊びに行くときの心得その1」とペッパーが講義を始めた。実にゆっくりとした、落ち着いた口調だ。なたを振りかざす狂人でも現れない限り、ペッパーが慌てふためくことはないだろう。元々物静かで慎重なのか、それとも、複数のパートナーを束ねるうちにこういう所作が身についたのだろうか。「出先でのいろいろな場面を想定して、事前に打ち合わせしておくこと。パーティーの途中で誰かが疲れたら、その人は一人でタクシーに乗って帰るのか、あるいは全員でパーティーを切り上げて帰るのか。セックス絡みの状況になったときは見物するか、参加するか、退散するか、前もって決めておくことだ」。言われてみれば、そのとおりだが、思いつかなかった。グループ恋愛は段取り力が決め手なのだ。「普段から、お互いの気持ちを言葉で確かめ合うようにするといいと思う。まだ相手をよく知らないわけだからね。そうすれば仲間意識も芽生えてくる」

4人で一斉にうなずく。俺は甘かった。4人が集まれば、すぐに打ち解け、仲良く暮らせると思い込んでいたのだ。モノガミーの恋愛ではいろいろ失敗したが、それを教訓にして次回に生かした。ならば、初めてのポリアモリーがうまくいかなくても無理はない。何事も経験と試行錯誤が必要だ。これも勉強のうちである。

「もう一つ大切なことがある」とペッパーは続ける。「君（と俺を指差す）は『ピヴォット（中軸、扇の要）』だ。ポリ関係には昔からよくある状況でね。ピヴォットはただ一人、どのパートナーとも接点を持つけれど、それだけに引っ張りだこになってしまう。非常に苦しい立場なんだ。パワーの集中と分散が同時に起きるからね」。ペッパーが3人のほうを向く。「そこで提案したいのがニール中心の関係を少しだけ変えること」

思わず安堵のため息が漏れた。ここに来る前にポリアモリーのコミューンをテーマにしたドキュメンタリー映画を何本か観た。リーダー格の人物は常にメンバーの中心にいないと気が済まないタイプが多かった。自分さえ満足なら、人の気持ちはお構いなし。しかし、俺は人の気持ちを踏みにじってまで注目の的になりたいとは思わない。

「どうすれば、俺は中心から外れるの？」とペッパーに聞いた。

「君たち3人（と女性陣を指差す）はニール抜きで行動するように努めたほうがいい。それから、ニールに相談する必要のない問題は3人で話し合って決めることだね。この相関関係のなかで簡単に対処できるのは君とニール、君とニール、君とニール（と一人ずつ指差す）の間柄。難しいのは君たち3人の間柄だ。僕に言わせれば、ポリの成否は『メタモア』同士の信頼関係にかかっている」

「メタモアって？」とヴェロニカが質問する。

「メタモアはパートナーのパートナー。例えば、君が僕とニールの両方と付き合っているとしたら、ニールは僕のメタモアになる。僕とニールがうまくやるには、うまみではなく、困難を共有することが大切だ。つまり、メタモア同士が信頼関係を築けば、すべてが丸く収まり、グループとして機能するようになる。分かるかな?」

俺たちはド素人だった。この蒼白いゴス男は希望の光だ。相関図の余白に矢印を書き足してくれる、グループ恋愛のパイオニアである。

「じゃあ、ニールと2人きりで過ごしたいときはどうすればいい?」とベルが聞く。「そうしようとすると、ほかの人に失礼だってニールに怒られちゃうの」

「ニールと交渉してはいけない。アンとヴェロニカに相談することだ。2人とも承知してくれたら、ニールを自由にできる」。ベルがついニヤリとした。ペッパーはそれを見逃さず、「ただし、ダメ元のつもりで掛け合うこと」と釘を刺した。

ヴェロニカはため息をつき、組んだ脚をほどいた。「人を共有するのって、本当に難しい。情が絡まなければ、簡単かもしれない。だけど、これからもニールを巡って心理戦が続きそう」

3人の美女に争奪されるのは男冥利に尽きると思われがちだ。しかし、現実には胃が痛くなる。俺に対する3人の思いは競争意識によって無駄に膨らんでしまったらしい。昔、読んだ雑誌によると、ポリアモリストの男はモノガミストの男よりも平均寿命が9年長いという。うそっぱちもいいところだ。このままでは確実に血圧が上がる。

ペッパーが俺を見る。「君ができることは3人への声掛けだ。僕はこの目で見てきたけれど、嫉妬深いタイプやかまってちゃんタイプも、失う不安から解放されれば大丈夫。うまくいっている非モノガミーのグループはカモの群れに似ているんだ。離れても、また元に戻る」

アンが口を開いた。音量が小さく、言葉が不明瞭。全員がそれを聞き取ろうと前かがみになる。「ゆうべは我ながらビックリしたの。みんながスキンシップするのを見て、あんなにショックを受けるとは思わなかった」。アンはそう言うと、幕間かと思うほど長い間を置いた。「私は家族関係が複雑だったから、人一倍、独占欲が強いのかもしれない。でも、この4人がまとまるには努力が必要だって分かったわ」

ペッパーは一人ひとりの姿勢を正しているようだ。おかげで3人のメタモアは思い出しつつある。ここに来たのは男を取り合うためではない。成熟した男女関係のなかで、共に生き、学び、成長するためである。「淡い期待は捨て、現状を受け入れるようにしたらいいんじゃないかな」とペッパーは助言する。「妙なことが起きても、妙なこととして割り切る。意思の疎通がうまくいくようになったら、お互いに交渉し、適度な距離を保ち、話しにくいことでも話し合うように努める。そうすれば、4人の関係は今よりもはるかに円滑になるよ」

ペッパーが帰ったあと、4人で話し合い、毎日ミーティングを開くことに決めた。ミーティングでは一人ずつ順番に発言し、ほかの3人は話をさえぎらない。リハビリ施設で俺がバカにした座談会みたいな感じだ。

穏やかで友好的なムードが流れるなか、ヴェロニカが卵野菜サンドを作り、全員で食卓を囲む。初めて4人の距離が縮まる。そのあと、車でアルカトラズ観光に出かける。アンが助手席に座っても騒ぎにならない。フェリーを降り、アルカトラズ島に向かう途中で、ベルが俺の左腕に、アンが右腕にしがみつく。ヴェロニカは写真を撮りながら、ついてくる。

「2人の姉妹にお母さんの手をとられてしまった子どもみたい」。ヴェロニカはそう言って俺たちに合流した。

ヴェロニカはアンと手をつなぐ。そばを通りかかった男子大学生のグループが親指を立てて俺に合図する。4人の間に初めて通う連帯感。たぶん俺たちは、ペッパーの助言どおり、期待を捨て、新しい環境に順応し、自然の流れに身を任せることが必要だったのだ。

そのとき、思わぬことが起きた。強烈な自己否定に駆られたのだ。この3人には俺みたいな男を共有する義理はない。アンもベルもヴェロニカも、熱い視線を送っている男たちのなかから好みのやつを簡単にゲットできるはずだ。それなのに、3人とも俺の愛情のかけらで——クズみたいな男のクズで妥協している。

まだイングリッドと付き合っていたころは、愛のコミューンで自由気ままに暮らす自分を妄想した。快楽とスリルと優しい女たちに囲まれ、至福の海を漂う俺——。ところが今は、3人の心を占領しているのが気恥ずかしい。

子どものころは母さんの愛情やベビーシッターの愛情に飢えていた。2人のプラスの感情はもっぱら弟に注がれ、俺にはマイナスの感情しか向けられない気がしていた。だから、こんなふうに女性の関心を一身に集めるのは初めてだ。俺が四角関係を築こうと思った本当の理由はそんなわだかまりを解消し、愛される価値（あるいは何らかの価値）を実感したいからなのかもしれない。

31

帰りの車中で、ニコールとジェームズからパーティーに招かれたことを話す。「キンキー・サロン」と呼ばれる一種の親睦会だ。スワッピングは基本的にカップル同士の交換会だが、親睦会はセックスありの宴会といった趣である。なかでもキンキー・サロンは趣向を凝らした宴会で、美女も仮装もありだが、怪しい要素は一切ない。

「みんなで行ってみる？」と俺は3人に聞いた。

「私は留守番するわ」とアンが答える。

フランスのときと同じだ。俺は内心、うれしかった。アンはペッパーの話を聞いて以来、恋愛依存症的な言動を控え、メンバーの一員としての自覚が芽生えたようだ。俺たちはやっと群れとしてまとまり始めていた。

ヴェロニカとベルもうまくやっているようだ。マンションに戻ったとたん、ベルはヴェロニカに提案した。「私がコーディネートしてあげる。あなた、すごくきれいだし、あなたが好きそうな服も何着か持っているから」

ベルの賛辞は真剣なアプローチに聞こえた。それに、女子同士で服を共有するのは万国共通の友情の証し。俺はその場を離れ、2人きりにした。2人には時間（そしてペッパーの激励）が必要だったのかもしれない。時間をかければ、無理に友達になろうとするのではなく、自然と親しくなれるだろう。

ヴェロニカとベルが部屋から出てきた。ヴェロニカが着替えたのはピンクと白のストライプのタイトなワンピース。胸元が大きく開き、黒革のコルセットがついている。ヴェロニカによく似合う。ベルはスタイリストを務めたご褒美として助手席をゲット。バカバカしいが、仕方がない。

キンキー・サロンの本日のテーマは奇しくも「ハーレム」だ。倉庫を改造したマンションの中に入る。男はターバンを巻き、水パイプをくわえ、女はベールをかぶり、金ラメのブラジャーを着け、男の膝の上で腰を振っていた。アラブ系の音楽が有線放送から静かに流れてくる。どのパーティーを覗いても、女性はいつ誰とセックスするかについては主導権を握っているが、いざ本番になると受け身に徹する傾向があるようだ。この会場でも、取り巻きを従える女帝タイプは一人も見当たらない。

奥の部屋はフランスのスワッピング会場を安っぽくした風情だ。マットレスが床一面に敷きつめてあるが、誰とでも自由にではなく、カップル単位、トリオ単位で交わっている。

座って眺めていると、ベルが耳元でささやいた。「ヴェロニカと一緒に参加したら？」

「ヴェロニカが賛成したら、君も加わる？」

「ヴェロニカは私のことがあんまり好きじゃないみたい。だから2人で楽しんで。私はあとで合流するわ」

「本当にいいの？」。信じられない。まじで奇跡だ。この期に及んで奇跡が起きた。今日はポリアモリーの女神が微笑んでいる。

がる。

「もちろん」とベルは言った。

ペッパーの激励とアルコールを断っているおかげで、今夜のベルは別人のようだ。俺は彼女をニコールとジェームズに預けたあと、ヴェロニカを連れてベッドの空きスペースを確保した。すぐ近くで、紫のターバンを巻いた男が女性を膝の上に乗せ、突き上げている。ヴェロニカは俺にまたがり、繰り返しオーガズムに達した。乱れた表情に半開きの唇。ヒクヒクと背中を反らし、最高のリズムと勢いで腰を振る。パリで味わった恍惚のひとときがよみがえる。

一戦を終えて戻ってくると、ベルが駆け寄ってきた。「今夜は一緒に寝てもいいでしょう?」と聞く。

「それが目的だったの?」。あきれた。ベルの気持ちは分かるが思い直した。アンはどうなる?

スマホをチェックする。アンからメールが来ていた――「今夜は2人で過ごしたいわ」。さあ、どうする?

アンの部屋で寝るわけにはいかない。それではベルが怒る。ベルの部屋で寝るわけにもいかない。それではアンが傷つく。ヴェロニカのところで一夜を過ごせば、ベルもアンも怒るだろう。複数愛のジレンマだ。

いずれにせよ、ペッパーに教わったとおり、3人は俺と個別交渉するのではなく、3人で相談して決めるはずではないのか。

ジェームズにこっそり相談し、アドバイスを請う。ジェームズは首を振り、難しい顔をして言った。「正解はないね。ニコールとの間に女の子を一人入れたときも似たようなことが起きたよ。複数の女と付き合いたいけれど、結局はみんなを傷つけてしまう。かなりの努力が必要だ。意思の疎通を図るだけでも大変だし、いつも誰かしら疎外感を覚えるからね」

同じ悩みを抱えているやつがいると知ってホッとした。たぶん、誰をメンバーに選んでも、選んだ相手が経験豊富なポリアモリストでなければ、やはり同じ事態になるのだろう。

「スワッピングのいいところは、誰と寝ようが、相手には必ず男がいることだよね。だから、パートナーにとって脅威にならない」と俺。

「そのとおり」とジェームズが微笑む。「ポリアモリーの希望の光だ」

散会になったので、3人を呼び集め、帰ろうとした。ジェームズは俺たちを品定めするようにジロジロ見る。力を貸す価値があるかどうか、見定めようとしているようだ。そして俺の肩に腕を回し、小声で言った。「会ってほしい人がいるんだ。俺たちの仲間で、リード・ミハルコという男。彼はセックス・パーティー界の重鎮と言われている。この3人が打ち解け、仲良くやっていくにはどうすればいいか。その知恵を授けられるのはリードしかいないだろうね」

マンションに戻ったあと、3人の部屋を順番に訪問。一人ひとりと向き合い、気持ちを確認し、なぜ一緒に寝られないのか説明する。そして、今夜も寝心地の悪いソファで夜を明かすことにした。

良い一日だった。今までで最高の一日だ。ソファで寝ることに変わりはないが、ゆうべとは違い、希望を抱えて眠りにつける。俺たちは大きく前進した。リード・ミハルコなる男は経験値も頼りがいもペッパーの半分かもしれない。それでも、このおかしな共同生活はどうにかうまくいきそうだ。

32

翌日の朝、3人のメタモアはペッパーの助言に従い、俺抜きで遊びに行った。ニコールが迎えに来て、3人をショッピングに連れ出し、ブランチをおごってくれた。ペッパーの予想どおり、全員が意気揚々と帰ってきた。驚いたことに、仲間意識も芽生えたようだ。俺中心の関係が変わり始めている。

ニコールと3人は客人まで連れてきた。肩幅の広い大柄な男で、細いフレームのメガネをかけている。髪はブロンド系で前歯がデカい。ジーンズに紫のTシャツ姿。Tシャツはやや小さめなのか、太鼓腹の上で引きちぎれそうになっている。胸にはカラフルな文字で「セックスオタク」のロゴ。

「こちらはリード・ミハルコよ」とニコールが紹介する。

ニコールによると、リードはサンフランシスコのフリーセックス界を代表する人物。これまでに寝た相手は、本人いわく、男女合わせて1000人を下らない。また、キスからペグ（ペニスバンドを装着した女性が男に挿入する行為）まで、あらゆるテクニックを指導しているという。

「今日はリクエストに応えて来たんだ」とリードが挨拶する。「ジェームズから話は聞いたよ」

ゆっくり、はっきりした話し方だ。何か言うたびに一方の口角が上がる。クラーク・ケントとジョン・マルコヴィッチと軽度の脳梗塞患者を掛け合わせたような男だ。リードは全員のチェックインを聴いた上で、本題に入りたいと言う。

各自がリビングに着席する。俺は例によって、無難な椅子を選んだ。

全員が明るくチェックインをしたのは今日が初めてだ。ベルはゆうべのキンキー・サロンで人間関係はテイクよりギブが大切と気づき、目からうろこが落ちたという。アンはこの実験的共同生活に対して頭も心も前向きになってきたと発言。ヴェロニカもいつになく表情が明るい。

「ピリピリした空気はなくなったわ」とヴェロニカ。「お互いに打ち解けて、学び合えるようになった気がするから、すごくうれしい。ゆうべは本当に楽しかったわ。二度目を期待してもいいかしら？」と笑った。

リードはチェックインに続いて、大きく息を吸い、声に出して吐くように俺たちに指示。シーラのグループセラピーを思い出す。そして非常にゆっくりと威厳ある口調でこう告げた。「僕はハグ・パーティーというのを主催している。セックス抜きで、スキンシップや愛情表現を学ぶセミナーみたいなものだ。そのほか、大人の遊び場を提供する目的で１９９９年からプレイ・パーティーも開いてきた。羽目を外して、思いきり性の冒険を楽しんでもらうためにね。今夜もプレイ・パーティーを予定しているんだ。僕のところに遊びに来ている女友達は一年も男日照りが続いてる。だから、その友達のためにパーティーを開く。目的は彼女にセックスをプレゼントすることだ。参加者は全部で30人くらい。みんなで集まって楽しもうというわけ。楽しみ方は人それぞれだけどね」

リードが続ける。「そこで今日はみなさんを観察したいと思う。第一に、グループとして有望なのか。第二に、僕のコミュニティにとっていい手本になるのか。みなさんが心から安らげる場をつくってさしあげたい。僕はグループ恋愛のエキスパートだからね」

また一つ、ジェームズとニコールに借りができた。ペッパーが心理面をサポートするなら、リードは物理面でのサポート役だ。

続いてリードは一人ひとりに質問を投げかける。あきらめかけた願望や要望を引き出すのが狙いらしい。

「人に頼みにくいことって、どんなことかな？」

「自分にはもったいないと思うことって何だろう？」

「数日のうちに、みんなで一緒にできることがあるとしたら、どんなことがしてみたい？」

的確な質問だ。こういう問いかけなら、３人のメタモアも共感と理解が得られた気になるだろう。ベルは男２人と３Ｐがしたいと即答した。ベロニカはペニスバンドの同性に責められたいと言う。アンも自分なりの流儀で参加したいと話す。「誰にも傷つけられずに解放感を味わってみたいわ」

これも女性ならではのジレンマだ。心と体の欲求に素直になりたいが、傷ついたり、後悔したりはしたくない。男なら妄想が現実になればいいと思うが、女の場合はオナニーのおかずを実際に試すのは気が引けるという人が多い。

「それで、君はどうなの?」とリードが俺に聞く。「数日中にどんなことをしてみたい?」

「とにかく4人でよく笑って、毎日を楽しく過ごしたい。それから、みんなと同じベッドでぐっすり眠りたいよ」

「具体的に言ってもらえるかな? 例えば、ベッドの中で何をしたい?」

「いや、何もしなくてもいいんだ。みんな一緒に寝られたら、それでいい。俺は毎晩ソファで寝ているから、余計にそう思うのかもしれない」

「ありがとう」とリードが一人ひとりの目を見ながら礼を言う。俺たちの話に本気で共感したのか、あるいは単なる演出なのかは分からない。いずれにしても効果的だ。「全員へのアドバイスとしては『人の意向』よりも『自分の希望』に耳を傾けたほうがいいということだ」とリードは結んだ。「自分本位になることで人間としての成長は早くなる。ここにいる誰もが自分のことを自分でケアできるようになったら、どうなるか。お互いに気持ちよく頼みごとができるし、断っても後腐れがない。そういう関係は楽しいものだよ」

生きるすべは学習して身につけるものだが、現代社会はその技術を教えず、方程式や首都の名称だけを未熟な脳に詰め込む。そして学生時代という仰々しい名の拘束期間が明けると、俺たちはいきなり実社会に放り出される。だから、人生で一番大事な事柄は独学で身につけるしかなく、長年にわたってミスを繰り返すことになる。ようやく独学の成果が上がり、青二才から一人前になるころには一生が終わってしまうのだ。

言い換えれば、ペッパーやリードのような先生（少なくとも一分野に秀でた先達）と出会うことがなかったら、俺はとっくにグループ恋愛を断念し、希望を失っていただろう。しかし、2人のおかげで、俺の何がいけなかったのか反省できた。俺は相変わらず人に気を使うばかりで、自分のニーズを犠牲にしていたのである。これではイングリッドと別れた甲斐がない。みんなをケアしようとして、誰のこともケアできずに終わってしまった。

ニコールを見る。彼女は俺の心中を察したかのようにうなずいた。リードはゆっくり息を吸い、勢いよく吐き出す。ため息というよりパフォーマンスに近い。「みなさんを今夜のプレイ・パーティーに招待すると言ったら、誰が来てくれるかな?」

全員の手が挙がる。アンまでもがこわごわ手を挙げた。

33

数時間後、オークランドのリード宅に向けて出発。アンは当然のように特等席(助手席)に陣取っている。この問題について次の会議で話し合わなければと心の中にメモした。これからニコールを迎えに行く。彼女はシャワーと着替えのために、いったん自宅マンションに戻っていた。

ニコールが後部座席に乗り込んできた。黒いシルクブラウスとグレーのタイトスカートに着替えている。「ジェームズも来るの?」と聞いた。

「いいえ。彼は仕事があるから」

4人組から5人組になった。

「それじゃ、今夜の約束事を決めておこう」。ペッパーのアドバイスに従い、みんなに呼びかける。これから先はサンフランシスコ市内で渋滞に巻き込まれるはずだから、打ち合わせする時間はたっぷりある。

ニコールが口火を切った。「私は見学だけにしておくわ。ジェームズのいないところで楽しむのは禁止ということになっているから」。2人の間のルールは洗濯室での一件以来、厳しくなったようだ。信頼という手綱はしっかり握っていないとゆるくなる一方である。

「私は――」とヴェロニカが続いた。「各自が好きなにすればいいと思う。それでかまわないわ」

「賛成！」とベル。「ただし、ニールがほかの女とヤるのを見るのは耐えられないけど」

ベルと出会ったのは、ほかの女とヤっている最中だったが、ベルは気にしなかった。そのときは二度と俺に会うことはないと思っていたのだろう。進化論によると、パートナーの婚外交渉に動揺するのは男のほうだ。他人の子を養育していたら、自分の遺伝子を残せなくなるからである。一方、女性はパートナーの「心の不倫」のほうを恐れるが、それは配偶者の援助と保護を受けられなくなるからだろう。むろん、今は親子鑑定があり、女性は経済的に自立しているので、進化論のほうが立ち遅れている。

「じゃあ、自由行動にしよう」と俺は確認した。

発言していないのはアンだけだ。今日のアンは薄手のスラックスに黒のフラットシューズ、固苦しいボタンダウンのシャツを着て、紺色の大判ストールをはおっている。セクシーのセの字もない装いだ。

「君はどうしたい？」と話しかけた。

アンは質問が耳に入らないのか、窓の外を見ている。そして姿勢を変えずに「嫌なの」とつぶやいた。

「嫌って、何が？」

アンの声は聞き取れないほど小さい。後部座席の3人が前かがみになった。「あなたがほかの人とセックスするのが嫌なの」

意味が分からない。だが、ピンと来た。「ほかの人って、ベルやヴェロニカのこと？　それともパーティーの参加者？」

「誰であろうと嫌」

ふざけるな。午後の会議で、どこに行き、何をするか話し合ったじゃないか。参加したくて手を挙げたくせに。

なのに、もう気が変わったのか？

そう言ってやりたかった。

しかし、反論は控えた。口論になれば、誰かが傷つく。セックス依存症のカウンセラーも良いことを言う。セックス論はいただけないが。

記憶の回路をたどり、正しいリアクションを検索した。ここはリードの助言に従うのがいいだろう。わがままを通して人間的成長を加速させ、アンのことは自己責任を知る大人と考える。今、目指すべきは自分に正直になること。気まずいムードになるのを覚悟すること。アンにはダメ出しに慣れてもらわなければ。

「今夜の予定は何とも言えないよ」と俺は切り出す。「ただ寝転がって見物してるだけかもしれないし、全員とセックスするかもしれない。自分でも分からないんだ」

反応がない。

「それでも参加したい？」

沈黙。アンも記憶の回路をたどって正しい反応を検索しているのかもしれない。それとも、だんまりを決め込んでいるだけなのか。

アンが何やらブツブツ言っている。

「え？」

ブツブツ。

「大きな声で言ってもらえるかな？」。俺は努めて「健全な大人」モードで対応する。

ついにアンが声を上げた。「そうなったら帰りたい」

「マンションに？」

「フランスに」

フランス人は男女関係に寛大で先進的だと思っていた。俺がこういうパーティーで何をするのか、アンは承知していると思っていた。思い込みは厳に慎むべきだ。

「セックス抜きで、キスやハグだけなら、いいわけ？」

「それも嫌」

車内のムードが一気に沈む。パーティーへの期待は、カモの群れが窓ガラスに激突したかのごとく、打ち砕かれてしまった。自由愛を標榜する俺たちにとって、想定を超える最悪の展開だ。せっかく乱交パーティーに行くのに、手の一つも握れないというのか？

俺のいら立ちは声に出た。「事前に話しておいたよね？　サンフランシスコでは2人のガールフレンドも同居するし、こういうパーティーにも参加するって。だから君と2人きりにはなれないんだ。分かってくれよ」

アンは再び黙り込んでしまった。

俺はすがるようにニコールを見た。視線でSOSを送る。

「一人の相手と一生を添い遂げるのは不自然じゃないか。そう考える人ってたくさんいるのよ」。ニコールがかんで含めるように話し始めた。「その人たちはこう信じているわ——自分の性生活は人に束縛されたり、支配されたりするものではない。たとえ、よその人と肉体関係を結んでも、パートナーへの愛情は変わらない。今夜のパーティーはそういう人たちの集まりなの」

アンは返事をしない。ニコールが続ける。「例えば、こういうこと。友達に対しては一人ひとり付き合い方が違うでしょう？　親友がいるからと言って、ほかに友達をつくってはいけないということもない。今夜のパーティーに来る人たちは恋愛についても同じように考えるの」

長く気まずい沈黙を破り、アンが俺を見た。結論が出たらしい。「パリでは、あなたとこういうレベルでつながることができたわ」と言いながら、頭、胸、股間を指差す。「だけど、あなたへの思いは今は違う。心も体も変わってきたの」

何が言いたいのかよく分からないが、アンは別れ話をしているつもりのようだ。内心、ホッとした。「同感だ。君は見た目も中身もすばらしい女性だけれど、僕たちは性格も考え方も違いすぎる。だから、友達でいるのがいちばんじゃないかな」と返した。

アンがべそをかく。何か悪いことを言ってしまったのか。「どうしたの？」

「あなたへの思いは変わったと言ったでしょう」

「それは分かってるけど」

「ますます好きになったの」

今度は俺がべそをかく。

34

「ゆうべのパーティーでセックスを我慢したんだから、今夜は私の番よ」とベルがはしゃぐ。リードのマンションまであと少しだ。「（言葉を選びながら）『マン禁』なんて、もううんざり！」

人の都合を気にせず、自分の欲求だけを考えるなら、今夜がチャンスだ。俺とアンは「独占契約」を結んだわけではない。グループ恋愛に参加することで合意した。だから約束に違反しているのはアンのほうだ。これからリハビリ施設で主張したことを初めて実行に移す。すなわち、パートナーを教育して、こちらが決めた男女関係を受け入れさせる。その際は本音をぶつけることが何よりも大切だ。

「一つ提案なんだけど――」とアンに言う。「今夜のパーティーでは最初に『歓迎サークル』というオリエンテーションがある。参加者がそれぞれの抱負を語るんだ。歓迎サークルが終わったら、君は退散したほうがいい。俺がそのあと何をしていたか知りたいなら、あとで聞いてよ。何でも正直に答えるから」

アンがうなずく。イエスの返事らしい。完全に納得したわけではなさそうだが、それはアンの問題であって、俺の問題ではない。ここで束縛されてたまるか。

リードの部屋に入る。室内はロフト式の正方形の空間だ。前方にステージがあり、中央にカーペットが敷かれ、ロフトにはバルコニーがついている。集まった面々はストレート、ゲイ、バイの男もいれば、バイの女、男役のレズビアン、女役のレズビアンもいる。女性参加者に100パーセントのストレートはいないようだ。アンは例外だが。

みんなで部屋の隅に陣取る。隣に立っている男が「このマンションの管理人です」と自己紹介してきた。連れの女性は恋人で「ほぼレズビアン」だという。ポリアモリストの管理人が住人の乱交パーティーに参加するのはサンフランシスコならでは。ニコールがサンフランシスコを勧めた訳が分かった。ここは性革命の主戦場であり、勝利の地でもある。

ニコールがジェームズとメールをやりとりするかたわらで、リードが歓迎サークルを始めた。まずは安全なセックスについて、次にタッチしたい相手に許可を求める方法について、最後に気がねなく断る方法についてレクチャーする。そして、近くにいる者同士で次の会話を練習するように指示した。

参加者1「あなたに○○○○してもいいですか?」

参加者2「断ります」

参加者1「自分を大事にしているあなたに感謝します」

　生まれつきの巨匠はいない。理論上は何を極めるにも一万時間分の経験が必要だ。リードも一万時間の乱交経験を積んできたのだろう。リードのレクチャー（プージャの神格崇拝の儀と同じで「前戯」にあたる）が終わるころには全員が安心と安堵を感じ、世間体という縛りから心置きなく性欲を解放せんとしている。全員と言っても、アンとニコールは例外だが。

「何時に終わるのかしら？」とニコールが聞く。

「さあね。今、来たばかりじゃないか」

「一時間以上かかるなら、ジェームズに迎えに来てもらわなくちゃ」

　そんなに早く帰りたいなら、どうしてここまでついてきたのか理解に苦しむ。「一時間あれば終わると思うけど、どうかな。これから何が始まるのかも分からないし」。あきれてしまった。「そんなの、どうでもいいじゃない」

「長居したら、ジェームズが気にするからよ」

「だったら、どうして来たの？」

「誰かと絡まなければいいって言われたんだもの」

「だったら、誰とも絡まなければいいじゃない」

「そうだけど、ジェームズは取り残されたと思って気にしてるはずよ。だから、私は早めに失礼するわ。いい？」

　非モノガミーのカップルを間近で観察してきたが、本当にオープンで親密で健全なカップルは今のところ一組もいない。セックス依存症の治療現場では肉体を抑制して心のつながりをもとうとしていた。こちらのコミュニティでは心を抑制して体のつながりをもとうとする。だが、その両方（深い情愛とあくなき性愛）を同時に達成しようというのは無理な相談かもしれない。生身の人間に完璧であることを求めるようなものだ。せめて、その達成不可能な目標に少しでも近づくべく努力するしかない。

リードは全員に深呼吸するように指示し、最後にプレイ・パーティーで体験したいことを尋ねた。

「ほかのカップルがセックスするのを間近で見たい」

「女性参加者の一人ひとりと7分ずつ絡みたい」

「ペニスバンドを着けた女性に攻められたい」

「第三の男を交えてカレのものをしゃぶりたい」

アンは黙って俺の隣にいる。俺と手をつないでいるというより、俺の手を命綱のように握り締めている。

「帰りたい？」。オリエンテーションのあと、アンに聞いた。

返事がない。

正面にいる女性がガールフレンドのシャツを脱がし、胸に顔をうずめる。後ろの男はズボンを脱ぎだした。ズボンの下は黒のブリーフと黒の長靴下だ。アンには目の毒だろう。

だから「早くここを出たほうがいい」と警告した。

長靴下男の連れの女性2人も脱ぎ始めた。いよいよ乱交の始まりだ。

リードを呼んだ。彼は乱交界の重鎮だ。こういうとき、どうしたらいいのか教えてくれるだろう。「こういう場合は一番怖じ気づいているメンバーに合わせるのが鉄則だ」とリードは言う。「座って見学したいと言われたら、そうするべきだね」

俺は困惑した。今日の午後、マンションで言ったこととは正反対ではないか。自分本位になれと助言したはず。ひょっとして状況が分かっていないのか。「だけどさ、彼女は俺に触ったり、俺の手を握り締めたりしてるくせに、他人がそうするのは許せないと言うんだ。納得できないよ」。俺は幼稚園児か。「そもそも彼女はグループ恋愛を承知の上でサンフランシスコに来たんだぜ」

「だったら、君を独占できないことを理解させなきゃいけない。君は君、彼女は彼女。お互いに自己責任で行動しようと提言するべきだね」

また前言撤回だ。何が正解なのか分からなくなった。常識の方位磁石が狂ってしまったらしい。こうなったら自分の心に相談するしかない。

俺の「大人心」は、ここは我慢して、あえて何もせず、か弱き乙女を傷つけるなと言う。俺の「子ども心」は遊びたがっている。人の気持ちを優先させることに飽き飽きしている。

長靴下男が3Pに励んでいるのがうらやましい。3人ともくんずほぐれつしながら、体、手、舌を巧みに使っている。各自の動きは自然でスムーズで芸術的だ。サンフランシスコで共同生活を始めたころはこういう画《え》になることを想像していた。この3Pにおいては女性2人が、長靴下男ではなく、互いを喜ばすことを優先している。それが秘訣なのかもしれない。

アンは「離すものか」とばかりに俺にしがみついている。ベルは耳元で誘惑するし、ニコールは帰りの時間を尋ねる。ベロニカは椅子に腰掛けたままで不機嫌なのか、いつもの調子なのか分からない。

びょうの付いたスーツを着ているような気分だ。身動きすれば、誰かを傷つけてしまう。

これがポリアモリーの現実だ。ここは男らしくリーダーシップを発揮しなくてはいけない。黒いオルフェにならなくては。カマラ・デビに変身しなくては。ファーザー・ヨッドに習って愛人たちを仕切らなくては。俺のいけないところは全員の同意を得ようとすることだ。今まで見聞きしてきた大所帯のグループのリーダーは、カマラの言葉を借りれば「優しき独裁者」だった。メタモア3人は「パパ」を求めている。父娘になるのは気味が悪いが、ここは思い切ってパパを演じるべきかもしれない。放任主義のパパではなく、過干渉のパパでもなく、健全で常識的なパパだ。アンは明らかに非常識。俺を独占しようとするあまりに約束に違反し、ほかの2人の権利を奪っているのだから。

「ニコール、アンと一緒に帰ってくれ」と命令した。

ビルの管理人が「よかったら管理人室で待てば？」と申し出てくれた。

管理人はズボンを上げ、2人を部屋に案内しようとした。「いつまでかかりそう？」とニコールが聞く。

「満足するまで」と俺は答えた。

ヴェロニカは相変わらず座っている。ゆうべは彼女と楽しんだ。それでよしとしよう。以前、バーバラ・ウィリアムスンに話を聞いたことがある。バーバラは70年代にスワッピングの聖地と言われたサンドストーン・リトリートを共同設立した人物だ。そのバーバラが「ライフスタイル」を知ったのは新婚当初だった。夫がよその女を抱くのを初めて目の当たりにしたときは、さすがにショックを受けたが、夫婦関係に何の支障もないと分かってから、わだかまりはなくなったという。俺も3人が揃った日に、全員の前で一人ずつ抱けば良かった。

ベルと一緒に人のセックスを見て回る。ここは今まで参加したスワッピング・パーティーと違って照明を落とさない。恥も外聞もないのだ。絡み合うカップルはポリアモリー大会の出席者に近いが、絡み合う姿はブリスに劣らず見ごたえがある。この手のパーティーを良くも悪くもするのは参加者のルックスではない。奇もてらいもない情熱だ。見栄はみにくいだけである。

ロフトに上がると、セックスマシン（絶倫男のことではなくマシンだ。電動式のバイブレーターである）があった。その前でアジア系の女の子が仰向けになる。すると、ポリアモリー大会で見かけた大柄な女性がマシンのスイッチを入れ、女の子の胸をマッサージ。機械仕掛けの愛撫だ。

かたわらでは、巨大なボールに入ったカップルが部屋中を転がりながらセックスしている。ボールの内側には取っ手と騎乗時に足を乗せる馬具の鐙《あぶみ》が付いている。リードの部屋はスケベな大人の遊園地だ。楽しそうだが、セックスに集中できない気がする。見物していたら、アンとニコールに申し訳なくなってきた。2人は今夜の計画に水を差したが、だからと言って、強制的に追放するのは残酷すぎる。誰でも、どたん場で気が変わることはあるのだから。

黒髪の女性がベルに抱きつき、キスを求めた。2人はキスを始めたが、ベルは俺の下半身が反応したのを見るやいなや、「あなたのカレはどこ? 探したほうがいいわよ」と女性を追いやってしまった。

この期に及んでも、まだ俺を独占したいらしい。

ベルに引っ張られてロフトのバルコニーに出る。5メートル先では、リードがロック系のかわいい子とヤッている。

キスと愛撫でベルが濡れてきた。ベルは俺のズボンのボタンを外し、くわえる。そして勃起したのを確認すると、立ち上がって背を向け、ベランダの手すりにつかまり、尻を高々と上げた。コンドームをつけるさなかも、アンのことが気になる。管理人の部屋で、俺が乱交に加わる姿を想像しながら、悶々としているんじゃないか。その隣でニコールは電話を握り締めてやきもきしているだろう。長居をしたせいでジェームズに怒られているかもしれない。俺は自己中なろくでなしだ。自分の楽しみを邪魔されたくないばかりにリードの部屋から2人を追い出してしまった。我ながらあきれる。ゆうべは全員の了解を得たうえでヴェロニカを抱いた。今夜は誰の了解も取っていない。

横にいるカップルがこっちを見ている。下の階にいる人たちも見上げているようだ。白い目を向けられている気がする。ポリアモリーのルールを破ろうとしているからだ。

ヴェロニカが座っていた椅子は空いている。室内を見渡したが、彼女の姿はない。乱交に加わったのか、あるいは怒って帰ってしまったのか。心が4つに引き裂かれる。

目を閉じ、深呼吸して、目の前に突き出されたなめらかな白い美尻に意識を集めた。1回目の挿入。アンの心臓をナイフで突き刺した気がする。2回目。アンの心臓が止まった。3回目。アンは抜け殻になった。4回目の途中でふと思った。アンがチェア・テクニックを受けたら、今夜のことはトラウマとしてよみがえるのではないか。

これ以上、続けられない。

途中で引き抜くと、イチモツは完全に萎えていた。

「心苦しいよ」とベルに言った。

ベルは何も言わない。が、顔を見れば言いたいことは分かる。それは怒りでも悲しさでもない。子どもがむくれたときの表情だった。「あんまりよ」

その瞬間、真実が見えた。俺は勘違いしていた。リードは「自分本位になれ」と言ったが、それは人の気持ちを傷つけていいという意味ではない。自分の欲求を口に出せという意味だ。ダメ出しされるのを覚悟すべきはアンじゃない。俺とベルのほうだった。だから、一番気遅れしているメンバーに合わせなければいけないのだ。アンはサンフランシスコで俺と暮らしたい一心で聞きたいことだけを聞いていた。俺も同じように、ハーレムをつくりたい一心で聞きたいことだけを聞いていたのだ。

俺も同罪だ。俺たちは同類なのかもしれない。

周囲が楽しんでいるのをよそに、俺は一人羞恥心のアリ地獄にはまっていた。

後ろめたいのは下半身がだらしないから。恥ずかしいのは歩く下半身だから。

「行こう」と打ちのめされた気分で言う。

「了解!」。ベルが不満そうに後からついてくる。

階段を降りきったところで、ニコールがあわてて駆け寄ってきた。「探してたのよ!　みんなが大変なの」

「みんなが?　アンが?」

「みんなよ。アンもすごく辛そう」

「やっぱり」。わがままと良心は相性が悪い。実弾入りの拳銃を持っているようなものだ。どっちに向けて発射しようが、最後は必ず頭に跳ね返ってくる。

「ジェームズに迎えに来てもらえば良かった」。俺たちの前を歩きながら、ニコールがごちる。「彼、すごく気をもんでるの」

リードの部屋から廊下に出る。正面からヴェロニカが足早に歩いてきた。俺の顔を見据えたが、不愉快そうに目をそらし、吐き捨てるようにこう言った。「自分のことはタフな女だと思っていた。だけど、あんたって本当に薄情ね」

この一言で、さらにアリ地獄にはまった。人に気を使うと、惨めになる。自分に気を使うと、やっぱり惨めになる。どうすりゃいいんだ。

自分史上、最悪の乱交パーティー。

いや、それが諸悪の根源かもしれない。彼女たちを連れて来るべきではなかった。いかにもセックス依存症がやりそうなことだ。ファーザー・ヨッドは妻たちを連れて乱交パーティーに繰り出す必要などなかっただろう。必要なものはすべて家に揃っていたからだ。いろいろな可能性を試すにしても、その目的はオープンな恋愛スタイルを確立することであって、快楽を求めることではない。せめて互いを思いやり、理解し、信頼する関係を最初に築く必要がある。

短気は対人関係の命取りだ。

ベル、ニコール、ヴェロニカと並んで管理人室に向かう。法廷に入る被疑者のようだ。部屋の前まで来ると、「私も中に入らないとダメ?」とベルが聞いた。

「ああ、そうしてくれ。俺より先に入ったほうがいい。2人で一緒に入ると、余計に刺激してしまうから」。リックに言われた嫌味を思い出した――「おまえはいい人じゃなくて、いい人を装っているんだよ」。

一呼吸置いてから部屋に入る。最初に目についたのはストールにくるまり、床に座り込むアンの姿。両親が惨殺されるのを目撃し、ベッドの下から警察に救助された子どもみたいだ。

俺は謝ったが、アンは黙っている。

全員で車まで戻る。ベルがいち早く助手席のドアを開けようとする。「おい!」と叱りつけた。「アンの気持ちを察して、譲ってやれよ」。俺自身、配慮に欠けていたのだが。バカバカしくもいまいましい助手席争奪戦。今どきの車はモノガミスト仕様だ。

外はすっかり暗くなっていたが、サンフランシスコに帰る車内のムードはもっと暗い。ペッパーは俺をグループの中心から外すようにアドバイスしたが、本当に外れてしまった気がする。この状況で何をどう言えばいいのか分からない。

「チェックインしたい人、いる?」。恐る恐る話しかける。

誰も何も言わない。ニコールも黙っている。

「じゃあ、俺から言わせてもらうよ」と沈黙の4人に言った。「結論を言えば、俺が間違ってた、つまり――」

「間違ってた?」とベルがすっとんきょうな声を出す。「どうして?」

クソ、余計にややこしくなっちまった。ベルは勘違いしているが、ベルをサンフランシスコに呼んだのが間違いだったと言いたいわけではない。「そもそも正解なんてなかったのかもしれない。この一週間、俺たちは互いに気を使うことで仲良く暮らしていこうとがんばってきた。そのためには自分のやりたいことを犠牲にしてもね。だけど、リードは『自分本位になれ』と助言した。自分自身をケアできるようになって、初めて人のこともケアできると言ってた」。ここから口ごもり、我ながら言い訳がましくなってきた。「だけど、俺は自分の心に従ったほうが良かったのかもしれない。リードの話に説得力があったから、ついつい心の声を無視してしまったけれど……」

「人の言うことを聞くよりも、自分の頭で考えたほうがいいのよ」とヴェロニカが冷たく言い放つ。

まったくそのとおりだ。キツい言い方だが、正しい。モノガミーの関係で一人の相手を傷つけるだけでも辛いが、今日は４人も傷つけてしまった。ポリアモリーにおいては愛情のみならず、心痛や罪悪感を受け入れる心の余地を増やさなくてはいけない。恋も辛いが、ポリアモリーは死ぬほど辛い。

「人を思いやる気持ちがなければ、こういう間柄はうまく行かないと思う。なのに、今日の俺は自分勝手だった。勝手が過ぎたんだ」。殺人犯が被害者の遺族に謝罪しているような口調になってきた。「アン、すまなかった。ベルにも悪いことをした。みんな、ごめん。俺のチェックインは以上だ」

「右に同じ」とベルは言う。「私のチェックインは以上よ」

「ヴェロニカは？　何か言いたいことはある？」と聞いた。俺たちは話し合って危機を乗り越えてきた。

「別に」。抑揚も素っ気もない言い方だ。もはや話し合いも効果がないのか。

「アンは？」

返事がない。

車内で話し相手になってくれる女性はカーナビの音声だけ。その音声が「検討しています」と全員の気持ちを代弁した。

「セックス絡みのパーティーには二度と行かない。いいね？　この４人の間に体の関係がなくなってもかまわないとさえ思っている。これからは互いを深く知ることに専念しよう……と言ったら、賛成してくれる？」

誰一人、反応しない。アンは黙り込んだまま、窓の外をぼんやり見ている。感覚が完全に麻痺しているようだ。リハビリ施設でヘンリーが言っていた、不可解な第9の感情「死の感情」そのものだ。

今、アンが憎らしい。一言もしゃべらないのが憎らしい。黙って耐えているのが、母さんを見ているようで、憎らしい。全員で話し合ったことを何一つ聞いていなかったのが憎らしい。今回の計画に誘ったときから俺の話をちゃんと聞いていなかったのが憎らしい。俺に対して無理な期待を膨らませているのが憎らしい。俺の気持ちを全く考えないのが憎らしい。一回きりの俺のわがままで、ここまで傷つくのが憎らしい。俺を愛し、俺を独占したがり、俺の嫌がることをことごとくやるのが憎らしい。

何よりも、俺に罪悪感を覚えさせることが憎らしい。俺には繊細な女心をズタズタにした前科がある。

35

ベルの日記（**抜粋**）

今夜の出来事を一言で言うなら、感情のジェットコースター。

ここにやって来た当日は、生まれて初めて自分を解放できる気がした。親をがっかりさせることはあっても、親に批判されることは、もうない。

だから、2日目の夜、ニールに「もう無理」って言ったときは複雑な気持ちだった。ニールに失望されたかもしれない、ニールの期待に応えられないと思ったし、ほかの2人の子に邪魔者扱いされている気がした。人によって規則が違うのも訳が分からない。だからキレちゃった。ニールは私の前でほかの子とキスできるのに、どうしてその逆はダメなの？　ニールにしてあげたいこと（気絶するまでファックする）ができないと分かってがっかり。そのために、ここまで来たのに。

そして今夜は、アンの騒動が勃発。彼女の気持ちは分からないでもないけれど、ムカつく！　彼女はニールのことが心の底から好きなんだと思う。だったら、どうしてパーティーについてきたんだろう？

リードが帰ったあと、ニコールと2人でアンを説得しようとした。パーティーには行かないほうがいい、行けばきっと嫌な思いをするからって。たぶんアンは計算したはず――パーティーに参加すれば、ニールは喜ぶし、わがままを聞いてもらえると。要するに自業自得。ニールの関心を得るために、自分を曲げたのがいけなかったのよ。だけど、はっきり言って、理解に苦しむ。どうしてアンはここまでニールに執着するの？　どうしてニールはそれが分からないの？

結局パーティーは台無しになっちゃったから、引き上げるときはうれしかった――ちょっと残念だったけど。ニールが上の空だったのは分かったけれど、適当に調子を合わせたわ。ニールは私がいなくても勃つときは勃つ。最初は人前だから緊張しているのかと思った。だけど、はっきり分かったの。元々好きでもないし、やりたくもなかったのよ。まあ、いいけど。

正直言って、管理人室にアンを迎えに行くのは気が進まなかった。だって、あの部屋に入るのはハンパなく気が重かったし、すっかりビビッてた。だけど、ニールに頼まれたから、とにかく入った。そう、笑顔までつくってね。なんだか決まり悪くて、いじめっ子にでもなったような気分だった。私は悪者。自分らしくもない。人を傷つけてまでわがままを通すタイプではないのに、そうなってしまった。そんな自分がすごく、すごく、すごく嫌になった――帰りの車の中で、特にそう思った。あのときは誰も口をきかないし、みんな怒っているのが伝わってきたから。

あ～あって感じ。

マンションに戻ってから、アンが話しかけてきたけど、本当は話したくなかった。機嫌もいまいちだったし、彼女に意地悪してしまったこと、心苦しく思っていたから。あのときの会話はつらかった。アンは話し相手が欲しかっただけ。私は罪悪感があったから、黙って聞いてあげた。アンは初めてのボーイフレンドにレイプされたことを打ち明けた。「ニールはそれを知っているの？」と聞いたら、ニールは知らないって。だから、言ったの。ニールもこのことを知っていたら、あなたを乱交パーティーに誘ったりしなかった。専門家に相談したほうがいいし、その事実を隠したり、忘れようとしたりしても決してあなたのためにはならないと。

私も自分の思うようにならなくて焦ってる。本当はニールとやりまくりたい。でも、そのかわり、自分のことがよく分かった。セックスは私の一部になってる、ほとんど依存症だわ。何とかしないと、いつか振り回されてしまう。それは決して健康的じゃないと思う。

ここに来たことは後悔していないし、帰りたいとも思わない。今は、期待と現実が大きくかけはなれていることを受け入れようとがんばっている。何もかもがややこしい。この４人はタイプも違うし、考えていることも違う。すごく頑固な人もいるし。いろいろありすぎて一度に対処できないわ。

36

ニコールを途中で下ろし、沈黙したままマンションに戻ってきた。４人とも重い足取りでマンションの階段を上り、それぞれが最悪の気分に沈んでいる。俺はこのまま荷物をまとめ、車に積み込み、一人で逃げようかと思った。グループ恋愛の末に３人の愛人を置き去りにする――最高に笑えるオチではないか。

ブルース・スプリングスティーンの歌ではないが、「ジャック、俺は妻と2人の妻をサンフランシスコに残してきたんだ。車で出たまま二度と戻らなかったよ」。

童貞だった10代のころに夢見ていたのは、地上にいる男は自分だけ、女はみんな自分と寝たがるという状況だった。しかし、今となってはそれも悪夢に思える。実際には女同士の争い、駆け引き、ドラマを引き起こし、1人や2人と寝ようとすれば多くの人を傷つけてしまう。楽しむ前に殺されかねない。

これが夢をかなえる代償なのか。夢は夢のままにしておくほうが楽しいとすぐに分かる。

知り合いのセレブのティナ・ジョーダンは『プレイボーイ』の創刊者ヒュー・ヘフナーと付き合っていた。ヘフナーは自宅に複数の愛人を住まわせていたことで広く知られている。ティナは初めてのデートでヘフナーの寝室に招かれ、シャンパンや果物でもてなしを受けた。ところが愛人たちが嫉妬し、寝室の前に押しかけ、ドアを乱暴に叩いた。愛人たちは寝室になだれ込んでくると、ヘフナーとティナに怒声を浴びせたという。

ティナいわく、ヘフナーは確かにポリアモリストだったが、愛人たちに隠れて浮気を繰り返し、ルールを破る――しばしば浮気の現場を押さえられた。ヘフナーは愛人同士が揉めるのを楽しんでいたらしい。女たちを争わせることでモテていることを実感したかったのだろう。こういう男ならピヴォットの立場を楽しめるかもしれない。

「話があるの」とアンが言い出した。ほかの2人は黙って自室にこもってしまった。

「あとにしてくれる?」と目を合わすことなく断る。

洗面所に行き、歯を磨く。今夜もソファで寝なくてはいけない。全員が夕飯を食い損ねたが、精魂尽き果ててしまい、そんな心配はしていられない。今は誰ともしゃべりたくない。とにかく一人になりたい。

開け放したドアに背を向けて立っていると、今にも台所の包丁が背中に突き刺さるような気がしてくる。あるいはハンマーで頭をかち割られるかもしれない。嫉妬に駆られた愛人に囲まれているのだから、メキシコの密売組織の刺客を気にすることもない。前者のほうがはるかに仕事が速いし、任務に熱心だ。

この原稿を書いているとき、6人の妻をもつナイジェリア人のニュースが目に留まった。男は6人目の妻をひきしたため、ほかの5人からナイフとこん棒で襲われたという。不満を爆発させた5人は男にセックスを強要したあげく「性的暴行を加えて死に至らしめた」らしい。

洗面所で顔を洗っていると、背後でヴェロニカの気配がした。凍てつくような不気味な影が迫ってくる。やっぱり来た――刺客だ。「今、いい?」とヴェロニカが言う。

これは心理攻撃である。最も危険な攻撃だ。今の俺には時間が必要だ。そうでなければ、後悔することを言ったりやったりするだろう。「あとにしてくれる?」

ヴェロニカは何も言わずに俺の前を横切り、浴槽に湯を張り始めた。俺はいつものソファに避難し、パソコンを持ち込んで文章を打ち込む。どんな状況であれ、身に起きたことを整理するには文字にするのが一番だ。そのうち真実が見えてくる。

打ち込んでいると、ベルのヒールの音がコツコツと響いてきた。俺の隣にドスンと腰掛けたのが分かる。俺が目を上げるのをジリジリしながら待っている。視線を落としていると、全身にベルのイライラが伝わったきた。ベルが俺の膝に手を置く。その手が体温を、エネルギーを、魂を吸い取り、俺の全身を冷たく暗い空洞にしていく。長い一分が過ぎたあと、ベルは「話があるの」と切り出した。

ホラー映画の主人公になった気分だ。ゾンビの館に閉じ込められたも同然である。2,3歩進むたびに、物陰からゾンビが襲ってくる。ただし、このゾンビは「脳みそをくれ」とは言わない。「話があるの」と言う。同じことだ。どちらも脳みそを食いつくすつもりなのだから。むしろ後者のほうがタチが悪い。物理的なゾンビから逃げることはできるが、心理的束縛から逃げるのは不可能だ。だが、とりあえずやってみる。

「あとにしてくれる？　今は一人になりたいんだ」

「頭では納得できる。でも、心では納得できない。せいぜい不機嫌にならないように努力するわ」

ナンセンスだが、聞き捨てならない。「どうして君が不機嫌になるんだ？　いつになったら俺は一人になれるんだよ。バカバカしい」

「あなたが書き物をしている間、ハグしてもいいでしょ？」

「今は立ち入り禁止！」と俺ははねのける。アンが今にも2階に上がってきそうだ。「とにかく誰も近寄るな！」

俺は両腕をクロスさせて×印をつくり「立ち入り禁止」を宣言した。この瞬間、ワイルドなハーレムはおぞましい修道院に変わった。

それでもベルは俺の隣に居座り、動こうとしない。俺は思いきりにらみつけた。怒りといら立ちに燃える視線がベルの両目に突き刺さり、ベルを牽制する。慰めを求めに来たベルだが、さらに傷口を広げてしまった。

思い出すのはイングリッドと過ごした最後の数カ月間だ。あの催促がましい表情とスキンシップには身の毛がよだった。そこから解放されて念願がかなったと思いきや、同じ状況に逆戻りだ。今回は前回よりも3倍ひどい。

「一度でいいからハグして」とベルは粘る。ここにいるゾンビは独特の武器を備えている。人の皮を剥ぐほどの怪力よりも強力な武器――それは罪悪感につけ込むこと。やむなく両腕でベルを抱きしめるが、神経が波立ち、動悸が始まり、全身の細胞が拒絶反応を起こす。それなのに俺はベルの要望に応えようとしている。そのとき自分は線引きができないことに気づいた。自分の意向や欲求や都合をどこまでケアし、他人のそれらをどこまでケアすべきなのか。どちらにしても、やり過ぎる。

死の抱擁が終わり、ベルは満足して立ち去った。しかし、悪夢が終わったと思ったのも束の間、今度はホラー映画のエンドクレジット後のワンシーンのように、ヴェロニカが風呂から上がり、俺に続いてキッチンに入って来た。

そして「さっきベルが中華の宅配を注文してたんだけど、自分の分しか注文しなかったのよ。私は何を食べたらいいわけ?」と攻撃を開始する。

そんなの知ったことか。俺はみんなの管理栄養士じゃない。俺と出会う前から自分のメシは自分で用意してきただろう。

「子どもじゃないんだから。自分で何とかしろよ!」

こいつらは競争をやめようとしない。

ヴェロニカは首を振りながら「ひどい言い方」と漏らした。

今度もヴェロニカの言うとおりだ。反論すれば、誰かを傷つける。今の俺はすべてに過剰反応している。やっと分かった。この計画は最初から間違っていたのだ。イングリッドと付き合っていたときは彼女一人の要求や要望さえも窮屈に感じた。それなのに何を血迷ったのか、メタモアの数だけ要求の数も増えるハーレムで解放感を味わえると思っていた。ポリアモリーというスタイル(少なくともピヴォットという立場)は、てん綿関係のトラウマをもつ男には向いていない。何本もの見えない縄が俺の心を縛り、締め上げ、窒息させ、息の根を止める。

俺は「モノ」でも「ポリ」でもなく、「ソロ」がお似合いかもしれない。

ベルの部屋に行き、人数分の料理を追加注文するように指示した。ところが5分後、部屋から出てきたベルが「ネットがつながらない」と文句を垂れる。

今度はテクニカル・サポートだ。こいつら、一人では何もできないのか。「電話するから番号を教えろ!」

ファーザー・ヨッドはどうやって14人の妻をさばいていたのだろう? あるいはさばけなかったのかもしれない。だから53歳で死んだのだ。ヨッドが(ペッパーの計算式によれば)105通りの関係を切り盛りした方法を元妻の一人に尋ねてみよう。

やっと一人になって30分後、注文した料理が届いた。テーブルの上を片づけていると、ベルとヴェロニカが近づいて来た。

「2人でいろいろ話したの」とベル。「アンにはフランスに帰ってもらったほうがいいって結論に達したわ。それからいいことを思いついちゃった」

「いいこと？」

「ヴェロニカは、男とペニスバンドを付けた女とで3Pがしたいって。私がペニスバンドを付けるわ。良かったら、あなたも加わって」

開いた口がふさがらない。完全に言葉を失った。

世の中のことを知った気になっていた。多少は女心を理解しているつもりだった。自分のことを少しずつだが分かり始めたと思っていた。なのに、何も分かっていなかった。

ベルは続けて「ペニスバンドで攻めてもいい？」とヴェロニカに確認する。

ヴェロニカは東欧なまりの発音で「遠慮するわ」と言い切った。

今度はこれだ。一人が夢や希望を語ると、もう一人が冷や水を浴びせる。それなら俺にも解決できる。

「ベルの自由にさせてやれよ。グループなんだから」とヴェロニカに言った。

ヴェロニカはおもしろくなさそうだ。

3人とも黙ったまま中華を平らげる。これ以上、やっていられない。親父は母さん1人を不幸にしたが、俺は1人どころか、3人の女性を不幸にしてしまった。

アンが階段を上ってくる足音がする。俺はトイレに隠れた。小学生のガキみたいだ。けれども顔を合わせたくない。そんなことをしたら、罪悪感の渦に飲み込まれてしまう。「あなたは自分が思う以上に私を傷つけたのよ」と責められているような気分になる。

トイレのドアに小さなノックが響く。見つかった。自分をトイレに流せたら、どんなにいいだろう。サンフランシスコの下水道を抜けて逃げてしまいたい。自分が傷つけた女と対面するくらいなら、ペスト菌と鋭い歯をもつ巨大なドブネズミと鉢合わせするほうがまだましだ。しかし、ドアを開けるしかない。罪悪感はドブネズミの歯よりも強烈だ。

俺は不安定な王座（便座）に腰かけた。アンは床に座り、脳みそを食い尽くすフレーズを発する――「話があるの」

「ああ、もちろん聞くよ。君が口をきいてくれてうれしく思う。だけど、その前に、俺はあと少しで（親指と人差し指を接近させつつ）頭がおかしくなりそうなんだ。それだけは承知しておいて」

「私は明日フランスに帰ってもいいし、一生ここにとどまってもいいの」とアンは切り出した。「だけど、とどまるとしたら、あなたと充実した時間を過ごしたい。みんなにも私の気持ちを分かってほしいわ」

アンは期待に満ちた目で、返事を待つ。自分の要望をどう伝えたらいいのか、じっくり考えてきたようだ。

そこで、はかなく傷つきやすいアンに自分の考えを正直に伝えた。「君は本当に勝手なことばかり言うんだね。誰も私の気持ちを分かってくれないと言いたいようだけれど、そういう君は人の気持ちを考えること、ある？　人が俺に触れるのは許せない。だけど、自分は触れても構わないというわけ？　君は思惑があってここに来たんだろうけど、共同生活の心得はまるでなっていなかった」

アンは例のごとく、すぐには返事をしない。むくれ、うなだれ、大粒の涙を流し、目を真っ赤にしている。しばらくして口を開いた。「だったら、私にどうしてほしいの？」

「別に。だけど、君がここにとどまると、俺は誰とも仲良くできない。誰とも手をつなげない、キスできない、一緒に寝られないんだ」。クソ、これならモノガミーのほうがましじゃないか。

ポリガミーを認めているイスラム圏では、複婚が夫の不倫防止に役立っているという声がある。それは単なる詭弁と思っていたが、今はそのとおりだと納得できる。普通の男なら、妻が3人も4人もいれば精神的に一杯いっぱいで、浮気しようなどという気は起きない。

アンがあわれんだ目で俺を見ながら、言った。「この経験はきっと成長の糧になる。いい勉強になるわ」

「もう十分、勉強になったよ」

「知っておいてほしいことがあるの」とアンは言い、数分でタイムラインを発表した。それによると、父親は家族を捨て同性の愛人の元に走った。母親はその影響で精神的におかしくなった。おじはアルコール依存症。初めてのボーイフレンドにレイプされた。最後にアンはこう言った。「あなたは自分が思う以上に私を傷つけたのよ」

「知らなかった……」。罪の意識がぶり返す。トラウマまみれのアンにさらなるトラウマを加えた自分が信じられない。だが、アンが野暮ったい格好をしている理由は分かった。それはリハビリ施設にいた「神経性無性欲症」の女性患者と大して変わらない。女性はぜい肉をよろいにしてセックスを牽制していた。「俺は君にとって精神衛生上、好ましくない。だけど今回の一件で君も目が覚めたはずだ。理想とは違う、俺の本性が分かったんじゃないかな」

それでアンはどうしたか。立ち去ったのか、開き直ったのか。いや、違う。俺の手に自分の手を重ね、俺の膝に頭を乗せた。

俺とアンは恋愛回避型と恋愛依存型による負のサイクルを一巡したに過ぎない。俺とイングリッドがそうだったように。アンと出会って、まだ一カ月。これは情報化時代の流行病だ。

アンは心から愛せる恋人が欲しかった。俺はポリアモリストのパートナーが欲しかった。俺たちは最初から添えない運命だったのである。なのに、熱情に浮かれて互いを見誤った。相手の本当の姿ではなく、イメージを見ていたのだ。自分の理想に相手をあてはめ、心の隙間を埋めようとした。しかし、そんなことをしても最後は傷つくだけ。幻相手の恋愛は恋愛ではない。

「こんなことになって残念だわ」とアンは言った。「私に残ってほしければ、そう言って。でも忘れないでね。何があっても、あなたのことは忘れない。誰にでも間違いはあるでしょ。だから、あなたのこと、許すわ」

女心は美しい。俺は今までの言動を後悔した。「ありがとう。もう寝ようか。お互い一人になって今夜のことを反省したほうがいい。この続きは明日にしよう」

アンは答えない。その代わり、俺の膝にもたれて満足そうだ。ヘラクレスを思い出す。俺は便器に腰掛けたまま眠り込んでしまった。クソも同然の男だ。

37

それから何時間たったか分からないが、ふらふらとトイレから出て、いつものソファに倒れ込んだ。寝ぼけた頭で夢の続きを見る。新車を運転していたら、ハンドルを取られて壁に激突する夢だ。

シーツをかぶり、目覚ましを12時にセットした。昼になったら、ハワイに電話しなくては。ファーザー・ヨッドの妻の一人、アイシス・アクエリアンに話を聞きたい。

寒くて目が覚めた。温水で顔を洗ってからアイシスに電話し、「ファンです」と告げた。出まかせではあったが、アイシスは気を良くしたようだ。俺は彼女の電話番号を入手した経緯を説明し（ファーザー・ヨッドの本を担当した編集者に聞き出した）、今の状況を話して聞かせた。

「それは大変ね」とアイシスは同情する。「ファーザーが死んでから、一家は離散したわ。何人ものパートナーをまとめられる人がいなかったから」とアイシスは言う。

俺はアイシスを1時間ほど質問攻めにした。ヨッドとの暮らしや共同生活がうまく機能した理由を思いつくまま尋ねてみた。アイシスの話では、ヨッドも普通の結婚を何度か経験した。その後、ベジタリアンのレストランを開き、4人目の妻と「ソース」というコミューンを設立。最盛期には200人ものメンバーがそこで生活していたという。まもなくヨッドは夫婦間のルールを書き換える必要に気づいた。

「ファーザーはそれとなく予告していたんだけど、ロビン（正妻）は不安にかられてパニックに陥っていたわ」とアイシスは証言する。「夫のそばを片時も離れようとせず、どこにでもつきまとうようになったの。不安が的中することを分かっていたんでしょうね。ファーザーはある日、愛人をもつことを宣言したの。それが自分の生きる道で、ボスは自分だと言い切った。でも、ファーザーはとても優しいボスだったわ」

意外にも、アイシスの口から聞き覚えのある表現が飛び出した。カマラ・デビも自分のことを「優しき独裁者」と称していた。それにしても、恋愛依存症の正妻には同情する。ヨッドは夢をかなえるために妻の心を踏みにじるしかなかった。しかし、ヨッドは正直ではあった。もし自由恋愛に賛同する女性から「神」扱いされたら、大抵の男は似たような行動に出るかもしれない。

アイシスはポリ・ファミリーとして成功した要因を挙げてくれた。ヨッドの妻になった女性たちは、俺のところとは違って、元々コミューンで生活を共にしてきた仲間だ。つまり、以前から面識があり親交があった。さらに彼女たちは宗教施設やシェアハウスの出身者が多く、共同生活に慣れ親しんでいた。だから、妻になっても円満だったのだ。むろん正妻だけは例外で、彼女たちには全くなじめなかったという。

「妻たちの間に序列みたいなものはあったんですか？　誰がナンバーワンとか？」と俺は尋ねた。

「いいえ。それぞれ役割が決まっていたの。マクシュラは母親みたいな存在だったから、ファーザーの母親代わりを務めていた。私はファーザーの足跡を記す記録係として献身的に支えたわ。子どもを産むのが役目の人もいた。

全員が自分の役割においてナンバーワンだったのよ」

次は一番立ち入った質問だ。「それで、その、性生活のほうはどうだったんでしょう？　全員で相手をするのか、一人ずつ相手をするのか……？」

アイシスによると、妻同士がベッドを共にすることはなく、あくまでも一人ずつヨッドと寝たようだ。ヨッドが妻にする女性を選ぶときは、前世からの因縁を基準にしたという。「なかには16歳の子もいたけれど、彼女たちも前世でファーザーに縁があったの」。そこがカルト指導者に共通するアダだ。自分は法律よりも偉いと思い込んでいる。権勢を極めたとたんに未成年者に手を出す（ときに調教する）というのはタチが悪い。確か預言者ムハマンドの妻にも10代前半の少女がいた。アイシスが続ける。「ファミリーの女たちは誰もがファーザーの妻になりたがっていたわ。けれど、ファーザーは前世の縁がある者同士をカップルにした。その結果、ファーザー以外の男たちにも2人以上の妻がいたわ」

「助手席の争奪戦は起きなかったんですか？」

「一度もないわ。だって、私たちは本能ではなく信仰に生きていたから」

どうやらファーザー・ヨッドが実践したのは黒いオルフェが俺にアドバイスしたことであり、俺がメタモアの3人に対してやらなかったこと、すなわちメンバー全員に家族としての自覚をもたせ、未来の展望を示すことだ。ヨッドが利用したのは思想だ――地上の神についてくれれば新しい人類愛の時代に突入できる、そのときが来たらおまえたちも子どもたちも時代の預言者になるだろうと説いたのだ。その結果、神がかったコミューンを離れようとする者はほとんどいなかった。また、コミューンの参加者に私財を寄贈させ、退路を断たせたことも功を奏したようだ。

アイシスと話すうちに、ピヴォットの立場を満喫するには相当なナルシスト精神と揺るぎない信念が必要だと分かった。自分の要求と思想はグループの誰よりも（おそらく世界中の誰よりも）尊いと信じることが大切だ。

しかし、話が進むうちに、ファーザー・ヨッドが手本ではなく反面教師に思えてきた。人の全財産を要求し、信奉者を徹底的に管理したあげく、信仰に反するという理由で医療を拒み、信奉者もその子どもの命も危険にさらしたという。

しかし、悲しいかな、それは特殊なことではないようだ。歴史を振り返っても分かるように、性愛の自由で知られる生活共同体は非常に締めつけが厳しい。例えば、19世紀に誕生したオナイダ・コミュニティはモノガミーを罪悪とし、カップルの成立を阻止する目的でカジュアル・セックスを推進。男性メンバーに対しては、性交中に無断で射精することを禁じた。サンフランシスコのケリスタ・コミューンも同様である。70年代に台頭したケリスタは「コンパージョン」「複数の貞節」といった言葉の発祥地であるが、やはりナルシストがメンバーを仕切り、規則は厳格で、オナニーや乱交は禁じられていた。

「ファーザーは崖から飛んだとき、現世に別れを告げようとしていたの」。アイシスが言っているのはヨッドが死亡したハンググライダーの事故だ。「私たちがファーザーを放そうとしないから、ファーザーは自分から去っていったのよ。けれども今日まで私はずっとファーザーとつながってきた。今でもファーザーの妻なの。ほかの人に心を移したことはないわ」

その一途さに驚いた。ヨッドが死んだのは40年前だ。アイシスも恋愛依存症にあてはまるのだろうか。そして、ファーザー・ヨッド（その呼び名は男に捨てられた女性たちを引きつけてやまなかった）はピヴォットの重責に疲れ果て、自ら命を絶ったのではないか。

「これから同じようなことやろうとする者に何かアドバイスはありますか？」と俺は尋ねた。

「60～70年代だったら分かるけど、今の時代にはそぐわないでしょうね。あの環境に今どきの女性を置いても、うまくいかないと思うわ。せいぜい頑張ってね」

それだけ？　頑張って不可能を可能にしろと言うのか。

電話を切ったあと、ほかの事例を求めてネットを検索した。ヘブライ語で「複婚における妻たち」を表すtzaraには案の定「ライバル／敵」という意味がある。古代エジプトでも第二夫人を意味する単語は「ライバル」も意味した。預言者ムハマンドの妻たちも嫉妬に駆られた。皿が飛び交い、悪口を言い合い、ムハマンドがひいきにした妻を集団でいじめた等のエピソードはごまんとある。

モルモン教徒のブリガム・ヤングもファーザー・ヨッドよろしく、天啓を受けたのち夫婦関係をオープンにしたが、最終的に53人（諸説あり）もの妻をめとった。それはヤングにとって生き地獄だったようだ。あるときヤングは妻たちに向かって「嫌なら出て行け」と怒鳴り、「おまえたちがつかみ合いのけんかをやめないなら、一人であの世に行く」と宣言したという。

歴史的ピヴォットたちの逸話を知るにつれ、その実態は中二男子の憧れとはかけ離れているのが分かる。そのときリビングからベルとアンの話し声が聞こえてきた。

「ニールと寝たい？」とベルが聞く。

「ええ」とアンがおだやかに答える。

「私たちがニールと寝るのを許さないと言うなら、あなただってニールと寝ちゃダメよ。彼を独り占めしようなんて虫が良すぎるわ」

少なくともベルとアンはペッパーの助言どおり、自分たちで問題を解決しようとしている。それにしても、2人が俺を巡って交渉と駆け引きをしているのを聞くのは妙な気分だ。俺は戦利品なのか。アイシスが今もヨッド一筋なのはヨッドを心から愛しているだけではなく、まだ競争意識が残っていて、自分こそが最高の妻だと証明したいからかもしれない。

ゆうべはアンに辛く当たってしまった。それなのに俺と寝たがるのはなぜなのか。いや、だから、こそ寝たいのかもしれない。アンは男の仕打ちに慣れている。アイシスと同じで、報われない恋に身を投じていれば、悲しいけれども心を守ることができる。誰にも触れさせずにすむからだ

今の俺に必要なのは、グループ恋愛に競争意識はつきものと割り切り、その上で対処を考えることだろう。そこで、ゾンビの館に踏み入る前に、最後の一人に電話することにした。黒いオルフェだ。オルフェは今の時代に複数婚を実現した。彼なら女の争いを沈静化する方法を知っているはずだ。

「今は俺とインディゴだけなんだ」。アドバイスを求めると、そんなコメントが返ってきた。

「あとの2人の奥さんは？」

「出て行ったよ」とオルフェは言った。後悔と弱音と敗北を打ち明けるかのように。その気持ちは痛いほど分かる。

「未来ある家族に何があったの？」

「裏切り者が現れたんだ」

オルフェをせっついて聞き出したところ、オルフェの元愛人が悪い噂を流し、妻たちがオルフェに反旗を翻すように仕向けたという。そのせいで内輪揉めが起き、平和な家庭が内戦状態になったため、オルフェは内縁の妻2人を手放すことにしたという。

その直後、オルフェはストレスと心労から健忘症にかかった。物忘れだけでなく、正妻のインディゴの顔さえ分からない。そんな状態が2週間続いたそうだ。

オルフェはいつか家族を立て直すつもりでいるようだが、俺は我が意を得た思いだった。経験も自信もあるオルフェでさえ、3人の妻を束ね、かつ正常な神経でいることはできなかった。どんなベテランにとっても、ピヴォットでいるのは生やさしいことではない。

38

誰かが風呂に入ったり寝たりする前に、全員でリビングに集まる。各自がいつもの指定席に着き、お待ちかねの家族会議を開く。俺は謝罪すべきことがたくさんある。

だが、口を開こうとしたら、アンに先を越された。「みんなに伝えたいことがあるの。私、間違ってたわ」と切り出す。

「間違ってたって、何が?」と俺は突っ込んだ。

「ここにいたいの。これからは何でもシェアすると約束するわ」。アンがベルをじっと見つめると、ベルは満足げにうなずいた。「ニールのこともシェアするわ。だから、ここにいさせて」

ポリアモリーの特徴は退屈や予定調和とは無縁ということだ。ベルの説得は功を奏したらしい。

「あんた、アンを言いくるめたのね!」とヴェロニカがいきなり割って入った。ものすごい形相でベルをにらみつけている。「自分がニールと寝たいからって、アンにこんなこと言わせるなんて汚いじゃない」

一カ月前に同じ状況になったら、3人ともここを出たいと言い出しただろう。そして俺とは二度と口をきかないはずだ。それが今ではこのありさま。理性もプライドも見境もない。全部、俺のせいだ。3人をたぶらかし、病んだ願望に付き合わせたあげく、狂気に追い込んでしまった。

ヴェロニカの目に非難が、ベルの目に野心が、アンの目に希望が見て取れる。俺の頭は、いつになく冴えていた。ゆうべは現状を文字にし、アイシスやオルフェに相談し、よく眠ったからだ。ついに決断のときが来た。

ファーザー・ヨッドがコミューンを円滑に運営できたのは、誰かに相談することも断ることもなく、一人でルールを決めたからだ。ヒュー・ヘフナーもそうだった。黒いオルフェも、オナイダやケリスタのリーダーも同様である。メンバーは「優しき独裁者」の意向と指示に黙々と従った。ルールが気に入らないやつは出て行くまでだ。だったら、俺も独断と偏見でルールを決めれば、万事はうまくいくはずである。

しかし、俺はファーザー・ヨッドではない。ヒュー・ヘフナーでもない。黒いオルフェとも違う。この一週間で学習したことを総合すると、彼らのようにはなりたくない。ファーザー・ヨッドのまねごとはとりあえず経験できた。やるべきことは、あと一つだ。

「俺はこう思う」とアンに語りかけた。「君なら、自分の気持ちをこらえて俺を共有することはできると思う。けれども、それでは自分を殺すことになるよ。自分に素直でいられなくなる」

アンはすがるような目で俺を見た。「どうにか対処できると思うわ」

「心の痛みに耐えられると言うの？　本気か？」

「ええ。それ以上に大切なことがあるから」とアンは小さな声で言った。姿勢よく座っているが、全身が震えている。今にも心のブラックホールに吸い込まれそうだ。

「自分を犠牲にしちゃいけない。ゆうべもそうしようとして、どうなった？　自分のためを第一に考えるべきだよ。この場合、何が君のためになるかと言えば、故郷に戻るのがいちばんじゃないかな」

「自分を変えてみせるわ」とアンは抵抗し、精一杯の強がりを見せる。「自分の気持ちぐらいコントロールできるから」

「もし君に娘がいて、その子が今みたいな状況に置かれたら、母親としてどうアドバイスする？　気持ちを抑えろと言う？　それとも気持ちに素直になれと言う？」

アンはしばし考えてから、蚊の鳴くような声で言った。「素直になりなさいと言うわ」

「だったら、君も『お母さん』の言うことを聞くべきじゃないかな。君は指圧師として、たくさんの人を癒してきたけど、今度は自分自身を癒す番だ」

ハタと気づいた。ゆうべの憎しみはアンに対して感じたのではない。母さんに対して感じたのだ。そもそもアンはスターリンでもなければ、ゾンビでもない。愛しそうな目で俺を見つめるのは強制収容所に送ろうとしているからでもないし、脳みそを食い尽くしたいわけでもない。ただ俺のことが好きなのだ。良いか悪いかは別として、俺を愛している。それだけのことだ。恐れる必要はどこにもない。

この3人と暮らし始めてから、愛情は催促としか思えなかった。「話があるの」「私の前でメールはしないで」「私の分も注文するように言って」「ほかの人と手をつないじゃだめ」「ズルいわ」「次は私が助手席に座る番よ」

それ以前から、愛情は自由を奪う監禁部屋だった。その証拠に「苦労の絶えない」母さんは親心と称して俺を支配し、恩を着せた。イングリッドの愛情にも息苦しさを感じ、抵抗した。最初は浮気という形で、そして浮気ができなくなると、次は恨んだり、妄想したり、避けたりした。俺は生まれてこのかた、自由欲しさに愛情を敵にしてきた。

どうりで結婚も婚約もできず、恋愛も長続きしないわけだ。ラブラブな時期を過ぎたら終わりになってしまうのだから。

気が滅入ってきた。どうして今の今まで気づかなかったのだろう。俺の場合は、こういう修羅場でも経験しないと覚醒できないらしい。

リード・ミハルコのように深呼吸してから、アンの目を見た。素直に目を合わせたのは何日ぶりだろう。俺は自分の言動を心から謝った。「だから、ゆうべのお詫びがしたいんだ。最近、チェア・テクニックというセラピーを受けたんだけど、苦い体験を心と体から吐き出すのに役立つ。君さえ良ければ、申し込んであげるし、費用も負担させてもらう。トラウマと名のつくものを癒すには専門家の力を借りたほうがいいからね」

自分の恐れを度外視し、アンの瞳を覗いてみれば、優しさと愛情にあふれた美しい魂がこちらを見つめ返している。この女性は地獄を見てもなお、ピュアな心を奇跡的に保っている。良心がとがめた。俺が見ていたのはアンの本来の姿ではなく、この歪んだ目に映ったイメージだ。３人に対して、最初からこう接するべきだった。一人ひとりの欠点ではなく美点に目を向け、３人の要望に束縛感ではなく共感を覚えれば良かったのだ。

それ以前に、イングリッドに対してそのように接するべきだった。なのに俺は逃げ腰になっていた。

「でも、こういう恋愛スタイルが自分に向くかどうか見届けたいんでしょう？」とアンが聞く。彼女も突然、目が覚めたようだ。理解は理解を生む。

「正直言って、ここまでだ。精も根も尽き果てたよ。俺はこういうことをする器じゃない。この恋愛スタイルは、相手が誰であれ、俺には向かないと思う」

結論は出た。

さて、次はどうする？

39

アンの日記（抜粋）

今週、初めてアメリカに来た。冒険だった。未知の体験がいっぱい。生まれて初めて、未知のことが怖くなかった。とても貴重な経験になると本能的に分かっていたから。

ニールには「大人の女になりたい」と言った。だけど、そのときはどうしたらいいのかはっきり分からなかった。

セックスが必要なのは分かっていた。今までにないことにチャレンジする必要も。たとえば、同性を交えたセックスとか。

でも、いざアメリカに来てみたら、人に傷つけられるのも自分を見失うのも怖くなった。一線を越えるのがいいとは思えなかった。そんな日がいつか来るのかしら？　分からない。羽目を外せるようになるまで時間や自信が必要なのかも。普通の恋愛関係だったら、きっと退屈するし、自分が成長する機会にはならないと思う。

私たち4人が、いろんな意味で違う人間だということは初日から分かっていた。それが解を生んだ。みんながキスやペッティングしているのを見て違和感を覚えた。違う星に来てしまったように思えた。それは私が想像していたグループ恋愛とは違っていたから。ここに来る前、ニールから「そういうことになるかもしれないよ」と言われていたけれど、覚悟をしようとは思わなかった。

共同生活では4人で決めなくてはいけないことがたくさんあった。私たちは戸惑うばかりで、何が最良の選択なのか分からないときもあった。今回のことで勉強になったのは、慣れない状況のなかでも心の声に従えば、間違いはないということ。

今回の経験を通して「女とは何か」ということを気づかされた。

ニールには、自分の心と直感に耳を傾けることを教わった。ニールは深いことを言う。例えば、「もし自分が母親だったら、娘にどうアドバイスする？　母親になったつもりで『自分という娘』に向き合ってごらん」

5年前に夢を見た。当時のボーイフレンドが満月の半分をプレゼントしてくれる夢。夢の中で、私は彼を残してある部屋に入った。すると、そこには黒いひげを生やしたスキンヘッドのおじさまがいて、大きな赤いベッドの上で私のことを待っている。私があいさつすると、おじさまは満月のもう半分をくれた。今、その夢の意味が分かる。月は女性と母親を象徴してんだ。そして、ベッドの上にいたのはニールに違いない。そのときは彼の存在すら知らなかったけれど。

今回のこととニールのおかげで女になるとはどういうことなのか、やっと実感できた。それは自分の母親になることなのね。

私の考え方は確かに変わった。私は私の母親だから、人の母親になる必要はもうない。尽くすだけの恋を卒業できそう。男の人も自分の父親になればいいんだわ。

最後の時間は4人でたくさん笑った。3人に指圧をしてあげた。みんながリラックスして、最後に穏やかな時間を過ごすことができてうれしかった。

ニールに空港まで送ってもらった。彼は私たちの時間を無駄にしたんじゃないかと心配していた。だから言った——「無駄な時間なんてない、時間は時間よ」って。時間は経験と成長の役に立つ。このめずらしい四角関係は自分の課題を突き止め、自分をよく知り、自分を変えるきっかけになった。普通の恋愛だったら、これほど多くは得られなかったと心の底から思う。

40

あんなにピンピンしてたものが、すっかり萎えてしまった。生命力の塊だったものが、今では茶色に変色し、元気をなくしている。

さすがのサバイバーも俺の手にかかるとサバイバルできないのか。イングリッドが置いていった不死身の植物をこのまま死なせるわけにはいかない。何か一つくらいはきちんと世話できないとまずい。サンフランシスコから戻った足で、放置していたサバイバーの様子をチェックした。そして水をやり、直射日光の当たる場所に移し、あわてて肥料を買いに走る。

外に出たついでにリハビリ仲間に近況を聞いた。一年半の禁欲生活を余儀なくされたアダムはカウンセリングを再開するためにロレインと連絡をとったようだ。チャールズは別居中で今はモーテル住まい。カルバンはマリアナと息子をブラジルからロスに呼び寄せたが、地獄のような毎日らしい。マリアナがひどいホームシックにかかり、カルバンは息子のためだけに一緒にいるという。

「マリアナは故郷に帰りたがっている。俺も引き留めるつもりはない」とカルバンは明かす。「だけど、息子のファヴィオに会えなくなるかと思うとつらくてね。毎朝、我が子の天使のような顔を覗き込むと、満面の笑みを返してくれる。これ以上の幸せはないよ！君もいつか同じ思いができるといいね」

「俺もそう願ってる。そういう幸せは味わったことがないからね」

カルバンの窮状は予想の範囲内だとしても、トロイの現状はまったくの想定外だった。浮気相手とヨリを戻しただけじゃない。その相手に真剣な付き合いを望まれているというのだ。

「つまり、奥さんと別れてほしいと言ってるの？」とトロイに確認する。

「そうじゃない。俺が離婚できないのは承知しているから。ただ妻を抱くのをやめてほしいと言うんだ」

「それは無茶だな。で、彼女にどう返事したの？」

「まあ、最初は無理だと言ったよ。そうしたら、彼女はほかの男と付き合いだしたんだ。俺はたまらなくなって、最後は折れたよ」

失う不安だ。その結果、弱い人間はしてはいけない約束をしてしまう。「じゃあ、奥さんを抱くのをやめたのか？」

「アダムだったら簡単にやめられるだろうけど……」。トロイは笑いをかみ殺す。「俺のところは夫婦生活だけは充実しているから」

理解に苦しむ。「今の話を整理させてくれ。浮気相手とヨリを戻して奥さんを裏切っている。そして今度は夫婦生活を続けて、浮気相手をも裏切っているってことか?」

「二重生活にようこそ」


その晩、女友達のメラニーと飯を食った。今まで付き合ったどの女性よりも長い付き合いだ。メラニーは俺の女関係をすべて知っているし、一つの恋愛が終わるたびに率直な意見を言う。俺もメラニーの相談に乗ってきた。デートから交際に発展する過程で、男の言動がおかしくなったときはいつもアドバイスする。

そのメラニーにサンフランシスコの件を話して聞かせると、「ニール!」と怒鳴られた。「そんなことしてる場合じゃないでしょ。結婚して子どもをつくるんじゃなかったの?」

「ああ、それは本望だよ。だけど、両親みたいになりたくないんだ。自由を奪うのではなく、自由を与えてくれる相手を見つけたいと思ってね」

「だったら、心当たりがあるわ」。メラニーが細い腰まで伸びた長い黒髪をかきあげる。その華奢な体をきつく抱きしめたら、ポキッと折れてしまいそうだ。

「それ、誰?」。俺は身を乗り出した。その女性を紹介してしてほしい。

メラニーは一言、「イングリッド」と言った。聞きたくない名前だ。

俺はため息まじりに「分かってるよ」と口ごもる。

「ニール、彼女はあなたにピッタリだったわー」。メラニーは子犬をねだる女の子のように語尾を伸ばした。「歴代のカノジョのなかで、ありのままのあなたを愛したのはイングリッドしかいない。あなたが誠意を示せば、彼女はきっと戻ってくるわ」

「だから悩ましいんだ。俺たちは恋愛観がまるで違うからね」

サンフランシスコでの日々を振り返る。あそこで学んだことを生かせたなら、イングリッドとの関係はどう変わるだろう。もし俺の子どもを産んでもらうなら、イングリッドしかいない。イングリッドが捨て犬のヘラクレスに注いだ愛情と優しさを思い出す。イングリッドは情が深い、遊び心にあふれている。きっと、いい母親になるだろう。モノガミーに対する考え方を少しだけ改めてくれたら、言うことはないのだが。

いや、自分の考えを貫いて正解だったのかもしれない。なにしろ、今の俺はイングリッドの予言どおり、野垂れ死のうとしている。

「あなたは矛盾したメッセージを送っているのよ」とメラニーが指摘する。「家族が欲しいと言いながら、家族にできない人たちに囲まれている。脱モノガミーという考えを卒業したら？　イングリッドのためにも」

そうできたら、どんなにラクだろう。脱モノガミーはしょせん間違っていたのか。「そうしたい気持ちはないことはない。だけど、イングリッドと無事にヨリを戻したとしても、今度はもしかしたらと考え続けるだろうね」

「もしかしたら」結論を出すのが早すぎたのかもしれない。もう少し待っていれば、いい、いい、ニコールやセージのようにオープンな恋愛に賛同してくれる相手と知り合えたのではないか。「もしかしたら」イングリッドのポリアモリスト版が現れたかもしれない。「もしかしたら」検討していない選択肢があり、それが俺にとって最良の選択になったかもしれない。何よりも恐ろしいのは、「もしかしたら」イングリッドと復縁したのは愛情や誠意からではなく、不安と挫折からだったと気づく日が来ることだ。

もしかしたら、もしかしたら、もしかしたら……それは優柔不断男ならではの、つがい行動かもしれない。

「そのうち誰かにイングリッドを取られちゃうかも。男は、彼女みたいな子を放っておかないから」

メラニーが一言ことわって、トイレに立った。数分後に戻ってきた彼女は動揺した表情で「遅かったわ」と言い、スマホを掲げてみせる。「イングリッドのプロフィールよ」

「どういうこと?」。冷や汗が出てきた。

「残念だけど、彼氏ができたみたい」

メラニーが表示した画像には上半身裸の男がヘラクレスを抱いて写っている。ジェームズ・ディーンとアメコミのヒーローを足して二で割ったようなルックス。ありえないところに付いた筋肉が隆起している。それに比べると、俺の外見レベルは「ノートルダムのせむし男」くらいだろう。謙遜しているのではない。事実だ。

深い孤独を感じた。今の今まで心のどこかで(勝手に、漫然と)信じていたのだ——イングリッドは俺の帰りを待っているし、すべてが失敗に終わっても必ずイングリッドと復縁できると。このハンサムがどこの誰だか知らないが、イングリッドに見合う男であることを願う。ひねくれていたり、イングリッドに抱きつかれてゾッとしたりしない男。適当な女とメールをやりとりしたり、アダルトサイトを発作的に見てマスをかいたりしない男。ヘラクレスのことを結婚願望の象徴などと思わずに、かわいがってやれる男。今ごろイングリッドは俺との日々を振り返り、長い過ちだったと思っているに違いない。

正面に座るメラニーは慰めの言葉を探しているようだ。俺は悲しさと恐怖と空虚感をこらえる。

俺にとって、いい恋愛ではなかった——と自分を慰めてみる。不健康な関係だった。恋愛依存の女と恋愛回避の男。絵に描いたような、腐れ縁じゃないか。

「まあ、おかげで割り切れたよ」とメラニーに向かって、母さん顔負けの作り笑顔を浮かべる。「もう後戻りはできない」

こうなったら、なりふりかまわず前進するしかない。自分に合った恋愛スタイルを見つけるまでだ。たとえ、どんなに辛くても。

それは、半ば見つかっていた。

同類はどこにいる？

君、ちょっと聴き給《たま》え。——（中略）——ここからそう遠くない処《ところ》にまだほかの沢地があるがね、そこにやまだ嫁《かたず》かない雁の娘がいるから、君もお嫁さんを貰《もら》うといいや。君は見っともないけど、運はいいかもしれないよ。

——ハンス・クリスチャン・アンデルセン
『醜い家鴨の子』
（『小學生全集第五巻　アンデルセン童話集』興文社、文藝春秋社）

賢いポリアモリストが言いました。

「ニール、自分と同類と付き合いなさい！」

「でも、同類って何だろう？」とニールは思いました。

ニールはひとりぼっちでした。

最近までサンフランシスコにいたのですが、みんなのまとめ役になることは「同類」ではないと分かりました。

けれども、いろいろ勉強になりました。

そして、新しい考えが浮かびました。

ニールはアメリカでいちばん栄えているコミューン（生活共同体）を訪ねました。

そこで一週間を過ごし、メンバー一人ひとりと話をしました。

あるメンバーは40年以上も、そこで暮らしていました。

「人生は最高、自分も最高―それが私たちのモットーよ」とイルマは言いました。

「ここにいれば、やりたくないことは一切やらなくていいんだ」とコリンは言いました。

メンバーはこのコミューンを「楽しい実験」と呼んでいました。

そこでの暮らしは本当に楽しそうでした。

そこで、ニールはグループ恋愛に関する独自のマニフェストを作りました。

そして、ツリーハウスに移り住みました。

何年も前にリックと一緒に下見したツリーハウスです。


ニコールとジェームズが一緒に住むことになりました。

ポリアモリーのオフ会で知り合ったローレンスとレアもツリーハウスに引っ越してきました。

さらに友達のバイオレット、バイオレットの恋人のアンジェラ、そのほか３人も加わりました。

みんな、オープンな恋愛をしている人ばかりです。


毎朝、みんなでヨガと太極拳をしました。

午後になると、講師を交えて恋愛や官能や「非暴力的コミュニケーション」といわれる恋愛関係の構築法について勉強しました。

そして毎晩、一緒に遊びました。


「人生って楽しいな」


けれども、ペッパーは注意しました。

「５人以上のグループ恋愛は、大抵うまく行かない。時限爆弾を抱えるようなものだ」

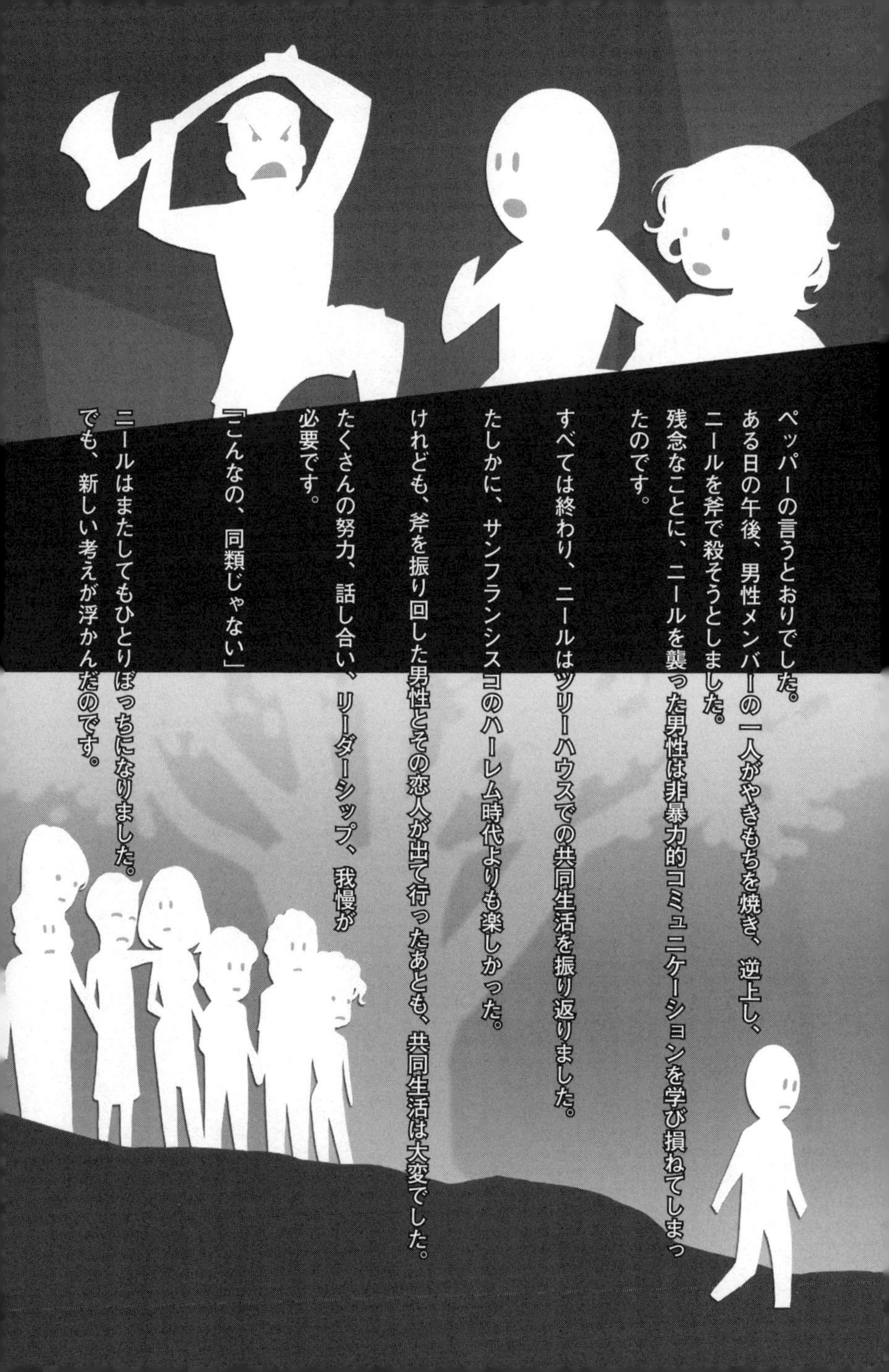

ペッパーの言うとおりでした。
ある日の午後、男性メンバーの一人がやきもちを焼き、逆上し、ニールを斧で殺そうとしました。
残念なことに、ニールを襲った男性は非暴力的コミュニケーションを学び損ねてしまったのです。

すべては終わり、ニールはツリーハウスでの共同生活を振り返りました。

たしかに、サンフランシスコのハーレム時代よりも楽しかった。

けれども、斧を振り回した男性とその恋人が出て行ったあとも、共同生活は大変でした。

たくさんの努力、話し合い、リーダーシップ、我慢が必要です。


「こんなの、同類じゃない」


ニールはまたしてもひとりぼっちになりました。

でも、新しい考えが浮かんだのです。

「自分でグループを作るよりも、既成のグループに参加するほうがいいんじゃなか」とニールは考えました。

「そうすれば、みんなで仲良くできるかどうか心配しなくて済む。既に仲良くやているグループに入るのだから」

ニールはバイオレットとバイオレットの恋人のアンジェラに引き続き一緒にいほしいと頼みました。

３人は何をするにも、どこへ行くにも一緒です。

ベッドも一緒にしました。

こうして３人は三角関係になりました。

ニールはまとめ役ではないので気が楽でした。まとめ役はバイオレットです。

だから、揉めごとは起きません。

ペッパーは３人の関係を「３Ｐバカンス」と呼び、いつかダメになると予言しました。

ペッパーの言うとおりでした。

アンジェラにとって3人の関係は、次の恋人を見つけるまでの腰掛けだったのです。

そして、バイオレットは……ちょっと酒癖が悪いのでした。

すべては終わり、ニールは3人の日々を振り返りました。

確かに、ツリーハウスの共同生活よりも楽しかった。

けれどもママゴトみたいで現実感がなかった。

「こんなの、同類じゃない」

ニールはまたしてもひとりぼっちになりました。でも、新しい考えが浮かんだのです。

ニールは、羽振りのいい独身の友達と食事に行きました。

「今までで抱いたなかで最高の女を思い出してみろよ」と友達に言われました。

ニールはそうしました。

「今度は、今まで付き合ったなかで最高の女を思い出してみろよ」と言われました。

ニールはそうしました。

「その2人は同じ女じゃないだろう?」と友達は言いました。

確かに、そのとおりです。

「おまえの悪いところは、愛とセックスを今もごっちゃにしていることさ」と友達は指摘しました。

「その2つは分けて考えなくちゃ。同級生のプラトニックな女友達と子どもを作り、好きな女とやりまくればいい」

おもしろい意見です。

「要するに、未婚のままバツイチになることだよ」と友達は言いました。

ニールは女友達に声をかけまくりました。

さらにインターネットで精子提供者を探している女性を検索しました。

すぐに有望な相手が見つかりました。

「私は健康で明るいキャリアウーマンよ。最近になって出産を経験していないことにハタと気づいたの」と女性はメールに書いてきました。

「これから伴侶を見つけるのは至難の業だけど、母親になるチャンスはあきらめたくないわ」

ニールは女性に会って、一緒に食事しました。

「私自身はエンジニアだけど、子どもには理系バカになってほしくないの」と女性は言います。

「あなたはライターだし、文系だから、ちょうど良かった」

さらに女性は「あなたの目はブラウンね。私の目もそう。本当はブルーが良かったんだけど、それはどうでもいいわ」と言いました。

女性はニールの容姿や人柄についていちいちコメントし、生まれてくる子どもに似てほしいところとそうでないところを挙げました。

なんかヘンだな、とニールは思いました。

けれども、ペッパーは言いました――「子はかすがい」と言うから、今度のパートナーシップはうまくいくかもしれない。

ペッパーの言うとおりでした。

ニールは自分がやろうとしていることを、よく考えてみました。

たしかに三角関係のときと違って、とても現実感があります。

けれども、ニールは決心がつきませんでした。

幼少期のトラウマについてイヤというほど学んだせいか、愛情からではなく、焦って子どもをつくることに抵抗を感じたのです。

「こんなの、同類じゃない」

ニールはまたしても、ひとりぼっちになりました。

新しい考えは、もう浮かんできません。

ニールはこの数カ月を振り返ってみました。

素性のよく分からない3人の女性を集めて、ハーレムを作ろうとしました。

9人の男女を一つ屋根の下に集めて、いつも行動を共にし、みんなで仲良く暮らそうとしました。

酒飲みの女性と恋愛依存症の女友達とで三角関係を確立しようとしました。

最後は、子どもをもうけようと考え、相手の女性が良き母親になることを期待しましたが、女性はハンバーガーのトッピングをオーダーするような感覚で未来の子どもに注文をつけました。

ここでニールは気づきました。イングリッドと別れてから、まともな男女関係を全く築けなかったことに。ニールは実験を繰り返していただけでした。それでは、うまくいくはずがありません。

どうして、そんなに焦ってしまったのでしょう？　きっと年齢的なタイムリミットが迫っていたからに違いありません。タイムリミットに急かされ、冷静な判断力を失ったのです。

「無理にパートナーをつくろうとしてはダメだ」

ニールはようやく分かりました。

「まずは心の中にパートナーの居場所をつくらなくちゃ。そして、
独りよがりな理想や期待やこだわりを捨てなくてはいけないんだ」

そしてニールは、ついに同類を見つけたのです……。

道楽三昧の日々を送るはずが、悩んでどうする？　おまえさんの欲しいものはセックスでは得られないんだよ
セックスだけなら楽しいんだ。そこに人間関係が絡むと、おかしなことになっちゃう
カリフォルニア州マリブ
調子はどう？
なかなか思うように行かなくて
どうして？
同じ考えの人間を集めて、一つのグループにして、仲良くやろうと頑張ってきたけど、最後は家族の内輪揉めを実況しているドキュメンタリー番組みたいになっちゃうんだ
つまり、そういう男女関係も一対一の恋愛も変わらないってことか？　それとも選んだ相手が悪かったとか？
正直言って、俺のやり方に問題があると思う
俺が問題にしているのは、おまえの発言だ。良い悪いの問題じゃない。おまえは相変わらず幸せそうには見えない
だけど、少しずつ幸せに近づいているよ。いろんな選択肢があるのも分かったし、独自の恋愛スタイルを貫いている人たちを何人も見てきたからね。今は新しい世界で足がかりをつかんだところなんだ
当然だろう。そんな夢物語を追いかけているようでは、病んだ相手とひと時のセックスを繰り返すだけの人生になっちまう。満足な恋愛関係も家庭も築けないぞ
フリーセックスやオープンな恋愛を望むのは病んでる女性だけ、と言いたいんだろうけど、時代は変わってきたんだよ

なのに、新しい相手と出会うたびに、自分でルールを決め、相手を従わせようとしてきた
俺が？ああ、そうかも
今の生活を始める前のこと、覚えているか？　男女関係のルールに縛られるのを嫌がってたよな？
ああ
一つ、言ってもいいか？
どうぞ
つまり、おまえの場合、ルールは問題じゃない。むしろ、ルールが好きなんだ。自分で決めてるぐらいなんだから
クソ、本当にそうだ
それは良かった。その人を悲しませるなよ
次は、頭じゃなくて心を使って恋愛しろ
実は最近、心のつながりをもてそうな相手と出会ったんだ

STAGE 5

アドベンチャー

人生を共にする前に了解してほしいことがあります。

私はあなたに騎士道のような忠誠を求めてはいません。私もあなたに対してそこまでする義務はないと思っています。

どれほど素敵な鳥かごであっても、一生かごの中で過ごす自信はありませんから。

——アメリア・イアハート　婚約者に宛てた手紙

41

毎日がこんな感じだ。

朝、一緒に目覚める。ベッドの中にほかの女性がいることもあるし、いないこともある。

彼女が朝食を、俺はスムージーを作り、ベッドの中で一緒に楽しむ。

2人きりのときは、もう一度、抱き合う。第三者を交えたときよりも気持ち良く、激しく結ばれる。3Pは冒険のため、マンツーマンは心を通わすためだ。

シャワーを浴びる。一緒に浴びるときも、そうでないときもある。

日中、俺は仕事をする。彼女は空中ブランコの教室や俳優の養成所に行ったり、オンラインビジネスにいそしんだりする。彼女はいつも何かに熱中している。熱中する対象は、大抵週ごとに変わる。彼女にとっては道楽がライフワークだ。

日が沈むと、食事に出かける。彼女は運転、俺は助手席でＤＪ。２人でディナーを楽しむ夜もあれば、仲間を招く夜もある。ディナー仲間は共通の女友達であることが多い。

気分が乗れば、そのあとバーかクラブに繰り出す。店を出るときは、できるだけ大勢の女性客をツリーハウスに持ち帰る。服を脱ぎ始めるころ、その気のない女性は帰っていく。おかしなもので、帰りぎわに謝る女性がほとんどだ。まるで悪いことでもしたかのように。そして、次回は必ず参加すると言う。本当に参加する人もいれば、しない人もいる。静かに過ごしたい晩は夕食を済ませて帰宅し、映画を観て、セックスして、今後の予定を相談する。この順番どおりとは限らないが。

彼女は俺のライフスタイルにすんなり溶け込んだ。夢ではないかと思うくらいに、すんなりと。今では俺が好きなこと（セックス、音楽、サーフィン、読書、執筆、手習い、旅行）に、ことごとく付き合ってくれる。そして、俺が好きでないこと（料理、ロス市内の運転、インタビューの書き起こし）を代行してくれる。あまりにも理想的なパートナーだから、エセ科学の実験で誕生したアンドロイドではないかと思うこともある。

俺に出会う前の彼女には彼女なりのライフスタイルがあった。しかし、俺はよく覚えていない。俺自身の昔の暮らしさえ、はっきりと思い出せない。彼女はこの一カ月、自宅に帰っていない。自宅はもうないかもしれない。俺はリハビリ施設で「独身男がスリルを楽しんでどこが悪い?」とロレインに食ってかかったが、２人の人間が一つ屋根の下で同じスリ

ルを共有できるとは思ってもいなかった。

「あのね」とある晩、彼女に話しかけた。「自分にふさわしい男女関係って何だろうと、ずっと考えていたんだ。モノガミーか、ポリアモリーか、グループ恋愛か。だけど、やっと正解が分かった気がする」

「それって、私との関係?」。彼女ははしゃぐ。「冒険に満ちた男女関係! 私もあなたと出会ったとき、それを求めていたんだわ。モノガミーでも、ポリアモリーでも、スワッピングでもない。バカげた世間の常識を無視して、ひたすら一緒に楽しいことをする、そういう関係」

俺は同類を見つけたようだ。そして、リックが言っていた「心のつながり」も。

たった一回のデートで見つけた一生のパートナー。それはブリスで知り合ったセージだ。

42

事の始まりは、俺がまだ3人との共同生活、トライアドを続けていたころだった。セージがネット上で俺のメアドを見つけ、近々ロスに来ると連絡してきたのだ、電話番号を添えて。

イングリッドと別れて以来、いろいろな女性と知り合ったが、価値観がほぼ一緒なのはセージだけだった。迷惑をかけて後悔した相手もセージだけなら、2人の将来をイメージできたのも(エクスタシーの影響があったことは否めないが)セージだけ。

数週間後、夕食を共にした。「ブリスではどうしたの?」と俺は開口一番に聞いた。「不愉快な思いをさせてしまったんじゃないかと気になっていたんだ」

「あなたこそ、嫌な思いをしたんじゃない? 私は自分がムードをぶち壊していると思ってた。一人だけハイじゃなかったから。みんなは楽しく盛り上がっているのに、私は疲れて、イラついて……」

これが投影という心理だ。あの夜、互いに見ていたのは相手の現実ではなく、思い込みのなかの相手の姿だった。ほかにセージと何を話をしたのか、よく覚えていない。時間は瞬く間に過ぎていったからだ。止まらなかったのは会話だけではない。最後まで見つめ合い、笑い合い、魅かれ合った。セージの艶やかな赤い髪、圧倒的な存在感、エネルギッシュだが一途な性格――まるで歩く誘導コイルのようだ。

初デートの締めくくりは4Pだった。俺とセージのほかに、俺の旧友でコミューンのメンバーでもあるレイアと、セージの元ガールフレンドで全身タトゥーのウィンターが参加。セージがウィンターを攻めるのを目の当たりにした。舌で、指で愛撫し、尻を叩き、腹ばいにさせてバックから指を挿入する。俺にピッタリの女だと思った。

そのあとセージ、レイア、ウィンターが俺に一斉にしゃぶりついてきた。俺の肉棒を回し合い、奪い合い、分かち合い、言葉責めにする。ウィンターにネックレスを巻きつけられ、もてあそばれたときは我慢も限界を超えた。3人は俺の体に飛び散ったザーメンをなめ、互いの体もきれいにする。人生最高の体験だ。セックス依存症の治療に費やした時間と金も、サンフランシスコでの惨めな思いも、コミューンでの刃傷沙汰も、今までの災難や失敗や不幸も、この一瞬で報われた。

リックに言われたことを今でも思い出す――「人間、死ぬときに思い浮かべるのは愛する人や家族の顔だ」。だが、俺が死ぬときはこの体験も思い浮かべるだろう。人間はセックスする動物だ。あれは、俺にとって極めつけのセックスだった。

その反面、悪い影響やネガティブな発見もあった……と言いたいところだ。俺のセックス依存症も末期に入ったとか、愛なきセックスは根本的に間違っているとか、17回のデートを経ずにベッドインするのは反則だとか。ところが、そうではない。マイナスの要素は一つもなかった。

少なくとも、俺はそう感じた。人はうそをつく。自分のうそに自分もだまされる。

夜が明けるころ、もう一度セージを抱いた。レイアとウィンターは気をきかせて帰った。しばらくすると、ローレンスからメールが来た。「ゆうべは盛り上がったみたいだね。君とレイアがようやくつながったと知って、とてもうれしい」。

返信の文句を慎重に考えた。照れるのも変だし、ぶっきらぼうでもマズい。そこで「いろいろな意味でいい経験になったよ。君たちと友情を育む意味でもね」。

これで正解だったらしい。その証拠にローレンスは「僕もまさに同じことを考えていたんだ。感動したよ。友情は本当に大切だからね」と返事をくれた。

ローレンスは歩くコンパージョンだ。

イングリッドと別れてから、セックスを純粋に楽しんだのは後にも先にも、あの一回だけである。その理由は、セージに対する希望的観測を除いて、ほかに下心がなかったからだろう。そもそも4Pを提案したのはセージだった。

その日を境に、俺のクローゼットはセージの服で一杯になり、セージのブルックリンのマンションは空になった。セージは俺の日常に欠けているもの（恋愛、人肌、話し相手、理解、心の交流、2人でいても一人になれる時間）を巧みに察し、献身的に満たしてくれた。俺自身が意識していない欲求さえも先回りして対応してくれる。

一方で、夜の冒険は続いた。2人で試したのはポルノ映画でも見たことのない、ミュージシャンとの共著で仮想体験したくなるような、物理的に不可能とされる、そんなプレイの数々だ。

一人暮らしを満喫していたころは、こんなに自由で楽しいセックスライフが実現するとは夢にも思わなかった。人には無理だと言われてきたが、ついにパートナーとセックスの自由の両方を手に入れたのだ。

あのペッパーも太鼓判を押してくれた。「今のスタイルは理にかなっているし、長続きするんじゃないかな。第三者を入れるにしても、短い付き合いにとどめているところがいいと思う」

何よりも素晴らしいのは、セックスの冒険が俺とセージの心の絆を深めていることだ。強いて問題点を挙げるなら、いつも2人一緒ということだろうか。非モノガミーでも一生幸せに暮らせるかもしれない。イングリッドと別れてから初めてそう思えた。

43

ところが3カ月目に入り、どんな恋愛も一段落つくころになると、セージの様子に変化が表れた。ほんのささいな異変だから、裁判でも証拠として認定されないだろう。しかし、俺を見る目が違うのである。愛情が冷めたわけではないが、愛情を繕うとしているのが分かる。

最初は気のせいかと思った。自己否定や恋愛回避といった俺の悪い癖が、セージに深入りするのを避けているのではないかと。

だが、2人でニューヨークから戻って来た日のことだ。セージは家に入ると、冷蔵庫を開けた。中のものが腐ってしまったのか、プーンといやな匂いがした。そのとき、消防車と救急車のけたたましいサイレンが外で鳴り響いた。セージは絶叫した。何の脈絡もなく、地を揺らすほどの魂の悲鳴を上げたのだ。それはサイレンや冷蔵庫や俺に反応したからではない。誰にというわけではなく、世の中に向かって叫んだのだ。その叫び声は外の騒音も冷蔵庫の悪臭も俺の考えごともかき消した。

「どうしたの？」と尋ねたが、セージはソファに座って、すすり泣くばかり。

そして、鼻水を拭い、俺を見た。愛しくもないのに愛しそうな目で。「昔の日記を読んでいたの……自分が懐かしい」

「それ、どういう意味？」

「よく分からない。無茶してた時期が時々懐かしくなるの。あのころの私は誰とも付き合っていなかったし、自由気ままに生きていたわ」

遅ればせながら、最近の異変の訳が分かった。セージは料理、運転、インタビューの書き起こし、女友達の調達を担当している。その点、俺は気楽なものだ。自分の地元で好き勝手なことをやり、不自由なく暮らしている。しかし、セージには何がある？　俺しかいない。

セージは俺の要望に応えるのに手一杯で、自分のことは完全に後回し。なのに、俺はセージの要望すら知らない。2人で好き勝手にやっているつもりでいたが、彼女にしてみれば、俺は単純で身勝手で図々しい男にすぎなかったのだ。

イングリッドに言われたことをセージにそのまま提案した。「だったら、自由にしていいよ。2人とも自分の好きなことをやらなくちゃ。お互いの存在が足かせになってはいけないからね」

こうして俺たちの関係は完全にオープンになった。

それが想像を絶するジレンマを招くことになった。

STAGE 6

オープンな関係

ヨーダ「失うことを恐れれば、ダークサイドに落ちる――（中略）――執着は嫉妬を招く。執着とはすなわち欲望の裏返しだ」
アナキン・スカイウォーカー「僕はどうしたらいいんでしょう、マスター・ヨーダ？」
ヨーダ「失いたくないものを手放せるように己を鍛えることだ」

――ジョージ・ルーカス監督『スター・ウォーズ エピソード3／シスの復讐』

44

ハーレム、コミューン、スワッピング、プージャ、4P。すべてやり尽くした。それでも、やり足りないことがある。モノガミーという鳥かごを出て性愛の自由を探し求め、ときに見つけることができた。だが、その自由をパートナーに与えたことは一度もない。出会った相手を規則や約束や恐怖で縛りつけたわけではないが、単純に自由を与える機会がなかった。そのことに心のどこかでホッとしたのも事実ではある。

しかし、その機会がついに訪れ、性愛の自由は一方だけに許されるものではないと思い知ることになった。いいとこ取りしてもいいけれど、ほかの人にも分け与えなさいというわけだ。

俺とセージはロスのスペイン料理店にやって来た。コミューンのメンバーだったローレンスとレイア、セージが週一で通う俳優養成所の仲間3人も一緒だ。案内されたテーブルは大きな楕円形で、ブリスのときにコリー・フェルドマンの部屋で見たのと似ている。俺の右側にローレンスとレイアが座り、左側にセージの養成所仲間の2人が陣取る。

セージは最後にテーブルに着いた。鼻歌交じりで、ご機嫌の様子だ。今日は白のショートパンツに黒のタイトなTシャツという格好である。フレンチスリーブなので、腕はほぼむき出し。セージの足取りは歩くというよりスキップに近い。

俺の隣に座ろうとしたが、先約がいたので残念そうだ。仕方なく俺の正面に座った。セージの隣は3人目の養成所仲間だ。身長180センチ超えの男で、ウエーブのかかった黒髪に、見たこともないくらい白い歯をしている。男はドナルドと名乗った。

「ドナルドです」と自己紹介するやつをほかに知らない。ふつうは短縮形で「ドン」と名乗るからだ。ハリウッドを目指して田舎から出てきた高慢ちきな俳優の卵——そんなイメージが敵意とともに、勝手に膨らむ。ドナルドは自己紹介が終わるとセージの椅子の背に腕を回し、何やら親しげにセージと話し込んでいる。

彼に対するゆがんだイメージを正しく解釈（嫉妬、不安、羨望）しようと努めたが、途中でやめた。セージは俺と付き合い始めてから、俺が20人以上の女と舌を絡めるのを目の当たりにしている。だったら、ドナルドの注目を浴びる権利は十分にある。

「それで、どうやって2人の関係をオープンにしたの？」とローレンスとレイアに話しかけた。ヒントを得るために、そして気を紛らわすために。

「昔は普通に結婚していたんだが、俺には向かなかった」とローレンスが言う。「結婚している間はずっと妻一筋だった。だけど、男に生まれたうまみや楽しみや生きがいをふいにしている気がして身も心も痛くなったよ。モノガミーを脱したとき、こんな思いをするのは二度とごめんだと思ったんだ」

「あなたは、出会ったその日から本当に正直だったわ。いきなり非モノガミーを宣言したのよね」とレイアが記憶をたどる。「だから、あなたをモノガミーに転向させようなんて思ったこと、一度もないわ。最初から態度がはっきりしていたもの……非モノガミーを受け入れられないなら、君とは付き合えないって。そんなあなたが好きだから、私もトライしてみようと思ったの」

ドナルドの腕が視野に入る。すでに椅子の背を離れ、セージの肩に回っていた。

「嫉妬したことは？」とレイアに聞いてみた。

「嫉妬よりも不安とか恐れとかを感じたことはあるわ」。ウエーターが料理の皿をテーブルに置きながら、セージを物色している。あとで電話番号を聞き出すつもりだろう。周囲の男がみなライバルに見えてくる。「でも、あるとき目が覚めたの。ローレンスは裏表のない人だし、私のことを一番に考えてくれるって。それに、この不安は、親に捨てられたらどうしようという子ども時代の恐れが原因だったのよ」

ということは、俺の嫉妬も自信不足が原因かもしれない。セージがオープンな関係に賛成したのは俺では不足だから？　俺の趣味に付き合うのに飽きたから？　最悪なのは、ドナルドに気があるから？

オープンな関係に合意してから一週間になるが、まだ2人とも第2のパートナーをつくるまでには至っていない。オープンにするための条件について話し合ってきただけだ。俺は正直であることが重要だと主張し、セージは互いの現況を報告しあうことが必要だと言った。またセージは自分が常にナンバーワンでありたいという。そこで俺たちは隠しごとをせず、互いの自由を認め、尊重し合うことを前提に新たな関係を築くことにした。これこそ長年の悲願だ。何よりも気に入ったのは、ペッパーが助言したとおり、2人の間にポリシーはあっても、ルールはないという点である。

だが、セージとドナルドを見るにつけ、ルールにも取り柄があるのを認めざるを得ない。ルールという明確な線引きがあってこそ、安心できる場合もある。

「そのディップ・ソース、おいしい？」とテーブル越しにセージに尋ねた。が、セージは聞いていない。俳優養成所のコンビが大声を出しながら即興芝居を演じているせいだろうか。同じ質問を繰り返したが、やっぱり返事がない。ないがしろにされた気がする。だんだん意地になってきた。

気を取り直して、ローレンスの話に集中する。「レイアに『好きな人ができたの』と打ち明けられたら、『君は大人なんだから、僕の許しを得る必要はないよ』と言うだろうね。大人同士として相手の判断を尊重するというのが暗黙の了解だから。そうでなかったら、一緒にいる意味がないよ」

俺もセージの考えを尊重しなくてはいけない。しかし、その結果、俺よりもドナルドと気が合うと考えたら？それでも尊重する？　いや、尊重するべきだろう。

「なるほど」と相づちを打ち、ローレンスに尋ねる。「今ここで嫉妬を感じているとしたら、どうすればいいかな？」

セージがほかの男と寝たくなっても、事前に話してくれれば大丈夫だと思っていた。ところが、実際は全然大丈夫じゃない。目の前の男はセージに腕を回しているだけなのに。

コミューンで俺を殺そうとした男に、ちょっとだけ同情した。

「不安や嫉妬は君自身が解決する問題だよ」とローレンスは言う。「君の機嫌を直すのはパートナーの仕事じゃない。もちろん、パートナーが無礼なまねやプライドを傷つけることをしたなら話は別だけどね。僕の場合、たとえレイアがほかの男に夢中になっても、それは2人にとってプラスでしかないと考えるようにしている」

「プラスというと？」

「こういうことさ――愛情にも筋肉があって、鍛えれば鍛えるだけ、人を愛する力がつく。その成果をパートナーに還元するんだ。その対極にあるのが以前の結婚生活だった。モノガミーの関係を続けるために人を愛し、感じ、抱く力を出し惜しみしなくちゃいけなかったからね」

俺は自分の心の狭さをどうにかしなくてはいけない。その狭い心が「セージは情熱的だから、ほかの男に走るかもしれないぞ」とささやく。しかし、ローレンスの考え方のほうがずっと合理的だ。愛情を独占したいと思うのは、ある意味、幼稚な願いかもしれない。目立ちたがりの子どもが親の関心と愛情を一心に集めようとするのと同じである。

「つまり――」。俺はローレンスに確認した。「パートナーがよそでいい思いをして、ハッピーでいてくれたら、家の中も暗くならずに済むってことか」

「そのとおり。50回でも100回でも場数を踏めば、不安や恐れはすぐに消える。一過性のものだと分かるよ。嫉妬心に負けそうなときは、自分の体を船のマストにくくりつけるところをイメージするんだ。嫉妬の波にさらわれないようにね。嫉妬すると、ろくなことにならない。自分から離れていく人間は、嫉妬しようがしまいが、いずれ離れていく。むしろ、こちらが嫉妬するほど早く離れていくだろうね」

なるほどと思った。俺もマストに自分をくくりつけ、ローレンスとレイアとの会話に神経を集中させる。ところが、デザートが来るころになると気持ちを抑えきれなくなり、テーブル越しにセージに話しかけた。「プリンの味はどう?」。またしても無視された。俺が視界に入らないのか、いや、声が小さかったのかもしれない。ドナルドはやけに身を乗り出している。2人の顔が今にもくっつきそうだ。

「レイアがろくでもない男とくっついたら、どうする?」とローレンスに尋ねる。

「ろくでなしだとしても、レイアにとっては見所があるのかもしれない。その判断は彼女に任せるよ。その男と寝るのは僕じゃないから、僕が悩む必要はないね」

明日の朝、一人寂しくビーチを歩く自分の姿が頭に浮かんでくる。そのころセージはドナルドとベッドの中。セージが呼んできた女性2人も同じベッドにいる。苦い思いが胸に、膝に、指に、足先に、目玉にも伝わる。さっきまでは感情をコントロールするだけの知識や経験を積んだつもりでいた。しかし、これほど不愉快な嫉妬に駆られるのは生まれて初めてだ。これがシャーマ・ヘレナの言っていた不快感であり、サンフランシスコで3人のメタモアが味わった思いなのだろう。

全員が席を立ったと同時にセージの元に駆け寄る。「今日のディナー、どうだった?」

「おいしかったわ」とセージが微笑む。

「ドナルドの隣で嫌な思いをしたんじゃないかと心配だったんだ」

「嫌だけど、社交辞令で話を合わせていたの」と言ってほしかった。しかし、期待は外れた。「大丈夫、話ができて楽しかったわ。クラスではほとんど口をきく機会がなかったから」

「それなら良かった」。ちっとも良くない。

店の入り口まで来たが、セージは手前で足を止め、両脚を交差させる。左右の脚の間にきれいな三角形ができる。そそるポーズだ。俺は先に店を出てセージを待ったが、セージは出てこない。妖精のフィギュアみたいなポーズを取りながら、ドナルドが追いつくのを待っているのだ。その事実が、バットで腹を殴られたかのように、胃にこたえる。俺よりもやつを選んだように思えた。

駐車場に続く階段の途中で立ち止まり、セージが追いかけてくるかどうか確かめる。意中の相手を試すときは決まって期待はずれに終わるものだが、セージも例外ではなかった。ドナルドと一緒に店を出てきたセージは俺の前を素通りし、そのまま駐車場に向かった。ドナルドは勝ち誇ったように微笑んでいたに違いない。

イングリッドと別れたのは性愛の自由を支持したからだ。人の肉体を独占するのは間違いであり、所有欲こそが男女のトラブルの元と信じて疑わなかったからだ。だったら、セージが義理を立て俺の車に乗り込み、一緒にツリーハウスに帰ろうとしているのに、どうしてこんなに胸が痛むのだろう？　やっとの思いで男と女の理想郷にたどりついたのではなかったのか。

45

3日後、セージは週末にメキシコに行くと言い出した。旅の供はドナルドと、ドナルドの友達でこれまたフルネームのジョナサンという男だ。

反対する理由はない。そもそも俺が自由を認めた結果だ。不安と焦りに駆られる。メキシコ行きの話は、俺たちが関係をオープンにする前から決まっていたのではないか。

しかし、勘繰る代わりにチャンスととらえることにした。この機会に独占欲や嫉妬心を克服し、俺抜きで遊びに行くパートナーを喜んで送り出せるようになろう。やはりサプライズが起きた。本来は2人の愛人を連れてメキシコに行くのは俺のほうだったはずだ。

元カノの一人は「リッチな男と結婚したい」が口癖だった。ところが、彼女が実際に結婚した相手は金欠のミュージシャン。ファーストネームこそ・リッチ・だったが。天は人の願いを聞き入れてくれる。ただ聞き入れるだけでなく、その人間に相応の願いをかなえる。それも略奪者のカルマだ。

「出発はいつ？」とセージに尋ねる。俺たちは今キッチンにいるが、セージは朝食を用意しているだけでなく、料理ショーを披露している。棚の上からグラスを取るのも、卵を割るのもパフォーマンスを見るようだ。黒ぶちのメガネをかけ、ヘナヘナになるまで洗いざらした青のパーカーを着ている。チャックを開けているから鎖骨が丸見えだ。敬意と欲情と感謝と恐れをもってセージを眺めた。彼女の存在は俺の深部にまで浸透している。学習や遺伝子や感情がプログラムされている場所にしっかり組み込まれている。

「明日よ」とセージは答え、「でも3日だけだから」と付け加えた。

そんな彼女が俺の深部から離れようとしているのではないか。胸がズキンと痛んだ。早すぎる。まだ心の準備ができていない。

「飛行機のチケットは2人に買ってもらったの？」。自分の声が、スプレーペンキを噴き掛けたように、ジェラシー一色に染まる。もう黙ったほうがいい。

「そう。でも、エッチはしないって宣言したわ」

ホッとするべきところだ。しかし、逆効果だった。

「おまえが望んでこうなったんだ」と自分に言い聞かす。それに、セージの遊び心や冒険心は魅力ではないか。それもセージの一部だ。

多くの人にとって悩ましいのは、魅力に思えた相手の個性が付き合いが深まるにつれて脅威になってしまうこと。その魅力が恋の扉を開けてくれたのに、今となっては邪魔なやつが入ってこないように扉を閉じ、鍵をかけ、その鍵を捨ててしまいたくなる。

だから、セージの魅力をつぶすのではなく、尊重しなくては。そうでなくても、俺には女性と出会う機会がひっきりなしにあったのだから、セージにもちょっとくらいおいしい思いをする権利はあるだろう。この点はローレンスを見習わなくてはいけない。

往復の便名と宿泊先を聞いた。念のために。

航空会社はユナイテッド。ホテルの名前は「テンプテーション（誘惑）」。

「テンプテーション？　どういうホテル？」

「大人専用のホテルよ」とセージがドヤ顔をする。「お子様は出入り禁止」

コンパージョンを感じるように努力する。と同時に、あとでそのホテルを検索してみようとも思った。うるさいガキのいない、静かにバカンスを楽しむためのホテルかもしれない。

ところが公式サイトを見る限り、恐れていたとおりのホテルだった。キャッチコピーは「トップレスOK。楽しい、セクシー、狂おしい」。

年中無休のスワッピング会場か？

だが、仮に宿泊先がディズニー系のホテルであっても、俺はやっぱり気をもむだろう。

翌日、セージを空港まで送った。その直後、心の中で何かがプツンと切れた。それは俺とセージをつないでいる命綱だ。自分の反応にあきれ、情けなくなる。俺はまだ感情をコントロールしきれない。スマホの時刻表示が気にかかる。セージを乗せた飛行機がカンクンに着くのを待つ。到着予定時刻を7分過ぎたところで、無事を確認するメールを送った。

なかなか返事が来ない。飛行機が遅れているのか。電話の設定が海外モードになっていないのか。俺のことは頭にないのか。

時間をつぶし、「ひょっとしたら」の不安から気をそらすために、途中で郵便局に寄り、私書箱をチェックする。たまった郵便物の中に「親展」と書かれた母さんからの手紙が混じっていた。この前の電話はまずかった。母さんは親父の浮気を確信していたが、「自然に勃つわけがない」ので、家中をひっくり返してバイアグラとEDの治療薬を探したという。俺が話を切り上げようとしたら、怒って電話を切ってしまった。この手紙に何が書いてあるのか想像もつかない。

家に戻り、返信を待った。待つこと2時間23分、やっとセージからメールが来た。「ありがとう。無事に着いたし、元気よ」

とにかく「無事」らしい。殺されてごみ置き場に捨てられるよりはましだ。「こんなに楽しいのは初めて」と言われるよりもましである。それにしても、つれない返事だ。味も素っ気もない。顔文字の一つもない。連れの男2人のことは完全にスルー。トンネルに入ったようだ。なんとも……取り残された気分である。

「ラファイエット・モアハウス」というコミューンを訪ねたことがある。ツリーハウスで愛の共同生活を始めようと思っていたころ、見学に行ったのだが、そこで2つの重要な用語を知った。一つは「初マン」。これはパートナー以外の相手と初めて肉体関係をもつことで、パートナーとのセックスにいい刺激を与えるとされる。もう一つは「恋の熱病」。恋の始まりにつきものの、相手のことで頭が一杯の状態を指す。こちらはパートナーにとって脅威になることが多い。

そこで自分に言い聞かせた――セージは初マンするかもしれないが、恋の熱病はそのうち静まるから、長い目で見れば、俺たちのセックスを活性化してくれる。

全然慰めにならない。

仕方なくローレンスに電話し、食事に誘った。気が晴れるように、励ましてもらえるように、ローレンスにあやかれるように願いながら。

「どうして、こんなに不安になるのか考えたんだ」と俺は打ち明けた。「セージを疑っているわけじゃない。ドナルドの目的が分からないんだ。セージを友達として旅行に誘ったのか、あるいは体が目的なのか……」。答えは決まっている。「もしも、あいつに出し抜かれたら、君ならどうする？　あいつは人の女を寝取るつもりかもしれないし、優越感を味わっているかもしれない」

「僕を出し抜こうとするなんて愚の骨頂だね」。ローレンスはそう言うと、しばらく間を置いた。俺のような後ろ向きの男にかける言葉を探しているのだろう。そして、熱く語り始めた。「今は君にとって過渡期なんだ。いろんな思いに駆られるのも当然だよ。だから不安になるんじゃないかな。『あいつのほうがセージにふさわしいんじゃないか』とか、『俺をだしにしてセージに取り入ろうとしているんじゃないか』とか。だけど、それも慣れるまでの我慢だ」

そのとおり。オープンな関係になじむには時間がかかる。特に今回はそうだろう。物心ついたときから見聞きし、読んできたことに、ことごとく反するからである。男にとって女は共有するものではない。勝ち取る対象だ。スパルタ王のメネラオスは妻ヘレネがトロイア王子に連れ去られたと知って、トロイア戦争を始めた。円卓の騎士ランスロットとアーサー王との戦いも、ランスロットと王妃の不倫が発端だった。このほかホメロスの『オデュッセイア』から古代インドの叙事詩『ラーマーヤナ』に至るまで、男たちは王女や王妃を巡って争奪戦を繰り広げた。勝者は一人と決まっていて、2人や3人はあり得ない。このプログラムを書き換えるのはかなりの難儀だ。

しかし、ローレンスにとってはそうでもないらしい。「レイアはすばらしい女性だから、ほかの人にもシェアしてもらいたい」と言う。「僕はレイアを心から愛している。レイアが幸せならそれでいい」

美しく、妙にロマンチックだ。ローレンスの言葉を聞きながら、俺は葛藤した。発想を変えなくては、コリー・フェルドマンが言ったように苦痛のなかに快感を見出さなくては、自分の幸せではなくセージの幸せを願わなければ。

ハッとした。俺が望んでいるのはオープンな関係じゃない。半開きの関係だ。大人げないにもほどがある。パートナーを手元において、自分だけは不特定多数の相手と付き合いたいと思っている。俺はローレンスほど達観していない。ペッパーほど泰然ともしていない。ジェームズのように承認欲求が強くもなければ、コリー・フェルドマンのようにマゾでもない。俺の本望は「新しい男女関係」ではなく、単純に男のわがままを通すことだ。人に厳しく、自分に甘く生きたいだけなのだ。

俺は何一つ学んでいなかった。

46

メキシコに発って2日目の夜、セージがクラブから電話してきた。酔っているけれど、俺を「愛している」という。俺は「愛している」にかぶりつく。痛み止めのモルヒネを求めるように。

「そっちはどう?」とこわごわたずねる。

「つまらないから早く帰りたい」と言ってほしかった。が、そんなはずはない。「こんなに楽しいなんて思いもしなかったわ」とセージははしゃぐ。「2人とも私をお姫様扱いしてくれるの。いつもの日々とは大違い。私が紅一点だから、2人はなにかと優しくしてくれるのよ。私にあだ名まで付けて――」。音楽がうるさくて、よく聞こえない。あだ名がどうとか言っているようだが……。

「え?　アーチロー?」

「マシュマロ!」

マシュマロにどんな含みがあるのか考えたが、何も思い浮かばない。ともあれ、3Pを連想させるアーチロー(えびゾリ)よりはましだ。

2、3分話すと、セージが電話を切ると言い出した。「このクラブ、最高!　ステージに上がって、800人の前で踊ったの。そうしたら、どこかの小男が私をバックから攻めるまねを始めたわ」

「楽しそうだね」と努めて明るい声を出す。「俺もそっちに行きたいよ」とだけ言って、口をつぐんだ。本当は「そっちに行ったら、小男をぶっ飛ばしてやる」と続けたかったのだが。

これがオープンな関係の現実だ。こっちがパンツ一枚でソファに座り、ピーナッツバターのサンドイッチを食ってるときに、パートナーはメキシコのトップレスホテルで下男にちやほやされ、小男にバックから突かれている。損した気分だ。

セフレを呼び出したいが、そんなことをすれば依存症と同じ――セックスを鎮痛剤にして心の痛みを和らげることになる。第一、今は気が立っているから、目の前の相手に集中できそうもない。

サンドイッチを床に置く。食欲が失せた。胸に痛みが走り、うずくまった。心臓がムズムズするが、手が届かないので掻けない。ブリスでセージと交わした会話を思い出す。恋人の浮気を許す男を、セージは「女々しい」と言った。俺は彼女に自由を与えたばかりに信頼を失ったのではないか。

この関係は一生ものだと信じていた。だが、保証なき自由はそんなに甘くない。これは恋愛回避型のB面かもしれない。面倒と言いながら、本当は誰かに必要とされたい。

時計を見る。まだ8時だ。ロレインの番号は知っている。今までSOSの電話をかけたことはない。相談しようと思ったこと自体がむなしい。ロレインは生きるか死ぬかの依存症患者を大勢抱えている。俺は自分の恋人をイケメン2人との旅行に送り出した、ただのマヌケだ。

「自分のこと、ちゃんとケアしてる?」。電話に出たロレインは開口一番、そう言った。さすがはセラピスト。あいさつ一つにも深みがある。こういう場合、近況を尋ねても大した意味はない。自力でどうにかできる問題とは限らないからだ。自力でどうにかできるのは近況に対する反応、すなわち心のケアだ。

「なかなかうまくいかなくて」と俺は答え、今の状況を説明した。

ロレインは黙って聴いている。俺の話が終わると、「自分の心を科学するといいわ」と言った。

「どういうことですか?」

「心が痛むときは、痛みに分け入って、その出所を探るの。痛みに振り回されたり、痛みから逃げたり、痛みを抑え込んだりしないこと」

「分かりました」。思いやりのにじむ声、理路整然とした助言にホッとする。それだけで気が晴れてきた。「たぶん一過性の症状だと思います。ありがとう。お時間を取らせました」

「恋愛回避型は束縛を恐れる一方で、見放される不安を抱えていることが多いわ。覚えておいて」

なるほど。ということは、子どもを縛る母親は心理的に子どもを見捨てているということか。

「忘れないで」とロレインが付け加える。「物理的に見捨てられるのは子どもと、自活できない高齢者だけ。成人は誰にも見捨てられない。見捨てるのは自分自身だけよ」

「ありがとう。もう邪魔しませんから」

「いつでも歓迎するわ。来月ロスに行くの。そのとき、お友達のリックも誘って、また一緒に食事でもしましょう」

「ぜひ。僕、もうお礼は言いましたっけ?」

「ええ、言ったわよ」

「ありがとうございました」

「おやすみなさい」

電話を切り、ソファの上に仰向けになって今の気分に浸る。あらゆる感情の出所は簡単に分かった。どれも同じ感情のバリエーションだ。それは不安である。

一つ目には、自分は価値のない男ではないかという不安。セージは俺がいないほうが楽しいのではないか。連れの2人のほうが優しくて、気が合って、水着になってもナイスボディ、褒め上手かつ床上手なのではないか。そのうち半分でも当たっていたら、2つ目の不安が的中する。それは見捨てられる不安だ。セージは俺がいないほうが幸せだと気づいたかもしれない、いや、俺のことなんか頭にないかもしれない。さっきの電話も罪悪感や義務感でかけてきただけかもしれない。3つ目は、自分はポリアモリーに向いていないのではないかという不安。自分はほかの女と寝たいけれど、パートナーの恋愛の自由は認められないタイプではないか。

いや、それはない。げんに認めた。ただ、それを認めることは思ったよりも難儀だった。

3つの不安の裏には最大の不安が控えている。それはリハビリ施設でジョーンに言われたとおりではないかという不安だ。俺は人と親密になれない病気をもっていて、恋愛スタイルを模索しているのも症状のうちではないか。

酔ったセージがホテルの部屋に帰ってくる姿を想像する。セージが高級ベッドの上で大の字になり、2人の下男が上半身裸でマッサージを始める。セージはだんだん興奮し、エビぞりになり、2人の男は両脇から——。

愛とは解放すること。そう自分に言い聞かせる。昔、誰かに教わった金科玉条だ。深呼吸して、気を落ち着ける。愛とは解放すること。

モノガミーは理屈に合わないと主張してきた。確かに理屈に合わない。そこまでは正しかった。けれども、感情の問題を考えなかった。頭では、セージが何をしようと俺たちの関係は変わらないと分かっている。変わるとしたら、それは元々相性が悪かったというだけだ。しかし心はその事実を受け入れようとしない。サンフランシスコで一緒に暮らしたメタモアたちの気持ちが分かった。3人とも頭ではグループ恋愛に同意したが、いざ共同生活を始めたら、俺を独占したい気持ちが勝ってしまったのだろう。

寝る前に母さんからの手紙を開けることにした。封筒の中身はノートの切れ端が一枚。手書きの数字は俺の筆跡だ。記憶にないが、10代のころに母さんから受けた罰の記録であることは間違いない。両手で持ってまじまじ見る。

54	僕はダメ人間です	81	僕はダメ人間です
55	僕はダメ人間です	82	僕はダメ人間です
56	僕はダメ人間です	83	僕はダメ人間です
57	僕はダメ人間です	84	僕はダメ人間です
58	僕はダメ人間です	85	僕はダメ人間です
59	僕はダメ人間です	86	僕はダメ人間です
60	僕はダメ人間です	87	僕はダメ人間です
61	僕はダメ人間です	88	僕はダメ人間です
62	僕はダメ人間です	89	僕はダメ人間です
63	僕はダメ人間です	90	僕はダメ人間です
64	僕はダメ人間です	91	僕はダメ人間です
65	僕はダメ人間です	92	僕はダメ人間です
66	僕はダメ人間です	93	僕はダメ人間です
67	僕はダメ人間です	94	僕はダメ人間です
68	僕はダメ人間です	95	僕はダメ人間です
69	僕はダメ人間です	96	僕はダメ人間です
70	僕はダメ人間です	97	僕はダメ人間です
71	僕はダメ人間です	98	僕はダメ人間です
72	僕はダメ人間です	99	僕はダメ人間です
73	僕はダメ人間です	100	僕はダメ人間です
74	僕はダメ人間です	101	僕はダメ人間です
75	僕はダメ人間です	102	僕はダメ人間です
76	僕はダメ人間です	103	僕はダメ人間です
77	僕はダメ人間です	104	僕はダメ人間です
78	僕はダメ人間です	105	僕はダメ人間です
79	僕はダメ人間です	106	僕はダメ人間です

あきれた。息子にこんな思いをさせる親がどこにいるだろう。

役には立たないが、納得できた。

翌朝セージにメールしたが、返事がない。そのあと仕事仲間と昼食を共にする。彼にはメキシコのドラッグ抗争の本を手伝ってもらっている。ところが、ストレスがたまって、彼の話が頭に入らない。俺はひたすら待っていた。メールの着信音が鳴るの聞き耳を立て、手を合わせ、首を長くして待った。

ランチが終わり、すぐにスマホをチェックする。着信に気づかなかった未読のメールがあるかもしれない。一件もなかった。槍で胸を突かれた気分だ。セージは本当に我が世の春を楽しんでいるに違いない。俺はメールを再送信するという禁じ手を使った。

現地時間の真夜中近くになって、ようやく返信が来た。もう寝るから、明日、空港から電話するという。

長い夜だ。

翌日の午後、セージは乗り継ぎの合間に約束どおり電話してきた。2人の男は、うさんくさい理由をつけて明日の便で帰ることにしたらしい。「声が聞きたかったわ」とセージは開口一番に言う。その慰めは狙い通りの効果を発揮し、俺はストレスから解放された――と思ったのも束の間、セージは言った。「心配しないでね。誰とも寝なかったし、一本もしゃぶらなかったから」

やけに具体的だ。そこらじゅうの男に手コキしたのではないか。

「本当に楽しかった」とセージは続ける。「2人は喜んで、かしずいてくれたわ。そういう趣味でもあるのかしら。とにかくかいがいしくて、私の言うことを何でも聞くのよ。足までなめるんだから」

ゾッとした。が、大事なのは俺の気分じゃない、セージの気分だと自分に言い聞かせる。「気持ちよかった?」

「大事にされるのは気分がいいわ。2人のこと、かわいいって思っちゃった」

「かわいい」にはドキッとしたが、セージの声を聞くうちに心の底から良かったと思えてきた。セージの元カレはとんでもない暴君だった。それだけに、かしずく男たちに優しくしてもらうのが、さぞうれしかったのだろう。セージは人に尽くすタイプだから、たまには尽くされたっていい。

しかし、次の瞬間、マイナス思考に陥った。ドナルドみたいなチャラい男に下品なリゾートホテルでちやほやされ、800人の客と小男の前で踊り、かしずく男に足をなめてもらうのがうれしいというなら、セージは俺のタイプではない。

コンパージョンは葛藤を生む。細胞の一つひとつが反発する。反骨精神の表れなのか生理現象なのか、その両方なのかは分からないが、この拒絶反応は解消しなくてはいけない。俺自身は、この数カ月、際どい冒険や実験を繰り返してきた。この先、両手に花でリゾートホテルに繰り出し、王様扱いしてもらうこともあるだろう。少なくともセージは包み隠さず正直に報告してくれた。

元カノのリサが言っていた。女が男に望むことはただ一つ、大事にしてほしい。ならばセージは夢のような週末を過ごしたことになるし、俺にとってはセージのありがたみを思い出し、愛情表現の大切さを実感するきっかけになる。

そのときセージが言った。「言われて気づいたんだけど、私たちってメールをやりとりしすぎるのよね」

「それ、どういうこと?」

「スマホをいじるたびに2人にからかわれちゃった」

感情のダムが決壊し、俺の中の「コンパージョンな大人」が「傷心の子ども」に変わる。無意識のうちに壁を叩き、悲鳴を上げてしまった。セージの一言が、なぜこれほどショックなのか。最初は分からなかったが、すぐに複雑な思いが押し寄せ、苦い気持ちになる。この3日間、セージからの連絡を悶々としながら待った。なかなか返信が来ないのは遊ぶのに忙しいからだと思っていた。しかし、そうではなかった。返信が遅れたのは連れの男たちがいい顔をしなかったからだ。つまり、セージは俺よりも2人の気持ちを優先し、俺とやりとりするよりも2人に気を使うことを選んだのである。さすがに腹が立ってきた。

「聞いてる?」とセージ。

「ああ。でも、こっそりメールすることはできたはずだよ」

「分かってる。だけど、めちゃめちゃ楽しかったし、夢の中にいるみたいだったの。あなたの声を聞いたら、せっかくの気分が冷めそうだったから」

とどめの一撃。セージはあえて俺を無視した。邪魔者扱いされてまで、コンパージョンもないものだ。どうせ俺は空気の読めない「水差し男」だ。

そんなに邪魔なら、別れてやるよと言ってやりたかったが、実際は「楽しい思いができて良かったじゃない。ただ、コミュニケーションはもっと大事だからね。第三者に俺たちのやりとりをとやかく言われる筋合いはない。なのに、どうして2人の言うことを聞いたのか理解できないね」

沈黙のあと、ヒクヒク嗚咽が聞こえてきた。クソ、セージは泣いている。メキシコで楽しい思いをしてきた彼女を俺は泣かせてしまった。セージの言うとおりだ。俺は人の気分に水を差す。電話が来なくて当然だ。自己嫌悪に陥って当然だ。

後ろめたいのは恋人に優しくないから。恥ずかしいのは恋人にふさわしくないから。

「なんで分かってくれないの？」。セージがようやく沈黙を破る。「息抜きがしたかっただけなのに」

「分かるよ。コミュニケーションさえ大切にしてくれれば」

そのとたん、さっきセージを泣かせたのと同じ嫌味を言ったことに気づいた。会話が必要なのは俺、セージが必要なのは解放感だ。よその男と一緒にいるとき、たとえレイアでもローレンスにいちいちメールで報告したりしないだろう。「今、相手のチャックを下げたところ（笑）」「お尻をなめたら、しょっぱ！」「本番なう。あとでね！」

セージは正しい。メキシコで俺の声を聞いたら、セージの夢気分はすっかり冷めてしまっただろう。俺が何かにつけて意見するからだ。連れの男をけなしたり、やることなすこと嫌味を言ったり、自分の存在を大きく見せたり。ブリスで知り合ったトミーが、婚約者と俺のセックスを実況中継したのを思い出す。そう、俺は規則で人を縛ろうとしているのではない。「自由にしていいよ」と言いながら、相手を後ろめたい気持ちにさせ、支配しようとしている。

束縛を嫌ってきた自分が人を束縛しようとしている。これでは「気苦労の絶えない」母さんと一緒じゃないか。そう思うとヘコむ。リックが知ったら「それみたことか」と喜びそうだが。

非モノガミーであっても健全な恋愛関係を築くにはEQ（心の知能指数）を上げることが必要だ。もちろん、愛着心を安定させることも欠かせない。残念ながら、俺はまだ修行不足だ。しかし、だからと言って、永久にうまくいかないとも限らない。意識的に修行を積めば、中途半端にオープンな（自分優先の）関係を完全にオープンな（相手優先の）関係に変えられるはず。それは誰にとっても容易ではないだろう。

セージの幸せを心から願い、自由恋愛もどきを卒業するためにも、ローレンスの助言をかみしめる必要がある。セージのことを、自分のことは自分でケアできる大人として扱うことだ。いや、ちょっと待て。セージは本当に自分の世話ができるのか。この俺だって、自分の面倒をみられるだろうか。

「ほかに言いたいことは？」。電話の向こうから搭乗を急かすアナウンスが聞こえる。

「ええと……」。自信なさげにセージが言った。「寂しかった？」

「ああ、寂しかったよ」と俺は返した。

47

空港にセージを迎えに行く前に、アダムと待ち合わせ、アダムの職場近くのプールでひと泳ぎする。セージとの波乱含みの関係をアダムに話して聞かせた。

「とにかく風通しのいい仲じゃないか」とアダムは言う。「それはいいことだ。だけど、一つ聞いていいかな。本気？」

いい質問だ。俺が考えないようにしてきた問いである。

「長続きするかどうかは正直言って分からない。でも、これほど真剣な恋愛はイングリッドと別れて以来だね。リハビリ施設で話した理想の関係そのものだ。でも大変だよ」

更衣室で水着に着替えながら、不倫相手に連絡したくなることはあるのかアダムに聞いた。

「正直に言う。彼女のことを考えない日は一日もないよ。不倫を後悔している、と言ったらうそになる。だって、あんなに楽しい日々はなかったからね。そう思うと残念だよ。僕がそう思っていることは妻もうすうす感づいてるみたいだ」

アダムも、世の中の多数派と同じように、続かない結婚は失敗だと思って測るべきである。

シャワーを浴びて、プールに向かう。その途中、ワンピースの水着姿のスリムな女性とすれ違った。「今の女性に迫られたら、拒む自信はないなあ」とアダム。「結婚生活がうまくいかないと、誘惑に弱くなる。だから僕は仕事、妻は子どもの世話に忙しくしているんだ」

アダムは最近読んだ本のことを話題にした。『パートナーと気持ちが100%通う10の法則』（三笠書房）というタイトルで著者は臨床心理学者のウィラード・ハーリ博士。それによると、男が妻に望むことは基本的に5つある――性生活の充実、趣味の共有、きれいでいること、家庭的であること、自分を褒めてくれること。

「うちの妻はどれも満たしていないと思う」とアダムは言った。

「で、妻は夫に何を望むわけ？」

妻の5つの要求は思いやり、会話、意思の疎通、経済力、家庭人としての自覚だそうだ。女は男に経済力を求めるがセックスは求めない、男は女に家事能力を求めるが会話は求めない――などと言うと時代遅れのようだが、アダムのケースには当てはまりそうだ。アダムは足元をすくわれたというより、ハシゴを外されたのではないか。そう思うことがときどきある。

「妻にその本を渡して、あるページを読むように言ったんだ。その3ページを読めば、僕が不倫した理由が分かるからと説明したよ」とアダムはぼやく。「そうすれば、僕たち夫婦に欠けているものが妻にも分かってもらえると思ったんだ。だけど、わざわざ読む気はないらしい」

水中ウォーキングしながら聞いた話によると、最近アダムは不眠症になり、右手にじんましんが出るようになった。医者には「薬ならいくらでも出せるが、そのじんましんはストレス性だから、ストレスを解消しないことには完治しない」と言われたらしい。

こいつはセックス依存症じゃない、と思い立った。「リハビリ施設で習ったこと、覚えてる？　依存症は当人の人生や魂を破壊し、進行性であり、いけないと分かっていながらやめられないのが特徴だって」

「覚えてるよ」とアダム。

「今、気づいたんだけど、君は『結婚依存症』だ」

「自分でもそう思うよ。なぜか、あきらめきれない」

「そっちのリハビリが必要かも」

「既婚者のほとんどはそうだろうな」と言って、アダムは泳ぎ始めた。

空港までの道中でほかのリハビリ仲間にも電話してみたが、元気なのはチャールズ一人。離婚したおかげでセックス依存症から脱したという。

「もう患者会にも行っていないんだ」。チャールズにしては声が弾んでいる。「このところ、すこぶる機嫌がいいよ。童心に返ったみたいだ。胸を張って歩ける。人の目を見られる。誰かが明かりを灯してくれたのかな。暗闇に閉じ込められたような、重い気分とはさよならだ。二度と人前には出られないと思っていたんだけどね」。チャールズは一呼吸置いてから、「『ザ・ゲーム』、読み終えたよ」と言った。

「共感できた？」

「いいや。だけど、あの本を参考にして、洗車場で女性に声をかけることができた。明日、デートなんだ」

48

恋心は会えない間に募ると言われるが、科学の世界では、自分と恋人の距離よりも恋敵と恋人の接近のほうが恋心をたきつけるとされる。オスの競争意識に関する調査によれば、パートナーが恋敵と過ごしたあとのほうが射精の勢いも精子の量も増すそうだ。心理学者のエステル・ペレルは著書『セックスレスは罪ですか？』（武田ランダムハウスジャパン）の中で、心身ともにラブラブな関係を保つには距離、ハプニング、相手を失う不安が必要だという。

つまり、セージの帰還は恋心とセックスにとって究極の起爆剤になるはずだ。

しかし、そうは問屋が卸さなかった。

セージがロビーに出てきた。真っ黒に日焼けした、やつれた顔の男としゃべりながら。その男が決まり悪そうに突っ立っているので、楽しみにしていた熱い再会はままならない。

セージは俺に軽くハグしたあと、「こちらはマイク」と男を紹介した。「飛行機の中で知り合ったの。マイクは映画監督なのよ」

気丈に振舞おうとするが、思うようにいかない。セージはメキシコで・初マン・ならぬ・初（足）ナメ・を味わってきた。それでも2人の仲が変わらぬことを確かめたい。なのに今度はやつれた男がボディーガードのようについてきた。「それはいい」。俺は男に話しかけた。「セージは演技を勉強しているんですよ。連絡先を交換しました？」

「ええ、まあ」と男は言う。

「それじゃあ、僕たちは失礼します」

駐車場まで歩きながら、セージは「マイクが私を映画に出してくれるって」とはしゃぐ。「良かったじゃないか。実現すれば御の字だけどね」と俺は言い、「男は目的のためなら何とでも言うから」と嫌味を込めた。

セージの表情が曇る。「マイクは私の可能性に注目したのかもしれないわ」。セージは「可能性」を強調し、才能よりも体が目的と言いたそうな俺をにらみつける。

そのとおりだ。俺の発言はオープンの精神に反していた。可能性を否定し、疑念をあおり、男を詐欺師に仕立て、セージを洗脳し、ライバルとおぼしき男をつぶそうとした。

セージとオープンな関係を続けたいなら、ほかの男に偏見をもってはいけない。俺だって、新しく知り合った女性をセージがコケにしたら、おもしろくない。ローレンスが言ったように、パートナーが誰と付き合おうと、それは本人が決めたこと。俺がデートするわけではない。姑息な人心操作は今すぐやめなければ。

恋愛は探知機と同じだ。自分の欠点や弱さをさらけ出す。

帰りの車の中に気まずい沈黙が流れる。この先、どんな男が俺たちの前に現れるのだろう。うさんくさい俳優、怪しげな監督、下心丸出しのプロデューサー。夢を抱いてハリウッドに来る女優の卵をことごとく食い物にする男たち。俺の女友達はハリウッドの有名プロデューサーに面会したとき「スターにしてあげよう」と口説かれた。そいつと数人の「大物」に一晩付き合うだけでいいから、と。

家に着いた。セージにキスする。セージがキスを返す。寝室に向かう。セージはあとからついてくる。服を脱がす。セージはされるがままになっている。下半身に顔をうずめる。セージは脚を開く。挿入する。セージはよがってみせる。

メキシコ前のセージとメキシコ後のセージは別人だ。今のセージは抱き合っていない。身を任せているだけだ。

暗い気持ちで抜こうとしたとき、セージが俺の上に乗り、目を瞑り、激しく腰を振り始めた。(トミーのように)傍から見れば、情熱的に愛し合っているように映るだろう。だが、俺はセージをよく知っている。その目は固く閉じられている。心は別のところにある。ほかの男のことを考えているのだ。そうに違いない。一緒に旅行した男の一人か、それとも機内で知り合ったというやつれた男か。

体はつながっても、心はつながらない。イングリッドとの最後の時間を思い出す。

「どうしたの?」。並んで仰向けになりながら、セージに聞いた。こんなに近くにいるのに、こんなに遠くに感じる。

「大丈夫」

「『大丈夫』の意味、知ってる?」

「ううん」

「いや、何でもない」

もっと激しく愛してくれることを期待していた。ベッドの中で、もっと生き生き、激しく、自由に振舞ってくれると思っていた。ところが、愛は冷め、セックスも冷め、セージらしさも冷めている。

振られた気分だ。なぜ、そんな気分になるのか分からないが。

49

その夜、海岸沿いのレストランまで歩いた。波が砂浜を優しくなでる。夜空に星がまたたき、飛行機が見え、月が浮かんでいる。周囲に人けはない。俺とセージの2人だけだ。手に持った懐中電灯の光に、2つの長い人影が揺れている。

囚人を連れて処刑台に向かっているような雰囲気だが、どちちが囚人で何の罪を犯したのかは分からない。

リハビリの副作用として、他人の幼少期がやけに気になり、ひいてはその人の恋愛観が気になるようになった。ロレインに習ったことをセージと男親との関係に応用し、俺たちの関係に反映させる。すると、一つのパターンが見えてきた。幼かったセージは父親の過剰な期待に応えようとした。いわゆるパパっ子だった。しかし、自立心が芽生えると、父親はひどい仕打ちを繰り返すようになり、しばしば暴力を振るった。10代のとき、父親から「殺してやる」とすごまれ、プロの殺し屋に父親の殺害を持ちかけたこともあったという。だから俺のわがままを聞き入れ、理想の恋人になろうと無理をしたが、そのうち自分らしさを失い、不満が募り、反発したくなったのだろう。

そうであれば、セージにとってオープンな恋愛は自由よりも現実逃避を意味する。げんに、セージの行動に表れている。ということは、俺は囚人を処刑台に連行しているのではない。脱獄犯を刑務所に送り返しているわけだ。

やつれた男が殺し屋でないことを願う。

ときおり、セージのスマホの着信音が静寂を破って鳴り響く。セージが返信を打ち込む。ついに我慢できなくなった。「聞いてもいいかな?」

「どうぞ」

どう言えばジェラシーを隠せるのだろう。いや、隠せないかもしれない。嫉妬に狂った女から逃げ出したくなったことは何度もある。セージが逃げ腰になるのを承知で尋ねた。「機内で知り合ったあの男と何かあった?」

「どういう意味?」

「何て言うか……例えば、あいつが変なことをしたとか、2人で何かしたとか……」。本音をオブラートで包むのに苦労する。

「別に。何もないわ。ただ話をしただけ」

「ああいうのがタイプ?」。こんなことを聞く自分が嫌になる。俺は2人の間の壁を取り壊したいのか、それとも壁の後ろに隠れたいのか。たぶん両方だ。これが恋愛回避型同士の心理ゲーム。あなたの壁を取り壊して、そこに自分の壁を建てますというわけだ。

「マイクはいいコネになると思ったの。仕事を紹介するって言ってたから。いいチャンスでしょ」

「いいチャンスか……」と口ごもったが、さっきの誓いを思い出し、人心操作を自重する。一方で、頭の中には世にも恐ろしいイメージが次々と浮かぶ——「フェラしたのに、車から放り出されたの」と言って俺に泣きつくセージ。一流デザイナーのドレスを着たセージがシワだらけの男と腕を組んでアカデミー賞の授賞式に現れ、それを一人テレビで見ている俺。

突然、着信音が響く。セージはすかさずチェックした。

「あいつから?」。もはや「大人」ではいられない。愛を失うのが怖い「傷心の子ども」に逆戻りしてしまった。

「違うわ」

「じゃあ、誰なんだ?」。言葉が勝手に出てしまう。自分の意志では止められない。「心の声に従え」と人は言うが、心は頭よりもイカレることがある。

「妹からよ」とセージは言った。

信じられない。この点では心と頭が一致する。

今まで誰にも言ったことのない言葉が口をついて出た。百年の恋も一瞬で冷める魔法のフレーズ。イングリッドが、俺と別れる直前に言ったのと同じ文句だ。「スマホを見せて」

「嫌よ」とセージは拒む。

「ほら、やっぱりうそをついてるんじゃないか。早くよこせ」

セージはスマホを胸元まで持ち上げ、親指をしきりにタップする。

「消すな。一件でも消したら、ここでさようならだ」

最後通告してしまった。俺も落ちるところまで落ちたもんだ。

セージはくるりと背を向け、来た道を引き返し始めた。立ち向かうよりも逃げの姿勢。俺と同じだ。イングリッドに浮気がバレたとき、俺はとっさに似たようなリアクションをした。「あとでかけ直すから」と言ったのだ。

セージを追いかけ、できるだけ優しく「怒らないから」となだめだる。子どもが、隠し持っていたクッキーを親に差し出すように、セージは俺の目の前にスマホを突き出した。

「きっと、あなたに嫌われる。二度と口をきいてもらえないと思う」と言った。

最悪の事態を覚悟する。

心臓がバクバクして、今にも爆発しそうだ。いずれにしてもハッピーエンドにはならない。あいつのメールでなかったら、俺はノイローゼだ。あいつのメールだったら、悪い予感が的中したことになる。どっちに転んでも、俺とセージの間はおかしい。こういう事態に至ったことがそもそも問題なのだ。

履歴を見ると、あいつからのメールがずらり。すべて今日の着信だ。最初に目に飛び込んできたのは、最悪の事態を超える内容だった――「機内であんなことするの、初めてだったよ」。

心苦しさ、嫌悪感、恐怖でヘドが出そうだ。「運命を感じる」といった記述もあった。

「飛行機の中で何時間も話し込んだ」とセージは言い訳する。「すごく気が合った」と言い訳する。「マイクが顔を寄せるので思わずキスした」と言い訳する。「想定外だった」と言い訳する。「気づいたらトイレの中でイチャイチャしていた」と言い訳する。「セックスはおろか服も脱がなかった」と言い訳する。「俺のことが大事だからマイクを制止した」と言い訳する。しまいには、「正直に打ち明けようとしたがどう説明していいかわからなかった」と言い訳した。

涙ぐんで言い訳するセージを見ていると、俺の中で感情と理性がぶつかり、荒波のごとく砕け散るのを感じた。

「怒り」、それはセージがうそをついたから。「嫉妬」、それはセージとあいつが意気投合したから。「嫌悪」、それはあまりにもお粗末な話だから。「共感」、それは俺とニコールの一件に対するジェームズの反応が理解できるから。

「安堵」、それは俺の疑いが妄想ではないと分かったから。そして「不安」、その理由はいろいろある。

「私たちのことをマイクに話したわ。だから彼はあなたに会いたがったのよ」とセージは結んだ。

しかし、複雑な心境のなかでも、一番大きいのは「困惑」だ。どうして隠し立てするのか、まったく理解できない。

「なぜ、こんなまねするんだ？　俺には分からない」

セージの唇が震え出す。またしてもセージを泣かせるのか。どうだっていい。いや、良くない。

「俺たちの関係はオープンなはずだ」

沈黙。セージは涙をこらえ、俺をにらむ。

「何をしたっていいんだよ」

セージは腕を組み、反抗的なポーズをとる。

「ただし、隠し立てはしないこと」

セージは恨めしそうに眉間にシワを寄せる。

「君は俺にうそをつき、裏切った。ルールも何もないオープンな関係だというのに」

セージの頬に涙が伝わる。悔し泣きだ。

俺はセージの親父と同じである。人の気分に水を差し、自由を認めず、空気を読まない。

少なくともセージはそう思っているだろう。しかし、俺たちは自由でオープンな間柄のはずだ。こっそり男に連絡したり、ごまかしたりする必要はどこにもない。そこに今回の問題の根源がある。もしセージが全てを正直に打ち明けていたら、あとは俺の受け止め方しだいだ。ところが、ニコールやニコールの友人のカミーユも指摘していたが、関係をオープンにしてもけんかや裏切りはなくならない。そう言えば、セージ自身もカレに隠れて浮気したことがあると話していた。

セージは、俺に問い詰められても憤然と腕を組み、仁王立ちしている。仲直りしようとハグしたが、セージは姿勢を崩さない。俺がイングリッドに感じたことをセージも俺に感じているのか——ウザい、わずらわしい、息苦しい、海に身投げして死んでしまいたい。

だったら別れようかと思った。しかし、イングリッドも俺にやり直すチャンスをくれたのだから、一度の浮気でセージを見限るのは心苦しい。それに、これほど解放感とスリルのある恋愛は今までになかった。うそをついたことはさておき、セージのほうが俺よりも「成績」優秀だ。俺だって両手に花でメキシコに行き、王様扱いされたい。機内で知り合った相手と自由にイチャイチャしたい。げんに、リハビリ施設から自宅に戻る機内でそう考えたではないか。

俺はセージにとって安心して本音を打ち明けられる相手ではなかったのだ。俺はセージと二人きりになると、とたんに愚痴っぽく、批判的になる。

ハグをやめようとしたら、セージが反撃してきた。俺の胸をこぶしで叩き、子どものように地団駄を踏む。「私だって、いつもあなたの腕の中にいたいのよ」とセージは叫ぶ。「何よりもそうしたい。安心できるから。なのに(砂を蹴り上げて)目移りしちゃうの」

今の発言を分析する。俺のことが欲しいけれども欲しくない。パートナーは欲しいけれども縛られたくない。俺には誠意を求めるけれども、自分は遊びまわりたい。

だんだん分かってきた。セージは俺にふさわしいパートナーだ。俺の女版なのだから。

50

その晩、セージと何時間も話し合った。互いの心の壁を突破し、相手の素顔を見たような気がした。強さと弱さ、勲章と古傷、希望と不安、母子関係と父子関係。そのあと濃厚に抱き合った。親密さと安堵が半々に入り混じったセックスだ。それを愛と呼ぶのかどうかは分からない。2人とも心が傷だらけで相手を愛する余裕はないのかもしれない。とにかく、ライバル出現後の精子活発化説は正しいことが分かった。

隣で眠るセージを見る。火照った頬、すっぴんの肌に浮かぶ薄いそばかす、無邪気な寝顔。愛おしさが込み上げる。セージのことは自分の分身と思って大切にしなくてはいけない。特に下半身のだらしなさは、自分のことを棚上げしないように気をつける必要がある。俺自身、束縛を感じるたびに反発してきた。これからは完全なオープンな関係を目指し、自由につきもののリスクをとらなくては。セージの自由を認め、自分の自由を謳歌しよう。

3日後、セージは初デートに出かけた。相手は機内で知り合ったマイクだ。マイクのことを「やつれた男」とコケにすべきではない。それではコンパージョンなしの嫉妬深い自分に逆戻りしてしまう。セージには行き先も帰りの時間も聞かなかった。デート中はメールもしない。首輪は犬とBDSMファミリーの専売特許だ。

その間、俺は3P仲間の一人を家に招いた。そして、オープンな恋愛の次の課題にぶつかった。ペッパーの予言どおり、やけに後ろめたい気がする。恋人の留守中に女を連れ込んではいけないと思い込んできたからである。たとえ恋人がほかの男と別の場所で楽しんでいる最中でも、やっぱり後ろめたい。

意外にも、セージは日付が変わる前に戻ってきて、ベッドに合流した。マイクへの気持ちはすっかり冷めたという。理由を尋ねると、「昨日、じっくり話し合ったおかげで心が満たされたからだと思うわ」

コミューンのラファイエット・モアハウスを尋ねたとき、メンバーのコリンが言っていた。「パートナー以外に愛人ができたら、パートナーを心身ともに満たし、同意させるのが一番だ。パートナーを『満腹状態』にすることが欠かせないね」

そこで俺とセージは翌週から、このアドバイスを実践することにした。互いを心身ともに満足させるように努め、独占欲にとらわれぬように努め、やむなく不快感や不安や嫉妬に駆られたときは話し合いで解決するように努め、2人の関係を尊重しない相手や独占欲の強い相手とは付き合わないように努めた。

キーワードは「努める」だ。なにしろ、感情を抑制するのは野生のライオンを手なずけるのと一緒である。どれほど上手に手なずけたつもりでも、しょせん飼いならせる相手ではない。4Pに興じた晩、セージは俺の顔にかみつき、その足でトイレに駆け込むと、ペットボトルを壁に投げつけた。また、SMクラブに出かけた晩、俺はセージが30分間にわたってミスフィッツのボーカリスト、グレン・ダンジグ似の男にいたぶられ、喜ぶ姿を目の当たりにし、骨抜きにされた気がした。その帰り道、訳もなくセージにけんかを吹っかけてしまった。一番辛かったのは、セージが元恋人のウィンターと出かけたきり、2日間帰ってこなかったときだ。

自分が嫌になるときもあれば、セージにうんざりするときもある。やけに話の合うときもあれば、別の相手とデートした感想を共有し、2人だけでセックスするほうがずっと気持ちいいと思うときもある。

良いとき、悪いとき、冒険が成功したときや失敗したときも今は過渡期なのだと自分に言い聞かせた。モノガミーに失敗したおかげで今がある、罪悪感や不安といった強い感情に向き合っているから、そのうち心に平和が訪れると言い聞かせた。

ある晩、2人でベッドに入っていると、セージが目を輝かせて言った。「あなたの子どもが欲しいわ」

それは考え抜いた末の決断というよりも、その場の思いつきに近いのだろうが、俺はウキウキした。求めていたものがようやく手に入ったと思ったからである。新しい恋愛スタイルを探そうと決意したとき、4つの目標を設定した――セックスの自由、隠し事のない間柄（今の俺たちがそうだ）、心のつながり、家族に発展する可能性。でも、子どもが寝室に入ってきて、開脚ポーズをしている見知らぬ女性を見たら、どう説明すればいいのか。「一人の男と4人の女が深く愛し合っているんだよ」とか……？

その直後、5番目の条件があるのを思い出した。それは「子育てに適した健全なライフスタイル」だ。セージとの関係が続くかどうか分からないが、今のライフスタイルは刺激や不確定要素がありすぎて子育てに適しているとは言えない。しかし、俺たちの関係は刺激を失ってしまったら成立するのか。

リックに電話し、セージとの今後について相談する。謎かけのようなコメントが返ってきた。「医学博士のディーパック・チョプラは、禁煙するなら喫煙のパターンを変えろと言っている。例えば、コーヒーを飲みながら吸ったり、セックスのあとに一服したりする習慣があるなら、コーヒータイムやセックス後はタバコを口にしない。別のタイミングでタバコを吸えば、体への影響が分かる。肺に毒を吸い込んでいることが実感できるというわけだ」

「その話が今回の件にどう関係するの？」

「しばらくセージとだけセックスして、第三者と寝るのは控えたほうがいいと思う。そうすれば、2人の将来がイメージできる。本当の関係性が見えてくるはずだ。セージは本当に同類なのか、それともセックス依存症の同類なのか」

「それは妙案だね。来週は海外に行くから、戻ってきたら、さっそく実行してみるよ」。気が乗らない海外旅行だ。イングリッドと行くはずだった、マチュピチュへの旅である。

「なぜ今週から始めないんだ？」
「セージが俺の誕生日に双子の姉妹をプレゼントしてくれるって言うから」
「うそだろう⁉」

51

双子の名前はジョシーとジェン。バストも鼻も頭も貧弱だ。２人とは数週間前に某ホテルのパーティーで知り合い、セージを交えてスイートルームのトイレで遊んだことがある。

２人が到着するやいなや、問題が発生した。一人が唇の上に発疹をつくっている。いくら双子とヤれると言っても、ヘルペスをもらうのはごめんだ。

幸い、もう一人はセーフだった。

「今までやったことないプレイを楽しみましょうよ」。セーフのほうのジェシーがソファに腰かけ、ムードを盛り上げる。

未体験のプレイを考えてみる。なかなか思いつかない。すべてやり尽くしてしまった。少なくとも、やりたいプレイは全部試した。この一年間でスワッピング、ハーレム、コミューン、グループセックスを体験した。さらに、セージと一緒にＳＭクラブ、乱交パーティー、官能ヨガ、緊縛レッスンに通った。先日はこの双子の母親から突然メールをもらい、ベッドインしたばかりだ。おかげで使い倒した下半身がヒリヒリしている。

セージも考えあぐねている。

と、思ったら、何かひらめいたらしい。「私、聖水（放尿）プレイってしたことない！」

ジョシーは食いつきもしないが、却下するわけでもない。するとセージが「あ、やっぱりしたことあったわ」と前言を撤回した。

みんなで知恵を絞っていると、ジョシーがいきなりソファから飛びのいた。座っていたところに小さな赤い染みがついている。生理が始まったらしい。

「いざとなったらコカインがあるから」ときまり悪そうにトイレに駆け込む。

セージはコカインに賛成。俺は遠慮することにした。

「私の鼻、中の軟骨がなくなっちゃたの。ほらね！」。ヘルペスもちのジェンはバッグからビニールの小袋を取り出し、鼻のてっぺんを押してみせた。確かにペチャンコになる。「マイケル・ジャクソンみたいでしょ？　私の場合はコカインのやり過ぎだけど」とジェンは笑った。

「あぶったのを吸引し過ぎて、軟骨が焼けちゃったわけ？」と半信半疑で聞いた。

「たぶんね」

「触ってもいい？」

「どうぞ」

ジェンは得意げに鼻を突き出す。押してみると、リモコンボタンのような感触だ。

しゃべり出すと止まらなくなるのもコカインの副作用。双子も、今までに寝たセレブの話やカモにした金持ちの話をノンストップでしゃべり、セージはいちいち反応する。男のナンパがセックス目的なら、女のそれはセックスをかわすことと双子はレクチャーする。男を手玉にとるか金づるにしたいなら、相手の手の届かないところにセックスというゴールを設定し、デートのたびにゴールが近くなったと見せかけ、あと一歩のところで肩透かしを食らわすのだとか。

セージがサイドテーブルの上に残っていたコカインをすべて吸い込むと、「吸い過ぎ！」とジェンがわめく。そして、俺のほうを向き、「ここに売人を呼んでもいい？」

俺はジェンの鼻を押し、電源をオフにできたらいいのにと思った。

最悪の誕生日だ。俺は一人寂しく一階の寝室に向かった。サイドテーブルの上に軟膏が置いてある。ペニスの炎症に効くからとセージが勧めてくれた塗り薬。それを患部に塗る。惨めで孤独だ。「自分の双子＝セージ」と付き合うと、こういうことになる。セージは自分の心の穴を埋めるのに忙しく、俺の心の穴にかまっている暇はない。

気晴らしに、マスをかきながら眠りにつくことにした。自分への誕生日プレゼントだ。

目を閉じ、深呼吸して、枕を背に当てる。・患部・を避けて肉棒を握り、妄想を始める。

やり損ねたいい女を思い浮かべようとするが、一人も浮かんでこない。

体験したことのないエッチなシーンを想像しようとするが、これもダメ。

頭の中の欲情ネタを探してみたが、全く見つからない。

オカズにするものが何一つない。そんな自分が信じられなかった。生まれて初めて、妄想の引き出しが空になってしまった。

2年ほど前にリックに突きつけられた問いを思い出す。「おまえ、それで幸せか？」

楽しい思いはたくさんした。気持ちいい思いもかなりした。しかし、心の底から幸せを感じたことは、たぶん一度もない。

米プリンストン大学の研究チームが金と幸せの関連について調査した。その結果、収入が増えるにつれて幸福感も増えるのは年収にして800万円程度まで。それ以上に年収が上がっても、幸福感は変わらなかったという。

それと同じことが女の数にも言えるのではないか。

寝る相手が増えたところで幸せになれるとは思えない。

俺は無節操と自由を取り違えていたのか。

新しい恋愛の形を模索することが自分の性に合うのかどうか。その判断基準を尋ねたとき、ロレインは忠告した。

「心の傷はドラマとトラウマを招く。慰めにはならないわ」

この一年を振り返れば、ロレインの忠告が正しかったのがすぐ分かる。

「放蕩には、人々が考えるのとは反対に、熱狂的なところなんてまったくありません」。アルベール・カミュは『転落・追放と王国』（新潮文庫）の中でそう書いた。「それは長い眠りにすぎないんですよ」と。

俺もそろそろ目を覚まさなくては。

52

臨床上の事例がはっきり示しているように、男であれ女であれ、歯止めのない性的満足に全人生を捧げるような人は幸福を得られない。それどころか、ひどい神経症的な葛藤に陥ったり、神経症の症状を呈したりすることすらある。あらゆる本能的欲求を完全に満たすことは、幸福の基盤でないばかりか、正気をも失わせかねないのである。

――エーリッヒ・フロム『愛するということ』（紀伊國屋書店）

53

『ニューヨーク・タイムズ』紙で仕事をしていたころ、ハイチで外国人記者と知り合い、彼の同僚にまつわる話を聞いた。その話が本当かどうか確かめるすべはなかったが、今も耳について離れない。

同僚の特派員は中央アメリカに派遣され、現地でゲリラ組織に拉致された。政府軍はゲリラのアジトを突き止め、人質の救出作戦を開始。ゲリラは人質を手放す代わりに射殺することを決めた。

特派員も、銃を持った男にひざまずかされ、頭に銃口を突きつけられた。

絶体絶命の瞬間、特派員の脳裏をよぎったのは家で待つ妻ではなく、高校時代の恋人だった。この10年あまり、話をしたこともなければ、思い出すことさえほとんどなかった女性だ。

突然、爆発音がとどろいた。その直後、政府軍が突入してきて特派員は無事救出された。

九死に一生を得た特派員は、あの瞬間に分かった意外な胸の内について、じっくり考えた。自分は一度死んだも同然だ。だったら、やるべきことは一つしかない。特派員は自宅に戻ると、すぐさま高校時代の恋人に電話した。彼女は離婚して独り身だという。そして特派員は妻と別れ、彼女と再婚した。

イングリッドのいないインカ道を歩いていると、嫌でも特派員の話を思い出す。あれはおとぎ話のハッピーエンドではなく、実話のハッピーエンドだ。人生は自分に正直な者だけが合格できるテストである。第1問に正解するには自分が何者なのか突き止めなくてはいけない。ライフ（人生）とライ（うそ）は一字違いだ。

このトレッキング・ツアーに最初はアダムを誘ったが、「家族旅行以外の旅行は認めない」と奥さんに反対されてしまった。次にカルバンを誘った。カルバンは承諾し、ついでにブラジルまで足を伸ばして息子に会うという。セージも来たがっていたが、マチュピチュの入場チケットはすでに売り切れていた。

「頼みがあるんだ」。出発まぎわにカルバンが言った。「ペルーに着いたら、僕がカイシュンしないように注意してほしい」

「いいよ」と俺は言い、あとから「カイシュン」の意味をネットで検索した。カルバンが言っていたのは「買春」だった。

トレッキングも最初の数日はキツかった。急斜面を長いこと歩いたのもあるが、出発前にセージとセックスしたのが災いし、酷使したペニスが赤く腫れ、ちょっとこすれただけでも痛みが走るのだ。着替えるときは、腫れ物に触るかのように局部をかばわなければいけない。トレッキング中は数時間おきにトイレに寄り、持参した軟膏をそっと塗り直した。

俺とカルバンに同行しているのは地元ガイドのアーネスト。若干ずんぐりしているが、山道で日々鍛えた健脚の持ち主だ。俺たち3人は矢のような雨とまとわりつくような熱気のなか、高山病にやられないようコカの葉をかみながら、登り斜面を歩き続ける。おかげで頭がクリアになり、3人で夢や不安や目標を語り合った。

それでも空虚感はぬぐえない。何かが欠けている。イングリッドがいれば埋まる穴だ。雲の上に突き出た山頂も、森林の合間に見える遺跡も、空中に漂う朝露の匂いも、イングリッドと分かち合いたかった。

セージがここにいたら、女性ハイカーをたぶらかして3Pにもち込むだろう——などとは思わなかった。セージなら、むしろコカの葉からコカインを生成する方法をガイドに聞くのではないか。誕生日の夜、期せずして覚醒した俺は、セージが誰と何をしようが気にならなくなった。我ながらビックリだ。

小さな高原に出た。「ところで買春のほうは最近どう?」とカルバンに尋ねる。

「すっかりごぶさたしてるよ。プロの女性と最後に会ったのは半年前くらいじゃないかな」

「それは買春相手と実際に暮らしたからじゃない?」

「それで懲りたのかもしれないな。俺の誕生日にマリアナは出会ったときと同じ格好をして、俺を喜ばせようとしたんだけど、身の毛がよだったよ。今の俺には無関係と思ったんだ」。カルバンは手のひら一杯のコカの葉を口に放り込み、話を続ける。「風俗通いをやめて酒を飲むようになったら、おかしなもので、非常識な連中に腹が立つようになったんだ。ウィンカーを出さずに車線変更するドライバーとかね」

しばらく黙って歩いた。野生動物の鳴き声が四方の森から聞こえてくる。

「昨日、妙な夢を見たんだ」とアーネストがつぶやいた。

「どんな夢？」

「これは言わないほうがいいのかな」

アーネストが話しやすいように自分の夢を披露した。「俺が最近よく見るのはサッカーしてる夢だ。ＰＫに臨む場面。これを入れれば試合が決まる。ところが、いざボールを蹴ろうとすると足が届かなくて、ボールは２〜３メートル先に転がるだけ。目が覚めるとシーツを蹴り上げているんだ」

「嫌な夢だね」とアーネストが言う。「心に反して体が言うことを聞かない。じゃあ、俺の夢を話そうかな」。アーネストが声をひそめる。周りには誰もいないのだが。「実は……女が出てくる夢なんだ。彼女はアマゾンからクスコに来て、俺を探してる。妻に彼女の存在が知れたらどうしようと冷や冷やしてる夢だよ」

「その女って、寝たことのある相手？」

「そう。浮気相手だ」

「今も付き合ってるの？」

アーネストは一瞬ためらったが、「ああ」と肯定した。

そこから話題はアーネストやアーネストの仲間の浮気話になった。ガイドやポーターとして出稼ぎに行った先で浮気を繰り返しているようだ。「読みたい本があるんだけどね」とアーネスト。「ナンパのノウハウが書いてあるらしい。すごく参考になるみたいだ」

「それ『ザ・ゲーム』じゃない？」とカルバンが聞く。

「いや、違う」。俺たちは岩場にもたれ、水を飲み、汗をぬぐった。その間もアーネストは本のタイトルを思い出している。そして、いきなり「たぶん『浮気の方法』だ！」と叫んだ。

男は、古今東西、変わらないらしい。

時間がたつにつれ、元来のジョギング嫌い、ウオーキング嫌いが頭をもたげてきて、2人に遅れをとるようになった。滝のような汗が日焼けした首にしみる。カルバンとアーネストは先に尾根を通過した。俺は10分後に追いついたが、そこに2人の姿はなかった。

足を引きずるようにして前に進もうとしたが、頭がふらふらする。意識が遠のく。エクスタシーでトリップ状態に入ったような感覚だが、頭痛まで始まった。原因は脱水症か、高山病か、疲労か、その全部かもしれない。バッグから水筒を取り出し、残りわずかな水を飲み干す。足元がふらつく。足を滑らせ、谷底に落ちたらどうしよう。ここで行き倒れたら、脱水か熱中症か肺水腫で死ぬだろう。その前に誰に助けを求めようか。歴代の恋人のなかで誰が頼りになる？

ケイティは一人で気を失った俺に怒るだろう。キャシーは過呼吸を起こすはずだから、こっちが助けなければいけない。セージは——セージなら寄り添ってくれそうだ。しかし、いつまで続くやら。いずれ落ち着きを失い、俺の看病よりも楽しいことに注意が向き、自分自身を救助するためにどこかに行ってしまうはずだ。

イングリッドだけは俺を見捨てない。俺が息を引き取る瞬間まで助けを探し続ける。

やっぱりイングリッドだ。

一時的にめまいがおさまった。きれいで新鮮な空気を胸いっぱいに吸い込む。看板やポスターがないから視界は良好。雑音がないから心の声がクリアに聞こえる。邪念が入らないから頭が冴える。すると、今まで抑え込んできた思いが一気に噴出した——取り返しのつかないことをしてしまったという後悔だ。

セックスはたやすく手に入る。ナンパで、金で、運で、肩書きで、誘惑で。浮気や乱交や変態プレイや期間限定の恋愛も、しかるべき場所に行けば簡単にかなう。しかし、愛は入手困難だ。

俺は分かっていなかった。イングリッドと別れるのは自由が欲しいからだと本気で思っていた。さんざん学習したはずなのに見えなかった。本当は一途な愛がうとましかっただけだ。ロレインが忠告したとおり「束縛された青春時代」に振り回されていた。

セージとの関係は愛ではない。セージが理想のパートナーを演じたのは俺に見返りを期待したからだ。見返りとは優しさ、注目、作家と付き合っているという一種の箔《はく》である。俺が理想の恋人を演じたのはスリリングなセックスを期待したからだ。そして、リックの助言を無視したのはセージとの関係の本質を見たくなかったからである。俺たちの間柄はタバコほど害はないものの、実に幼稚だった。初めて白髪を見つけた中年男が、血迷って離婚し、スポーツカーを購入するようなものだ。

だが、中年の既婚者が中年の危機に苦しむとすれば、結婚する勇気さえなかった中年は老後の危機に直面するだろう。一瞬でも目を大きく見開けば、日を追うごとに得るものよりも失うもののほうが大きくなり、大人になりきれないまま立ち往生している自分が見えるはずだ。

息もたえだえに峠に着くと、２つの人影が休んでいるのが見えた。カルバンとアーネストだ。地面にリュックを下ろし、木陰に倒れこみ、アーネストがくれた水とカルバンがくれた頭痛薬を一気に飲み下す。あとは体調が回復するのを待つだけだ。

死を覚悟したあの瞬間、と言っても生死の境をさまよったというより不安と不快感に圧倒されたというほうが正確だが、頭に浮かばなかったことがある。それはセージとレイアとウィンターとの人生最高の４Ｐだ。思い浮かんだのはイングリッドの顔だった。

スポーツカーを返し、家族の元に戻って、謝ろう。それしか考えられなかった。

キャンプ場で過ごす最後の夜、俺とカルバンとアーネストは紅茶を飲みながら地元名産のネズミの肉をつまんでいた。俺はカンテラの薄明かりの下でカードゲームのスキティキッツを取り出し、2人にやろうと持ちかけた。少しは気が紛れるかもしれない。

「イングリッドがいてくれたら……」と俺はため息をついた。「喜んでゲームに加わると思うよ」

カルバンは気のない返事をした。俺の嘆きにうんざりしているのだろう。

「イングリッドはひょうきんだから、今ごろは内輪ネタがいくつもできただろうな。彼女がリハビリ施設に面会に来たとき、場の雰囲気が明るくなったのを覚えてる？　今もあの明るさを失っていないことを願うよ」

「彼女とやり直せ」。カルバンはそっけなく言った。「分かってるくせに」

「そうできたらいいけどね」。俺は目を閉じ、深い絶望をかみしめた。ペルーに来ても、数世紀前にできた山道を歩いても、山頂から日の出を拝み、雲を見下ろしても、アンデスの名物料理を食しても、カンテラの灯るテントの中でスキティキッツをしても、愛する人がいなければちっとも楽しくない。

これが自由の代償だ。

翌朝、伝説の都市マチュピチュを目指して下山を始める。スマホの電波表示が一本だけ立った。すかさずイングリッドにSOSを送信する。「自由だあああ！」

54

さらに追伸を送り、イングリッドのいないマチュピチュは感動もへったくれもなかったと知らせたが、いつもの不安が押し寄せる。その晩、観光客の女性2人と3Pする夢を見た。

俺の劣情はどうして消えてくれないのだろう。

メールをチェックする前に気持ちを鎮める。俺よりもはるかに聡明な男たち（チャールズ皇太子、ビル・クリントン元大統領、ペトレイアス元ＣＩＡ長官）も不倫に走った。この俺に、世界のリーダーたちがしくじったことをうまくやれるのか。

分からない。けれども彼らはできなかったが、俺にはできることがある。それはイングリッドに心を開き、自分の弱さをさらけ出し、一度だけと約束したＳＯＳを発信すること。迷いなんか吹き飛ばせ。おまえならやれる。

スマホを見た。着信はゼロ。しかし、イングリッドは必ず約束を守る。今となっては遠い日の約束に思えるが。伝説の都市にたどりつき、山の頂で大の字になるが、イングリッドからの返信は来ない。日が暮れても来ない。メールが届かなかったのか。俺が「自由」の変換を間違えたのか。「ああああ」の数が足りなかったのか。あるいは新しいカレと仲良くやっているのかもしれない。俺のことは忘れたのかもしれない。俺は取り返しのつかないことをしたのかもしれない。

やっぱり、取り返しがつかなかった。

55

翌日もイングリッドから返事がない。

56

その次の日も、ない。

57

そのまた次の日になり、もう返事は来ないと割り切った。

あの晩、「宇宙船」の部屋でイングリッドに宣言した。見聞を広め、新しい生き方を模索してから結論を出したいと。そして、やっと結論が出た。しかし、愛はルーレットとは違う。チップを置けばいいというものではない。ペルーでの最終日、帰りの荷造りをしていると、メールの着信音が鳴った。イングリッドからではなく、元カノのキャシーからで、今すぐ相談に乗ってほしいという。キャシーもイングリッドと同じで父親に捨てられた。父親には隠し妻、隠し子がいたのである。

折り返すと、キャシーは涙声になり、元カレのビクターが肝臓ガンと診断されたと言った。ビクターはマイアミの名うてのナンパ師で、女遊びにまい進するためにキャシーと別れた。ところが、入院先で薬の副作用による意識混濁に陥ったとき、キャシーの名前を呼び続けたという。意識を回復したビクターは末期ガンを宣告され、44歳にして余命3カ月と言われた。

宣告を聞いたビクターは残りわずかな日々をナンパに費やそうとは考えなかった。女をひっかけ、人生最後のワイルドな4Pに興じようとも思わなかった。その代わり、「これがナンパ師の末路だ。キャシーに会いたい。会って謝りたい」と家族に告げたそうだ。

「昨日ビクターから電話があって、一緒にカリブ海へ旅したいって言われたの」とキャシーは続ける。「最後の時間を私と過ごしたいって」

「それで、何て返事したの?」

「『考えさせて』とだけ言ったわ。だって、自分の都合で私を捨てておきながら、死ぬと分かったらヨリを戻したくなったんでしょ?　また彼に尽くして、また彼を失うのかと思うと怖いの」

「そう思うのは当然だよ。あっちは君がいてくれれば心強いだろうけど、君にとっては精神衛生上、好ましくないからね」

だからイングリッドは俺に返信しないのだ。

俺みたいな回避型が地獄を見たあと、依存型の元恋人にすがりつく。そして同じことの繰り返しになり、互いに時間を無駄にする。よくあるパターンだ。俺みたいな回避型が新しいパートナーに子どもが欲しいと迫られ、昔の恋人に助けを求めるというのも、ありがちなパターンだ。

マチュピチュで覚醒した件だって、イングリッドへの思いは本物だとしても、あとは俺の駄々である。愛とは命を救ってもらったり、絶景の旅に付き合ってもらったり、笑わせてもらったりすることではない。イングリッドの魅力と思っていたこととも違う。それはイングリッドにかなえてほしい自分の要望にすぎない。愛というのは……。

はっきり言って、さっぱり分からない。

イングリッドは賢い。精神衛生上、好ましいことをしている。俺はそうではない。

今の俺に残っているのは、癒えたペニスと故障した心だけである。

58

帰宅すると、結婚式の招待状が届いた。封筒の裏の差出人を見る。「デ・ラ・オー」と書いてある。イングリッドの姓だ。

全身の力が抜け、招待状が手から滑り落ちた。

「僕はダメ人間です」

door 4

STAGE 1 心を空にする

ウィリアム「さぞ孤独だったろう。何を探しているんだ?」

ケオマ「自分、かな。分からない。自分が何者なのか知る必要がある。自分の行いに説明をつけるためにね。この世に生まれてきたからには何か意味があるのだろうが、それが分かるころには手遅れかもしれない。それまでは放浪者だ。さすらうだけだよ。大地が眠る間もさすらい、影を追い続けているんだ」

——エンツォ・G・カステラッリ監督『帰ってきたさすらいのガンマン・ケオマ』

1

「おまえは目標を立てて実行した。やりたいことはやり尽くした。念願だったアバンチュールや恋愛スタイルをことごとく試した。それなのに幸せでもなければ、満足もできない」

鋭い。厳しい。正しい。声の主はリックだ。トレードマークの白いTシャツ、黒い短パン、履き倒したローファーという格好でイタリアン・レストランのジョルジオ・バルディに陣取っている。

「その理由はどの女性とも本当に親密な関係にはなれなかったから。自分は上で、相手は下。女性たちはオモチャだった。オモチャで遊ぶだけだから自分は傷つかない。だけど、相手の女性たちはそうじゃないわ」

こちらも鋭い。そして厳しく正しい。声の主はロレインだ。セミナーのためにロスに来ている。彼女の口の周りのシワがこんなに深いことに初めて気づいた。金言を放ち過ぎてシワが寄ってしまったのだろうか。なかなか飲み込めない。飲み込むのに一番苦労するのは、事実だと思っていたものがそうではなかったという事実だ。特にフルコースを平らげたあとは難しい。

「まだ分からないのか?」。リックが正面から切り込む。「どの女性とも最初から破局する運命にあったんだよ! 付き合い方の問題じゃない。一対一だろうが、一対百だろうがね」。リックの目が確信の炎に燃えている。過酷な現実の神様と交信しているときの目だ。「おかしいのは恋愛スタイルじゃない。おまえのほうだ!」

撃沈した。俺の完敗だ。解体現場の鉄球がこの頭を直撃し、スワッピングやハーレムやグループセックスの体験を打ち砕いた。以前なら、同じことを言われても聞く耳をもたなかっただろう。反論し、抵抗し、喝破しようとしたはずだ。しかし、今となっては自説も論拠も尽きてしまった。

今の俺に残っているのはこのテーブルを囲んでいる第二の父と母、イングリッドをなくして散り散りになった心、自責の念だけである。

ちなみにセージは別れを決意したらしく、俺がマチュピチュから戻ってみると……いなくなっていた。後日、メールをよこし、長々と言い訳がましく理由を書いてきた――この関係を続けていると自分を見失いそうだから、自分を取り戻したい。ブルックリンに帰って元恋人のウィンターとやり直すことにした、と。今もセージはウィンターと付き合っているようだ。

俺も同じことを考えていた。しかし、あまりにも突然の別れで、イングリッドを失ったショックも重なり、すさまじい打撃を受けた。ばんそうこうが剥がれて生傷がむき出しになり、血がにじみ出ている状態だ。

「これから、どうすりゃいいんだ?」とリックとロレインに訴えた。2人のおかげで最後の意地は潰され、今まで考えてきたことは否定され、今まで感じてきたことは幼稚として一蹴された。リハビリ施設に入所したのは2年ほど前。あれからセックス依存症の回復に努めたがダメだった。モノガミーをやってみたがダメだった。非モノガミーもダメだった。ほかに手立てはあるのか？

「一つだけ試していないことがあるわ」とロレインが言う。

「何ですか？」

「アンヘドニア」

その言葉をたどたどしく復唱する。難しい用語が出てくる難しい本は何冊も読んだけれど、「アンヘドニア」は初耳だ。どういう意味であれ、響きが悪い。

「感情を失うことよ」とロレインが説明する。「アンヘドニアに陥ると自分が死んだような錯覚を起こす。喜びを感じることができないから」

リハビリ患者のヘンリーが言っていた9番目の感情だ。それには名前があった。死の感情ではなく、アンヘドニアという名称が。「どうして、そんな思いをしなくちゃいけないんですか？」

「ホメオスタシス（心理的調和といった意味）を取り戻し、自分を定義して、自分の欲求をはっきりさせるには、そういう主従関係から来るストレスを解消する必要があるからよ。あなたは常に対人関係のストレスにさらされてきた。お母さんとの関係からセージとの恋愛に至るまで、ずっとね」。ロレインは話を中断し、ワインをオーダーした。意外だ。依存症のカウンセラーにとってアルコールはタブーかと思っていた。「自分らしい生き方を貫くことが何よりの解消法と分かるはずよ」

口をつぐんで理解に努める。ロレインの言うことが正しいのは分かっている。今までは相性のいいパートナーさえ見つかれば、悩みはうそのように消えてなくなると思っていた。しかし、付き合ったことのない相手が一人いる。

それは自分自身だ。俺はこの8年間、恋愛回避型のご多分に漏れず、交際相手を切らしたことがない。それは一人の相手と親密になるのを避けるためのいちばんの方便だったのだろう。

前回リックとロレインに会ったときは世の中の可能性の扉が全て開いているように思えた。今はどの扉も閉ざされ、鍵がかかり、セメントで塗り固められている気がする。何よりも辛いのは、中に入ってみたいと思った唯一の扉、そして原点に戻るための扉までもが閉ざされてしまったことだ。

「でも、イングリッドの結婚式は？」

「今はイングリッドを気にかけている場合ではないわ」。ロレインがウエーターからワインを受け取る。傷口に塩をすり込むような回答だ。「まずは心を空にして、どんな思いが新たに出てくるのか確かめましょう。私も協力するわ。その上で空になった心を必要なもので満たすの。そのときイングリッドに対する本当の気持ちが分かるはずよ」

レモンジュースや唐辛子で体内の毒素を排出するダイエットがある。だったら、心のデトックスもありだろう。心を一掃すれば、健全な考えや体験を新たに迎え入れることができる。とは言え、ジョーンのように罪悪感を心に詰め込むのは勘弁してもらいたい。自分一人で心を癒すのは無理だと分かっているが、リハビリ施設は諸刃の剣に思えてならない。

「僕の心をどんなもので満たすつもりですか？」とロレインに確かめた。

「自由よ」

ロレインの口から、その言葉が出るとは思わなかった。「どういう意味ですか？」

ロレインはワイングラスを置き、俺の手を取り、俺の目を見つめた。そして一語一語をかんで含めるように、ゆっくり説明する。「人の心は、生まれたばかりのときは、無垢で純粋できれいで素直なの。この瞬間と一体化できるのよ。ところが成長するにつれて、親や周囲の大人たちが心の中に重荷を置いていく。その重荷がたまると、心は重圧に押しつぶされ、固定観念や習慣にとらわれてしまう。けれども、人生の真の目的はその重荷を取り除き、純粋で解放された心を取り戻すことなの。あなたはずっと自由を探し求めてきた。それ自体が自由なのよ」

施設に入所し、その後もカウンセリングを受けて、ある程度は心を癒したつもりでいた。しかし、実際には悩みの出所を特定したに過ぎず、懲りない日々を懲りずに生きていただけである。心を入れ替えるには助言、本、患者会、カウンセリング、リハビリだけでは不足だ。不撓不屈の意志があっても不十分。必要なのは反省だ。そして、反省材料に事欠かないのがこの一年間であり、すべてを棒に振ったという自覚である。今の生き方を続けていたら、幸せも愛も家族も一生手に入らないだろう。

自分のことは「灯台もと暗し」でよく見えないだけに習慣を改めることは難しい。けれども、そこから満たされない人生が始まるのではないか。

「リハビリに戻って治療を続けたら？」とロレインは言う。

ジョーンの元に戻るのかと思うと、とたんに萎えた。それならベルとアンとヴェロニカとの共同生活をやり直すほうがましだ。

ロレインは俺の心中を察したらしい。「治療と言っても今回はプライベートで、私の元でね」

「本当に、いいんですか？」

「あなたにとっては最後のチャンスかも」。ロレインは金言を放つ口にグラスを当て、残ったワインを一気に飲み干す。「2～3週間後に、あなたの友達のアダムと面談する予定なの。良かったら、一緒にどうぞ。でも忠告しておくわ。今のあなたは新しい出会いに飛びつくリスクがとても高い。もし女性やセックスを自重できないなら、施設に送り返すから、そのつもりで」

リックが勝ち誇ったような笑みを浮かべる。俺の中の「反抗期の青年」と「外出を禁じられたティーンエージャー」が最後の悪あがきに出た。「つまり僕を去勢するってこと？」

「そうだ」とリックが突き放す。「そのとおりだ」

2

それから2～3週間は生活のペースを落とし、ロレインの治療が始まるのを待つ。その間、オナニーに救われた。最近、知り合った相手を落としたくなったら？　まずはオナニー、次に検討だ。6時間かけてメシと酒をおごり、会話を盛り上げたあげくに落とせずガッカリするかもしれないし、落としてガッカリするかもしれない。それでもいいのか。

風俗嬢を呼びたくなったら？　まずはオナニー、次に検討だ。プロフィール写真とは似ても似つかぬ老けたジャンキーが来て、手コキをしてくれないかもしれない。それでもいいのか。

久しぶりにセフレを抱きたくなったら？　まずはオナニー、次に検討だ。家に呼んだまでは良かったが、昔のようには体の相性が合わず、丁重に追い払うために口実を考えなくてはいけないかもしれない。それでもいいのか。

浮気の虫が騒いだり、禁欲の誓いを破りそうになったりしたときもオナニーに限る。空想の中で欲求を満たせば、行動に移そうという衝動はたちまち収まるようだ。大脳の報酬系は一度の快感で満足する。少なくとも数時間は。

アダルト動画の視聴はうつに関連すると言われる。うつが原因なのか症状なのかは分からないが、エロ動画に病みつきになる理由なら分かる。手軽にセックスが楽しめるだけでなく、セックスの前中後に生身の人間と関わらずに済むからだ。

浮気心を起こしても、ほかの動画を見ても怒られない。女の好み、性癖、ベッドパフォーマンス、体、年収、欠点をバカにされることがない。その逆に「言葉責め」が好みなら、一晩中でも付き合ってくれる。早漏でも、背を向けて寝ても、ヤリ逃げしても文句を言われない。じらされ、拒まれ、面倒を起こされることもなければ、義理や後腐れもない。そしてバリエーションは無数だ。

頭の固い専門家がこの「オナニー代用策」に賛成するとは思えない。オナニーしていたら、アンヘドニアという快楽のない境地に入るのも遅れてしまう。しかし、転ばぬ先の杖として自分やロレインとの約束を守る一助にはなる。

一つ問題なのは、クライマックスに達したあとで昔の過ちを悔やんでしまうことだ。玄関の外で鳴り響くイングリッドの靴音、「自由だあああ！」の叫び声、俺をとおせんぼしたときのはしゃぎっぷり、彼女の肌と心と魂の温かさ。イングリッドは俺を幸せに、笑顔にしようとしただけだ。俺はその気持ちをあだで返した——嫌悪を感じたのである。

一人寂しくエロ動画を鑑賞したあと、封を開けていない手紙や請求書の山をベッドに持ち込んだ。その中にはイングリッドから来た結婚式の招待状も混じっている。

そろそろ割り切って、悲嘆と受容という次の段階に進まなくてはいけない。招待状の封筒を裏返し、手を止めた。

結婚相手は筋骨たくましいジェームズ・ディーン似の男だろうか。裏ぶたの下に指を差し入れ、封を切ろうとしたが、心臓が高鳴り、体がこわばる。

招待状の文面に目を通すと、新郎の名が「ハンス・デ・ラ・オー」となっている。イングリッドは実の兄と結婚するのか？

いや、違う、結婚するのはイングリッドの兄貴だ。俺はその結婚式に、何かの手違いか嫌味のつもりかは知らないが、招待されたのである。

心臓がホッとし、全身に希望が広がり、暗い気分が晴れる。まだイングリッドと付き合っていたころ、内気な兄貴は恋愛歴ゼロだった。彼もあれから変わったのだろう。おかげで俺はイングリッドに再会する最後のチャンスを得た。今日は人生最高の日かもしれない。

だが、問題がある。俺はこの数週間、女とセックスを断ち、かすかに自重の姿勢は見せたものの、根本的には何一つ変わっていない。本当に変わりたければ、ポルノと完全に縁を切り（精神衛生上、好ましくないが）、ロレインの力を借りなければならない。セックスや恋愛スタイルよりも、そっちのほうが大事だ。

翌朝、思いがけずロレインから電話があった。「お願いがあるの」と言う。

「何でも言ってください」と即答した。心の底から。

3

ハッセ・ワルム博士は科学者らしからぬ人物だ。理系の博士号をもたない人間が読んだら解読できないような論文を書きまくるタイプにも見えない。長髪のくせ毛はミュージシャンのカート・コバーンみたいだし、幼い顔立ちは俳優のライアン・ゴスリング似だし、気さくな雰囲気は若き日のマーロン・ブランドを思わせる。

俺は夕食を共にしながら、しきりに博士にカクテルを勧めた。ここに来た目的を果たすためだ。ロレインは昨日の電話で、「専門家の話を聞くのが好きなら、ワルム博士に会ってみたら?」と言った。「有名な遺伝学者よ。博士に会ったら、聞いてほしいことがあるの」

さすがは鋭いロレインだ。その質問というのはこの2年間、俺の頭の片隅にひっかかっていたことだった。モノガミーは生まれか育ちかという疑問である。

ロレインにワルム博士の連絡先を尋ねると、「知らないわ。どこかの記事で名前を見かけただけだから」とのことだった。

博士のことをリサーチしながら、ロレインは何を考えているのだろうと思った。博士の立ち位置はロレインのレクチャーと相容れない気がする。博士の実験と米エモリー大学の同僚の調査によって、モノガミーに関連する生物学的要因が判明したのだ。大脳報酬系にはバソプレシンというホルモンの受容体があるが、その受容体が長いとモノガミストである確率が高い。そうでない場合は天性の遊び人というわけだ。

この発見について、ある科学ライターは「良き夫、良き父は生まれながらに決まっているのであって、努力や生育環境のたまものではない」と結論づけた。

それが本当なら、ロレインの治療を受け、ハンスの結婚式に出ても意味がない。俺は男に生まれつき、非モノガミストに生まれつき、同類とつるんできた。これがロレインの狙いなのか。俺の本気度を試し、科学的根拠や進化論や遺伝子や過去をものともせずに信念だけで心を入れ替えられるかどうか試そうというのだろうか。
2、3杯飲んでから、ロレインに頼まれた質問を博士にぶつけた。「モノガミーは先天性なんでしょうか?」
博士の経歴から考えても、答えは決まっている。ところが意外な返事が来た。「そうとは言い切れないね」。それを聞いてホッとした。「幼いマウスを親から引き離すと、受容体の数が減少するという実験結果が出ているんだ」

「人間の場合はどうでしょう?」

「ヒトについても同様の研究が行われている。ただし、脳内の受容体を直接調べたわけじゃない。ヒトの脳でそれをやるのは非常に難しいからね。その代わり、オキシトシンとバソプレシンの血中濃度を調べたんだ。そうしたら、養護施設で暮らす子どもは比較的低いことが分かった。総じて、親の愛情を十分に受けることがオキシトシンとバソプレシンの分泌を促すと言えるんじゃないかな。それに、この二つの物質は恋愛関係にある2人の絆にも作用する。まだ発表はしていないけれど、今それを研究している最中なんだ」

もっともである。親子関係が健全なら、大人になっても他者と健全な付き合いができるだろう。その点、俺の親子関係は理想的ではない。「一つ教えてください。現在成人でかつ生まれつき長い受容体を持ち合わせておらず、かつ親子関係が良好でなかった場合、それでも希望はありますか？」

「あると思うよ」と博士。二度目の安心を覚える。「幼少期に問題があると恋愛は難儀になるし、年齢が進むとさらに難しくなるだろうけれど、決定打というわけじゃない。今のところ、遺伝的要因だけで何かが決まるという例は見つかっていないからね。自閉症や統合失調症といった疾病も、知能のレベルも、なんらかの環境的要因が絡んでいる。つまり、変えられる余地があるってことだ」

俺の恋の行方も、まだ自分の手でどうにかできるようだ。ロレインが博士に会うように勧めた理由がはっきりした。俺の中にくすぶる最後の抵抗と疑念を取り除くためだ。モノガミーや貞操観念は人間の生理に反する、前時代的だ、自分の性に合わないといった持論を撤回させたかったのだろう。これから始まるセラピーで、そんな理屈をまたこねられてはたまらないと思ったのかもしれない。

博士がもう一杯注文し、フサフサの髪をかき上げる。豊かな髪は遺伝子のおかげだ。「今の質問は具体的だったけど、質問した理由を聞いてもいいかな？」

俺はこの2年間の出来事を打ち明けた——浮気、リハビリ、モノガミーでの挫折、非モノガミーでの挫折、反省、後悔。

「女性にとっては悲劇だな」と博士は首を振る。「男の浮気を止められるほど、完璧な女性なんていないのに」

なんという皮肉な感想だろう。研究の成果ではなく、実感から出た発言と思われる。そこで「先生のプライベートはどうなんですか?」と突っ込んでみた。

博士はため息をつき、「人一倍恋愛を難しく考えてしまうみたいなんだ」と漏らす。

博士は椅子の背にもたれ、俺は椅子から身を乗り出した。博士も俺と似たような状況にあるのではないかと直感したからだ。「じゃあ、どういう男女のあり方が理想だと思いますか。ここで話したような遺伝学、進化学、行動学の観点から考えると、先生にとって理想の関係とは?」

「今は何とも言えないなあ」

「でも願望くらいはあるでしょう? 誰にでもありますから。僕もいくつかありました。実際に体験してみるまでは」

博士はしばし考えてから、「一人でいること。それが正解かな」と苦笑した。

「生物学の専門家にしては、種の保存を考えると、得策とは言えませんね」

「確かに」と博士は同意する。「今のは答えになっていないよね」。そして再びため息をつき、「本当に分からないんだ。それが答えだよ。だから、こういう分野を研究して……自分を理解しようとしているのかもしれない」

もはや博士は高名な研究者ではなく、俺と同じで、ただの男だ。人を愛するという単純なことが、どうしてこうややこしいのか頭を抱える一人である。

「つまり、一人の女性に誠実でいることが難しいというわけですか?」とさらに突っ込んだ。

「そうじゃないんだ。浮気をしようとは思わない。だけど、恋愛を窮屈に感じてしまう。そのせいでほかのチャンスを逃していると思うとね。我ながら情けない。心の底から好きな相手と一緒にいるのに、損をしている気になるんだから」

「束縛を感じて嫌になる、ということですか?」

「そんなところかな」

「立ち入ったことを聞きますが……。子どものころにお母さんの世話をさせられたことはありますか？」

「本当に小さかったころはそうでもなかったけれど、物心ついてからはずっと面倒を見てきたよ」

「それは物理的に、それとも精神面で？」

「おもに精神面で」

「それは興味深い」


こうして俺は、ロレインの狙いどおりの結論に達した。今でもモノガミーに異議を唱えることはできる。「人間の生理に反している」というのは正論かもしれない。しかし、そう言い続けても幸せにはなれないだろう。イングリッドに心を寄せることもできないし、（イングリッドに振られた場合は）いい出会いに恵まれることもない。

利口すぎて人を愛せないのは結局バカだ。

理論武装した最後の抵抗勢力も撤退した。あとはロレインの元に舞い戻り、イングリッドにふさわしい男、自分自身にふさわしい男になるだけだ。ノンストップで欲をかき、人の心をもてあそび、持論を振りかざしてきた自分が本当は何者なのか。それを突き止めなくては。

4

「自分の人生を取り戻すときが来ました」。ロレインが高らかに告げる。緑と茶のワンピースを着た彼女は「母なる大地」そのものだ。「みなさんの幼少期はテロリストと同じ。今のみなさんを人質に取っているの」

俺とアダムは仲良く並んでプラスチックの椅子に腰掛けている。ここはリハビリ棟から離れた事務棟の一室。カルバンの姿もある。俺がロレインの許可を得て、カルバンを誘ったのだ。しかし、今回はセックス依存症として参加したのではない。赤札を首から下げる必要もない。ロレインは新しいタイプの勉強会を立ち上げた。対象は依存症患者に限らない。庭の柱につながれた犬と同様に、同じところをくるくる回って生きている、すべての男女が対象だ。

「あなたたち3人には共通点があるわ」とロレインは続ける。「それは不幸な母親をもち、母親を自分の手で救えなかったこと。それを端緒として、三人三様に人と深く関わることを避けてきたの」

ロレインの話を聞いていると、俺たちが抱える複雑な事情も鮮明で単純に思えてくる。人の一生は積み木遊びに似て、一つずつ経験を積み重ねていくものだ。ある程度の高さまでは問題なく積み上げられるが、それ以上になると、元々不安定だった土台がぐらつき、積み木はすべて崩れ落ちてしまう。

しかし、高く積み上げてしまったあとで、どうやって土台を修復しようというのか。ワルム博士も言っていたが、年齢が進むといろいろ難しくなる。

「今週の目標は――」とロレインが続ける。「あなたたち3人を呪縛から解放すること」

トップバッターはアダムだ。ロレインはアダムが持参したジェノグラム（心理的家系図）とトラウマの一覧表を取り出し、「結婚生活に満足している？」と聞いた。

「いいえ。まったく。不倫相手のおかげで自分に欠けているものが分かりました」

「奥様はどう思っているかしら？」

「妻も……幸せではないと思います」。アダムは口をへの字にし、首を横に振る。こういうやりとりは俺もさんざんした。アダムが耳を貸す相手は、ロレインしかいないだろう。

「不倫する前はどう？　奥様と一緒になって幸せや満足を感じたことはある？」

「ほとんどありません。若気の至りで結婚しただけですから。サッカーにのめり込んだのも妻から離れる口実になるからじゃないかな」

「じゃあ、こう考えてみない？」。ロレインはそう言って、アダムが持ってきたジェノグラムを本人の前に差し出す。「親から子への負の連鎖を断ち切るために、思い切って立ち上がるの。ご両親を見て。あなたのお母さんは不幸な結婚生活を送り、恋愛小説と薬に救いを求めた。お父さんは殻に閉じこもり、仕事ばかりしていた。こういうパターンは次の代に受け継がれていく。無言の苦しみと犠牲の連鎖を断ち切るには、勇気ある人間が一人いればいいのよ」

「でも、どうやって？」。アダムは本当に戸惑っているようだ。

「自分に正直になればいい。人類史の謎と言われているのが、善良なはずのドイツ人がどうしてナチスの蛮行に加担したかということ。その理由の一つは家族制度にあった。当時の子どもは父親に絶対服従するように教え込まれたの。お父さんは常に正しい、わが身を犠牲にしても親の恩に報いろってね」。ここでロレインは一呼吸置き、全員が話についてきているか確認する。「その結果、どうなったと思う？　政府から忠誠と服従と犠牲を強いられた国民は、祖国のために人間としての良心を曲げてしまったわ」

俺たちは黙って聞き入り、ロレインの言葉と、その説得力と、個人のトラウマが歴史をも変えるという深遠なテーマをかみしめた。「私はこの仕事にやりがいを感じるわ」とロレインが続ける。「それは健全な親子関係こそ、世界平和を実現するカギだと思っているから。健全な親子関係をかなえるには体の傷と同じくらいに心の傷を真剣に癒すしかない。分かる？」

ロレインは高揚しているようだ。「分かります」とアダムが熱っぽく言った。

「それなら、聞かせて。本当に結婚生活を続けるつもり？　自分を犠牲にし、子どもを苦しめることになっても？」

アダムは目を閉じ、鼻からゆっくり息を吐く。そして唇をかみしめ、首を振った。「先生の言うことは100パーセント納得できるけど、やっぱり無理です。できません。せめて子どもたちが巣立つまでは」

ロレインはまじまじとアダムを見つめた。「それなら復唱してちょうだい。『私は夫婦関係を続けます。自分を犠牲にし、自分の願いを犠牲にし……子どもたちを傷つけながら』」

アダムは追い詰められ、顔面蒼白になった。真実を前にして苦悩する彼を見ていたら、目頭が熱くなった。これは親父と母さんが犯した間違いだ。自分たちに対しても、弟に対しても、俺に対しても。

アダムは腕を組み、口を開いた。全員が愕然とするなか、ロレインの一字一句を復唱する。俺もカルバンも開いた口がふさがらない。その瞬間、リハビリを受けたあともイングリッドとの結婚に踏み切れなかった理由が理解できた。真実が分かっても、トラウマに邪魔されて真実までたどりつけない。トラウマは落石のごとく未来に続く道をふさいでしまう。

ロレインが俺たちを見る。アダムに怒ったのかと思いきや、受容と共感を覚えたようだ。「トラウマの強烈さが分かった？　トラウマは個人を、国家を、そして次の世代を滅ぼしてしまう」

危機にさらされるのは恋愛関係だけではない。人類の未来をも危うくなるのだ。

ロレインが午前の部の終了を告げ、部屋のドアを開けた。そこに立っている人影を見て、俺たちの心臓が縮み上がる。ジョーンだ。

5

ジョーンは俺たち一人ひとりをにらみつける。矢を射るような鋭い目で。そして、ニコリともせず「お帰りなさい」と言った。

そしてロレインに向かって「明日の朝、私のオフィスに来てちょうだい」と穏やかに話しかける。

人類史上、最短最速の集団去勢だ。ロレインも動揺を隠せない。上半身に震えが走ったのが見えた。犬が首をブルブルさせ、ストレスを払うかのようだ。「一時間後にここに戻ってきて」とロレインは俺たちに言った。

午後の部はカルバンからスタートだ。「あなたの問題は、女性から無条件に承認と賞賛を得ようとすること」とロレインは単刀直入に切り出す。「相手の女性がプロか、言いなりになる若い子であれば、それもかなうでしょう。でも、同等の立場にある男女が健全に付き合うと、意見が合わないときもあれば、相手の行動に賛成しかねるときもある。でも、そこから本物の関係が始まるの」

「じゃあ、自分を好いてくれない相手とデートすればいいんですか？」。カルバンは困惑の表情を浮かべる。

「いいえ、あなたが精神的に大人になればいいの。そうすれば、好きな女性がいちいちほめてくれなくても、賛成してくれなくても、全人格が否定されたように感じることはなくなるわ」

カルバンはロレインの言葉をかみしめ、涙目になり、ティッシュの箱に手を伸ばす。ロレインが俺のほうを向いた。すでに覚悟はできている。ロレインの話を素直に聞こう、どんな真実を突きつけられても、アダムのように抵抗してはいけない。

「アダムが自分自身を満たすには奥さんから離れる必要がある。同じように、あなたにも手放さなくてはいけないものがいくつかあるわ」とロレイン。

「女とセックス以外に、ですか？」

「もちろん。とは言え、何を手放すかはあなた次第。この前の電話以来、どうしたいと思うようになった？」

「先生に言われたとおり、ワルム博士に話を聞きました。僕はただ過去を乗り越えたい。そして愛情で結ばれた人間関係を築き、本当の自分を生きたいんです」。具体的にはイングリッドとやり直したいのだが、今は言わないほうがいい気がする。

「まだ連絡を取っている女性は何人くらいいるの？」

「たくさんいるけど、会ってはいません」

「じゃあ聞くけど――これは言葉の合気道。私の言うことを逆手にとって反撃してちょうだい。かりそめの人たちに囲まれていたら、本当の自分を生きられるかしら？」

ロレインはアダムとカルバンに続いて俺を追い詰める。もっと正確に言えば、自分で自分を追い詰めた俺たちに行き止まりの壁を見せようとしている。

「たぶん無理です」と答え、すぐに訂正した。「いえ、絶対に無理です」

「そのとおり。心の中を空にするには幼少期に受け取った負のメッセージを消去する必要がある。負のメッセージへの反発として身につけた習慣も手放さなくてはいけない。自分を取り戻したいなら、性的関係をもった女性とすべて縁を切ることね」

「エエッ……」と言ったきり、二の句が告げない。病的なまでに「ノー」と言えない自分が複数のメル友にダメ出しすることを恐れる。思春期の自分が外出禁止を恐れる。ナンパ師の自分が死を恐れる。

少なくとも「積み木問題」の答えは分かった。グラグラする積み木を修復するにはいったん全部取り崩し、土台を頑丈にしてから一つずつ積み直すしかない。「そうなると、いちばん穏便に済ます方法は何ですか？」

「相手からの連絡手段と自分の通信手段を断ってみたら？」

固唾《かたず》をのんだ。ロレインがデトックスプランの第2弾を板書した。俺が実行すべきは次の4つ。

1　電話番号を変える
2　メールアドレスを変える
3　SNSへのアクセスを断つ
4　男性以外に個人情報を教えない

ティッシュの箱に手が伸びた。

6

抱いた女。抱く手前まで行ったが、まだ抱いていない女。いつか抱かせてくれそうな女。抱く気はないが、寂しい夜は抱いてもいいかなと思える女。抱き合いたいのに距離や彼氏が邪魔して抱けない女。先に友達を抱いてしまい、抱きにくくなった女。見れば抱きたくなる、まだ見ぬ女。

要するに、この世には女がごまんといる。女遊びはライフワークに近かった。今までバーやレストランで数万ドルを落とし、電話やメールのやりとりに数万時間を費やし、「金曜は空いてる?」「カノジョとはきれいに別れたよ」「見せたい動画があるんだ」「俺も最初から無理だと思ってた」などと数万回、繰り返した。

起きている間は（たまに寝ている間も）仕事、勉強、映画鑑賞、読書、ゲーム以外の時間をすべて女に当てた。だから今、ホテルの一室で愛用のパソコンを前に固まってしまったのだ。パソコンも名残惜しそうにしている。期間限定の禁欲生活なら耐えることはできても、恋人のいない身であらゆるオプションを手放すのは恐ろしい。けれども、イングリッドと再会するからには（俺のことを完全に見限っていないと仮定して）最後のチャンスに賭けたい。そのためにも出陣前の準備が欠かせない。出陣後では遅いのだ。

「手伝うよ」とアダムが申し出る。俺が椅子から立ち上がると、アダムが代わりに座り、閲覧制限用のソフトをダウンロードした。俺の目に触れないようにしてパスワードを打ち込んでいる。

「これで、このパソコンからアダルトサイト、SNS、出会い系にアクセスできなくなる」とアダム。「うちでも子どものために同じことをしたんだ。フォロワーや友達にメッセージを送りたいときは、僕に文面を送ってくれれば、僕から投稿しておくよ――まともなメッセージに限るけどね」

もの数分で、娯楽のライフラインが閉ざされてしまった。

「次はメールだ」とアダムは張り切る。人をケアするのが板についている。

「それ、何回かに分けてやろうよ」。俺はベッドの上に座った。めまい、ふらつき、吐き気がする。

「ばんそうこうは一気に剥がさないとね」とアダムが言う。

「じゃあ、君と奥さんの離婚届を俺が出しに行ってやるよ」

ウケなかった。

アダムがアカウントを新設し、俺がそのアドレス帳に連絡先を登録する。登録したのは20人以下、家族と親しい友達と仕事仲間だけだ。そのあとアダムは旧アカウントをロックし、「このアドレスは使用を中止しました」というメッセージを作成して、自動返信されるように設定した。

「なんかヘンだよ」とアダムに訴えた。「俺の手を見てくれ。震えてる」

アルコール依存症の禁断症状みたいだ。

「君にとっては朗報だけど、今ここではスマホの設定を変更できない。でも、番号はもちろんのこと、端末も変えないとダメだよ。ネットにアクセスできないようにガラケーに変えたほうがいい」

「家に帰ったら必ずやるよ」。少しでも時間が稼げてうれしい。

「ターザンになったつもりで考えたほうがいい」。アダムはロレインのアドバイスを受け売りする。「いつまでも後ろのつるや目の前のつるにつかまってるわけにはいかない。どこかで過去を手放さないと、前に進めないからね」

急に世界が狭くなったようだ。しかし、当初の不安とパニックが収まると、思っていたより簡単に新しい環境になじむことができた。

7

翌日、ロレインはいつになく元気がなかった。

「ここの先生たちは患者同様に病んでる人が多いわ」。今日の講義を始める前にロレインが愚痴をこぼした。「学歴と資格があるから偉いつもりでいるし、今も『反抗期の青年』を卒業できない。先週、ジョーンは男性患者のグループをなじり、『ウエートトレス』という呼び方は女性差別にあたると非難したわ。私が抗議したら、腹いせに上層部に報告されてしまったの」。ロレインの声に疲れがにじむ。初めて聞く声だ。「ここでは規則や政治的な思惑がありすぎて、みなさんの力になろうとしてもなりきれない」

俺たちはロレインの尽力と勇気に感謝した。ロレインも、アダムと同様に窮屈な人間関係から抜け出せないようだが、そのことは黙っていた。

ロレインは俺たちの「てん綿セラピスト」だ。

残りの3日間、それでもロレインは持ちこたえ、いつもの元気を取り戻した。そして、待ちに待った恐怖の瞬間が訪れた。ロレインはチェア・テクニックを応用した「心の抜歯」と呼ぶセラピーを施し、俺たちを一人ずつ軽いトランス状態にした。俺は母さんを、親父を、中学時代にいたずらしたいじめっ子を怒鳴りつけた。すると、チェア・テクニックのときと同じように、心の中の重い暗幕が開き、真実が明るみに出た。

俺は心の満足ではなく、セックスを男女関係のものさしにしていたのだ。去年一年間で精神的なつながりや深い愛情関係を真剣に追い求めたことは一瞬もなかった。いつだって理想のセックスしか頭にない。それですら、かなえることはできなかった。

プージャやポリアモリストの集まりでは、性に奔放な女性参加者に一つだけ条件がつけられていた。それは堂々と振舞い、その場の主役になりきることだ。そうしないと、完全に自分を解放できないからである。しかし、俺は反感を覚えた。俺はあのときカマラ・デビの人となりを見たのか。あるいは、カマラに母さんを見ただけなのか。サンフランシスコでの共同生活が失敗に終わったのは必要以上に我を通し、自分の計画に水を差す相手を恨んだからではなかったのか。あれほど順調だったセージとの仲も、セージが自由を欲しがり、俺の元を離れたとたんにギクシャクし始めた。この一年間、女性に対して（もちろん男に対しても）自信を失うと心を開けなくなる。それはどうしてだろう？

答えは、自由なセックスなど求めていなかったからだ。本当に欲しかったのは主導権であり、自己肯定だった。自ら母さんのように振る舞い、そうでないときは相手を母さんに仕立てる。自分でいることは、ほとんどなかった。なぜなら、エクスタシーでぶっ飛んだときもそうだったが、素の自分を受け入れてもらう自信がないからだ。あまりにも自己評価が低いから、誰に対しても安心して素顔を見せることができない。

俺は他人に対しても、自分自身に対しても「優しき独裁者」だった。

そう気づいて泣き崩れた。ロレインは俺が鼻水をぬぐうのを待って、ゆっくり穏やかに話しかける。「あなたが今までパートナーから得ようとしたもの――自由や理解や主導権や受容は、お母さんから得られなかったものばかりだわ。それをパートナーに求めるから、いつも残念な結果に終わってしまう。だって、大人になった今、それを与えてくれるのは自分しかいないんだもの。分かる？」

「ええ、分かります」

よく分かった。

続いてロレインはアダムを椅子に座らせ、覚醒を促す。アダムが目を開けた。その目はまばゆいほどに輝いている。声も、いつもの打ちひしがれたトーンとは違って、やけに明るい。そして一言「アイスが食いたい！」と叫んだ。今まで抑圧してきた内なる子どもが、やっと解き放れたのだ。この数十年、角砂糖を口にすることさえ我慢してきたに違いない。

俺が知る限り、最も奇跡に近い光景だった。

一時間後、みんなでアイスを食べた。

「僕は自分が恋しかったんだなあ」。オレオのトッピングのアイスを口に運びながら、アダムがしみじみ言う。ロレインがわざわざ買いに行ってくれたアイスだ。その横でカルバンはちんまり座っている。覚醒のショックが冷めやらないようだ。カルバンの目を覚ましたのは、てん綿の家庭に育った子どもが大人になり、一家のヒーローという役割を担うと、その役割に心が占領され、誰かを愛する余裕がなくなるという現実だ。ロレインは、親との間に太い規制線を敷くように指示した。しかし、カルバンは今も親から頼られていると感じている。

ハンスの結婚式の件を思い切って相談した。ロレインは俺が出席することに賛成しかねる様子だったので、マチュピチュ旅行のときから気になっていたことをぶつける。「今度こそやり直したいのかどうか、自分でもはっきりしないんです。恋愛回避型にありがちな、恋人がいなくなると恋人が欲しくなり、恋人ができると逃げたくなるという心理かもしれません」

「『放蕩息子』のエピソード、知ってる?」。ロレインの回答は判じ物のようだ。

アダムが口の周りにアイスクリームをつけたまま、しきりにうなずく。彼は聖書に詳しい。ロレインは自分流にアレンジしたエピソードを披露した。

「ある男に2人の息子がいるの。長男は優等生。責任を果たし、父親の期待に応え、実家の農場を守っている。次男は実家に寄りつかず、父親からもらったお金を風俗嬢に注ぎ込み、電話の一本もよこさない。挙句の果てに食うに困って実家に戻ってきた。兄さんと一緒に農場で働かせてくれって土下座してね」

「父親は帰ってきた次男を歓迎し、盛大にお祝いしたわ。すると、長男が『僕の立場はどうなる?』と聞いたの。そのとき父親は、なんて言ったと思う?」

「キリスト教徒は慈悲の心を忘れず、どんな者にも悔い改める機会を与えなくてはいけない……とか?」とアダムが言う。

「そうかもしれない。だけど、こうも言ったんじゃないかしら。『おまえは義務として農場で働いてきたが、弟は自分の意志で農場で働くことに決めた。そういう気持ちのほうが尊いのだ』」

ロレインはしばらく間を置き、俺たち3人に考える時間を与える。「愛は相手あってのことであり、相手とつながることで成立する。それによって人は自分を変えようという気持ちになるの」

アダムはカップの内側にへばりついたアイスをきれいにすくっている。俺はその横で、モノガミーに挫折した理由に気づいた。俺はいつだって相手の期待や要望に辟易していた。今度は、その期待や要望に義務感ではなく、意志で応えることができれば、この俺も「放蕩ボーイフレンド」になれるかもしれない。

ロレインは俺の表情が明るくなったのを確認し、すかさず忠告した。「友達として言わせてもらうけど、チャンスは今よ。イングリッドとやり直す気持ちがわずかでもあるなら、結婚式の前に全身全霊であらゆる手立てを講じて、トラウマを退治しなくちゃいけない。一人ぼっちが寂しくないと思えるようになって初めて、恋愛に踏み出せるわ」

「ほかに、どんな手立てがあるんでしょう?」

ロレインがセラピストの氏名と専門分野を次々と挙げる。どれもなじみがない――こんな単語の組み合わせは初耳だ。けれども、処方箋のつもりで書き留めた。

「一番気がかりなのは――」と俺は切り出した。「前回のチェア・テクニックでも同じ気持ちになったということです。自分のことがはっきり見えたと思ったし、希望も感じた。ところが、いつもの日常に戻ったら、いつものパターンに逆戻りしてしまいました」

ロレインは唇に指を当て、しばし考え込む。「自分の仮面が一枚ずつ剥がれていくと、心の古傷がむき出しになり、痛んでくる。つまり、生傷をさらし、不快な思いを経ないと快方には向かわないわ。前回は、古傷があらわになった段階で立ち往生してイングリッドと別れる結果になったんじゃないかしら。だけど、大人としてきちんと古傷をケアできれば、今後は心の壁も仮面もバリアもいらなくなるはず」

奥の深い話で、なかなか理解しきれない。いや、理解するまでもない。実行あるのみだ。

一つだけ問題がある。「やり直すつもりで再会したら、イングリッドに恋人がいたり、やり直す気がなかったりした場合は、どうすればいいんでしょう?」

ロレインの目が優しく笑いかける。乾いた大地のような目元にファンデーションのシワが寄る。ロレインはためらうことなく言い切った。「イングリッドにその気がなくても、彼女のおかげで、あなたは変われる。だったら、最高の出会いだったと言えるんじゃない?」

8

カーティス・ルーアンゾイン先生が目の前で細い棒を左右に振り、俺はそれに合わせて母さんの記憶をたどる。先生は俺にヘッドフォンを付けると、右から聞こえる音を左に飛ばした。母さんの言動を思い出しては心が痛み、思い出しては心が痛み……そのうち思い出すだけになった。

リンジー・ジョイ・グリーン先生が空中パンチをよける。俺は長年ためこんだ怒りをこぶしに込め、力まかせに振りかざす。左右のこぶしを何度も何度も繰り出すうちに、気持ちが収まってきた。

オレガ・ステフコ先生には8時間の催眠療法を受けた。その間、先生のオフィスを歩き回り、親の心に分け入って、そのまた親から与えてもらえなかったものを探る。こうして親族の親子関係を7代前までさかのぼったあと、母さんの胎内にいる自分をイメージした。先祖と共に生きた気分になる。

グレッグ・ケーソン先生は宿題を出した。それも、どっさりと。頭に浮かんだことをノートに書き出し、今後の目標をリストにし、告白文を綴り、感謝の日記をつけ、新しい行動にチャレンジする。その一つひとつが恐れや過剰な自意識を解消してくれたので、ついにすべては思い込みだった気づくことができた。

バーバラ・マクナリー先生の指示で目を閉じ、自分と母さんが同じ部屋にいるのをイメージする。俺の全身が白い光を放ち、母さんの頭上にXの文字が浮かぶ。俺は「その鍵をよこせ！」と怒鳴り、母さんの顔を何度も殴った。

俺は戦いのさなかにいる。世にも不思議な戦争だ。今のところ善戦している。

「当時の体験を振り返ると、今はどのくらい心痛を感じますか。1から10までの数字で表してください」。ある日、ルーアンゾイン先生が言った。ここで受けている心理療法は「ＥＭＤＲ（眼球運動による脱感作と再処理法）」と呼ばれる。記憶の中のトラウマを検証し、正しく処理しようという試みだ。

「前は10でしたが、今は8になりました」と答えた。

グリーン先生はソマティック・エクスペリエンス療法というトラウマ療法の専門家だ。脳内ではなく体内に巣くうトラウマを特定し、うっ積したエネルギーを解放するのが狙いである。グリーン先生にも「当時の体験を振り返ると、今はどのくらい怒りを感じますか？　1から10までの数字で表してください」と聞かれた。

「前は8でしたが、今は7です」と答えた。

ステフコ先生は独自にアレンジしたNLP（神経言語プログラミング）を採用している。俺の脳をパソコンのOSに例えると、ロレインの技法が欠陥の修正なら、ステフコ先生のそれは初期コードの書き換えに相当する。先生いわく、母さんの口癖だった「大きくなったら、お父さんみたいに女を不幸にしちゃダメよ」には「大きくなったら（成長したら）ダメ」というコマンドが隠れている。しかし、先生がコマンドを修正してくれたので、トラウマに対する感情の数字は6にまで下がった。

ケーソン先生は認知行動療法が専門だが、先生のおかげで数字は5になった。マクナリー先生の心理療法と矢継ぎ早に繰り出される技法はどう呼んでいいのか分からないが、効果は高く、独創的なので数字は4になった。ほかにもいろいろ試した——バットで枕をたたき、全身のツボを押し、ネガティブな心の地図を作成した。心理劇にも挑戦した。すべて効果があったとは言えないが、試して損はなかった。

ある朝、クローゼットの中をのぞいて気づいた。手持ちのパンツの半分は、母さんが誕生日やクリスマスにくれたものだ。エロいデザインが多い。オスとメスの記号の横に「まめに取り替えろ」のメッセージがついていたりする。もらったパンツをゴミ箱に捨てるのは気が引けるが、マクナリー先生はそういう罪悪感はいい兆候だと言っていた。精神的に親離れしようとしている証しだからだ。

パンツと一緒に、車やマンションの古い鍵も処分した。鍵を捨てられなかったのは「鍵を失くさない自分」を母さんにアピールしたかったからだろう。

ロレインが予測したとおり、俺の心はショックと覚醒の連続で無防備になっている。ささいなストレス（仕事仲間にちょっと批判されたり、計画に支障が出たり、話し相手に聞き返されたり、レストランで好物のメニューがなかったり）を感じただけで、大きな不安や大きな怒りに駆られる。人の誉め言葉を曲解する。ベッドに入れば、ここ数年の出来事がやけに気になり、なかなか寝つけない。

「こんなことしても幸せになれないよ」。まだ夜も明けないうちからリックに電話し、愚痴をこぼした。

「目的は楽しむことでも遊ぶことでもない」とリックは諭す。「胸の内を表に出して検討すること、問題行動の原因を深く探ることにある。そう考えると、実に順調じゃないか。おまえの個人的な感想はどうでもいい。自己理解に努め、さまざまな感情と向き合っているんだから、それでよしとするべきだ。そこが肝心だからね」

心痛に耐え、さらに厳しい戦いを続ける。懐も痛いが、長い目で見れば、経済的だ。無駄なデート、トラブル続きの恋愛、未来のスピード離婚、病んだ同類との付き合いに費やす金額はセラピー代の何千倍にもなるだろう。

今の俺を突き動かしているのは過去の失敗に対する反省と、明るい未来への希望と、イングリッドへの焦がれと、放浪の末にたどりついた「今度は正しい道を歩いている」という確信だ。

9

今日は心理療法をはるかに越える苦行に臨む。ここは性病専門のクリニック。文字通り、全項目を検査するために来た。

順番を待つ間、セージと同棲していたときに関係をもった相手を一人ひとり思い出す。クンニしようとしたら、生理が始まった女がいた。コンドームを装着する間もなく騎乗してきた女もいた。挿入中にコンドームが外れたこともあるし、ヒリヒリする肉棒をしゃぶられたこともある。あのヒリヒリは酷使したのが原因だったのか、それとも……？

セージはどうだ？　本人は検査をクリアしたと言っていたが、何年前に受けたのかは知る由もない。病気をもらっていたら、イングリッドに合わせる顔がない。自由な恋愛を求めて放浪した挙句に寿命を縮めることになったらどうしよう？　おいしい思いが悔しい思いに変わったら、どうしよう？

悶々とした日々を送った後、結果を聞くためにクリニックに電話した。看護師が俺の検査データを探している。心臓が縮む。眉間にシワが寄る。ペニスまで緊張している。ギロチン台に首を乗せた気分だ。

看護師が電話口に出た。「ＨＩＶ、クラミジア、梅毒は陰性ですが……」。喜んだのもつかの間、看護師は言葉を詰まらせた。言いにくいことでもあるのか。喜びは消えた。

「おかしいわ」と看護師。クソ、やっぱりそうか。治らない病気だったら、どうしよう。「ヘルペスも陰性なんですよ」

「陰性？」。拍子抜けした。

「大抵の患者さんはヘルペスだけは陽性ですから」。看護師はヘルペスをニキビのレベルで考えているようだ。丈夫な体に産んでくれた親に心から感謝した。「ありがとう」と看護師に礼を言う。「お世話になりました」

「お大事に」。採血の天使はそう言って電話を切った。

モノガミーのいいところ。それは地獄の性病検査を受けずに済むことだ。

一安心して、元気が出た。トラウマとの戦いを続ける。

もちろん、たどりきれない過去もある。物心がつく前の、ごくごく幼いころの、記憶にない体験だ。その大事な時期にかなりのダメージを受けたことは間違いない。しかし、ロサンゼルス郊外の「レフジ」というトラウマ治療施設で週末のセミナーに参加したとき、記憶の中に記憶の外を探るヒントがあると言われた。人間のパターンはほとんど変わらず、ナルシストな親はいつのときもナルシストだからだ。

レフジからの帰りがけ、ウエスト・ハリウッドのバーに立ち寄る。ここで友達のメラニーの誕生パーティーが開かれている。アンへドニアを決意して以来、人が集まる場所に顔を出すことはほとんどない。パーカーにジーンズという格好では浮いてしまうと思ったので、メラニーにプレゼントを渡したら、すぐに失礼するつもりだった。

ところが、バーに入ったとたん、トラブルが待ち受けていた。エリザベスがいたのだ。昔、メラニーに紹介してもらったIT企業の女社長である。結婚してくれるなら寝てもいいと条件をつけた彼女である。

「あなたに電話したけど、つながらなかったわ」。エリザベスは開口一番に言った。今日は胸元が開いた緑のワンピースに黒のハイヒールといういでたちだ。

「番号を変えたからね」。丁重に、けれどもそっけなく答えた。

エリザベスは動じない。「酔った勢いで言っちゃうけど、あなたのためにボーイフレンドと別れたのよ。恋人の条件は考えた。そのあと、伴侶の条件も考えたの。あらゆるデータを入力してグラフにしたら、全項目であなたがトップだったわ。ある項目をのぞいてね」

今のセリフは事前に仕込んであったのだろう。「その項目、当ててみようか」。俺は顔色一つ変えずに言った。

「『安定性』だ」

「大正解」。エリザベスは俺の目をじっと見つめた。「カレと別れて真っ先に思ったわ。『これでニール・ストラウスとヤれる』って」

これほど露骨に迫られるのは初めてだ。酒のせいで気が大きくなったか、それとも俺の鼻先にニンジンをぶら下げたつもりか。以前の俺なら食いついたに違いない。しかし、今は冷静に判断できる。「残念だけど、もう遅い。先約がいるから」

立ち去ろうとしたが、エリザベスの声がした。「まだ、あの金髪女が好きなの?」。「金髪女」は「バカ女」とでも言いたげだ。

足を止め、「ああ、そうだよ」と返す。これほどすんなり肯定できるとは自分でもビックリだ。

「あの人、あなたにふさわしくない」。エリザベスも負けていない。「あなたたちのツーショット画像をネットで見たわ。彼女のマニキュア、剥がれてたわよ」

もはや俺にとってエリザベス（というより女性全般）はセックスの対象ではない。そうなってみると、なぜこんなタイプに引かれたのか不思議だ。エリザベスは俺がマチュピチュの高地で死にかけても、ヘリコプターで降り立つ富豪を見かけたら、俺を見捨ててそっちに乗り換えるだろう。「そこがイングリッドのいいところなんだ」と言ってやった。

「外見で勝負しようと思わないところがね。イングリッドは自分の写真を加工して俺に送ってきたことがある。そこには、数十年後の太った彼女が写っていたよ」

そこでエリザベスが一言、放った。以前の俺なら飛びつきたくなるような殺し文句だ。「あなたの話を聞いてから、オープンな関係もいいなと思うようになったの。私は男性の好奇心を縛り、ほかの女性と冒険することを邪魔したくない。バリエーションを求めるのは男の本能でしょう」

「まあ、いい男が見つかるといいね」とあしらった。これもセラピーの成果なのか、エリザベスがカンに障るからなのかは分からないが、ブレない自分を褒めてやる。「再会できて良かったよ。それじゃあ」

エリザベスは別れを告げる代わりに、俺の足元にひざまずいた。服従のポーズだ。そして、他のほどけた靴ひもをおもむろに結びながら、俺の目をじっと見つめ、股間に顔を寄せ、一瞬静止した。俺の心の目に次の展開を想像させようとしている。

リハビリ仲間としょっちゅう議論したのは、まさにこういう場面だ――その気になった美女に迫られたら、男は拒否できるのか。

エリザベスがゆっくり立ち上がり、きれいなマニキュアの指で俺の腕をなぞる。イングリッドよりも格上だとアピールするかように。そして、勝ち誇ったように言った。「母がいつも言ってたわ。空想するだけでも立派な浮気だって」

「その言葉、一生の戒めにするよ」。そう言い残して、メラニーのところに挨拶に行く。幸い誘惑を振り切ることができた。

バーを出て家路につく。さっきはナンパする側からされる側に回ったわけだが、不思議と誇らしい気持ちになった。セックスの誘いを断ったのも初めてなら、非モノガミーを拒んだのも初めてだ。しかも、みじんの後悔もない。イングリッドがひざまずいて靴ひもを結んでくれるとしたら、それは靴ひもを結びたいからであって、理想の女を演じたいからではない。

イングリッドが送ってきたあの画像を思い出す。加工した顔は決して美しいとは言えなかった。画像にメッセージが添えてあった。「一緒に年を重ねて太りましょう!」

ペルーでは愛とは何かを考えた。その答えがこれだ。愛とは、2人(以上)の人間が心と気と魂のよりどころをつくること。その安住の地は、互いの外見や内面がどれほど変わっても壊れないくらいに頑強である。相手に期待することも、されることも一つだけ――素顔のままでいることだ。愛にまつわるそれ以外の部分はすべて「安全対策」に過ぎない。愛という思いどおりにならない猛威に近づくのが怖いから、効果があろうがなかろうが対策を打ち、不安を解消したいだけだ。

久しぶりにツリーハウスに行ってみた。中はすっかり片づいている。寝室をのぞくと、タバコの煙もコンドームの袋も酒と体液のシミもなくなっていた。俺は「選択肢を増やすこと」と「自由」とを取り違えていたようだ。

SNSや出会い系サイトにアクセスしない。それが「自由」だ。

新しいメアドを知らせたのは20人未満。それが「自由」だ。

スマホの着信音はめったに鳴らない。それが「自由」だ。

人生を取り戻した。それが「自由」だ。

外野の雑音が入ってこない。それはとてつもない解放感だ。

本当に一人である。選択肢を失ったのは思春期以来だ。なのに、なぜか気にならない。今までは選択の幅を広げすぎて、すべてに手が回らず、自分を生きる余裕がなかった。各種の研究調査でも、選択肢が多すぎると幸福感や満足度が減少するという結果が出ている。

子ども時代を振り返る。意味のない規則、母さんとの密談、矢のような小言と非難。何も感じない。1から10の数字で言うと、1になった。

10

翌週、心の中で何かが弾けた。

発端は母さんとの会話だ。しばらく電話しなかった。心理療法の支障になるものはすべて避けたかったからだ。

電話に出た母さんは今年で結婚49年目になるといった。俺はあえて術中にはまり、「来年の金婚式に何が欲しい?」

と聞いた。

「何もいらないわ」。母さんは鼻で笑う。「めでたくもないでしょう?」。そして、しばし考えたあと「まあ、金婚式を祝ってくれるなら、一つだけお願いがあるの。お父さんを殺してちょうだい」と言って笑った。冗談のつもりらしい。「殺すのは今年でもかまわないけど」と付け加えた。

迷惑とも思わなければ、息苦しさも感じない。かと言って、母さんや親父に同情するわけでもない。ただ、しらけた。子どもの復讐計画を聞いている気分だ。

そのとき、自分の母子関係が映画のように思えてきた。別世界で起きた他人事みたいだ。まるでブラック・コメディである――被害妄想の母親が一人では何もできず、身の周りにあるものを手当たりしだいに利用し、味方につけ、自分の息子まで巻き込んで、何も知らない夫相手に一人相撲している。

電話を切ったあと、母さんに「母親」を期待する気持ちを捨てた。それと同時に、「息子としての義理」もためらいなく捨てた。その瞬間だ。母さんが「母親」から「反抗期の青年」に変わったとき、俺は解放され、完全に自由になった。

トラウマの元凶を断ったあとの数日間は経験したことのない感覚に襲われた。感覚と呼べるのかどうか。とにかく、何も感じないのだ。

ソファに座り、外から聞こえてくる物音に耳を傾け、部屋の中を見回し、窓の外を見て、ボーっとする。家の中をゆっくり移動し、いつものように焦りを覚えることもなく、歯磨きなど日常の習慣だけをライフワークのようにこなす。魂が抜けた状態だが、抜けた魂はどこに行ったやら。頭の中が空っぽだ。気分の良しあしも分からない。良いも悪いも超越している。ただ自分の存在を感じるだけである。

ベッドに入ると、呼吸が浅く感じる。必要な酸素が肺に届かないのではないかと思うくらいだ。心臓の鼓動が弱い。いつ止まっても不思議ではない。頭の回転も遅い。このまま脳神経が退化して、安らかに死ねるかもしれない。

ついに虚無になった。『フォレスト・ガンプ』の境地だ。無我の境地とまでは行かないが、正真正銘のアンヘドニアである。

疑問が沸いた。ロレインはこの後どうするべきか教えてくれなかった。空になった心を何で埋めればいいのか、メールで尋ねた。

返事が来ない。

数日後、もう一度、メールした。

なしのつぶてだ。

イングリッドから返事がなかったときを思い出したが、今回は見捨てられた気はしない。心が空だから、痛みすら感じないのだ。ロレインが言ったとおりである。今の俺は本当に一人ぼっちだが、ちっとも寂しくない。

ロレインの返信を待って一週間が過ぎた。自分はゾンビになったのではないか、ずっと脳死状態で生きていくのかと不安になる。

今度は電話をかけ、たどたどしい、困惑した声でメッセージを残した――「次のステップは何でしょう？　どうやって心を埋めればいいんですか？」。しかし、返事はない。

返事は永遠に来なかった。

心を満たす

人はまったくひとりぼっちになるときがある、おのが身に降りかかりうることの一切のその果てに来ちまったときだ。それは世の果てだ。悲しみさえ、おのれの悲しみさえ自分からはもうなにも答えてくれずだからあとへ引返すしかない、人間たちんとこへ――

――ルイ＝フェルディナン・セリーヌ『セリーヌの作品1 夜の果てへの旅』（国書刊行会）

11

少年の顔をまじまじ見る。真っ先に目を引くのは笑顔と歯茎と不ぞろいな歯。次は黒ぶちのメガネだ。顔に似合わず大きくてダサい。さらに悲惨なのが髪型だ。素人が切ったであろう短髪で、前髪のラインは斜めになり、ところどころに毛玉ができてる。それなのに少年の表情はほほえましい。無邪気であどけないというだけでなく、懸命に笑おう、学ぼう、大人になろうとしているのが伝わってくる。

そのときだ。心の中で何かが動いたのは。たぶん感情だ。愛しいのか情けないのかは分からない。きっと、その両方だ。けれども今の正直な思いである。愛しさと情けなさ。それが少年に対する、昔の自分に対する感想だ。

俺が見ているのは、小学校で撮った8歳当時の写真である。キャビネットの奥から出てきた封筒の中に入っていた。幼いころの写真を見るのは何年ぶりだろう。

心が満ちてくる。自分で満たしている。

午前中にアダムとカルバンに電話したが、2人とも慌てていた。相談したいことがあるのに、ロレインに連絡がつかないという。幸い、カルバンから貴重なヒントを得ることができた。ロレインから来た最後のメールに、こう書いてあったというのだ。「あなたたちの心には優秀なセラピストがいる。世の中のセラピストよりも、ずっと頼りになるわ。その声に耳をすませなさい」

ロレインなりの別れのあいさつらしいが、事情が分からない。俺たちが彼女の時間を取りすぎてしまったのか。俺たちの相談があまりにも厄介だったのか。あるいはジョーンから注意を受け、リハビリ施設を自主退所した元患者と関わることができなくなったのか。事情はどうあれ、ロレインの最後のメッセージは一考に価する。

そこで、いつもの瞑想のソファに座り、現在の境地に至るまでを振り返る。第1段階はタイムラインと家族の相関図。それにより心の古傷を特定することができた。第2段階は各種の心理療法を集中的に受けたこと。それにより心の古傷を一掃することができた。そうなると、第3段階は古傷を取り去った跡を埋めなくてはいけない。

だが、何で埋めればいいのだろう?

頭に浮かんだのは、初めてチェア・テクニックを受けたときのロレインのアドバイスだ。「内なる子どもを自分で守り、世話してやりなさい」と言っていた。

そこでソファから立ち上がり、キャビネットの中を手探りしたら、昔の写真が出てきた。今まで癒そうとしてきた「傷心の内なる子ども」と初めて真剣に向き合った。そうしたら感情がよみがえってきたのだ。

「内なる子ども」はいい加減な造語だと思っていた。ストレスまみれの大人に童心に返ることを促すための合言葉くらいに思っていた。しかし、内なる子どもは現実に存在する。昔の自分なのだ。昔を卒業するには昔をいたわるしかない。

その夜、その写真を額に入れ、ベッドの横に置き、誓いを立てた。今日から、この子を守ってやる。愛してやる。受け入れてやる。信じてやる。無条件にそうする。「人を憎め、恐れろ」とは教えない。無理な期待に応えられなくても批判しない。ティッシュや鎮痛剤の代わりにしない。他人の寂しさ、不安、恐怖、失意を紛らわすための道具にはしない。

翌朝、この子（自分）を満たす作業にかかった。欲しいときに手に入らなかったものを与えてやる。自分を否定したくなったら、いいところを見つけてほめてやる。失敗したら、許してやる。気に病んだとき、開き直ったときは優しく諭してやる。おじけづいたときは、暗闇を怖がる子どもをなだめるように、なだめてやる。

「自分の母親になれ」とアンに説教した俺が、今度は自分の親代わりをしている。この年になってどうかとも思ったが、まっとうな大人になることを学ばなければいけない。未熟さゆえに恋愛トラブルを起こしたのだとしたら、発育不良の部分に養分を与え、良い芽を育ててやらなくては。そうして初めて、幸せやブレない心を手に入れることができるはずだ。

だから今、心の空白に差し込んだ一筋の光と共に、新しい人生を築いている。

日々努めているのはロレインに教わった6つの基本的欲求を満たすことだ。「身体的」欲求はサーフィンと健康的な食生活で満たす。「心理的」欲求は適度に感情に浸り、ほどほどに感情を表に出すことで満たす。「社会的」欲求はアダム、カルバン、リックや成熟した友人たちと会うことで満たす。「知的」欲求には読書や聴講、映画鑑賞会を立ち上げて応じているが、一番大切なのは人の話をよく聞くことだ。苦手なのは「精神的」欲求を満たすことだが、これについてはリックの知り合いに習って瞑想を実践している。

しかし、一番やっかいなのは6番目の「性的」欲求をどうするかだ。今は禁欲状態にあるので、なおさら難しい。

そこで、ほか5つの欲求を引き続き満たすことにし、性的欲求はパスすることにした。すでに一生分以上の性欲は満たしてある。幼少期の傷はきれいに取り除いた。あとは傷跡の穴を埋めればいい。俺は今まで違う穴を埋めていた。

12

ハンスの結婚式まであと6日となり、心のセルフケアを始めて数週間が経った。その日、目を覚ますと、まるで雨が上がったあとのように、無気力・無関心・無感動の状態が完全に晴れていた。雨雲がかかっていたところに青空が見える。青空があることさえ忘れていた。

やっとアンヘドニアを脱したのだ。アンヘドニアの期間は毎晩ベッドに入ると、脈も呼吸も消え入るように思えた。死にそうだとか、そういう感覚とは違う。以前のようなストレスや不安や緊張がなくなり、違和感を覚えたのだ。

ふと思った。心理療法の専門家がよく口にする「偽りの自己」と「本当の自己」という区別は無意味ではないか。それを言うなら「破壊的な自己」と「創造的な自己」だろう。前者は自他の人生をめちゃくちゃにする自分、後者は自分の良さを引き出し、人とつながり、周囲と調和する自分だ。

その日は覚醒の連続だった。空になった心をケアしていたら、真実がひとりでに次から次へと姿を現したのだ、専門家の力を借りるまでもなく。

「いつになく穏やかでうれしそうだな」。リックが俺を一目見て言う。数日後、レストランのクーギーズでランチを共にした。「それに雰囲気も変わったみたいだ。具体的にどこが変わったというのではないが……」。リックはCTスキャンでもするように、俺の顔をジロジロ見た。「ひょっとして、自分で自分を癒したか?」

そう言ったのはリックが初めてではない。最近は人に会うと、必ずと言っていいほど「変わったね」と言われる。

外見ではなく、たたずまいのほうだ。解消したくても解消できないと思っていたこと（理不尽な規則を押しつけられるとムキになる癖など）が解消した。不安やプレッシャーや緊張を感じるはずの場面で泰然自若としていられるようになった。僧侶のように、とまでは行かないが、周囲や自分に対して穏やかになったのは確かだ。

「分かってる。自分でもそう思うよ。セックス観だけが変わるのかと思っていたら、何もかも変わったんだ」

「一事が万事だ」。リックが落ち着いた口調で言う。今日は俺も同じ口調だ。「生きる姿勢は、すべてに影響することが分かっただろう？『つまみ食い』は単なる『つまみ食い』では済まない。そんなことをしていたら、本音の自分と建前の自分がかけ離れていくだけだ」

「ああ、分かるよ。今なら浮気した理由も分かるつもりだ」

「それはどんな理由かな？」。リックに試されている。俺が本当に変わったかどうか確かめたいのだろう。

「実は、それを箇条書きにしたんだ」

ガラケーを取り出し、リックに文面を見せる。アンヘドニアの時期にベッドの中で打ち込んだものだ。

浮気した理由

1　イングリッドと意志の疎通を図れず、適度な距離を保つことができなかったために、干渉されるのが怖くなったから。
2　イングリッドにセックスに関する要望を伝えず、イングリッドの要望を聞く機会もつくらなかったために、欲求不満になったから。
3　浮気を許してくれないイングリッドに責任をなすりつけ、自己責任を取らなかったから。

4　自己価値や自己評価が低かったので、女性に認められたい気持ちが強かったから。

5　偉そうに理屈をこね「人間も動物だから、動物と同じことをするのは当然。誰の迷惑にもならない」などと信じていたから。

リックが言葉を失っている。そして満面の笑みを浮かべた。永遠にも思えた数分後、やっと口を開き、「浮気心を抑える秘訣、今のおまえになら通じるだろう」と言った

「その秘訣は?」

「快楽は一瞬、幸せは一生と思うこと」

今のフレーズもガラケーに打ち込む。座右の銘にぴったりだ。

「一生ものの関係を暖炉の火だと思えばいい」とリックは続ける。「薪を足せば、火は大きくなる。火が大きくなれば、水を差そうとは思わない」

「俺のいけないところは、火が大きくなると水を差したくなることだった。焼き尽くされそうな気がして怖かったんだ」

リックが俺の表情を観察する。出まかせと思われたのだろうか? リックはさらに俺を試すつもりだ。彼はただの音楽プロデューサーではない。人生プロデューサーでもある。「仮にイングリッドと復縁できなかったら、次回は体の関係ができる前に心と情の通う関係を築け。それが新しい課題だ。最初の3カ月はセックスをおあずけにすることだね」

リックが俺の反応を待つ。数カ月前にリックとロレインに会ったときはアンヘドニアや「去勢」を勧められて反発し、セックスへの異常な執着を露呈する結果になった。しかし、今回は過剰反応が起きない。心のつながりを求

めるなら、リックの言う課題は理にかなっている。自分の先入観や心の傷にとらわれず、相手をありのままに見られるようになるには時間がかかる。

「まあ、3カ月はいかんせん長いけれど――」と俺は言った。「初めからそうしていれば、この数年間を無駄にせずに済んだと思う」

そう言いながら、ふと不安になり、思いがけない恐怖に襲われた。セックスなし、オーガズム抜きでも、こんな自分と付き合ってくれる女性はいるのか？　つまり、その女性にありのままの自分を好きになってもらわなければいけない。

心の中で声がする。その声が怯える子どもをあやすように言った。「大丈夫。きっと好きになってもらえるから」

13

その晩、映画鑑賞会のメンバーとジョン・フランケンハイマー監督の60年代の映画を見た。そして不安のスパイラルに陥る。アンヘドニアを脱したとき、イングリッドとやり直そうと思ったのは決意というよりも「覚醒」を得たからだ。しかし、俺が心を入れ替えたばかりにイングリッドの心の傷と相性が合わなくなり、引かれ合うこともなくなったら、どうしよう？　イングリッドはまだ俺を恨んでいるかもしれない。ジェームズ・ディーン似の男とラブラブかもしれない。あるいは俺に対する恨みはなく、今はフリーだとしても、どうすれば俺が変わったことを信じてくれるだろう？　俺には前科がある。「心を入れ替えた」と言いながら、イングリッドを傷つけてしまったからだ。

そこでハンスの結婚式に「物証」を持って行くことにし、数日がかりで証拠の品々を集める。「1」と記した箱にサバイバーの額入り写真を入れ、写真の裏にメッセージを添えた。「この鉢植えをありがとう。おかげで俺にも生き物の世話ができることが分かったよ。ほかの箱に入っているのはプレゼントじゃなくて、君への誠意の証しだ。自分を見つめるために、そして少しでも成長するために懸命に努力してきた。愛があれば花開くことも分かった。だけど、不安や迷いがあると、命あるものは絶えてしまう。心から愛し、愛される人間は決してカゴの鳥ではない」

「2」の箱には古いスマホを入れ、新しい連絡先や連絡先を教えた相手の名前、そして「世界で一番大切な人にもこの番号を伝えたい」と書いたメモを添えた。「3」の箱にはSNSをブロックし、旧メールアドレスを自動返信モードに設定したときの説明書きを入れる。「4」の箱は用意するのに半日かかった。今の住まいの一室を、イングリッドがしつらえた「宇宙船」部屋に似せて改装し、その写真を撮ったからである。「5」の箱にはプライベート・ビーチの鍵を入れた。最近はこのビーチでサーフィンするのが日課になっているが、合鍵は作っていない。かつてイングリッドは信頼の証しとして職場のキャビネットの鍵を預けてくれた。それと同じことをしたかった。「6」の箱に納めたのは、子どものころの2人の写真を入れたロケット。「子どものニールは怖がりだった。大人のニールはそうじゃない。今、怖いのは君を失うことだけだ。内なる子どものために一緒にいい親になろう」とメッセージを添えた。

6つの箱を一つずつ包装し、大きな箱にまとめて入れる。これからパラシュートなしでスカイダイビングする。覚醒を得たというだけでイングリッドに忠誠を誓い、見返りを求めず愛を告白しようというのだから。こんなことをするのは生まれて初めてだ。ロマンチックと言うべきか、ストーカー行為と言うべきか。たぶん、その両方だろう。

一部の学派では恋愛における愛着傾向を座標軸を用いたグラフに表示し、リハビリ施設のように「恋愛依存型」「恋愛回避型」などと単純に分けない。グラフのX軸は不安の程度（右に行くほど不安傾向が強い）、Y軸は回避の程度（上に行くほど回避傾向が強い）を表し、両軸の値が交わる部分で個人の愛着傾向を診断する。回避傾向も不安傾向も強いと「恐怖型」になり、リハビリ施設で言う「恋愛回避型」に相当する。不安傾向が強く回避傾向が弱いと「とらわれ型」になり、リハビリ施設の「恋愛依存型」に相当する。回避傾向が強く不安傾向が弱いのは「回避型」で、どんなパートナーでも不足に思えるので、恋愛関係そのものが成立しない場合が多い。

俺も興味本人でテストを受け、各設問にできるだけ正直に答えた。「不安傾向も回避傾向も弱い」との結果が出たときはホッとした。

「不安と回避の程度を総合すると、あなたの愛着傾向は『安定型』です」と総合評価に書いてある。ネット上のテストとは言え、心理状態を前向きに評価されたのは久しぶりだ。

そのあと、ここ数年間で書き溜めたノートに目を通した。いろいろな人と交わした会話、専門家への取材、読破した参考図書、セラピーの内容、覚醒の瞬間を振り返る。そして、今まで学んだことを要約した。

これが俺のバイブルだ。未完成な男のための未完成な恋愛ガイドであり、対人関係のマニュアルであり、対人関係に伴う危険物を扱うときのトリセツでもある。自分の心や欲求をケアし、誘惑を避け、幼少期に逆戻りしないように戒める効果もある。浮気や過剰反応やジレンマへの予防にもなる。パートナーと母親を重ね合わせないこと、付き合いが長くなるほど心の距離を（広げるのではなく）縮めることなどの教訓も含んでいる。

ノックが聞こえ、要約作業が中断された。

「どなた？」。用心と期待が入り混じる。

「あたし」。恥じらいを含んだ女性の声。

「イングリッド？」

「ううん。セージよ」

14

未完成な男のための未完成な恋愛ガイド

1　どんな場面でも愛と優しさを忘れない。

「あなたと話したくて飛んで来たの。ドアを開けてくれる?」

隠れたい。逃げたい。計画を邪魔させるわけにはいかない。

しかし、計画があれば、ハプニングもある。そして、ハプニングは常に計画を凌駕する。

「どんな用件かな?」と努めて丁重に聞いた。

2　一方が「健全な大人」モードでいれば、諍いはほぼ回避できる。

「非常識なのは分かってる。でも、あなたに謝りたくて連絡したけど、連絡がつかなかったから。私が間違ってたわ。今でもあなたを愛してるの」。間と沈黙。「怖くなって逃げてしまったけど、もう怖くない。あなたと一緒にいたい。5分でいいから話を聞いて」

一瞬、心が揺らいだ。衝動を行動に移さぬよう、懸命に踏みとどまる。今、感じているのは恐れだ。セージが何かしようものなら、苦労して得た覚醒やイングリッドとやり直すチャンスが無になるのではないかという恐れである。そこで大人の脳細胞を大脳新皮質に集め、「誰一人、俺を勝手に傷つけることはできない」と自分に言い聞かせる。

3　「傷心の子ども」や「反抗期の青年」に戻ってしまう状況を把握しておく。過去の引き金を特定し、現在に意識を集中するよう自分に言い聞かせる。うそやごまかしは禁物。

ところが、頭の片隅に潜んでいた「罪悪感」という残党が脳を侵略し始めた。「セージはわざわざ飛行機でここまで来たんだぞ。むげにしたら、かわいそうじゃないか」と残党がささやく。そのささやきを瞬殺した。残党の正体は異様なまでの配慮であり、昔の思い癖だからである。子どものころは母さんの愛を仇で返してはいけないとかたくなに信じていた。しかし、母さんにとっては全てが仇だった。負い目、息苦しさ、義務感を覚えるとき、愛は牢獄に変わる。

4　現実を受け入れる。

残党を倒したと思ったら、新たな敵が現れた。今度は「たられば」というテロリストだ。イングリッドに会いに行くとき、俺は今のセージと同じ立場になる。「イングリッドが今の俺と同じ態度を取ったら、どうしよう?」「俺と同じことを考えたら?」「その考えが正しいとしたら……?」

「~たら、どうしよう?」——今日を最後にこのフレーズをボキャブラリーから削除し、代わりに、「~ても、受け入れる」をインプットしなくてはいけない。

「イングリッドが同じ態度を取っても、受け入れる」「イングリッドが同じことを考えても、受け入れる」「その考えが正しくても、受け入れる」

5　「もう二度と浮気はしません」ではなく、「今日一日、情けないまねや後悔するようなことはしません」と誓う。

最後の敵が登場した。「欲情」という名の最強の宿敵だ。セージとのセックスや3Pがいかに気持ちよかったかを思い出させようとする。俺はとっておきの武器で応戦した。それは教訓だ。双子の姉妹を呼んだときは一人寂しい夜を過ごすはめになった。それ以前にも近所の女性を3Pに誘ったことがある。女性は愛犬のハスキーを連れてきた。セージと女性が愛し合っている横で、俺はハスキーに犯されそうになった。

リックが言ってた浮気心を抑える秘訣には「空想は現実よりも美しい」という含みがあるはずだ。

玄関のドアを開け、玄関口に立ちはだかった。目の前に立っているセージは夜遊び仕様のメイクと黒のワンピースでバッチリ決めている。カラーリングしたばかりの髪に小麦色の美脚。かなりめかし込んで来たようだ。しかし、それ以上に気になるのは足元に置かれたスーツケースである。

セージは抱きつきキスしようとしたが、俺は体を引いた。同情するもんか。欲情するもんか。

6　相手が「いつか変わってくれる」とは思わないこと。今の状態の相手をそのまま受け入れる覚悟が必要。期待は一切しない。相手が自主的に変わってくれたら、それはもうけもの。

セージはせきを切ったようにしゃべり出し、しまいには俺と家庭を築きたいと言った。背筋が凍る。俺もイングリッドに同じことを望んでいるからだ。

「つまり、ここで一緒に暮らし、一生添い遂げ、子どもをつくりたいってこと？」

「そうよ」。セージの目が輝く。真剣さと期待に満ちた目。

セージとの将来を現実的にイメージする。結婚し、子育てする2人の姿が目に浮かぶが、ある日、セージの放浪癖が再発し、何も告げずにフィジーに旅立ってしまう。残された俺は子どもたちに「ママは自分探しの旅に出たから、いつ戻ってくるか分からない」と説明。どこ吹く風に乗ってセージは俺の元に戻ってくるが、風と共に去っては、また戻り、去っては、また戻るを繰り返す。

「愛は盲目」と人は言うが、盲目はトラウマのほうだ。愛は慧眼である。

7 コミュニケーションを図り、相手と健全な距離を保つ。自分の自由、考え、気持ち、時間、行動をどう表現し、どう守るか考えること。殻にこもったり、プレッシャーを感じたり、プレッシャーを与えたりしない。

セージは惨めで物欲しそうだ。「貯金をはたいてここに来た」と話したときは涙まじりになった。最近まで俺にとって地獄だったのは、こういうシチュエーションだ。人の意向をくまなくてはいけないというプレッシャーを感じる場面である。特に自分の信念を通すことで人の気分を害するのは辛かった。しかし、ここに来たのはセージの意志だ。俺が心苦しく思う必要はない。むしろ、学んだことを実践する機会だ。他人との間に規制線を引き、立ち入りを禁じて、言いなりにはならず、心の習慣を改め、新しい習慣を身につける良いチャンスである。

「感心できないね」と俺は言った。「事前に連絡もせず、ひょっこり来られても困るよ」

「でも、あなたの番号にかけたけど、通じなかったわ。どうして、そんなに冷たいの？　愛してるって言ったじゃない。その気持ちは簡単には変わらないはずよ」

鋭い指摘だ。ロレインの言葉を思い出す――「あなたはオモチャで遊ぶだけだから傷つかない。だけど、相手の女性たちはそうじゃないわ」。「君のことは好きだよ。だけど、ああいう関係は……（言葉を選ぶ）……終わったんだ。終わるべくして終わったんだよ」

8　「心を満たすには今、何が必要か？」と一日を通して考える。自分の要望が理にかなっていると思ったら、自分の手でかなえてやること。一人でかなえられない場合はパートナーに協力を求める。それが幸せへの道だ。

「ほかに好きな人がいるの？」とセージは聞く。

「いるよ。口をきいてもらえないけど」

「冗談でしょ？　あなた、おかしいわ」

「昔はおかしかったよ」と俺。「今はまともになりつつある」

「せめて、ここに泊めてくれない？」。セージがにじり寄る。スタイリング剤と色気とボディローションの匂いが鼻をついた。

9　人は自分の機嫌を変えられないし、自分も人の気分をコントロールできない。従って、パートナーの不機嫌は自分のせいではないし、自分の不機嫌をパートナーのせいにしてもいけない。パートナーが動揺しているときは話を聞いてほしいのか、助言してほしいのか、一人にしてほしいのか、慰めてほしいのか尋ねること。それが一番の思いやり。

驚いた。規制線を張り巡らしても、まだ侵入したいと言うのか。

「ほかに行くところがないの」とセージは粘る。「空いてる部屋でいいから、寝泊りさせて。時間があったら、話し合える？」

自分に言い聞かせる――

「空港からタクシーを飛ばして来たのよ」

セージは母さんじゃない――

「話が終わったら、必ず出て行くから」

なだめてやる義理はない。

そこで規制を強化することにした。「ここに入れることはできない。悪いけど、自分との約束を果たしたいんだ」

10　自分を愛し、敬い、尊重すること。自分の心が健全であれば、その日に決めたこと、実行したこと、感じたこと、考えたことは、結果がどうあれ、健全である。

俺にガツンと言われたセージはさすがに頭に来たらしく、抗議を始めた。以前の俺ならここでセージを抱きしめ、とりあえず中に入れてやり、いい友達でいようなどと慰め、あらゆる間違いを犯しただろう。しかし今、考えることはただ一つ――果たして、自分のためになるのだろうか？

どう考えても自分のためになるとは思えない。だから自分の意志を貫いた。セージが泣き崩れる。

マスカラが混じった黒い涙が頬をつたう。俺の問題ではない。セージの問題だ。いずれ彼女は問題を解決する。いや、しないかもしれない。それでもセージに現実を突きつけ、自己解決を促したのは、せめてもの親切だ。この場合の現実とは、俺はイングリッドを愛しているという事実である。

イングリッドも俺を愛しているといいのだが。

11 とにもかくにも深呼吸。いつでも、この瞬間を生きること。

だが、イングリッドが愛してくれなくても、受け入れるまでだ。

15

火の気のないガレージにたたずむ。ここはイングリッドの部屋だった。廃車から外したシートがあるだけの空間。実の兄や義理の兄弟は温かいベッドで寝ていたのに、イングリッドは義理の父親に命じられ、このシートをベッド代わりにしていた。俺は全身をチェックする。ジャケットが肩幅にぴったり合っているか、紫のシャツのカフスボタンがきちんとついているか、揃いの色のネクタイは曲がっていないか、ズボンの裾は足首を覆っているか。セージと同じ心境になった。今からイングリッドに泣きつきに行く。

キッチンに入る。ここでイングリッドは義理の父親に命じられて食事を作り、毎日何時間もシンクを磨いた。座ろうとすると、体罰が待っていた。食事にありつけるのは、ほかの家族が食べ終えた後だった。キッチンの奥に勝手口があり、その向こうは裏庭だ。イングリッドは義理の父親に命じられ、裏庭で鶏の首をはねた。あまりのショックに吐いてしまった。義理の父親は、そんなイングリッドを見て笑った。イングリッドは俺のシンデレラだ。

願わくば、俺はおとぎ話のカエルになり、イングリッドのキスで王子様に変身したい。

あたりを見渡し、ゆうべ用意した箱を抱え、イングリッドを探す。花をあしらった2台の長テーブルに赤いドレスの女性たち、黒いスーツの男たちが集まっている。そのうち4人はイングリッドの義理の兄弟だ。俺に好印象を持っていればいいのだが、それは怪しい。

庭に出てイングリッドを探す。ジェームズ・ディーン似の男が来ていないことを願い、義理の兄弟と目を合わせないように注意する。しかし、イングリッドはどこにもいない。場違いな気がしてきた。帰ったほうがいいのか。

「よお、兄さん」と誰かに呼ばれた。

振り向くと、即席のバーの近くにハンスがいた。式が始まるのを待っているようだ。ハンスにお祝いを言い、招待してくれたことに感謝した。どうして招待状を送ってきたのか聞きたいが、「手違いだった」と言われるのが怖い。ハンスは腰に手を当て、辛そうに伸びをする。腰の具合を尋ねると、きまり悪そうに辺りを見回し、誰も聞いていないことを確認した。そして、ゆうべは男友達とストリップバーに繰り出し、独身最後の夜を祝ったと言う。飲みすぎたハンスはポールダンスを披露し、2人のストリッパーを抱えてステージの上を歩いた。ところが途中でつまずき、ストリッパーを落としたあげくに腰を痛めてしまったのだ。

「花嫁には内緒だよ」とハンスは釘を刺す。

「新婦は事情を知らないの？」

ハンスがニヤリとした。「仕事中に痛めたと言ってあるんだ」

またうそから始まる結婚か。結婚したら男も女もほかの異性に関心がなくなる、というのは真っ赤なうそだ。俺だって目移りする癖はまだ治っていない。ハッセ・ワルム博士にテストステロンのレベルを下げてもらえば話は別だが、その癖を治すのは一生不可能だろう。それでも心の癖は一掃できた。人を愛する不安、人に愛される不安、浮気衝動、臆病ゆえの言い逃れ、自己否定、嫌と言えない病などなど、長年の習性を克服できたのだ。

ハンスにイングリッドの居所を聞きたかった。俺が来ることを知っているのか。知っているなら喜んでいるのか、怒っているのか、無関心なのか。でも、今日はハンスの晴れの日、門出の日だ。だから、今日の主役をわずらわすことなく、その場を離れた。

そのときイングリッドの母親が目に入った。テレビ界でのキャリアを捨て、メキシコからアメリカに来て専業主婦になった母親である。浮気性の前夫に殺されかけ、命からがら逃げてきたが、今の夫は家事以外の活動を許してくれない。ほとんど家から出られず、友達をつくることも禁止。イングリッドやハンスの母親でいることさえままならないのだ。母親は過去だけでなく、恐怖にも縛られている。未来が過去の繰り返しになるかもしれないという恐怖だ。つまり、前夫に心を殺されたも同然である。母親は今、ロサンゼルスのシルマーで棺に入って生きている。その棺のふたには「監視中」と書いてあるのだ。

しかし、母親はときどき「不義」を働く。本人は不義とは思っていないが、夫には近所の人に会うと言い、イングリッドやハンスと密会している。2人は前夫との間にできた実の子だ。嫉妬は執念深い敵である。戦いに勝っても、なお警戒を緩めない。

男女関係の現実に立ち返る。現実の男と女は互いに「ルールを曲げ」、自分の都合にあわせて「かわいいうそ」を重ねる。俺が求めてきた理想はそういう既存の関係とは違う。ひょっとしたら、リハビリ仲間に宣言したとおり、男女関係の新しい形を創造したのかもしれない。とは言っても、かつて望んでいた「寝たい女と自由に寝られる関係」ではない。嘘偽りのない、恐れや負い目とも無縁の関係だ。

イングリッドに背いた数年前のことを思い出す。マリリン・マンソンに会いに行くとうそをついた、あの日だ。あれはシカゴに旅行する前日だった。イングリッドの誕生日の前夜だった。よくもあんなまねができたものだと自己嫌悪に陥る。自分は善人のつもりでいたが、ああいう非道に走るのはなぜだろう?

その理由は隠そうとするからだ。恥ずべき行動を頭の片隅の小さな箱に密閉するからだ。箱の中身は人目につかず、自分の理性や良心にさえも気づかれない。

イングリッドの母親が俺の姿を見て不愉快にならないことを祈る。「おめでとうございます」とゆっくり声をかけた。母親は英語が話せない。今の夫が英語を習わせてくれないからだ。それでも基本的な単語なら分かる。「さぞ自慢の息子さんでしょうね」

母親は、イングリッドを思わせる柔らかい笑みを浮かべ、静かに言った。「娘にはあなたが必要よ」

母親の英語を初めて聞いた。俺はバカみたいに棒立ちになり、込み上げてくる思いを必死で抑える。「俺たちにはお互いが必要なんだ」と思わず口走った。

母親は深く、優しくうなずく。母親だけは、母親だから、未熟な子どもが気づかないことも見通せるのだ。

そのときだ、ついにイングリッドを見つけたのは。家の裏手から姿を現した。白いドレスにブロンドの髪。この色の組み合わせはイングリッド以外にいない。亡霊のように蒼白いが、女神のように神々しい。こんなにきれいだったとは知らなかった。息をのむほど、目が覚めるほど、この世のものとは思えないほど美しい。

ここからでは遠すぎて、表情までは読み取れない。イングリッドがポーチからこちらに向かって歩いてくるが、途中でその姿が陰に隠れてしまった。忠犬のヘラクレスが赤い蝶ネクタイをつけ、イングリッドのあとをついてくる。俺は思わず笑顔になった。イングリッドが同じ表情をしてくれたらうれしい。イングリッドが近づいてくる。その顔に怒り、不安、失望、嫌悪は見られない。俺が恐れていた表情は一切ない。イングリッドも笑っている。

俺は本当にバカだった。

この女性《ひと》だ。結婚するなら、この女性《ひと》しかいない。

俺は変わった――そう信じたい。

16

イングリッドの心境（抜粋）

ニールは、メキシコの祭日を祝う人ごみを縫ってやって来た。あのシャツとネクタイに見覚えがある。私が知る限り、本のサイン会には毎回のように着て行ったから。定番の紫のシャツと紫のネクタイ。

あわてて家に戻り、トイレの順番待ちをしていた叔母さんの前に割り込む。トイレのドアが開いたとたん、出てきた人と入れ違いにトイレに入った。最後にもう一度、鏡を見なくちゃ。エクステをつけ直し、プッシュアップ・ブラを整えて、口紅をピンクに変えるか、赤のままにするか迷う。赤は「バカ、早く私をさらって、熱くキスして」のメッセージ。ピンクは「この唇は柔らかくてデリケートなの。優しくしてね」のメッセージ。

赤に決めた。トイレを出てキッチンを抜ける。冷蔵庫のステンレスの扉に自分の顔が映ったのを見て、気が変わった。その辺にあったナプキンをつかんで、赤い口紅を落とす。その上からピンクを塗ったら、訳の分からない色になった。「バカ、さらってキスして優しくしてね」みたいなメッセージ。

去年はつらかった。ニールと別れて、何もかも失くした気がした。腹が立って落ち込んだ。尽くして、尽くして、尽くしたから、何も残っていなかった。世の中から取り残されたように感じた。胸の中は空っぽ。私のどこがいけなかったんだろうと、そればかり考えた。

失恋の痛手を忘れたくて、たくさんデートした。最初はバーテン／下着モデルの彼と付き合った。だけど、ある晩セックスしたあと、彼がゴリラのまねを始めた。裸のままで鼻の穴を広げて、胸をドンドン叩いて。うんざりするくらい長いことやっていた。だから私、服をつかんで、適当に口実をつくって逃げ出した。彼とはそれっきり。

そのあと出会ったのが大統領のスピーチライターをやっている優しい人。彼には遊び友達でいてほしかったし、心の痛みを忘れさせてほしいだけだったのに、彼はそれ以上の関係を望んだ。だから彼ともさよならして、次は会員制のクラブで知り合ったマジシャンと付き合い始めた。そのマジシャンとも別れることになったとき、私が付き合うべき相手は私自身かもしれないと思った。

ニールがマチュピチュからメールをくれたときは、彼の胸に飛び込みたいと思った。だけど、また浮気されるのが怖かった。心の準備もできていなかった。いろんな人と別れたあとだったから、すっかり臆病になっていた。

一人になることは自分への最高のプレゼントになった。今までは次から次へとボーイフレンドが変わったし、ボーイフレンドに自分を定義してほしい、足りないところを補ってほしい、心を満たしてほしいと思っていた。だけど、いつもうまくいかなかった。相手に満たしてもらえないと、心の穴はますます大きくなる。去年、痛い思いをしてやっと分かった。2人で一つではなく、私だけで一つにならなくちゃいけないんだって。自分を好きになって、大事にして、敬うことを学ぶ必要があった。

一人前になれたかどうかは分からないけど、少しは近づいたつもり。だから、兄が結婚式の招待客をリストアップするとき、ニールも入れるようにお願いした。ニール宛ての招待状は私が作って送った。もう一度会いたかった。会って自分の気持ちを確かめたかった。私は間違っていない、最愛の人ともう離れしたりしない。

キッチンを出る前に、ニールと顔を合わせる前に、しばらく彼の姿をこの窓から見ていたい。手に汗をかいてる。不安で胸がつぶれそう。今ならタクシーを呼んで逃げ出せる。玄関を出て、大好きな木に登って隠れることもできる。小さいころ、父から逃げて、あの木によく登った。

本当にこれでいいのかしら。おばあちゃんがよく言ってた。「オムツを卒業した人間は、もう変えられない」って。だけど、こうも言ってた。「待てば海路の日和あり」

ニールとの恋は、世界一美しい鳥を飼っているようなものだった。ニールはアマゾンから飛んできた、カラフルで元気な野鳥。でも、鳥カゴが小さくて、羽を伸ばすことができない。私は毎朝、カゴの横で一緒に歌を歌ったけれど、鳥はいつも窓の外を見ていた。ニールと別れるとき、カゴを開けて自由にしてあげると言った。でも、あれから毎日、窓の外を眺めてはニールが目の前に飛んできてくれたらと思ってた。

だから、こうしてキッチンの窓から外を見ている。ついにニールが飛んできた。優しい目と優しい笑顔。左目の下を人差し指と中指でこすってる。あれは緊張したときの癖。懐かしい。私もドアを開けて彼の元に飛んでいこう。

ニールが心を入れ替えたと信じたい。

door 5

Freedom

—自由—

おまえの冷たくなった口に　くちづけしながら
おまえの肉体《からだ》の　はかなくなった房を抱きしめながら
おまえの閉じた眼に光を求めながら　おれは死のう
そして抱きあったおれたちを　大地がのみこんでくれるとき
おれたちは　おなじただ一つの死のなかに溶けあって
いつまでもいつまでも　永遠のくちづけに生きていよう

――パブロ・ネルーダ『ネルーダ詩集』（角川書店）

∞

サバイバーが窓辺で青々と茂っている。窓の下のソファに俺とイングリッドが座っている。ソファは念入りに掃除され、コミューンや乱交やオープンな恋愛の痕跡はきれいに消えた。ヘラクレスは床で大の字になり、その隣に真っ白なマルチーズが寝ている。イングリッドが保護施設から引き取った2匹目だ。

テーブルの上には銀の包装紙にくるまれた箱が一つ。包装を開け、ペン先でテープを剥がし、箱を開ける。中から出てきたのは個別に包装された5つのプレゼント。それぞれに番号が振ってある。その上に巻物状の羊皮紙が乗っていた。

「文面を読んでみて」とイングリッドがせかす。

各位

カリフォルニア州マリブにて長年にわたり我が家の置物を努めてまいりました「象のゴフ」ことジェイコブ・ゴフ（満3歳）が逝去いたしました。ここに謹んでご通知申し上げます。

つきましては本日午前9時より、故人の居候先にて葬儀を執り行います。なお、故人は生前の愛用の品々と共に埋葬されます。

自由と信頼の葬儀社

訳が分からない。なんで象を埋葬するんだ？

イングリッドが俺の手に自分の手をそっと重ねた。「あなたは私の信頼を取り戻すために一生懸命、頑張ったわ。だから今度は私があなたを許すために頑張るの」

この象（エレファント）は「公然の秘密（エレファント・イン・ザ・ルーム）」の象徴だ。浮気とごまかしとうそを重ねた俺の過去を意味する。3カ月前、俺はイングリッドの兄貴の結婚式に、心を入れ替えたことを証明する「物証」を持参した。目の前に並んだプレゼントはイングリッドの努力の物証なのだ。

ディズニーのアニメや恋愛映画は恋人同士が結ばれて完結し、2人が末永く幸せに暮らすことをほのめかす。しかし、現実の世界ではここからがドラマの始まりだ。

例えば、眠れる森の美女がフィリップ王子にこう切り出す。「私が眠っている間、何人のお姫様にキスしたの？」人魚姫がエリック王子をどやす。「魔法の呪いをかけられた？　そんな下手な言い訳、聞いたこともないわ！

ほかの女と結婚しようとしたくせに」

カエルにキスしたお姫様が、王子に変身した元カエルを問い詰める。「正直におっしゃい。カエルのころはメスのカエルと寝たんでしょ?」

恋心をたきつけた波乱や障害や共通の敵が消えた今、物語の恋人たちは最大の試練を迎えるのだ。それは互いの素顔と相違点に正面から向き合うことである。どんな2人にも、多かれ少なかれ、価値観、育ち、性格、思惑、好みの不一致はある。そこにトラウマが絡むと、なおさらやっかいだ。

イングリッドも、お察しのように、再会した直後から無条件に信頼してくれたわけではない。再会した当日は、SNSのプロフィールに「恋人います」の一文を加えてほしいと言い出した。そうでなければ別れるという。俺が自分のアカウントにアクセスできないのを承知しているのに、である。翌日は俺のパソコンに残っていたセージの画像を見たとたん、別れると言い出した。その翌日はガラケーを見せてくれないなら別れると言い出した。そのまた翌日は過去の痛手が大きすぎて、やり直す気になれないと言い出した。

恋愛回避型だったころはイングリッドがうらやましかった。俺と違って恋に夢中になれるのだから、恋愛経験も豊富に違いないと思っていた。ところが、実際には「相手変われど主かわらず」で、壊れたシーソーにずっと座っていただけだった。だから懲りもせずに、(昔の)俺みたいな男を選ぶという致命的なミスを犯したのだ。

「昔は分からなかったけど、これで自分のパターンがはっきり見えたわ」とイングリッドが言う。俺たちはそれぞれの恋愛遍歴について話し合った。「あなたと出会う前に付き合ってた男は完璧なマザコンだったの。母親からしょっちゅう呼び出しの電話があったわ。呼び出されると、彼は何はさておき母親の元に駆けつける。5年も付き合ったけど、『カレ』と呼ばせてくれなかったし、付き合っていることも秘密にするように言われてた。デートも週に2回がせいぜいだったわ」

俺はロレインの元同僚でヴィンスという名のセラピストを見つけ、イングリッドのチェア・テクニックに立ち会うことにした。ウエットスーツのジッパーを首元まで上げ、イングリッドが心の傷を癒す過程を見守る。イングリッドは父親に捨てられたトラウマから愛着障害に陥った。

イングリッドが父親に怒声を浴びせ、ボロボロ涙を流す。俺たちの親は瓜二つだ。子どもに無関心な父親と過干渉の母親。一つ違うのは、母さんは親父の死を望んだだけだが、イングリッドの父親は実際に妻を殺そうとした。

そう考えると、男女の仲は奇妙なものだ。恋はハプニングではない。絶妙な縁である。メーカーの異なるパズルのピース同士が、ぴったりはまって対になるようなものだ。

「誰かに一目ぼれしたら、背を向けて逃げろ」と言われたことがある。だから、逃げた。けれども、急いで戻った。そして今、仲良く並んで座り、新しい人生を一緒に歩もうとしている。「1」と書かれた箱を開けた。中身は小さな木の棺だ。棺の底に白い布が敷いてある。「棺のフタは開けたままにしておくこと」と手書きの注意書きが添えてあった。

2番目の箱から出てきたのは、プラスチックの象のミニチュア。添付のメモにこう書いてある。「この象は『公然の秘密』。もうすぐ私たちの前からいなくなるわ。棺に納めて葬るの。この象が招いた恐れや不信感や怒りは、もう二度と2人を傷つけ、2人の愛を邪魔することはない。愛してる」

象を寝かせて棺に納める。目頭が熱くなる。象はきれいに納まった。鼻先と足先が棺の内側につきそうだ。

3番目の箱には、鉄製の鳥カゴのミニチュアが2つ。それぞれのカゴの中に鳥がいる。「鳥カゴは束縛、沈黙、誤解、孤立のシンボル」とイングリッドのメモに書いてある。「カゴの中の2羽の小鳥は私たち。行き場を失い、一人ぼっちで寂しかった幼少時代、青春時代、成人後を表したつもり。これを埋める理由は私たちは、もう一人じゃないから、もう寂しくないから。今の2人は好きなところへ自由に飛んでいける」

イングリッドの発想と思慮深さに感心しながら、2つの鳥カゴを棺に入れる。一つは象の頭のほう、もう一つは後ろ足のほうに置いた。

こんなに短時間で、しかも比較的スムーズに、イングリッドは俺に追いついた。現在、2人一緒に学んでいるのが、夫婦関係のセラピスト、ハーヴィル・ヘンドリクス博士の言う「長期にわたる男女関係においては、幼少時代を完結させることを目的とするべきである」という趣旨だ。精神科医のエリック・バーン博士の言葉を借りれば、「愛は天然の心理療法」である。

4番目の箱には人間の手のミニチュアが12個入っていた。「手は非難、締めつけ、支配の象徴。その3つは私たちが子どものころに感じていたこと、大人になっても感じることよ。今日、この手を埋めることで後ろ指を差したり、支配したりした人たちと縁を切り、私たちの独占欲や支配欲も手放しましょう」

12個の手を棺の底に散らすように置いた。

5番目の箱からは2本の鍵が出てきた。それぞれ「秘密」「記憶」と印字されている。「この2本は悪い鍵」とメモにある。「『秘密』の鍵には他人の秘密が詰まっている。この鍵を埋めれば、つらい秘密とさよならできる。人の悩みに付き合う必要もなくなるわ。『記憶』の鍵は嫌な思い出のシンボル。そんな思い出は捨てましょう。嫌な記憶に取りつかれ、振り回されることがないように」

象のそばに鍵を差し入れながら、リハビリ施設でジョーンが言っていた「本当に親密な関係」の意味がやっと理解できた。それは2人が過去（トラウマの歴史）に生きるのをやめ、現在のなかで関係を築くということだろう。愛は教わるものではない。愛は元々自分に備わっているが、愛にアクセスするには学び直すことが必要だ。

イングリッドのメモに、こう書いてある。「棺にフタをする前に、しばらく時間を取ってね。一度閉じたら、もう開けられないから。数分間でも数時間でもいいので、写真を撮るなり、気の済むようにして。その代わり、日没までに閉じること」

棺を眺める。その中に納めた、心尽くしのアイテムを目に焼きつける。小さな象、カゴに閉じ込められた小鳥たち、いくつもの手、2本の鍵。そして、たった一つの単語に目が釘づけになった――鍵に印字された「秘密」だ。

本気で過去を葬りたいなら、今こそ、明かしていない秘密を一つ残らず明かすチャンスだ。今が理想のタイミングだが、理想と名のつくものは一様に、はかない。

ドキドキ、オドオド、モタモタしながらイングリッドに打ち明ける。「聞いてほしいことがある。ジュリエット（昔の浮気相手）以外にも、いろんな相手といけないことをしていたんだ。君を大切に思うなら、隠し事をするべきではなかったのに当時は理解できなかった。何も分かっていなかったんだ。でも、今は違う」

イングリッドは俺の話を聞きながら、表情をこわばらせ、身を固くする。突然の物音に驚いたネコみたいだ。俺は秘密の鍵を見ながら、ほかに伝えていないことはないか考える。「俺たちが離れていた間、君がほかの男と付き合っていたのは知っている。それと、今まで話した以外にも、いろいろな経験をしたんだ」

「どんな経験？」。イングリッドが恐る恐る聞く。

せっかくの厳粛な儀式が台無しである。しかし、これが真実を打ち明けるということだ。たとえ自分にとって都合の悪い結果を招くことになっても、イングリッドに反応する自由を与えなくてはいけない。うそをつけば、彼女の声を奪うことになる。

以前の俺は相手のわずかな反発や動揺を天下の一大事に変える天才だった。けれども、今はポリアモリー大会でおぼえた「4つの発想転換」を思い出し、羞恥心を自信や自己肯定に変えることができる。

恥ずかしいのは悪いことをしたから。肯定するのは自分に正直だから。

自分を責めるよりも自分に共感してやるほうが理にかなっているし、周囲の人にも優しくなれる。それが末永く幸せに生きる秘訣かもしれない。

だからイングリッドに正直に話した――ポリアモリストと出会い、「4つの発想転換」や男女関係のポリシーについて学んだこと。スワッピングを経験し、自分の願望はパートナーとの性生活にプラスになり得ると分かったこと、そのためにはパートナーを性の冒険から遠ざけるよりも冒険に誘うほうが有効であると感じたこと。ハーレム生活を通して、恋愛とは無理難題を押しつける怪物ではなく、たまに頼みごとをする良き友人であると気づいたこと、その頼みごとを引き受けるのも断るのも自由なのだと発見したこと。そして、セージとのオープンな関係では嫉妬と支配欲を手放し、不快感と向き合う必要性を実感した。不快な気分から目をそらしたら、依存症患者と同じになってしまう。

俺の話を聞きながら、イングリッドの心は大きく揺れた。怒って、恐れて、悲しんだ。最後は愛に落ち着いた。

「私がこんなことを言うのもどうかと思うけれど――」。イングリッドはため息をつき、俺に体を寄せ、俺の頭をなでる。「今の話は依存症の再発ではなく、回復の表れじゃないかしら」

「俺もそう願ってる」

ロレインも言っていたが、回復とは穏やかな気持ちで残りの人生を過ごすことではなく、やむなく症状がぶり返したときに一刻も早く立ち直るすべを身につけることだ。ありがたいことに、今はイングリッドとの間でトラブルが起きると、それを実践できる。

そう告げると、「あなた、本当に変わったのね」とイングリッドは感心した。「今のほうが、はるかに冷静で、分別があって、我慢強くて、理解がある。いつ短気を起こすのか、いつ機嫌が悪くなるのかと思っていたけど、そんな気配は全くないもの。すごいわ。あなたって蝶みたい。さなぎから羽化したのね。まなざしだって昔とは違う。その目を覗くと、心まで透けて見えるわ」

ラブストーリーの主人公は大抵赤い糸で結ばれているが、邪魔が入って引き離される。恋路を邪魔するのは文化の違いや社会の規範、親、ライバル、こざかしい悪役、思わぬ悲劇といった障害だ。しかし、現実のラブストーリーはもっとややこしい。愛が欲しいくせに、愛を手に入れると怖くなったり、退屈したり、不安になったり、悔やんだりする。喜びより苦痛のほうが大きくなっても、愛を手放そうとしない。ますます、しがみつく。つまり、現実のラブストーリーの主人公を引き離すのは外敵ではない。敵は自分の心にいる。

イングリッドのコメントをかみしめながら、つくづく思った。大切なのは自分にふさわしい相手を見つけることではない。自分がふさわしい相手になることだ。

棺のフタに手をかけた。「これで話は全部だ」とイングリッドに告げる。「過去にさよならしよう。ほかに聞いておきたいことはある？」

「棺を閉めましょう」とイングリッドは言った。

その前に写真を撮る。

それからフタをした。

公然の秘密はなくなった。

「もう一つ渡したいものがあるの」とイングリッドが言う。

それは手のひらサイズの箱で、ほかの5つとは別にしてあったものだ。中には4本の鍵が入っていた。形もサイズもバラバラ、それぞれ単語が印字されている。「この4本は良い鍵。あなたに持っていてほしいの」と添付のカードに書いてある。「『愛』と書かれた鍵は、あなたには愛される価値があるし。いつでも私の愛にアクセスできること、忘れないで。『心』の鍵は世界一大きい心を開ける鍵——あなた自身の心よ。『将来』の鍵は2人の未来の扉を開けるため、『旅』の鍵は幸せに続く道を一緒に歩むため」

温かいメッセージを読みながら、かつての感情が消えたことに気づいた。イングリッドの優しさに息苦しくなったり、「俺に良心はあるのか」と疑問に思ったり、2人の将来に恐れを抱いたり、イングリッドの期待を負担に感じたりすることもない。むしろ、一字一句が素直に心に響く。もう過去にこだわり、未来を不安に思うことはない。やっと現在に感謝できる。

恋愛は犠牲を求めない。求めるのは心の成長だ。子どもじみた、しぶとい欲求を手放すことである。それにこだわっていると、大人としての欲求はいつまでたっても満たされない。

キッチンから組みひもを持って来て、そのまま4本のキーリングに通し、首から下げた。この長さだと、心（臓）の位置に鍵が下がる。

「その鍵は信頼の証し」とイングリッド。

「今度こそ、この鍵にふさわしい男になるよ」

羊皮紙に書いてある最後の指示は棺を埋めることだ。ガレージを探したが、シャベルが見当たらない。やむなくキッチンの引き出しにあった大きいスプーンで代用する。

家の裏手に小さな丘がある。丘といっても盛り土に近い。そのてっぺんに掘りやすい一角があった。周囲には石板のかけらが散乱している。そこに2人でしゃがみ、墓穴を掘る。土が柔らかく、スプーンでも簡単にすくえる。30センチほど掘ったところで手を止めた。これだけ掘れば、次の入居者に見つかる心配はないだろう。ここはかつて、アメリカ先住民のチュマシュ族の埋葬地だった。

棺を沈め、その上から大さじ1杯分の土をかけ、イングリッドが祈りを捧げる。「これより『象のゴフ』ことジェイコブ・ゴフを埋葬いたします。象のゴフは実に忠実な友でした。追い払おうとしたこともありますが、今では何よりの宝物です。ゴフの存在なくして、今日の私たちはありません。ゴフの魂に主のご加護を」

2人で泣きまねしながら、土をすくって穴に戻す。象の姿は見えなくなり、地上に存在した痕跡もろとも地中に消えた。

そのあと2人で黙祷し、しばし解放感に浸る。最初に口を開いたのはイングリッドだ。「あらやだ。車のキーもうっかり埋めちゃった」

俺は大笑いし、イングリッドを抱き寄せ、まぶたにキスした。イングリットのキラキラ輝く、いたずらっぽい目。涙が出るほど懐かしい。

「あなたを笑わすの、大好き」。イングリッドがニヤリとする。「笑顔が素敵だし、ほっぺたが膨らむのを見るのも好き。おじいちゃんとおばあちゃんになった2人が目に浮かぶわ。私は相変わらずあなたを笑わせてる」

「俺も目に浮かぶよ」。笑う一生か、4Pの一生か、どちらか選べといわれたら、俺は一生笑っていたい。

「ジュリエットに電話して、お礼を言いたい気分だわ。『すべてはあなたのおかげです』ってね」。家に戻る途中でイングリッドが言った。

イングリッドと手をつなぐ。トラウマを抱えていたころは、いろんなものがもっと欲しかった。女も、成功も、金も、自由も、経験も、モノも。今、立ち止まって初めて思う。

「これで十分だ」

2人とも黙って車に乗っている。俺と親父だ。今日は俺にとって独身最後の日。親父が口を開くのを待った。明日結婚する息子に親としてのアドバイスとか、50年間の結婚生活で学んだ知恵とか、何か一言あると思った。しかし、親父は何も言わない。期待したのが間違いだった。親父が子どもの作り方を教えてくれたのは俺が22歳になってからだ。そのときのアドバイスは「時間をかけろ。ゆっくり行け。焦るな」だった。

俺は沈黙を破り、親父の親父について質問する。

「父さんは非常に物静かで、あんまりしゃべらなかった。いつも仕事ばかりしていたよ」と親父は言う。

「父親との思い出は？」

「一度だけ一緒に釣りをしたことかな。そのときも会話はなかったけど」

さぞ寂しい幼少時代だったろう。ひるがえって、俺も小さいころは寂しかった。「母親はどんな人だった？　いい思い出はある？」

母親のことは、なかなか思い出せないようだ。親父の母親はシカゴの社交界の花形だった。「おふくろのことは良くも悪くも記憶にないね」

幼いころの俺と母さんは不健全な会議のなかで、親父の育ちについて一つの仮説を立てた——母親は身勝手で、姉は一家の誇りだったから、親父は自己評価が低く、女性恐怖症になったのだろう。だから弱者（身体障害者）にしか優越感をおぼえることができないのだ、と。俺がナンパ師の世界に足を踏み入れた理由も、ある意味、同じである。優越感に浸りたかった。

「でも、住み込みのベビーシッターがいたんだ」と親父は付け加えた。「母親よりもシッターのほうになついていたと思う」

驚いた。俺と親父の幼少期はそっくりだ。淡白な父親、ナルシストの母親、きょうだいびいき、ベビーシッター

エピローグ

WHEN the WILD CARD is PLAYED, is it still wild?

― ワイルドカード ―

の存在。俺たちは成人後も似ているのだろうか。

親戚の間で今も話の種になるのが、俺が幼稚園で描いた家族の絵だ。棒のような俺、弟、ベビーシッター、両親が一列に並んでいるクレヨン画である。親父の股から地面にかけて太く赤いラインが引かれ、そのラインが全員を囲んでいる。赤い線は親父のペニスだ。俺は幼心にも一家が親父の支配下にあり、親父の影で生きていることを察していたらしい。

だから、どうしても聞きたいことがある。勇気を奮い起こし、20年来くすぶってきた疑問に決着をつけようとした。

「どうして障害のある人に興味をもつようになったの?」

そう聞きたかったが、思い直した。親父がどう答えようが、それについて話し合うべきは妻である母さんであって、息子の俺ではない。俺に直接関係する部分（親父の性癖によって不仲になった両親に育てられた件）は既に決着ずみだ。

イングリッドにも言われた。カウアイ島の浜辺に膝をつき、プロポーズした日のことだ。「あなたは家庭に恵まれなかった。私も家庭に恵まれなかった。だけど、これから2人で温かい家庭を築きましょう」

俺と親父は再び黙り込んだ。心が通い合ったことはほとんどない。これからも、あるかどうか。親父が親愛の情を見せたり、スキンシップしたりする姿は記憶にない。そんな親父の心の壁に突進しても、頭をケガするだけだ。しかし、初めて心の扉をノックできた。親父が扉を開けてくれるかどうか確かめたかった。

最近では親の至らなさを「トラウマ」ではなく「アクシデント」と考えるようになった。前者だと俺は患者になるが、後者だと一個人でいられる。自分を被害者、他人を加害者と見なして生きていくのは健康的でない。

「お母さんが話があるそうだ」と親父が言う。俺たちはドライブを終えて浜辺の貸別荘に戻った。この別荘は式場としてイングリッドと2人で借りたものだ。

母さんは車椅子に座り、足を上げ、脇に杖を置いている。「明日の式にはカメラマンが来るの？」と聞く。

「もちろん」

母さんの表情が曇る。「私を撮らないように言ってくれた？」

「ああ、言ってあるよ」。この要望だけは聞き入れることにした。母さんは親父の性癖を知って以来、自分の写真を一枚も撮らせない。

「昔は自分のことを美人だと思っていたけど、今では見世物になった気分よ」

こんなとき、昔の俺は母さんを必死でなだめようとした。リハビリ仲間にも話したが、「母さんがブロンドで親父がブロンド・フェチだったら、ちっとも気にならないだろう」と訴えたのだ。けれども今回はスルーした。母さんもそう望んでいる。母さんは今さら変わらない。この世からいなくなる日も近いだろう。

アンへドニアのさなかに恋愛に関する気づきを書き留めたが、そのなかで一番大事なのが「相手が変わってくれることを期待しない」という一文だ。それは親子関係にも当てはまる。理想の母さんではなく、今の母さんをありのままに受け入れ、母さんなりに俺をかわいがってくれたことに感謝する。


「いろいろありがとう」。挙式当日の朝に来てくれたリックに礼を言う。「ここまでたどりつけたのはリックのおかげだよ」

「責めは負わんぞ！」とリック。

「責任は俺が負う」

「同感だ」

2人で玄関先のポーチに出て、デッキチェアに座り、海を眺める。「おまえの相談に乗るのをやめようと思ったときもあったよ」。リックはそう言い、海の向こうの地平線に目をやった。「悲劇だ。人の心にできる傷はあまりにも深い。その傷が幼少時代に組み込まれたプログラムによって、ロボットのようにうずく。人はセラピーやリハビリで自分の真実に気づいても、なお誤った思い込みにしがみつき、自分のためにならない決断を下してしまう。何度も、何度もね」。リックは人類共通の愚行を憂い、首を振った。「本当に変わるためには血のにじむような、たゆまぬ努力が必要なんだ」

今のはリック流の祝辞に違いない。なので、そのように受け取る。今日の披露宴はイングリッドと相談し、ささやかなものにした。2人の時間とエネルギーを互いのために使いたいからだ。招待客も、恩のある人たちだけに絞った。俺のほうは親族、リック、数人のリハビリ仲間、メラニーを含めた親しい友人。そして、出会いや恋愛を指導してくれた先生たちだ。前者はイングリッドとの出会い、後者はイングリッドとの結婚をサポートしてくれた。

しかし、いちばんの恩人であるロレインはついに出欠の返事をくれなかった。近況が知りたくて方々に電話した。聞いた話によると、患者やクライエントと二重の関係（公私混同）になったとして処分を受けたらしい。今は、あのリハビリ施設で主に事務職をしているという。職場を去って（アダムのように）羽を伸ばす勇気はなかったのだろう。それでも、いつか再会してお礼を言いたい。ロレインは俺の、そして無数の人たちを救ってくれた。

式の準備と言っても、シャワーを浴び、ひげを剃り、タキシードを着る以外はほとんどやることがない。そこで、昼過ぎに駆けつけてきたアダム、カルバン、トロイと海に行くことにし、水着に着替えた。

「モノガミーはどう？」。ビーチに続く丘の斜面を下りながら、トロイが聞いた。

「なんて言うか、大げさに考えていたと思うんだ。認めたくはないけれど、ジョーンが言ってたことは正しい。俺は理屈を盾にして、人に弱さを見せたり、人と親密になったりすることを避けていたんだ」。昨今のネット社会では、同じトラウマと同じ意見をもつ人たちを簡単に見つけることができる。自論と異なる論拠を軽視、無視、攻撃するのも簡単だ。

「だけど、男のジレンマはどうなる？　妻は老い、夫婦生活はマンネリっていう理屈は？」とトロイが突っ込む。そんな浅はかなことを考えた自分が恥ずかしい。

「それは相手をモノ扱い、従業員扱いしたときに起きるんじゃないかな。健全な大人同士なら、一緒に解決できないジレンマはない。互いに年を取ったことにさえ気づかず、年を取るごとに幸せを感じるようになると思うよ」。俺はそう答え、昔を省みた。年を取るのが怖かったのは容姿が衰えるからではない。両親のように不幸になるのが嫌だったからだ。しかし、今は気にならない。「イングリッドと一緒に年を重ねて、ますますハッピーになるのが今から楽しみなんだ」

実は不思議な現象が起きた。俺は母子関係に向き合ううちに、自分の浮気癖を心配する必要がなくなった。イングリッドは父親に捨てられた体験に向き合ううちに、たとえ俺がほかの女性に目移りしても、俺を失う不安がなくなった。それどころか、結婚が決まって心から喜んでいる俺を見て、イングリッドは何があろうと大丈夫と確信したのである。

こうして2人が築いた関係こそ、俺が無意識のうちに求めていた男女のあり方だ。それは恐れとは無縁の関係である。親密になる恐れ、束縛される恐れ、パートナーを失う恐れ、本音を明かす恐れ、傷つけられる恐れ、マンネリに対する恐れ、変化への恐れ、将来への恐れ、葛藤への恐れ、第三者が介入する恐れ。そうしたさまざまな恐れから解放された間柄だ。

「恐れ」の反対は「喜び」ではない。「受容」である。俺たちは恐れを受容に置き換えた。つまり、これから2人が交わすのはモノガミーの誓いでもなければ、ポリアモリーの誓いでもない。誓う内容はただ一つ、2人にとって大切な3つのものを育て、支え、尊重することだ。その3つは俺とイングリッドと2人の関係である。晴れの日も雨の日も、互いにどんなに年を取ろうとも。

　これを「脱モノ・脱ポリ関係」と呼ぶ。

「ムラムラしたら、どうする？」。カルバンが俺の視線をジョギング中の女性に誘導する。女性は長い黒髪、ピンクのヘッドフォン、黒白のビキニ姿で足早に通り過ぎた。

「今でもムラッと来ることはあるけれど、行動に移す前に、そしてバカなまねをする前に一呼吸置くことにしたんだ。そうすれば、ムラムラはすぐに収まる。イングリッドの信頼（とそれを失う可能性）を考えたら、ひとときの快楽は取るに足らないし、一生後悔するのもゴメンだね」

　最近になって、いわゆる「人間の生理に合う」恋愛スタイルは存在しないことに気づいた。歴史や文化を研究し、現代人にぴったりの男女関係を定義しようというのは発想自体がばかげている。なぜなら、どんな社会や霊長類にもそれなりに結婚や性愛のスタイルがあり、どんな理論もそのいずれかに当てはまるからだ。人を愛し、人と触れ合うのに正解も不正解もない。未熟な心ではなく、成熟した心が決めたスタイルはどれもが正解である。

　心が迷えば、道にも迷う。

「じゃあ、世界一の美女が迫ってきたら、どうする？」とトロイ。

「それにポルノは？」とカルバン。

「あるいはイングリッドがセックスに興味をなくしたら？」とアダムも畳み掛けた。

　おもしろい質問だ。リハビリ施設でさんざん頭を悩ませた問題が、今では問題にもならない。3人の質問には「質問そのものが間違っている」としか答えようがない。「今の俺は……」と3人に説明する。「イングリッドに何でも正直に話している。イングリッドも同じだよ。2人の間に隠し事はない。だから、君たちが質問したテーマについても、そのときになったら当然話し合うだろうね。最初からそうすれば良かったんだ。昔は口に出すのも恐ろしかった話題が、結果的に2人の距離を縮めてくれた。最初のうちは言いづらかったけどさ。イングリッドが何よりも恐れていたのは『隠し立てされること』だったんだ。今では彼女も、内に秘めた願望まで話してくれるようになった。そのなかには、俺の願望と大して変わらないものもいくつかあったよ」

ビーチの突き当たりに崖がある。そこがデューム岬の北端だ。崖の向こうには誰もいない別のビーチが広がっている。俺は、崖の反対側まで泳ごうと持ちかけた。

「結婚式の当日に死なれちゃ困るよ」。アダムが心配そうに言う。どうやら本気らしい。

全員でシャツを脱ぎ、安全な浅瀬に向かって突進する。沖のほうから押し寄せてくる波に体を預けて砂浜まで戻る。そんな遊びを何度か繰り返した。

「その後、奥さんとはうまくいってる？」とアダムに水を向けた。アダムは砂に足を突っ込み、濡れた体を乾かしている。

「セックスに応じてくれるようになったんだ」とアダムは答えた。

「本当？　それなら粘ったかいがあったじゃないか」

「ニール、それがそうでもないんだよ。満足度を1から10で言うと、せいぜい3かな」。トロイが鼻で笑った。大多数の男は、アダムと同じように、妻が求めに応じないと言っては嘆き、応じてくれると満足できないと言って嘆く。それはセックスそのものが原因ではなく、夫婦関係に問題があるからだ。

「奥さんと一緒にセックスのハウツービデオでも見れば？」。カルバンが提案した。「あとは奥さんに酒を勧めるとかね」

「別にいいんだ。妻を変えることはできないよ。妻は妻、僕は次のことを考えてる」

「ワオ、それ本当？」。俺は思わず興奮した。

「前にも話したけど――」。アダムは砂に足を突っ込んだままだ。「最近、心電図用の電極を24時間装着するはめになったんだ。不整脈になっちゃってね。へたすると5分くらい続くこともある。だから、結婚生活を続けるか心臓発作を起こすか、二者択一を迫られたんだ」

「で、どっちにしたの?」と俺は質問した。

「子どもにどう話したらいいのか頭の中でリハーサルしたんだけど、下の子が巣立つまで待つことにしたよ。あと2年したら、実行する」

「2年⁉」。カルバンが叫んだ。「それまでに死ぬぞ！　何を考えてるんだ?」

「そういう自分はどうなんだよ」。トロイがアダムを援護する。「女にほれてもセックスできない。そっちの問題を考えろ」

「自分だって浮気してるくせに」とトロイがやり返す。

カルバンは伴侶を望み、アダムは本気で離婚を考え、トロイは一夫一妻制（モノガミー）が時代に合わないと主張する。3人の声が波の音に重なり、かき消され、溶け合い、メロディーのように聞こえる。

タキシードに着替える時間だ。ビーチハウスに戻る途中、この赤札仲間と会うのも今日が最後になるかもしれないと思った。自分を変えるには誓いを立てなくてはいけない。自由は誓いの中にしかない。ついに、誓いを交わすときが来た。

チェックイン――リハビリ中に一度も感じなかった感情。「愛しさ」だ。

イングリッドへ

最初の警告を無視して、最後まで読んでもらえたと思う。
あの警告は何年も前に書いたものだし、
執筆を始めたばかりだったから、
愛もセックスも恋愛関係も人と親密になることも、
ほとんど分かっていなかった。
でも、今は本当の俺を知ってほしいと思う。
何しろ、長い付き合いになるからね。
ヘレン・フィッシャー博士はどう言うか知らないけど。

謝辞

イングリッドと一緒に朝の身支度をしていると、幸せすぎて「愛のハイ」（と俺たちは呼んでいる）状態になることがある。そんなとき思い出すのは「このままだと大きな幸せを逃すぞ」というリックの忠告と、それを笑って聞き流した自分だ。この幸せを実感するまで、リックが何を言いたいのか分からなかった。しかし今は、ありがたく思わない日は一日もない。

そこで、お世話になった皆さんに心（俺にもあることが分かった）の底から感謝したい。また、この体験記になって自分探しをしたいと考えている読者の方々には恋愛道を模索する上で足がかりになる情報をいくつか提供したいと思う。ただし、俺自身は専門家の意見をすべてうのみにはしていないので、皆さんも自分の役に立ちそうな部分だけをピックアップしてほしい。

例えば、ピア・メロディ、ジェイムズ・ホリス、ヴァージニア・サティア、ジョン・ブラッドショー、ケネス・アダムズ、マーシェル・ローゼンバーグ、マリオン・ソロモン、ハーヴィル・ヘンドリクス、サルバドール・ミニューチン、ピーター・レヴィン、ベセル・ヴァン・デア・コルク、ロバート・ファイアーストンらの著作は参考になるだろう。また、パトリック・カーンズのＰＴＳＤ診断テスト（traumatest.com 英語のみ）もお薦めだ。過去の体験が今の自分の言行にどう影響しているのかを理解する一助になる。そして（カリフォルニア州ヴェニス在住の）バーバラ・マクナリーにみんなで嘆願書を送り、ぜひ本を書いてもらおう。マクナリー博士の見解やアドバイスは大いにためになる。

自分の内面をさらに掘り下げたい場合は担当医やカウンセラーを慎重に選んだほうがいい。心理療法と称するものは高くつく上に、週に一度の面談に延々と通わなければならず、治療よりもセラピスト／カウンセラーの懐と自信を満たすことになりかねない。運が良ければ、ロレインのようなカウンセラーを「主治医」にして、治療プランを立ててもらい、根本的な心の問題をピンポイントで癒すことができるだろう。その治療プランには別の先生や療法が絡むことになるかもしれない。忘れてはいけないのが、効果が出始めたあとも、再発を防ぐためには心の自己管理が欠かせないということだ。

本書の内容に全面的に賛同する心理療法士は、おそらく一人もいないだろう。文中ではさまざまな学説や理論を節操なく引用したが、その目的はただ一つ。俺自身にどう影響したのか紹介するためだ。自己流に応用し、アレンジし、解釈したので、必ずしも原典の文言や主旨に沿っているとは限らない。ただ、自分が納得できるようにそうしたまでだ。

理論、診断基準、学派学説は無数にあり、その多くは我こそが最新、最善、もっとも科学的根拠があるとうたうが、とどのつまり、自分に合うかどうかが一番大切だ。だから、あらゆる可能性に心を開き、実際に試してみることが必要である。俺の意見も含めて、人の言うことをうのみにしてはいけない。

俺が運営しているウェブサイトwww.neilstrauss.com/thetruthではお薦めのウェブサイト、セミナー、心理療法士などを紹介し、参考図書の詳しいリストも掲載。また、印税を前借りできない人に向けて、受講料の免除制度があるトラウマ関連の講習会を案内している。本書ではプライバシー保護の観点から、リハビリ施設や患者会の名称、心理療法士の実名を伏せているが、www.neilstrauss.comにアクセスすると、喜んで実名を明かしてくれる人が見つかるはずだ。

自分に適した恋愛スタイルを見つけたいが、俺のような失敗は避けたいという場合は「まずは自分を癒してから」試行錯誤すること。そのほうが、はるかに成果が上がる。心が健全なら、恋愛も健全に運ぶからだ。一つ気をつけたいのはアンダーグラウンドな世界は移り変わりが速いということ（ブリスのスワッピング・パーティーも昔とは違う）。なので各自で下調べしてから飛び込んでもらいたい。この本を書き始めた時点では別の構想もあったので、さまざまな恋愛スタイルをリサーチして一覧表にしていた。参考にしたい人は、www.neilstrauss.com/goodtimesからダウンロードできる。

執筆に費やした数年間で多くの方々に批評や感想をたまわり、校閲に協力していただいた。とくにリコ・リヴィラ、ティム・フェリス、ライアン・ソアーヴェ、ミシェル・パイパー、クリストファー・ライアン、クリス・コリンズ、ジャイヤ、ロドリゴ・ウンピエレス、モリー・リンドレイ、スザンヌ・ゲイラ、アンドレア・ディンズモア、ノーラ・シンガー、ジャッキー・シンガー、ブライアン・フィッシュバック、サイ・リース・ケイ、ジャレッド・レト、ポール・ヒューズ、ジュディス・レーガン、マイケル・ウォートン、スティーブン・コトラー、ジム・ガリアン、チェルシー・グッダン、ジョン・ミルズ、アレクサンダー・ホイト＝ヘイドン、ジャック・サダノウィッツ、クリス・ハーン、ブラッド・レンフロ、ビリー・オドネル、アーロン・ワース、ビクター・ジャン、キーラ・コプリン、エリザベス・ヒル、ルーシー・ブラウン、クリスティーナ・スイング、タン・クラーク、アンソニー・ミラー、ジェイ・スティネット&ザ・マーゴ、ザ・ソサエティ、メアリー・エレン・ジャンキンス、故エレノア・スターリンには尽力してもらった。

リサーチ担当のベン・スモールと千里眼のフィービー・パロスには最後まで世話になった。また、本書のデザインを手がけてくれた期待の新人ローリー・グリフィンと熟練の魔術師バーナード・チャンの新旧コンビにも感謝したい。最後になったが、我が第二の家族であるハーパー・コリンズの編集部にも深謝を。とりわけ辛抱強さが身上の担当編集者カルバート・モーガン、発行人のリン・グレイディには感謝の言葉もない。

このほか恩義のある人たちは、すでに文中に登場している。未熟だった俺に最後まで付き合ってくれて、本当にありがとう。

おしまいに、テン・ストラウスの誕生を歓迎したい。この原稿を書いている時点で、あと3週間で生まれる予定だ。ゆうべ、息子のテンに宛てて手紙を書いた——これからの人生に何があろうと、おまえは愛の結晶であり、望まれて生まれてきたのだと伝えるために。

息子には、母親と同じように、人を幸せにできる人間になってほしい。

対人関係を育む極意は――（中略）――自分自身との関係をもっと意識すること。それは自己陶酔ではない。むしろ、きわめつきの献身だ。最善の自分になることは相手にとって最高の贈り物になるからである。従って、矛盾するようではあるが、良好な対人関係を築くなら、自己発見に努めなくてはいけない。

――ジェイムズ・ホリス著『The Eden Project』

参考文献

『ポリアモリー　複数の愛を生きる』（深海菊絵、平凡社）

■著者紹介

ニール・ストラウス（Neil Strauss）

出生済み。生存中。いつか死ぬ予定。著者は死んでもウェブサイトwww.neilstrauss.comは生き続ける。ドメインの契約期間は99年だから、確かである。あれは一生の買い物だった。

そうそう、ここまで読んでもらったお礼として、本書に含めなかった章をサイトにアップした。我がハーレムで発生した流血事件のエグい詳細も記してある。
→www.neilstrauss.com/goodtimes

主な著書に『ザ・ゲーム』『ザ・ゲーム 30デイズ』（共にパンローリング）などがある。

■訳者紹介

永井二菜（ながい・にな）

主な訳書に『人生を変える、お金の授業』（ＰＨＰ研究所）、『こんな男とつきあってはいけない』（アスペクト）、『イベントトレーディング入門』『もう一度ベストカップルを始めよう』『１分間マネジャーの時間管理』『アニマル・スピーク』『抱けるナンパ術』『月と幸せ』（パンローリング）、『夫婦仲の経済学』『社会を動かす、世界を変える 社会貢献したい人のための津行ったーの上手な活用法』『これが答えだ！』（ＣＣＣメディアハウス）など。このほか映像翻訳、海外タレントのインタビュー等。東京都在住。

ADDITIONAL IMAGE CREDITS

The Source Family photograph © by Isis Aquarian; seamless puzzle texture © by zayats-and-zayats/Shutterstock; brain, heart, and pelvis illustrations © by Hein Nouwens/Shutterstock; skull-and-crossbones illustration © by Andrey Oleynik/Shutterstock; eye illustration © by Craig McCausland/iStock; key hanging on hook © by cosma/Shutterstock; prison shackle © by photosync/Shutterstock; back of playing card © by bobyramone/Shutterstock; handcuffs © by Volodymyr Krasyuk/Shutterstock; long-stemmed rose © by Quang Ho/Shutterstock; flying seagull © by Pavel Vakhrushev/Shutterstock; locket with chain © by Horiyan/Shutterstock; strips of masking tape © by Odua Images/Shutterstock; shitty illustrations still © by the author.

2017年３月４日　初版第１刷発行

フェニックスシリーズ㊿

ザ・ゲーム
――4イヤーズ

著　者　ニール・ストラウス
訳　者　永井二菜
発行者　後藤康徳
発行所　パンローリング株式会社
〒160-0023　東京都新宿区西新宿 7-9-18-6F
TEL 03-5386-7391　FAX 03-5386-7393
http://www.panrolling.com/
E-mail　info@panrolling.com
装　丁　パンローリング装丁室
組　版　パンローリング制作室
印刷·製本　株式会社シナノ

ISBN978-4-7759-4170-6